清末民初文獻叢刊

國朝柔遠記

（上册）

［清］王之春　輯

朝華出版社
BLOSSOM PRESS

圖書在版編目（CIP）數據

國朝柔遠記 ： 全2册 / (清) 王之春輯. -- 北京 ：
朝華出版社, 2019.1
(清末民初文獻叢刊)
ISBN 978-7-5054-4341-9

Ⅰ. ①國… Ⅱ. ①王… Ⅲ. ①外交史－中國－清代
Ⅳ. ①D829

中國版本圖書館CIP數據核字(2018)第240821號

國朝柔遠記（全二册）

作　　者　[清]王之春

選題策劃　楊麗麗　尚論聰
責任編輯　趙　倩
特約編輯　孫　開　秦錦霞
責任印制　張文東　陸競贏
封面設計　劉敬偉

出版發行　朝華出版社
社　　址　北京市西城區百萬莊大街24號　　郵政編碼　100037
訂購電話　（010）68996618　68996050
傳　　真　（010）88415258（發行部）
聯系版權　j-yn@163.com
網　　址　http://zhcb.cipg.org.cn
印　　刷　藝堂印刷（天津）有限公司
經　　銷　全國新華書店
開　　本　880mm×1230mm　1/32　　字　　數　238千字
印　　張　32.25
版　　次　2019年1月第1版　2019年1月第1次印刷
裝　　別　精
書　　號　ISBN 978-7-5054-4341-9
定　　價　240.00元（全二册）

出版前言

中國自一八四〇年鴉片戰爭以來，傳統的農業文明在西方的堅船利炮轟擊之下徹底被顛覆，有擔當的知識分子苦苦追尋，思索社會改革的途徑。從最初的『師夷長技以制夷』到『民主制度，天下之公理』（梁啓超語），他們發現要『强國富民』，首先要『開啓民智』，衹有民衆擁有了獨立思想和批判精神，國家纔能實現真正的强大。在此後一百年的時間裏（一八四〇—一九四九），思想者們從社會變革深入到國民性的改造，用每一部作品見證着中國近代化的遞變歷程。這是一個極其重要的時代，《清末民初文獻叢刊》正是收録了這一時期的作品，大部分書籍都是早期版本，有着極高的文獻研究價值。

清末的中國經歷了『三千年來未有之大變局』（李鴻章語），大清王朝面對西方列强的艦炮，表現得驚慌失措。尤其是鴉片戰爭，使『天朝帝國萬世長存的迷信受到了致命的打擊，野蠻的、閉關自守的、與文明世界隔絶的狀態被打破了』（《馬克思恩格斯選集》）。一批士大夫知識分子，尤其是在歐美諸國擔任使臣或者游歷的知識分子最先覺醒，着眼于對西方國家的考察，進而反省本國政治制度的劣勢，可以視作『啓蒙』的端倪。如曾擔任駐英公使（兼任駐法公使）的郭嵩燾在《使西紀程》中以日記的形式記録了自己對歐西諸國的觀感，他在考察了英國的政治制度之後，發現英國政府官員收入超過三百磅者與普通老百姓一樣同等納税，他説：『此法誠善，然非民主之國，則勢有所不行。西洋所以享國長久，君民兼主國政故也。』他明確提出了『民主』，在國家的管理問題上，人民也有參與的權利。他在該書中所披露的西方政治、經濟、文化等領域優于大清帝國這一事實觸動了保守派的神經，立刻遭到保守派群起而攻之，進士何金壽彈劾他『有二心于英國，欲中國臣事之』，他家鄉湖南的民衆對他更是痛加詆毁，以至于滿城揭帖，誣蔑他『溝通洋人』，在這種群情洶洶的情況下，朝廷最後下旨將《使西紀程》毁版，從而使該書成了禁書。然而，書雖被毁版，却不能堵死民衆的傳播與閲讀的途徑，上海的《萬國公報》依舊連載該書，張佩綸曾説：『朝廷禁其書，而新聞紙接續刊刻，中外傳播如故也。』從某種意義上來説，啓蒙是時代的需要，盡管清政府發諭旨禁了該書，民衆乃至一些朝廷大員却依舊在私下閲讀，以便瞭解外部的世界。進步的社會是開放性的，任何企圖『閉關鎖國』的努力都意味着歷史的倒退，祇有開放，與整個世界文明保持同等的步伐，纔能實現真正的强國之夢。當大批知識分子走出閉鎖的國門，親歷了文明的洗禮之後，也就把啓蒙的智識帶回了中華大地。容閎的《西學東漸記》，梁啓超的《新大陸游記》，崔國因的《出使美日秘日記》等一大批作品介紹了海外諸國的政治、經濟、軍事、外交、文化。雖然這些作品在認識上仍然帶有時代的局限性，然而却是那時最爲珍貴的聲音。

另一方面，在學術上，中國文化母體内『經世致用』思想與資産階級思想相結合，也唤起了變革，以康有爲、梁啓超爲首的改良派試圖通過自上而下的革新以實現變革。康有爲的《新學僞經考》《孔子改制考》就是借經學之表論資産階級學説之裏的著作，康有爲的弟子梁啓超更是通過《新民説》一書提出國民性改造。與早期啓蒙者『師夷長技』的器物文明引進不同，梁啓超上升到形而上的精神領域，從文化心理上更加徹底地進行變革。梁氏是清朝末年到民國初年一個橋梁式的人物，被譽爲『輿論之驕子，天縱之文豪』，其影響力不但在學術領域，同時還在文學領域，他所倡導的『詩界革命』得到了譚嗣同、黄遵憲、丘逢甲等人的響應，黄遵憲的《日本雜事詩》，丘逢甲的《嶺雲海日樓詩鈔》都體現了這種主張。這一主張要求反映新的時代和新的思想，用『我手寫我口』（黄遵憲語）的方式直抒胸臆，對長期占詩壇主流的擬古主義、形式主義產生了巨大的衝擊，解放了寫作者的心靈和頭腦。

與社會變革同步的是早期對西方思想著作的翻譯，這裏面影響最大的是嚴復，他翻譯的《天演論》《社會通詮》等書直接孕育了民國一代的知識階層。魯迅、胡適等人在文章中都曾提到《天演論》對他們思想所產生的震撼。與嚴復略有不同的另一位翻譯家是林紓，他的譯作雖然參差不齊，但却在更細膩的心靈層次對讀者產生影響，許壽裳曾回憶，他和魯迅都熱衷于林譯的小説，如《巴黎茶花女遺事》《黑奴籲天録》《迦茵小傳》等作品。

辛亥革命之後，進步社會思潮成爲主流，比之清末思想啓蒙者『求存』的追求，民國以來的知識階層深入到了更加細微的肌理，一方面呼喚社會變革，另一方面進行點滴的建設，革命并不能使所有的一切一蹴而就，在更加深廣的領域，事物的改變是由微觀而宏觀。通俗地説，比之于革命，建設的意義更大。如《中國商業史》《中國教育史》《中國倫理學史》《中國哲學史大綱》《中國小説史略》等一大批作品都是進行系統的梳理與建設的理論作品。其中，以胡適和魯迅二人的影響最大，他們的作品一紙風靡，從而成爲新文化運動的主力人物。

《清末民初文獻叢刊》收録的文獻大致上可以分爲三個階段，其中龔自珍、張之洞、魏源、郭嵩燾、薛福成等人的作品可視爲『早期啓蒙』，康有爲、梁啓超、黄遵憲、嚴復、林紓等人的作品可視爲『中期啓蒙』，胡適、魯迅、蔡元培等人的作品可視爲『晚期啓蒙』。當然，這種劃分并非嚴格意義上的，大部分啓蒙思想者隨着時代的變化，其思想在不斷進步。縱觀整個近現代史，可以發現，要求變革不是在某一個領域，由某一類人發起和完成的，而是全社會的要求。

變革，已經成爲全社會的共識。

從清末民初的文獻中，我們能够發現一種豐富性。這些作品涉及政治、經濟、軍事、教育、外交、宗教、心理、情感等方方面面，從内而外地净化着中國兩千年以來的封建積習。它不衹是對社會的改造，更是對人心靈的重塑；它首重國家社會之建設，同時亦重靈魂心智之喚醒；它是宏大的，也是微觀的；它是嚴肅莊重的，也是活潑靈動的；這些作品結構精巧，思想内容深刻，擁有濃厚的人文主義色彩，對推動社會主義建設，實現中國夢有重大意義，是近現代中國一百年來最宏富的智識與情感的寶藏。因此，整理這些文獻作品，無論是出于資料保存的目的，還是爲圖書館提供資料副本，都有不可估量的意義。

特定時代下的文獻，當它一旦形成（既指草擬，創作的完成，也指其成爲一個載體），就不可再複製了，也就意味着它將面對消亡。對于文獻資料而言，越接近歷史事件發生的時代記録，越具有研究價值。文獻本身具有不可再生性，它衹會消亡，而不會增多。盡管文獻本身的文字可以保留下來，并進行傳播，却失去了當時的時代氣息。當時的作品可能在技巧上，文字的成熟度上不及當代，但它所負載的信息，創作者的情感都反映了當時的歷史，也就是説，它具有不可替代的歷史意義。

影印的版本有三個特點，第一是擁有文獻的『原始性』；第二個特點是『未經改動的』；第三個特點是『歷史的原貌』。所謂『原始性』，也就是説，它是第一手資料，而非轉述的，回憶形成的；『未經改動的』，是指未被篡改、删節、挖補的；『歷史的原貌』是指在影印製作過程中，完全依照文獻的原來模様……這様製作出版的作品，無异延續了文獻的壽命。

近現代思想史上的一個最重大的思潮就是『開放』，從林則徐的『開眼看世界』到蔡元培的『兼容并包』，都是在倡導一種開放式的胸襟。而《清末民初文獻叢刊》最有魅力的部分就是『開放』這一主題，衹有融入到世界文明發展的進程中，中華文明纔能歷久彌新。

《清末民初文獻叢刊》編委會

二〇一七年四月十四日

凡例

一、《清末民初文獻叢刊》（以下簡稱『叢刊』）爲影印本，舉凡所用之底本，均爲該書之早期版本。有清末刊本，亦有民國印本。

二、《叢刊》均依底本影印，未予删改，僅代表作者個人觀點，不代表官方立場；原刊本有誤，不予校改，以保留文獻之原貌。

三、《叢刊》所用之底本，因時日久遠存在漫漶的情況，均進行了修復；底本闕文、印刷不清，均保留原貌。

四、爲讀者閱讀之便，《叢刊》中之舊底本目録未標記頁碼者，編了目次；原底本有頁碼和目録，未予重複編目。

五、爲保持文獻的原始風貌，影印本保留了原書書影（原書爲多册，則保留第一册書影）、扉頁等信息。所用底本無相應信息者，則不予妄添，以免錯訛。

目録

上册

下册

國朝柔遠記

國朝柔遠記二十卷

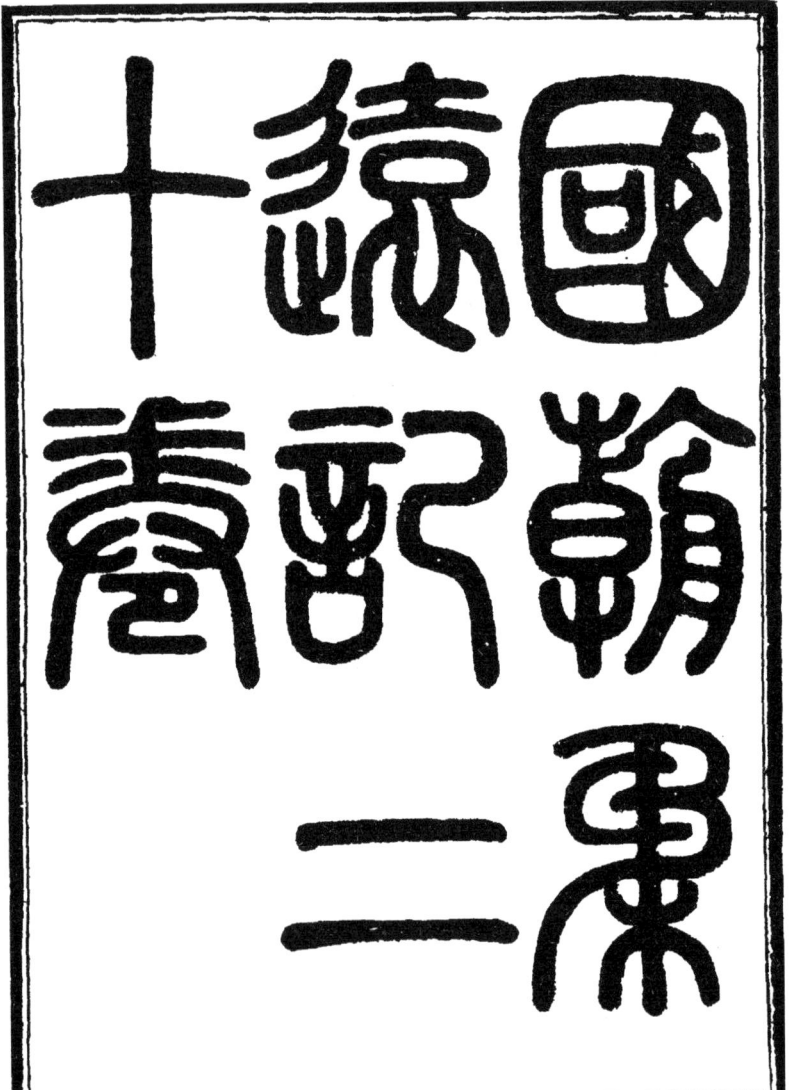

國朝柔遠記敘

柔遠一書臣友王之春所輯也之春以文人兼武事馳驅江海間防北塘駐京口遊歷日本長崎橫濱於中外交涉事見聞周洽暇則博稽

國朝掌故凡有關於遠畧者提綱摘要殫歲月之功成爲是書誠撫遠之宏圖綏遠之良策也夫秦漢而還多事四夷往往兵連禍結爲累世隱憂卽勒石燕然山繫單于頸致闕下而財窮力竭得其土不可治得其人不可臣隋珠彈雀之誚所難免焉至若兩晉南宋巳事率皆君臣翫泄養癰貽患自小其朝廷史冊所書千載下讀之猶令人髮指其罪烏可貸哉昔宣聖與魯君論文武之政於遠人則曰

柔誠以遠人不可遽恤之以威也遽恤之以威則彼必震動不安又不可故示之以弱也故示之以弱則彼必狡焉思逞此而求一至善不易之經則非柔不爲功且夫柔之云者非我之自處於柔也道在順其歸附之心而孚之以誠信則柔者益柔所謂變友柔克也化其獷悍桀黠之習而廸之以中庸則不柔者亦柔所謂高明柔克也今觀所編穆然仰見

列祖

神宗聲敎四訖廣乾坤覆載之恩宏遐邇一體之量揚丕冒之仁於冏外消反側之萌於無形用能梯山航海視遠如歸腹詠心歌無遠弗屆雖其間或剿或撫或戰或和不必盡歸

一致而變通盡利要皆範躍冶之金陶汰之以適於用閑
出林之虎馴伏之以安其常蓋自文武以後柔遠之政未
有若是之盡美盡善可以行久遠而無弊者臣奉
命巡視長江兼閱海防屢欲彙纂我
朝懷柔遠人之謨宣布
皇仁於中外且舉數百年來先後任事諸公成敗得失之數藉
資法戒期於臨事而不惑而簡練務煩苦無暇晷此書實
先得我心之所同然者故序以行之之春年甫强仕喜著
書皆切於時務異日才猷愈老識見愈深文章經濟當更
有進於今兹者則是書特其嚆矢耳
光緒八年仲春上浣臣彭玉麟謹撰

嘗謂惟聖知幾亦惟聖因天天之欲合四海爲一家也幾早見於康乾之世幾見而先覺者我
聖祖仁皇帝
高宗純皇帝也因天而弗違者我
文宗顯皇帝也康熙三十三年俄羅斯遣使來朝
上諭外藩朝貢固屬盛事總當以敉甯中國培養元氣爲根本
乾隆四十一年刑部奏駁李質穎讞英商獄不得其平傳
旨申飭反覆數百言
兩聖人燭微洞遠若皆逆知後世之有洋務者非知幾其神乎道咸間海氛亟矣
文宗顯皇帝獨決大計社稷轉危爲安得以全力蕩平髮捻而海

外各國亦化干戈爲玉帛非因天弗違乎士大夫生當其世出顛隮享承平上下數千年縱橫九萬里胸中不能無感慨有感慨斯有論列有發明此柔遠記之所由作耳記凡二十卷編年繫月採輯至當將使讀者於通商大局知其所原起知其所滋蔓並知其所究竟甚盛心也雖然事之原起當所聞世事之滋蔓當所見世而事之究竟則尚在未來吉凶悔吝變動不居至可喜亦至可懼懼將奈何心

列祖

列宗之心而已矣心

列祖

列宗之心奈何自治其內而已矣十數年前人事之机楻既以因
天心而挽回數十年後天心之福禍又將因人事而旋轉
理固有可必者記有之日月所照霜露所隊凡有血氣莫
不尊親在古人原非託諸空言在我
朝尤可見諸實事何以驗之卽於梯航重譯之十數國驗之
蓋莫不尊親之幾已俔也於此時果能極深研幾以承
天貺所謂柔遠人四方歸之
盛業不可以是編爲左券之操也哉
光緒八年歲次壬午仲夏月臣 譚鈞培謹敘

語曰前事不忘後事之師也運會之變遷人事之旋轉雖智者憂深思遠不能逆料於先時而知其所究竟惟一以前事為法戒而衷於至當不易之理則百世之下猶可以燭照數計固不事區區推測之私也易曰知幾其神中庸曰至誠之道可以前知蓋恃此矣我
聖朝豐功偉烈厚澤深仁丕冒海隅無有遐邇乃或膺重寄者罔知大體坐失機宜往事具存前鑒不遠此王之春柔遠一書所由輯也夫閉關絕俗之說無論在今日為迂談也即質之三代盛王亦豈狷然自好劃堂奧而守之謂聯國吾圉云爾哉禹貢紀要荒周官有職方氏之掌明堂之位九夷八蠻如在幕庭故凡含生負氣之屬梯山航海翕然

釁至固時勢爲之不得不然者亦
列祖
列宗聲教之所訖非偶然也誠務修其德政則四海猶一家如天君泰而百體從令苟或失之則指臂之間亦驅使之所不及遑論其他乎道咸之間海氛日熾維時當事者每不諳於彼此之情形自互市以來申明條約轉危爲安而旣福倚伏之機又卽在是之春究心於當世之務獨於中外交涉緣起通商始末采摭不遺較之近時朔方備乘瀛寰志畧諸編或跼蹐一隅或侈張博物皆無當於經世之實用惟是書綜稽掌故並恭錄
歷朝諭旨指示方畧黜陟人材非徒長駕遠馭之資亦考鏡

得失之林也詩曰不愆不忘率由舊章有心斯世者可以

統觀前事而深長思矣

光緒九年歲次癸未二月臣衛榮光謹敘

古今之國勢自唐虞三代至秦而一變井田封建諸法蕩焉無存此一時也自漢唐以後至國朝道咸中而又一變舉際天並海從古不通中華之國並梯山航海重譯來同此又一時也斯二者皆天也雖然天不變道亦不變蓋至變中有不變者存焉論者僉謂天主耶穌諸教自明季闌入中土思奪吾堯舜孔孟之席吾謂不然蓋不特彼教不能奪吾堯舜孔孟之席且深幸堯舜孔孟之教將盛行於彼都而特自今日始何者堯舜孔孟之教爲天地立心爲生民立命乃乾坤所繇以不敝者也天地之生人爲貴薄海內外諸國皆人也皆可與入堯舜孔孟之道者也特自古不通中國又相去數萬里禮聞來

學不聞往教故不知有聖人未得聞其教耳天誘其衷以互市故朋遊於中土而漸近吾禮義之教自當幡然大變其故俗尙何慮其奪吾堯舜孔孟之席哉中庸不云乎惟天下至誠爲能盡其性則能盡人之性能盡物之性物之性且當盡況異域同在並生並育之中若聽其外聖教而終失其性何以贊化育而與天地參乎天心仁愛聖人有教無類必不忍出此也聖人之道譬如天地之無不持載無不覆幬是以聲名洋溢乎中國施及蠻貊舟車所至人力所通天之所覆地之所載凡有血氣者莫不尊親故曰配天此正堯舜孔孟之實錄也其曰舟車所至則今日之火輪舟車聖賢早知之矣此聖教將行於各國之大機括

也夫聖教在中國亦以漸而及也堯舜都冀州其時惟今山西山東直隸河南陝西數行省爲中原餘皆要荒服也孔孟時吳越荊楚尚爲蠻服宋以來三江兩湖閩越黔滇川粵始大盛文學比鄒魯謂非聖教之自近而遠歟我
朝雍正中滇黔川楚兩粵諸苗猺改土歸流亦自開闢以來始沾
王化至乾隆中新疆拓土二萬里則中土業已徧覆無遺繇是可以及外國矣然則堯舜孔孟之教蓋漸推漸遠初無一息之停也臣友王之春有見於此爰撰
國朝柔遠記自
世祖訖

穆宗朝凡懷柔泰西諸國之事蹟皆備紀之雖不無猗那先民之

思然正以見

累朝聖人兼容並包如天之量天欲使堯舜孔孟之教自中國以

施及蠻貊

列聖先天而不違故在二百年前即已啟其機括蓋天地無外聖

人無外故

列聖之包涵徧覆亦無外吾知百年內外盡地球九萬里皆當一

道同風盡遵聖教天下一家中國一人之盛其必在我

朝之

聖人無疑矣目下泰西諸國皆能識華文仿中制譯讀四子五

經書丕變其陋俗英國近有比遞斯尼教以躬行實踐爲

宗此卽堯舜孔孟之正教也彼其所謂天主耶穌希臘諸
敎已自悟其非而遷喬出谷矣豈非自然之氣機動於不
自知
列聖早已啓其端哉之春又以己意撰蠡測卮言十三篇曰愼約
議聯與國廣學校精藝術固邊防修船政興礦利防漏稅
强兵力練民團禁販奴編教民論鴉片皆時務切要之言
語曰識時務者爲俊傑反是則迂儒俗吏而已當今日之
時勢强鄰相逼而來幾成戰國之局雖孔孟復生亦不能
不因時而立制以孔子固聖之時者也孔子陳九經曰柔
遠人來百工孟子極論交鄰之道已預知今日之時事此
十三篇者皆救時之急務也雖然有本焉富强其末也孔

子曰足食足兵必要其歸於民信又曰庶矣富矣必要其歸於教之孟子曰修其孝弟忠信可使制挺以撻堅甲利兵此我中國自堯舜禹湯文武周公以來歷世相傳之本務而不可一日忘者也洋人所奉者天主然而天道之所忌彼皆犯之殘忍天所忌也洋人於火攻則精益求精於鵶片則刱鴆毒以害人充其量不至盡天下之人類不止犯天之忌一機巧天所忌也洋人無事不用機械犯天之忌二强梁天所忌也洋人則以强凌弱以衆暴寡犯天之忌三陰險天所忌也洋人吞噬兼併每蓄意於數十年前而坐收後利犯天之忌四狡猾天所忌也洋人智取術馭得寸進尺犯天之忌五忘本天所忌也洋人不敬祖先廢

宗絕祀犯天之忌六黷武天所忌也洋人恃其船堅礮利不戢勢將自焚犯天之忌七專利天所忌也洋人上下交征利君臣父子兄弟懷利以相接犯天之忌八奢侈天所忌也洋人厚於自奉窮奢極欲犯天之忌九忌刻天所忌也洋人暗分朋黨彼此猜嫌犯天之忌十然則爲洋人計由今之道無變今之俗亦斷難必其有終故惟幡然改從堯舜孔孟之教然後不失乎人之性而無犯造物之所忌此堯舜孔孟所以爲天地立心爲生民立命而吾中國之所以爲中國者在此不在彼也然則言時務者雖師彼之所長尤當以堯舜孔孟相傳不變之道爲本務而後可與言富强也

光緒十年甲申三月 臣 李元度謹敘

昔道光時有臣日魏源著一書曰聖武記自開國之初用兵次第以及康熙中勘定三藩乾隆時蕩平回部備載無遺迹皇朝武功之盛以傳示後世其意至深遠也今光緒朝又有臣日王之春著一書曰國朝柔遠記自順治以迄於同治於中外交涉機宜以及通商始末凡所以控御八荒懷柔萬國者皆在焉視魏源之書用意尤爲深遠然源之書已風行於時而之春之書知者猶罕竊嘗受而讀之喟然而歎曰天之所以宏覆無外而我

國家所以長駕遠馭陶六合爲一家者其將在此乎晉皇甫謐帝王世紀云自神農以上有大九州桂州迎州神州之等黃帝以來德不及遠惟於神州之內分爲九州是說也儒者或未之深信及佛氏之書出而四大部洲之說興更爲儒者所不道乃自泰西諸國通乎中夏則海外五大洲曰歐羅巴曰利未亞曰阿細亞曰南北亞墨利加曰墨瓦蠟泥加固皆舟車之所至人力之所通矣以是推之佛氏四大部洲可信而神農以上大九州亦可信夫神農以上如天皇地皇之類固荒遠難稽而伏羲都陳神農亦都陳後又都魯載籍有徵學者亦皆信之然則神農以上君臨大九州者皆吾中國聖人而四夷無與焉天下大勢合久

必分分久必合今遠人來驩視道如咫此蓋分而復合之徵意者吾中國有大聖人將合大九州而君之以復神農以上之舊乎世徒見其人心計之奇巧器械之精良挾其長技淩犯我邊陲則惴惴焉懼中國之不可以爲國而不知治天下有本有末其心計之奇巧器械之精良則天實啟之使得以自通於中國者也皆其末也若夫其本則固在我中國矣當孟子時有善戰者有連諸侯者有辟草萊任土地者人人以爲得富强之策亦猶今西國之人心計奇巧器械精良雖孟子無以尚之也孟子則一言以折之曰盍亦反其本矣所謂反其本無他焉省刑罰薄稅斂使仕者皆欲仕於其朝耕者皆欲耕於其野商賈皆欲出於

其塗鄰國之民皆仰之如父母如此者在孟子時不過朝秦楚蒞中國而在今日則雖統大九州而爲之君不難矣草茅微賤不足窺測

朝廷德意然竊見

聖天子精求吏治勤恤民隱一遇水旱偏災疆吏未及上聞而

璽書已先下問可謂得其本矣異時德洋恩溥使東西洋皆在怙冒之中以復神農以前東西九十萬里南北八十五萬里之盛軌此一編也非其嚆矢乎愚故曰敕魏源之書其意更深遠矣

光緒十有一年乙酉秋八月臣俞樾謹敘

夫先王之訓耀德不觀兵止戈之文安民而和衆是以崇
密降於因壘有苗格於舞階雖近在要荒但示懷柔之意
豈遠違聲教必伸撻伐之威我
國家文德覃敷遐邇馴伏四荒四極八殥八紘舉凡山經地
志所不能詳大章豎亥所未及步者罔不重譯獻雉攸關
貢獒納牛羊稱唐帝之畜牲進燕支爲漢宮之顏色畏威
懷德者數十國薦來厚往者二百年迨夫光豐以來大肆
要求謂漢孰與我大稱兵竟逆顏行
列聖心切保民
戒深黷武
含容如地

覆幬辟天

准予通商重行立約因所利而利之視不勝猶勝也說者慮滋蔓難圖植荆受刺謂他族之逼處迺非種之當鋤不知魏絳和戎實深沈之至計趙范挑衅徒孟浪以貽憂景延廣劍詡横磨范文虎舟矜遠泛卒至禍延君國傾覆全師凡此前車堪爲殷鑒或又謂虎欲雖逐象猛可馴旣悔罪而輸忱不必操之以蹙復效逆而犯順何可示之以柔歸獄於始事之人責難於養癰之後則同舟無共濟隻手何以挽狂瀾衆惑出矢言殺身究何裨時局當事之苦心莫諒異時之公論自明今者回紇受盟契丹結好玉帛相見敦槃聿修固不必壓杞人墜天之憂而續江統徙戎之論然

而揚湯不可以止沸抱火懼厝夫積薪竊恐鹵莽者冀僥倖以圖功畏葸者徒因循而貽誤不懲既往曷救將來否則徒習佉盧拉丁之文僅通象譯狄鞮之語遂以華洋關涉委諸傖儈交通適與爲緣動輒得咎爰搜葺陳編考證往事自定鼎起訖同治止仿綱目編年之體就中外交涉之端詳晰編次著爲是書俾顛末盡窺得失互證冀以默消夫隱患實有難已之苦衷欲使善於約束羈縻或有裨於久安長治也夫

光緒六年歲次庚辰仲夏月上澣臣王之春謹敘

凡例

一此書事實自恭錄
列聖上諭及
頒發官書外并搜錄當時諸臣奏疏與名臣撰述西人圖志及各家私著可採掇者薈萃而成間有得之聞見者要必采訪確實不敢稍涉虛誣所有管蠡之見間附於後

一我
朝統一寰宇珍賚之貢史不絕書是編本爲中西互市成和諸事而作其於服從最久之藩部屬國年例貢獻與夫封冊　命使　錫賚讌犒既列王會之圖自有職方之掌不及備錄惟是　聲敎所訖舟航雖直接東瀛而輪蹄亦

可徠西極所賴我內外藩服扞蔽其間攷策陳編莫非
累朝
文德所綏服
武功所戡定茲取其勢有交通事相關涉者并畧識其端俾
薄海咸仰瞻
盛烈
一此書編年以紀事於當日在事諸臣仿史傳一律書名
惟意在表見事狀除本官外凡封爵諡號不及備錄至
命官授職有關洋務者並揭書以繫事
一自開國訖同治一
朝掌故惟
起居所職　中祕所藏不能悉窺其外間傳播

於五大洲各國交涉事實搜羅畢載
皇上沖齡嗣位聰明天亶聲靈震疊萬國梯航來者日衆容俟
采訪著爲續編故紀元以來事均未載

一我
朝幅員之廣遠邁前代其 內府皇輿全圖及各家傳刻本
並五大洲各圖皆考證所資惟各直省沿海疆界島嶼前
人雖間有圖繪恆苦畧而不詳玆特將沿海各口及臺澎
瓊州各島詳細繪列著爲圖說附諸卷末俾言防海者得
以覽焉

一中西和約內載凡與各國公文均不用夷字此編惟恭
錄

上諭並昔日奏牘未便擅改餘均遵照和約不用夷字以昭大同之盛

一此書搜輯陳編詳稽往事不過自備遺忘未敢問世而索閱者多苦不暇給遂付手民以代鈔胥至事迹糾紛不無譌漏容俟續補勘正焉

國朝柔遠記目錄

國朝柔遠記附編目錄

國朝柔遠記卷一

臣彭玉麟恭定
臣王之春敬編

甲申 順治元年

秋七月修正歷法

初明太祖取元授時爲大統歷改太史院爲欽天監兼置回回歷科承用積久而差萬歷九年大西洋意大里亞國人利瑪竇來廣州香山澳後入京貢方物其人精推步之學士大夫皆重之自是而龐迪我熊三拔龍華民鄧玉函等後先踵至皆善天文歷算瑪竇以三十八年四月卒其年十一月朔日食歷官推算多謬五官正

周子愚請譯迪我三拔所攜歷法諸書以資采擇禮部因奏取知歷儒臣與迪我三拔同測驗南京大僕少卿李之藻亦上西洋歷法薦迪我等時庶務因循未暇也崇禎二年五月朔日食禮部侍郎徐光啟依西法推算與大統回回互異光啟法驗擢本部尚書督修歷法因請開局舉之藻華民玉函旋又徵西洋人湯若望羅雅谷等供事歷局譯書演算前後撰進歷書百卷後山東參政李天經代爲監督亦進歷書星屏儀晷時言歷者四家大統回回外別立西洋爲西局又魏文魁以布衣言歷徵爲東局屢測星行交食惟天經等所推密合十六年三月朔日食測又獨驗詔西法改爲大統歷法值

冠氛日亟未及施行明年正月李自成逼山西詔輔臣
李建泰督師剿賊命若望隨往修火攻利器行未幾賊
鋒已逼京畿建泰入保定沒於賊賊敗我
朝召爲內
院大學士若望隨至京師進所製星球日晷遠鏡幷輿
地屏圖請應用諸歷依西洋新法推算七月上言敬授
人時全以節氣交宮與太陽出入晝夜時刻爲重若節
氣之時日不眞則太陽出入晝夜刻分俱謬矣歷稱大
統回回舊歷所用節氣止泥夫古且北直之節氣春分
秋分前後俱差一二日況諸方乎新法之推太陽出入
地平環也則有此晝而彼夜此入而彼出之理若舊法
以一處而概諸方故種種差訛難以枚舉今以臣局新

法所有諸方節氣及太陽出入晝夜時刻俱照道里遠近推算明列篇首開卷瞭然得　旨試行乃以新法造時憲書　頒行各直省此我　朝用西人治歷之始然西洋國俗大都崇奉天主耶穌教利瑪竇來華卽奉有耶穌經像並盛言天主爲天地萬物之主宰其徒黨繼至者相率和之或居京師或在各直省開堂禮拜以其說煽誘愚衆時廷臣已有惡之請驅斥者特當事因其歷法準驗不肯嚴爲禁絕遂使彼教流染中華議和戰通貢市胥此濫觴矣

臣按利瑪竇之師丁氏學於歐几里著幾何原本者遂得私淑幾何宗旨攜其書東來一時士大夫如徐光啟李

之蘊等爲之潤色其文詞新法之行實於此始於是
熊三拔龐迪我等測驗於前湯若望羅雅谷等編纂
於後勝國祚終書成而迄不能用遭逢 聖代龍
興因其成帙用備疇人之掌遂爲一代授時改憲之
權輿記有之曰有開必先其是之謂乎至於其徒益
繁竟有藉新法以陰行其教法者則當時楊光先已
先見及之萌蘖不札將尋斧柯殆謂是哉

遣朝鮮侍子歸國

朝鮮爲靑州逾海之地舜割爲營州周以封箕子本中
國地與盛京界鴨綠江 國初天聰崇德間 王師一
再征之入其都城分畧八道諸島獲其王妃王子宗室

及羣臣家屬國王李倧委身歸命質其二子湼淏奉正
朔歲時貢獻有征伐調兵護從一如明舊制後雖屢以
失期違約被　詰責然　遺詔猶免其歲貢三之一是
年以平定中原遣其質子還國免歲貢之半其後康熙雍正乾隆三朝屢減貢額僅存什之一

乙酉順治二年

秋八月朔日有食之　詔行新歷法
先是六月湯若望上言臣於明崇禎年間曾用新法製
測量日月星晷定時考驗諸器連遭賊燬臣擬另製進
呈今將本年八月初一日日食照新法推步京師所見
日食分杪並起復方位圖像與各省所見不同之數開

列呈覽及期　命大學士馮銓同若望赴臺測驗與所
算合有　旨行用新法
冬十一月以意大里亞人湯若望掌欽天監事
湯若望旣爲監正累加太僕太常寺卿　敕賜通微教
師
丁亥順治四年
夏六月遣小呂宋使臣歸國
小呂宋本名蠻里喇一作馬尼剌在臺灣沙馬崎東南
距厦門水程七十二更海中行船分一晝夜爲十更炷香爲度每更約行六十里旁
多小島而小呂宋爲大四周各千餘里土蠻居之明洪
武五年其使偕瑣里諸國來貢永樂八年與馮嘉施蘭

復貢後久不至地產金珠璹瑁燕窩海參烏紅木煙糖米穀閩人商販者至數萬人嘉靖中是班牙來其地互市是班牙卽西班牙（同治三年和約稱日斯巴尼亞或稱日國）隆慶中遣其臣墨瓦蘭（一作米牙蘭）駕巨艦東來抵蠻里喇豔其土廣腴謀襲取乃厚賄遺王乞地如牛皮大建屋以居王不虞其詐許之乃製牛皮聯屬至數百丈乞如約王業許諾遂聽之是班牙漸營室築城設守禦萬歷初突以兵船襲殺其王以其地爲屬藩遣一酋來鎭萬歷四年官軍追海寇林道乾至其地國人助討有功復朝貢自是與中國通商貿易歲倍已又慮華人爲變多逐之歸留者悉被侵奪二十一年其酋侵美洛居役華人助戰有潘

和五者爲其哨官蠻人待華人虐甚因謀刺殺其酋和五等盡取其金寶甲仗駕舟以歸失路之安南時酋子郎雷貓吝駐朔霧聞之率衆馳至遣僧至閩陳冤乞戮仇人償父命巡撫許孚遠以聞上飭閩浙督撫禮遣之初酋之被戮也其部下居呂宋者盡逐華人於城外孚遠遣人招還然華人嗜利趨死不顧久之復成聚其時礦稅使者四出奸宄蠭起言利有閻應龍張嶷者言小呂宋機易山素產金銀採之可得厚利詣闕奏聞上納之遣海澄丞王時和偕嶷往勘呂宋欲殺嶷賴諸華人共解獲釋歸厥後呂宋疑中朝將襲取其國諸流寓者爲内應謀盡殺之先後死者二萬五千人移書閩中守

臣言華人將謀亂不得已先之巡撫徐學聚等告變疑
坐誅上並移檄呂宋數以擅殺罪其後華人復稍稍往
而蠻人利中國互易亦不拒崇禎末遣使入貢使臣留
閩未還先年福建平守臣送其使入都至是遣歸本國

秋八月佛郎機來廣東互市

佛郎機卽法蘭西一作佛蘭西歐羅巴洲大國也東界
日耳曼及瑞士意大理亞南界地中海西班牙西界西
洋大洊西北界英吉利北界比利時日耳曼北極出地
四十一度至五十度倫敦經綫偏西四度至東八度舊
三十三部後改八十一部山海四周形勢險固民性謙
和尚禮節而易反覆機變男女喜歌舞佚蕩軍士尚勇

好戰前者傷亡後者繼進士好文學精醫科歷法文字爲各國誓約所循語言爲歐羅巴之官音狀貌衣服器用與荷蘭英吉利畧同土產銅鐵鉛錫礬煤水晶玻璃鐘表羽紗呢絨衣棉蔗糖葡萄其地漢以前皆山林土蠻好擄掠羅馬征服之（羅馬今意大里亞）漸知遵化後土酋自立爲國唐元宗時有臣曰鎚者才勇絕倫回回侵逼血戰破敵其孫甲利王當德順時平蠻靖難時羅馬內亂以兵取其地大半後與羅馬教主議復其西都之君號羅馬教主亦冊爲西朝之君至宋時國人往猶太國（即如德亞今土耳其藩屬）拜耶穌墓與回回交惡屢相攻戰與英吉利搆兵互相勝負明正德時路義第十二王好戰爲日耳

曼王所擄贖歸國中素崇天主克力斯頓舊教與波羅斯特之耶穌教爭戰國王征之不能克乃聽民各隨所願而崇舊教爲多朝政有五爵分理數百年來嗣王多驕侈不恤下屢侵淩鄰國府藏虛耗歛怨臣民常致有篡奪廢置之事其始來廣州也以正德間據東南洋滿剌加（一名麻六甲今英吉利屬地）地逐其王十三年遣使臣甲必丹來貢方物請封詔給值遣還其使久留不去剽劫行旅掠買良民食小兒其使火者亞三復夤緣江彬得侍帝十五年御史邱道隆言滿剌加乃勅封之國而佛郎機敢併之且啗我以利邀求封貢決不可許宜卻其使臣明示順逆還滿剌加疆土方許朝貢御史何鼇言佛郎

機最凶狡兵械較諸番獨精前歲駕大船突入廣東會城礮聲殷地留驛者違制交通入都者桀驁爭長今若仍聽其往來貿易勢必爭鬭殺傷南方之禍殆無紀極祖宗朝貢有定期防邊有常制故來者不多近因布政吳廷舉謂缺上供香物不問何方來即取貨致番舶不絕於海澨蠻人雜遝於州城防禁既疏水道益熟此佛郎機所以乘機突至也乞悉驅在澳番舶及番人潛居者禁私通嚴守備庶一方獲安亞三侍帝驕甚明年武宗崩下亞三吏自言本華人爲番人所使乃伏法絕其朝貢其年七月又攜土物求市守臣請抽分如故事詔復拒之嘉靖二年遂寇新會之西草灣指揮柯榮百戶

王應恩禦之生擒其將別都盧疏世利等四十二人獲其二舟餘三舟賊復接戰應恩陣亡賊亦敗遁官軍得其礮卽名爲佛郎機副使汪鋐進之朝其小二十斤以下遠可六百步其大七十斤以上遠可五里火礮之有佛郎機自此始據職方外紀昔有佛王名類斯者惡回回據如德亞伐之始制大銃因其國在歐羅巴洲回回遂概稱西土人爲佛郎機而銃亦沿襲此名瀛環志畧火礮之法創於中國明初元駙馬帖木兒王撒馬兒罕威行西域歐羅巴人有投部下爲兵弁者攜火藥礮位以歸諸國講求練習又變通其法爲鳥槍遂爲戰陣利器自是諸番貢不以時及勘合差失者悉行禁止未幾巡撫林富上言粵中公私諸費多資商稅番舶不至則公私皆窘因陳許佛郎機互市有四利部議從之自是佛郎機得市香山澳又越境商於福建二十六年

巡撫朱紈嚴禁通番番無所利則整衆犯漳州之月港浯嶼副使柯喬禦卻之後又犯詔安官軍迎擊生擒賊首李光頭等九十六人紈用便宜斬之怨紈者御史陳九德劾其擅專給事中杜汝禎往驗言此滿剌加商人往來販鬻無僭號流劫事不當擅誅紈遂被逮自殺蓋不知是時之滿剌加卽佛郎機也紈死海禁復弛佛郎機遂縱橫海上無忌而其市香山澳濠鏡者至築室建城雄踞海畔若一國此澳門有洋樓之始然佛郎機旋去澳不居今所居者乃葡萄牙也先是暹羅瓜哇占城浡泥諸國互市皆在廣州市舶司領之正德時移高州電白縣嘉靖十四年指揮黃慶納賄請於上官移之濠歲輸課二萬金佛郎機遂得混入

久而諸國皆畏避之後僞稱滿剌加入貢已改稱蒲都麗家部議言必佛郎機也乃卻之番既築城聚海外雜番廣通貿易至萬餘人吏莫之詰甚或利其貨寶佯禁而陰許之番又潛匿倭寇總督張鳴岡檄番人驅倭出海因上言今倭去而番尚存有謂宜剿除者有謂宜移之浪白外洋就船貿易者顧兵難輕動濠鏡在香山內地官軍環海而守彼日食所需咸仰於我一懷異志我即制其死命若移外洋則巨海茫茫奸宄安詰制禦安施似不如申明約束無啟衅無弛防相安無患之爲愈從之因設雍陌營千人戍之天啟元年監司馮從龍等毀所築城番亦不敢拒蓋番人本求市易初無不軌謀

而中朝疑之過甚不許其朝貢又無以制之故議者紛紛然終明之世此番固未嘗爲變也至是廣督佟養甲疏言佛郎機國人寓居濠鏡澳門與粵商互市於明季已有歷年後因深入省會遂飭禁止請嗣後仍准番船通市自後每歲通市不絕惟禁入省會

臣按劉淵入而晉室亡祿山寵而唐室亂非我族類必鋤而去之江統徙戎之論不得謂非先機之哲也佟養甲援明之舊代佛郎機請許通互市其意原欲廣　聖朝招徠之仁昭覆載之量而豈知臥榻之側他人原未可鼾睡哉履霜而凜堅冰雨雪而先集霰春秋之例所以謹微而愼始者良有以也

壬辰順治九年

秋七月欽天監監正湯若望進渾天星球地平日晷儀器

冬十二月西藏羅卜藏嘉穆錯達賴剌麻來朝

西藏即烏斯藏古吐番今唐古特（一作土伯特）在川滇西徼外地分三部為三藏前藏曰康為察木多（亦曰喀木在巴塘西）中藏曰衞為布達拉（即吐番建牙之所）達賴剌麻居之後藏曰藏為扎什倫布班禪剌麻居之又併極西之阿里為四部北界青海河源（古星宿海）南界雅魯藏布江（即大金沙江上游為古黑水由緬甸入南海）西界雪嶺（即岡底斯山為葱嶺南幹）東南界怒江（江外即野人境）西南界廓爾喀通東印度（即東天竺今孟加臘英吉利屬地）居萬峯中為岷山大小金沙瀾滄怒江諸源所流匯地寒确不宜稻

穀惟產青稞豆麥牛羊仰中國茶布及諸布施距京師萬四千里自唐太宗以文成公主下嫁吐番贊普通中國元世祖封番僧八思巴爲帝師大寶法王領其地西藏遂爲釋教宗主明代廣封法王國師諸號許世襲通朝貢其地僧多於民舊皆紅教（僧帽袈裟俱尙紅）其後專習祕咒流爲邪幻有宗喀巴崛起思改革卽會衆自黃其衣冠演大乘教有二大弟子曰達賴剌麻曰班禪剌麻皆能世以呼畢勒罕（華言化身）轉生自言所往弟子輒迎立之達賴一世曰敦根珠巴贊普之裔世爲番王亦出家嗣宗喀巴始以法王兼藏王事二世根敦嘉穆錯自置第巴代理兵刑賦稅弟子稱胡土克圖則分掌教化始以

活佛聞於中國武宗遣使迎之不至三世鎖南堅錯名益震紅教之大乘大寶諸法王多改從黃教蒙古諸汗王皆拱手聽教令時順義王俺答躬入藏迎至青海鎖南堅錯戒其好殺勸東還俺答亦勸其通中國乃自甘州遺大學士張居正書自稱釋迦牟尼比邱然皆未嘗受封中國至五世羅卜藏嘉穆錯當我　朝崇德初蒙古喀爾喀三汗請延達賴明年因厄魯特使遣達賴書於是達賴班禪及藏巴汗青海固始汗各遣使自塞外繞道至盛京奉書及方物並獻卦驗知當一統及定鼎燕京復各遣使貢獻表頌功德　詔遣使迎達賴至是至京　上賓之於太和殿建西黃寺居之及行餞之

南苑德壽寺　授金冊印　封西天大善自在佛領天下釋教普通鄂濟達賴剌麻　命和碩親王碩塞以八旗兵送之自是塞上諸部安謐多賴其教誡以釋爭而諸番蒙古之讋服中國亦時藉其用焉

丙申順治十三年

荷蘭表請修貢

荷蘭今和約中稱和國俗稱紅毛歐羅巴濱海之國東界日耳曼普魯社南界比利時西南界法蘭西西北界西洋大海北極出地五十度至五十三度英倫經綫偏東二度至五度地形低窪築堤以禦海潮人戶稠密大似中國江蘇田少而土膏腴草茂可資畜牧禽獸鱗介充斥自

昔專務通商故國小而富饒工技精巧善造氈呢羅絨羽紗嗶嘰鐘表古土番部羅馬征服之繼爲日耳曼所據蕭齊時地歸法蘭西置酋長法有內亂諸酋自立分十七小部後有不爾疴尼亞復併爲一北宋時海潮決堤居民皆沒都城幾沒積水匯爲巨浸曰亞爾零海明成化中爲奥地利亞所有正德時西班牙王兼王其地荷蘭舊分南北部北卽荷蘭崇耶穌新敎南則彌爾尼王（卽比利時）崇天主舊敎王以峻法抑新敎荷蘭人阿蘭治起兵拒西班牙破之復自立國分爲七部遂晏然富庶百數十年商舟遠泛與東南洋通貿易於麻六甲蘇門答臘遍設埔頭噶羅巴島爲大小西洋出入中國門戶

富盛甲兩洋亦據其海口建設城邑流通百貨由是迤東北之婆羅洲（即大瓜哇）美洛居巴布亞大小諸島以次據岸立埔大抵東南洋諸島國惟小呂宋爲西班牙所有餘皆屬之荷蘭（小西洋諸島國今多屬英吉利）嗣聞葡萄牙法蘭西市香山澳豔之萬歷二十九年遂以大艦巨礮薄香山欲通貢市澳人力爲防禦引去有久居大泥（暹羅屬）之奸商誘之通賄稅使高寀其酋乃抵澎湖築舍爲久居計會撫按嚴禁通海始去然是時法蘭西橫行海上荷蘭思與爭雄復東來破美洛居各島後又奪臺灣據澎湖築城設守守臣懼禍說以毀城遠徙即許互市天啟三年乃毀所築城去已而互市不成則復築城澎湖掠漁舟

運土俾華人助築尋犯廈門官軍俘斬數十人乃詭詞求款仍泊舟風櫃仔出没浯嶼白坑東椗莆頭古雷洪嶼沙洲甲洲濱海郡邑爲戒嚴巡撫南居益至上言臣入境以來番船五艘續至與風櫃仔船合凡十一艘其勢愈熾有小校陳士瑛先遣往交畱巴（即噶羅巴）宣諭其王至三角嶼遇紅毛船言交畱巴王已往阿南國即荷蘭因與士瑛偕至大泥謁其王王言交畱巴已大集戰艦議往澎湖求互市若不見許必至搆兵蓋阿南即紅毛番國而交畱巴大泥與之合謀必不可以理諭非用兵不可部議從之四年遣將奪鎮海港口城之紅毛退守風櫃仔益發兵攻擊荷蘭窘求緩兵遂退兵澎湖之警

以息而據臺灣者猶教習土番招誘華人耕作築安平
赤嵌二城以自固崇禎間爲鄭芝龍所破不敢窺內地
者數年乃私貿外洋十年仍駕四船來廣州求市總督
張鏡心力持不可遁去奸民知事終不成不敢復句引
而臺灣竟爲鄭成功所奪順治十年因廣東巡撫請於
朝廟備外藩修職貢至是齎表請朝貢部議五年一
貢　詔改八年一貢以示柔遠
丁酉順治十四年
夏四月欽天監秋官正吳明烜劾監正湯若望不實議罪
赦免
回回科秋官正吳明烜疏言湯若望所推七政書水星

二八月皆伏不見今水星於二月廿九日仍見東方八月二十四日又夕見又言若望舛謬三事一刪除紫炁一顛倒觜參一顛倒羅計　命內大臣等公同測驗水星實不見議明烜詐妄之罪援赦得免

己亥順治十六年

安南入貢

安南今越南國北界廣東廣西雲南西界暹羅東南際大海北極出地自八度至二十三度中綫偏西自八度至十三度都於富良江南岸富良江今亦曰紅河源於雲南曰河底江卽梨花江又曰元江地產五金絲茶漆靛木棉肉桂象牙胡椒諸香料衣冠仍唐宋之制職官選舉文字大都遵倣中國坐則

席地貴人迺施短榻尙循古制國中禁令甚嚴紅毛人
以鴉片誘據交留巴復誘安南安南覺其陰謀犯者立
置重典又嚴禁天主教有入教者殲滅之不與西洋通
市乾隆中阮光平以廣南篡據安南引法蘭西人爲助與之通市後遂據其西貢地本古南交
秦以交阯隸象郡漢置交阯郡後改交州唐置安南都
護府五代時曲承美竊據始自立國爲外藩宋初封丁
璉爲安南郡王三傳而爲其臣黎桓所篡黎亦三傳而
爲臣李公蘊所篡李八傳無子傳其臣陳日炬陳歷十
二傳而爲其臣黎季犛所篡前明張輔沐晟等蕩平其
地置安南布政使後簡定季犛相繼復叛嘉靖元年莫
氏篡黎上用張經言封黎氏爲安南都統使莫氏爲安

平令其南界之林邑古越裳氏地西漢置九眞日南郡漢末自立爲國後稱占城宋時併於眞臘稱占臘明代爲安南所併稱廣南以交阯爲東都廣南爲西都鎭以重臣爲藩封後廣南日强乾隆嘉慶中新舊阮氏皆以藩封得國是年大兵征雲南莫敬耀首納款至軍貢方物

詔封爲安南都統使

夏六月明鄭成功陷鎭江進薄江寍總兵梁化鳳大敗之成功遁還海島

初明嘉靖中海賊林道乾竄據臺灣爲琉球人所逐倭人又逐琉球而據其地天啟時泉州人鄭芝龍往附之因家臺灣倭旋爲荷蘭所逐芝龍與其黨入海爲寇崇禎中巡撫沈猶龍招降之敗荷蘭寇閩之師積功官至都督同知福王立封安南伯南都破唐王稱號隆武芝

龍及禮部尚書黃道周等奉之順治三年唐王被執死
芝龍降於我　朝而芝龍娶倭婦所生子成功及兄子
彩聯等并擁衆海上猶奉隆武年號而成功最强連陷
濱海諸府州縣已而彩聯之金門厦門亦於七年盡爲
成功所奪遣使朝桂王永歷於湖南封延平郡公屢陷
海濱諸縣圍漳州十年　朝廷下令招撫令芝龍以書
招之彩聯等皆降獨成功不從十四年永歷遣使進成
功延平郡王招討大將軍至是聞　王師三路攻永歷
於雲南乃大舉會浙江張煌言之師内犯江南圖牵制
是月以海艘乘風潮上焚沿江木柵斷橫江鐵索破瓜
洲遂陷鎮江進逼江寧謁孝陵移檄遠近東南大震時

上幸南苑議親征兩江總督郎廷佐偕通款以緩攻崇明總兵梁化鳳赴援化鳳望敵營不整因大出師以三路攻其前以勁騎繞出山後夾攻敵遂大潰又燒其海艘五百餘成功遂以餘艦遁還

辛丑順治十八年

鄭成功攻臺灣逐荷蘭而取其地　詔徙沿海居民嚴海禁

鄭成功自江南敗歸崎嶇海上日久屢進取無功謀奪臺灣爲窟穴會荷蘭通事何斌逋負巨債投成功請爲嚮導至是進泊澎湖紅毛以大舟沉塞港口礮發潮漲丈餘數百艘傒抵岸遂克赤嵌城進圍王城半載不下

乃絕水源以困之荷蘭棄臺灣以大船遷去鄭氏遂有
臺灣與金厦兩島相犄角　詔沿海居民三十里界外
盡徙內地禁漁舟商舟出海以杜句通總督李率泰遂
遷同安之排頭海澄之方田邊境八十八堡安置內地

國朝柔遠記卷一

國朝柔遠記卷二

臣彭玉麟恭定
臣王之春敬編

癸卯康熙二年

夏六月荷蘭入貢

荷蘭自順治十三年請貢經禮部議准後是年始由廣東入貢刀劍八皆可屈伸馬四鳳膺鶴脛迅速異常

詔嘉賚之

冊封琉球國王

琉球東洋小國也有三十六島紆蟠如虬龍流動故稱流虬後改琉球南北四百里東西不足百里在日本薩

司馬南值臺灣東北都於那壩其島較大海風甚烈地磽瘠少米民食番薯唐宋以來始通中國明初入貢太祖賜以閩人善操舟者三十六姓後日本虜其王不屈復送還國修貢如常舊有山北山南中山三部後中山王并之以國小而貧爲日本所屬役惟世奉中國正朔先是國王尙質於明季請封未果使者留閩順治中轉送禮部繳前敕印循舊典差行人張學禮副使王垓賜一品服往册封尋以海氛未靖暫停至是仍差學禮等往竣事　賜王及妃蟒緞綾綢各四十八匹使還隨貢槍刀扇紙琉黃蕉布胡椒等物自是定貢舟三年一至許販鬻中土貨物免其稅國中資以爲利焉

甲辰康熙三年

克厦門金門展沿海居民地界

鄭成功既破荷蘭而有臺灣　朝廷遂誅芝龍及鄭氏在京者元年成功卒長子錦一作經守厦門入臺嗣立靖南王耿繼茂總督李率泰貽書招錦錦請如琉球朝鮮例不報時明桂王已滅而錦猶奉永歷年號至是繼茂率泰及降將施琅黃梧等進兵克厦門金門浯嶼降其眾萬八千錦遁歸臺灣始展沿海居民界復舊業

十二月戊午朔日食不應黜湯若望

初徽州歙縣人楊光先告欽天監正湯若望傳天主教且其造時憲書有十謬一不用諸科校正之謬二一月

有三節氣之謬三二至二分長短之謬四夏至太陽行遲之謬五移寅宮箕三度入丑宮之謬六刪除紫炁之謬七顚倒觜參之謬八顚倒羅計之謬九黃道算節氣之謬十歷止二百年之謬禮科議駮不准至是又摘本年是月日食交會之誤狀告禮部曰湯若望陽假修歷之名陰行邪教之實散布邪黨於濟南淮安揚州鎭江江寧蘇州常熟上海杭州金華蘭谿福州建寧延平汀州南昌贛州廣州桂林重慶保寧武昌西安太原絳州開封並京師共三十堂每堂一年五十餘會每會收徒二三十人各給金牌繡袋妖書會單以爲憑驗請照
大清律左道妖言二條治罪　旨下禮部會吏部同審

湯若望等及傳教之歷官李祖白擬大辟免死其作序
之給事中許之漸罷黜
乙巳康熙四年
以楊光先爲欽天監正
是年特授楊光先欽天監右監副旋授監正光先以但
知推步之理不知推步之數且以攻罷異端爲邪黨所
忌潛伏殺機恐遭陷害力辭新職疏凡五上卒不准辭
丙午康熙五年
封安南國王黎維禧
時黎維禧繳呈明桂王永歷所給敕印　詔遣使封爲
安南國王自後貢獻定六年兩貢並進貢道由廣西太

平府入關不由海道

戊申康熙七年

秋七月欽天監監副吳明烜罷以治歷南懷仁爲監副

懷仁大西洋人於　上初元來華在監治歷劾奏吳明烜所造八年已酉歲時憲書七政民歷内閏十二月應是九年正月又一年兩春分兩秋分種種謬誤刑部議明烜罪奉　旨從寬杖四十革職以懷仁爲監副

己酉康熙八年

秋八月議欽天監正楊光先罪

光先在監數年吳明烜爲監副因本年置閏之誤明烜已爲南懷仁所劾光先自覺其非自行檢舉但時憲書

已　須行乃下　詔停止閏月下光先於獄刑部議光先罪當斬　上憐其年老加　恩從寬免死至是政成後遇赦歸行至山東暴卒（光先赦歸至山東暴卒時有謂其爲湯若望之黨毒死者但東華錄祗云年老　加恩免死疇人傳祗云歸卒其　毒死之說諸書皆無明文當日傳聞之詞未知確否）先是湯若望雖罷黜而羽黨實多天主教傳布中國光先自憤其先憂之隱不白於天下後世嘗著不得已書闢其教法深爲若望之黨所嫉其不得已上篇云歷官李祖白天主教之門人也著天學傳概一卷其言曰天主上帝開闢乾坤而生初人男女各一子孫居如德亞國此外並無人居當是時事一主奉一教紛歧邪說無自而生其後生齒日繁散走遐遯遂爲大東大西有

人之始卽爲中國有人之始夷考其時當在伏羲氏是中國之初人實如德亞之苗裔天學固其所懷來也延至唐虞三代君臣告誡於朝聖賢垂訓於後往往呼天稱帝以相警勵其在書曰昭受上帝天其申命用休詩曰文王在上於昭于天魯論曰獲罪於天中庸曰郊社之禮所以事上帝孟子曰樂天畏天事天何莫非天學之法語微言是中國之教無先天學者噫小人而無忌憚亦至此哉不思今日之天下卽三皇五帝之天下也祖白謂歷代之聖君賢臣是邪教之苗裔六經四書是邪教之微言將何以分別　本朝之君臣不爲邪教之苗裔乎而弃其端者曰康熙三年柱下史毘陵許之漸

敬題噫異哉史臣諫官而亦爲此言耶雖前明之季學士大夫如徐光啟李之藻李天經馮應京樊良樞等多爲天主教作序然或序其歷法序其儀器序其算數至進天主書像未有序之者實湯若望自序之可見徐李諸人猶不敢公然得罪名教也若望之爲書也曰男女各一以爲人類之初祖未敢直言覆載之内背其教之子孫祖白之爲書也則盡中國而如德亞之矣盡中國之古先聖師而邪教苗裔之矣盡歷代之聖經賢傳而邪教緒餘之矣豈止妄而已哉天主教不供君親是率天下而無君父者而之漸之序曰二氏終其身於君臣父子而莫識其所爲即儒者亦不能無獘噫是何言也

二氏寺觀奉龍牌尚識君臣佛經言供養千辟支佛不如孝堂上雙親尚知父子況吾儒以天秩天敘天倫天性立敎乎惟天主耶穌以犯法釘死是莫識君臣耶穌之母瑪利亞有夫名若瑟而曰耶穌不由父生是莫知父子何顛倒之甚也楊墨之害道也不過爲我兼愛而孟子即拒之曰楊墨之道不息孔子之道不著傳檄之害道也苗裔我君臣學徒我周孔祖白之意若曰孔子之道不息天主之敎不著孟子之拒恐人至於無父無君祖白之著恐人至於有父有君而許君爲祖白作序是拒孔孟而尊祖白矣邪教開堂於京師宣武門之内東華門之東阜城門之西山東之濟南江南之淮安揚

州鎮江江寧蘇州常熟上海浙之杭州金華蘭谿閩之福州建寧延平汀州江右之南昌建昌贛州東粤之廣州西粤之桂林蜀之重慶保寧楚之武昌秦之西安晉之太原絳州豫之開封凡三十窟穴而東粤之香山澳萬人盤踞其間成一大都會暗地往來若望藉歷法以藏身金門而棊布邪教之黨羽於十三省要害之地其意欲何爲乎明綱之所以不紐者由廢祖宗之法弛通海泄漏之律徐光啟以歷法薦利瑪竇等於朝以數萬里不朝貢之人來而弗譏其所從來去而弗究其所從去行不監守之止不關防之十三直省之山川形勢兵馬錢糧靡不收歸圖籍而弗之禁古今有此玩待外國

人之政否我　朝因明之待西洋如此習以爲常不察伏戎於莽萬一竊發百餘年後將有知予言之不得已者其下篇云天主教所事之像名曰耶穌手執一圓像問何物則曰天問天何以持於耶穌之手則曰天不能自成其爲天猶萬有之不能自成其爲萬有必有造之者而後成天主爲萬有之初有其有無元而爲萬有元超形與聲不落見聞乃從實無造成實有不需器具先造無量數天神無形之體次及造人其造人也必先造天地品彙以爲覆載安養之需故先造天造地造飛走鱗介種植等物然後造人男女各一男名亞當女名厄襪以爲人類之初祖天爲有始天主爲無始有始生於

無始故稱天主焉次造天堂以福事天主者之靈魂造地獄以苦不事天主者之靈魂人有罪應入地獄者哀悔於耶穌之前並祈耶穌之母以轉達於天主即赦其人之罪靈魂亦得升於天堂惟諸佛爲魔鬼在地獄中永不得出問耶穌爲誰曰即天主問天主宰天地萬物者也何爲下生人世曰天主憫亞當造罪禍延世世苗裔許躬自降生救贖於五千年中或遣天神下告或託前知之口代傳降生在世事跡預題其端載之國史降生期至天神報童女瑪利亞胎孕天主瑪利亞怡然允從遂生子名曰耶穌故瑪利亞爲天主之母童身猶未壞也問耶穌生於何代何年曰漢哀帝仁壽庚申二年

噫荒唐怪誕亦至此哉夫天二氣之所凝非可造而成者也設天果有天主則覆載之內四海萬國皆天主所宰制必無獨主如德亞一國之理且既稱天主凡天下事皆天主主持當其下生三十三年誰代主宰其事天既無主則天不運行地不長養人不死生物不蕃茂乾坤或幾乎息矣天主欲救亞當胡不下生於造天之始乃生於漢之仁壽庚申天主造人當造盛德至善之人以爲人類之初祖猶恐後人之不善繼述何造一驕傲爲惡之亞當致子孫世世受禍且其子孫中又有聖有賢有智有仁不盡亞當之所爲又何人造之哉天主下生救之宜過化存神型仁講讓登一世於熙皞其或庶

幾乃不識其大而好行小惠惟以瘳人之疾生人之死爲事又安能救一世之雲礽去惡而遷善以還造化之固有哉釋氏銷罪崇善去惡彼教但以奉耶穌母子者即升之天堂不奉者即下之地獄使奉者皆善人不奉者皆惡人猶可說也苟奉者皆惡人不奉者皆善人不已顛倒賞罰乎謂佛墮地獄中永不得出誰則見之而耶穌生釘十字架現身劍樹苦海豈有主宰天地萬物之人而不能自主一身之性命乎豈有造化世界之上帝而世人能戕之戮之乎剽竊釋氏天堂地獄之唾餘而反唇相謗則雖道教方士之剽佛謗佛不如是甚也且又援儒而謗儒歷引六經之上帝斷章以證其爲天

主而曰蒼蒼之天乃上帝所役使或東或西無頭無腹無手無足未可爲尊況地爲衆足所踐污穢所歸安有可尊之勢夫不尊天地而尊上帝猶可言也尊耶穌爲上帝不可言也耶穌而誠全天德之聖人也則必一言而爲法後世一事而澤被生民若伏羲文王之明易象堯舜之致時雍大禹之平水土周公之制禮樂孔子之明道德斯萬世之功也耶穌有一於是乎如以瘳人之病起人之死爲功此華佗良醫祝由幻術之事非大聖人之事也更非主宰天地萬物者之事也苟以此爲功則何如不令人病不令人死之功爲更大也以上帝之聖神廣運一一待其遇病瘳之遇死起之則已不勝其

勞況遇耶穌者一二不遇耶穌者無窮其救世之功安在也且利瑪竇之書止載耶穌救世功畢復升歸天而諱其死於王法至湯若望黠不若利瑪竇乃並其受罪釘死直圖而布之其去黃巾五斗米之張道陵幾何世或以其制器之精奇而喜之或因其不婚不宦而重之不知其儀器精者兵械亦精適足爲我隱患也不婚宦者志不在小乃在誘吾民而去之如圖日本取呂宋之已事可鑒也詩曰如彼雨雪先集維霰又傳曰鷹化爲鳩君子猶惡其眼今者海氛未靖譏察當嚴揖盜開門後患宜毖寧使今日詈予爲妒口毋使異日神予爲前知斯則中國之厚幸也夫

臣按戰國時楊朱墨翟之言盈天下孟子不得已以能言拒之甘負好辯之名而堯舜禹湯文武周公孔子之道賴以不喪於天下後千餘年佛老之說陷溺人心韓子不得已作原道以明先王之教而堯舜禹湯文武周公孔子之道亦得未墜於地我 朝定鼎之初湯若望挾其新法混入中國一時喜其歷法準驗稍弛中外之大防遂致腥羶雜處光先不得已而爲是篇言耶穌自稱爲上帝雖與福音書稍歧然閑先聖闢異端義正詞嚴亦大有功於名教而當時言天學者右湯而左楊抑何不思之甚耶

冬十二月禁直省立天主堂

先是欽天監官依舊法推算康熙八年十二月當置閏南懷仁言雨水爲正月中氣是月二十九日値雨水卽爲九年之正月不當閏置閏當在明年二月監官多直懷仁言乃改閏二月遂　特旨許西洋人在京師者自行其教凡在各省開堂設教者禁之

庚戌康熙九年

金川土司嘉勒巴内附

金川在四川松潘廳徼外有二源一出小阿樹土司經黨壩入境爲大金川一源較近爲小金川皆以山產金礦得名二水合流後爲大渡河西南會打箭鑪河而南又東至嘉定會青衣水入岷江漢冉駹外徼隋置金川

縣唐維州地明隸雜谷安撫司其地萬山叢矗溪流洶湧深寒多雨雪惟產青稞蕎麥番居皆石碉至是其土司嘉勒巴來附　上以其俗崇西藏釋教給演化禪師印俾領其眾

復起湯若望欽天監正

自是時憲書用西歷新法永爲定制若望後以十七年卒

夏六月意大里亞入貢

意大里亞一名以他里即後漢書大秦國以其人長大類中國故中國人以此稱之非其本名又名犁鞬在歐羅巴洲南境東北界土耳其亞得利亞海西南并界地中海西北界法蘭西大山北界瑞士東北界奧地利亞北極出地自三十八度至

四十六度英國中綫偏東自四度至十六度本昔之羅馬國即天主敎宗國歐羅巴列邦建置本末以額力西爲最著額力西一名厄勒祭在意大里亞東希臘其都城一區之地昔并於土耳其今希臘仍自爲一國當周時尚強盛爲希臘諸國漢始爲意大里亞所并即羅馬也國創於周至漢而成泰西混一之勢東西分裂在東晉侵削在六朝及唐宋宗社之墟在明景泰祚歷二千餘年而後法蘭西英吉利代興利瑪竇始以萬國全圖幾何歷法天主耶穌經像汎海九萬餘里而入中國故惟意大里亞足以綱紀大西洋開古今中外一大變局其羅馬語言文字法制技巧諸西國猶宗之今疆土已裂爲十三國國王雖偏處東方而西部羅馬舊

都之天主教化王猶爲諸西國總持萬國全圖之說曰天下有五大洲一曰亞細亞凡百餘國而中國居其一二曰歐羅巴凡七十餘國而意大里亞居其一三曰利未亞（一作阿非利加）亦百餘國四曰亞墨利加（即米利堅洲）地當全球之半分爲南北二洲最後得墨瓦蠟泥加洲（即澳大利亞一稱阿塞尼亞）而五域中大地盡矣爲天主教之說者曰天主名耶穌即救世主也一稱基督於漢哀帝仁壽二年（西人言天主生年亦不一有以爲在殷周者有以爲在虞夏者然以今西洋諸國紀年按之則此爲合）產於亞細亞西境之如德亞國即猶太也（今南土耳其藩屬）天主爲上帝之子代天行化以聖教導民嘗贖人之罪代受酷刑釘於十字架而死死而復活昇天其教傳播西土有

彼得羅者產於羅馬爲天主十二門徒之首繼闡教化又有伯多琭寶琭二人至羅馬講明天主事理人多信之而後總王公斯瑺丁立殿以崇奉之郎今意大里亞敎化王所居是敎化王者所以代天主在世布敎之君也其說大畧如此今夷考敎王厥初爲敎師當劉宋時羅馬西都爲北狄峩特族所據敎師乘機傳會福音之說引誘諸蠻而鈐東之遂操國權而加特力敎興焉（天主敎分爲三總名克力斯頓敎加特力乃天主舊敎之名一稱洋敎又有額力敎波羅士頓敎爲諸國後起新敎一名西敎常以爭敎之故結黨相攻伐）中值法蘭西滅峩特以地歸敎師號敎化王以敎人尊信天主故又稱敎主總敎主死則各國分領之敎主會推一老成者以嗣其位諸有大事

則請命焉奉爲聖父神師各國有不遵教者則滅其國或廢其君故各國王雖非其臣莫不致敬盡禮後雖其權稍替然如法蘭西之創霸英吉利北族之起兵皆先請命天主以至遠方來焚香者歲以萬計又拜天主母瑪利亞像籲禱尤虔故民多惰農自安林多伏莽捕亟則以天主堂爲逋逃藪此意大里亞教王大致也顧國人習技能善推步往往挾度數之學以藏身飾天主之說以惑衆利瑪竇以萬歷九年來廣州歷久始至京師中官馬堂以其方物進獻稱大西洋人禮部奏言會典止有西洋瑣里無大西洋眞僞不可知又寄居二十年方進貢則與慕義特來獻琛者不同且所貢天主及天

主母圖旣屬不經而所攜又有神仙骨夫神仙飛昇安得有骨則唐韓愈所謂凶穢之餘不宜入宮禁者況此等方物未經臣部譯驗徑行進獻則內臣混進之罪有不容辭者及奉旨送部乃不赴部審譯而私寓僧舍臣等不知其何意不報帝竟嘉其遠來給賜優厚公卿以下咸與晉接利瑪竇安之留居不去其徒來益衆有王豐肅（職方外紀以爲即西班牙王名亞豐肅世傳歲差本原皆其攷定製爲一定圖像）陽瑪諾者居南京專以天主教惑人又盛誇其風土人物遠勝中華禮部郎中徐如珂惡之乃召兩人授以筆劄令各書所記憶悉舛謬不合乃與侍郎沈㴶給事中晏文輝等合疏斥其邪說惑衆且疑爲佛郎機所假託乞亟行

遣逐給事中余懋孳亦以爲言帝納之令豐肅及龐迪我等俱遣赴廣東聽還本國時迪我等以明歷法在欽天監同測驗奏乞寛假不報乃怏怏去豐肅尋變姓名復入南京行教如故他如龍華民畢方濟艾如畧熊三拔皆意大里亞人而湯若望羅雅谷等旣其纂成崇禎歷書若望遂入 本朝官監正至是國王遣使奉表貢金剛石飾金劍金珀書箱珊瑚樹琥珀珠伽南香哆囉絨象牙犀角乳香蘇合香丁香金銀花露花幔花氈大玻瓈鏡等物大西洋去中國水程八萬里其道由地中海西出大洋南行過福島島在利未亞洲之西西人言地輿者昔以此島爲中綫以分東西緯度東南行泛利未亞海過大浪山折而東過西南

海東北行過小西洋又東行至小呂宋入廣東境此往時大西洋來華海道迂折所經故稱八九萬里後益熟悉道里漸趨直徑至同治間各國商人在土耳其之東埃及國蘇益徵地開蘇彛士新河百七十里由西紅海達地中海以通輪舟較當日海道省二萬里

冬十二月暹羅遣使請貢

暹羅國在東南洋東界越南南界海西南界滿剌加西界緬甸西北隅界南掌即老撾北界雲南北極出地八度至二十一度中綫偏西自十四度至十八度國都曰曼谷環境皆山東南海口卽舊水眞臘國有二大水一瀾滄江發源青海經雲南入境至東埔寨入海一湄南河發源雲南之李仙把邊等河由北境會諸水而南入海國西南有斜仔一作坜仔六坤宋腒勝一作宋卡大年一作大呢丁葛

奴彭亨諸番部皆其屬國地饒沃產米尤多百物豐盛爲海舶市埠之最有銀錫金剛寶石犀象翡翠鸚鵡火雞沉速伽南降眞諸香烏木蘇木椶竹貓竹胡椒豆蔻阿魏冰片諸藥料材木作船甚堅美民多習逸俗崇佛敎寺像華侈文字皆旁行後乃稍習中國字向惟知尊重中國閩廣人在其地者甚眾官屬亦多以中國人爲之風俗勁悍習水陸戰竪木柵爲營與緬甸同其國卽古越裳地晉宋爲扶南王隋唐爲赤土國及婆羅剎地後分暹與羅斛二國元時暹嘗入貢始知其名羅斛後幷有暹境明洪武中貢馴象給賜印文始稱暹羅國與老撾南掌占臘干賓文萊鄰後幷爲所屬萬歷二十年

倭據朝鮮暹羅請潛師直擣日本兵部后星主之廣督蕭彥持不可乃已其西屬國舊有滿剌加柔佛正德中爲法蘭西所破而葡萄牙荷蘭疊據之立市埠（今英吉利於舊柔佛立市埠郎新嘉坡）然暹羅迄崇禎十六年猶入貢其效順中國如此至是遣使請貢換給印敕勘合許之

癸丑 康熙十二年

暹羅遣使朝貢

暹羅既得請使還其國王森烈拍臘照古龍拍臘馬嘑陸坤司由提呀菩埃遂遣使臣握坤司吝喇耶低邁禮偕貳貢三貢使臣等具金葉表文貢馴象孔雀鮫布諸香有 旨褒嘉頒賜敕印自後職貢時通其入貢由海

道抵粵東

春三月吐魯番入貢

吐魯番在天山南路時回疆各城尚有元裔汗王吐魯番蘇勒檀汗至是遣使入貢疏言臣國蹇遭變亂不能進獻今地方稍平特遣兀魯和祭於一千八十三年二月十八日遠貢方物其紀年蓋用回教故也回教以摩哈默德離本國之年爲元起唐高祖武德四年

甲寅康熙十三年

鄭錦陷漳州泉州汀州邵武興化及惠州潮州諸府縣

鄭錦自失厦門衰弱不敢内犯十二年冬平西王吳三桂反雲南靖南王耿精忠亦叛告援鄭氏許給以漳泉

二府錦遂渡海而西與合從進陷漳泉諸府精忠旋背
約
秋八月 命治歷南懷仁鑄火礮
西洋火器輕利時三藩背叛鄭錦復猖獗海上因 命
南懷仁鑄西洋火礮三百二十尊助大軍進勦
丙辰康熙十五年
收復漳泉諸府
耿精忠與 王師抗屢敗挫鄭錦又侵奪其地前後受
敵乃於是年反正導康親王傑書之師攻鄭錦遂復漳
州泉州諸府
俄羅斯人來 貽書其國察罕汗

俄羅斯一作鄂羅斯地跨亞細亞歐羅巴兩大洲北境又兼得亞墨利加洲葛西模斯之一隅在歐羅巴者有東西南大小加匽南新藩俄羅斯七大部東俄羅斯即比特革部新都彼德羅堡所在大俄羅斯則舊都莫斯哥所在在亞細亞者爲東西悉畢爾即西伯利部一作西比里阿東西悉畢爾各分二區是爲新東藩之四大部四部一都莫斯一科利弗東部一雅古薩一甘查甲合歐洲七部共十一大部聖武記以計由之舊都莫斯哥之新都西哈薩克之喀山合悉畢爾爲四大斯科又以奪阿藻東北之地曰司馬廉曰郭羅多曰佛羅尼三斯科及索遷舊疆之那爾瓦合爲八大斯科又按海國圖志俄羅斯全圖則於西七大部東四大斯科外又有依烏拉嶺東南哈薩克西北之三大斯科部落分合難以强同豈前後有變更抑載記有紛錯耶姑存此以備考大部稱爲大斯科猶華言省治也所屬有小斯科及柏興則若府治縣治然疆域東

接彌利堅洲（即亞墨利加洲）之墨領海峽（墨領一作北令或作伯淋）其古利羣島則界日本東南界黑龍江蒙古新疆哈薩克與中國相首尾南界黑海裏海波斯土耳其西界洲中海（一名波羅的海）奧地利亞普魯社瑞典北至冰海北極出地自三十八度至七十八度福島經綫自二十二度至一百六十八度東西二萬餘里幾得地球面八之一國中央多坦平惟東藩地負阿爾泰山大興安嶺之陰東西二洲間則烏拉嶺自裏海以屬北海爲葱嶺北幹中以一徑爲二大洲之關鍵大抵種植材用皆產西南境東多礆磧瀉鹵北皆冰雪不毛而產五金珍寶及狐鼠貂獺海馬鱗介之屬人民罕居夏則有晝無夜冬則有夜無晝

國人碧目深睛鬚髮黃赤黑睛者相傳漢李陵遺種各部種族甚繁有天主教回教釋教各以地之相近唯所奉性勇悍樂戰鬭騎兵尤趫捷奴僕之數極多五爵至以多寡爲產業之大小稅則猶循什一之遺兵則給農田使養兵無事則兵亦助耕國人向多獷野近設學館購書籍雅尚文藝朝以大臣分理國政然事少定例權皆其主自操之故事多任臆常生叛亂自昔不通中國漢則渾窳屈射堅昆丁零諸國爲匈奴所屬唐爲黠戛斯骨利幹宋初有女王以國地分給其十二子至元初爲阿速欽察阿羅思吉利吉思昂可新諸國日尋干戈而太祖滅之以封長子朮赤地皆在葱嶺北未至東方阿羅思族裔

逃於北海之計由而臣於元俄羅斯卽阿羅思轉音也元亡族姓爭俄族亦內亂明宏治中有部長部長名伊挽瓦爾西或稱宜萬王或稱以文第一王乞援於西費雅國卽瑞典國假其兵以靖亂又起兵盡驅蒙古恢復舊疆自立爲汗又幷東方之西比厘阿卽東悉畢爾始抗衡歐羅巴洲傳至萬歷季年國亂有彼得羅王一作比達王發憤修政潛遊荷蘭諸國船廠火器局講習工技歸國選授才俊建設藝館遂破瑞典而建新都卽號彼得羅堡新都在東俄部一名比特革其北海舊都曰莫斯哥自遷新都後復還舊都至道光中爲佛郎機所燬今仍都彼得羅堡攻取南方以資游牧通海路以廣貿遷招俊傑以任將帥國勢日强疆土益闢其與我　朝通商也當　龍興之初其東部曰羅剎者地里

備考以爲此係南俄部端戈薩司之兵善騎善戰領兵者爲爾特厘由東洋海岸收毳鑛之貢沿菴雅臘河至麥加湖即呼倫貝爾泊徑抵黑龍江北岸據雅克薩尼布楚二地樹木城居之侵擾諸部時我大兵亦方定黑龍江索倫達瑚爾及使犬使鹿各部兩師相値各罷兵歸又越興安嶺南向侵掠布拉特烏梁海四佐領崇德四年我　大兵再定黑龍江毀其城兵退而羅刹復城之順治十一年遣兵逐之十五年調高麗兵逐之又數遣大臣督兵以餉不繼而返而十二年及十七年俄羅斯察罕汗兩附貿易人至京奏書亦絕不及邊界事至是其商人尼果賚等至　上召見之賜察罕汗書令管東羅刹毋擾邊陲

丁巳康熙十六年

收復惠潮諸府

上年康親王之師收復漳州泉州後至是惠州潮州亦

反正鄭錦遁入厦門

戊午康熙十七年

鄭錦復侵沿海城堡

錦在厦門復集衆侵沿海城堡　詔復遷濵海居民申

舊禁

秋八月遣意大里亞使臣歸國

意大里亞以九年入貢至是　召見於　太和殿賜宴

遣歸　上以其遠泛重洋傾誠慕義　錫賚之典視

他國更優

己未 康熙十八年

總督姚啟聖提督楊捷解漳州泉州圍進克海壇金門廈門

鄭錦將劉國軒等復陷海澄官軍死者三萬餘都統赫穆林提督段應舉皆遇害　詔罷總督郎廷相以姚啟聖代之與提督楊捷夾攻解漳泉圍國軒遁還海澄抵守諸島相持久不決乃厚積舟師并檄何蘭夾板船助勦未至官軍已克復海壇海澄進逼廈門國軒遂棄金廈二島遁歸臺灣

庚申 康熙十九年

貝子賴塔貽書招鄭錦
先是總督李率泰貽書招錦至是貝子賴塔復貽書招
之錦請如約惟欲留海澄為互市地姚啟聖不可
辛酉康熙二十年
復展沿海居民地界
時沿海府州縣及金廈二島均已收復總督姚啟聖巡
撫吳興祚疏請沿海民展界復業從之
壬戌康熙二十一年
築黑爾根及齊齊哈爾城
築城備俄羅斯侵軼也自十九年附尼果賚等　貽書
察罕汗久未有答書而羅剎仍潛侵淨里溪等處遷延

不去復東掠人畜於赫哲費雅哈飛牙喀奇勒爾諸地藪我逋逃阻我索倫貂貢將割據黑龍江東北數千里甌脫地　上以其密邇留都不可滋蔓又重開邊釁因遣都統彭春等以兵獵黑龍江徑薄其郛偵形勢於黑爾根及齊齊哈爾各築城戍之置十驛通水運又令喀爾喀車臣汗斷其貿易以困之

癸亥　康熙二十二年

夏六月水師提督施琅征臺灣平之鄭克塽降

先是鄭錦頻年出兵在外用陳永華言命子克𡒉監國長而才然婢出也二十年錦卒成功妻董氏入間言殺克𡒉而立次子克塽襲延平王幼弱不任事事皆決於

侍衛馮錫範入心益失於是總督姚啟聖奏鄭錦死子少國内亂時不可失時墺將劉國軒貽書啟聖請如琉球諸國例稱臣入貢啟聖以聞　上不可　命進兵將出師啟聖欲候北風直取臺灣施琅欲乘南風先取澎湖奏言澎湖不破臺灣無取理澎湖失則臺灣不攻自潰請以戰艦三百水師二萬獨任討賊而留督臣廈門濟餉　詔從琅策時劉國軒擁衆守澎湖甚嚴我軍次七罩灣適潮漲舟乘以進會颶風夜發怒濤山立國軒壘壁環二十里四面列巨礮琅親督大艦衝圍矢集琅目不少卻國軒自率二萬人泊牛心灣別屯萬人於雞籠嶼相犄角琅乃分兵三路以五十艘出雞籠爲奇

兵分敵勢自督五十六艘分八隊攻其中堅又以八十艘繼後每路中復各分三隊不列大陣約以五艘攻其一艘人自爲戰酣鏖竟日聲震數百里焚百餘艘殺萬有二千人凡海洋占候雲合風生雷鳴風止是日將戰黑雲起敵方相賀忽聞霹靂皆驚愕失色遂大敗國軒由吼門冒險突圍而遁我軍乘勝至鹿耳門膠淺不得入泊海中十二日潮不至忽大霧潮高丈餘舟師平行而入鄭氏驚曰先王得臺灣鹿耳門漲今復然天也於是遣僞官鄭平英等齎表至施琅軍前降琅請 頒赦招撫 上諭鄭克塽曰帝王撫御寰區仁覆無外郎海隅日出之邦無不欲其咸登衽席其樂昇平爾祖父

自明季以來出沒海洋盤踞島嶼本朝定閩後爾祖鄭成功竊據海隅甘外王化以及爾父鄭錦句引奸徒窺伺內地屢經勦撫頑梗怙終爾方童穉妄思效爾前人倚險負固飄突靡常故特選將練兵出洋進勦爾等果能悔罪投誠率所部僞官軍民人等悉行登岸將前罪盡行赦免仍加恩安插務令得所爾等其審圖順逆善計保全以副朕宥罪施仁至意克塽遂率劉國軒馮錫範等俱薙髮降臺灣平臺灣在閩海中縱千有餘里衡四五百里地脈自福州鼓山越大洋爲澎湖諸島又東二百里爲臺灣起雞籠山南盡沙馬碕東南渡洋爲小呂宋東即大東洋東北直琉球日本北則朝鮮盛京西

北為青徐江浙海疆西與福泉興漳相值西南走交廣檣帆相接濱海土地饒沃一歲三熟山前多泉漳惠潮民徙墾山後皆土番所居曰社有三百餘社分生熟二種生番居深林密箐言語不通熟番亦與居民雜處通市而皆射生飲血嗜殺械鬬土產布穀五金煤礦毛羽皮革竹木絲漆蔗糖甚豐其地古不與中國通罕有至者卽宋史所謂澎湖東有毘舍那國是也明嘉靖後海賊林道乾竄踞後為鄭成功所有至是施琅言臺灣一島之地實腹內數省之屏蔽棄之恐轉資荷蘭

上可其奏命籍之初置府一曰臺灣縣三曰臺灣曰諸羅乾隆時改嘉義分設彰化曰鳳山以知縣理之又設兵備道一總兵

官一以統轄之飭戎備焉
開海禁
時沿海居民雖復業尚禁商船出洋互市施琅等屢以為言又荷蘭以曾助剿鄭氏首請通市許之而大西洋諸國因荷蘭得請於是凡明以前未通中國勤貿易而操海船為生涯者皆爭趨疆臣因請開海禁設粵海閩海浙海江海榷關四於廣州之澳門福建之漳州浙江之甯波府江南之雲臺山署吏以蒞之
乙丑康熙二十四年
夏四月黑龍江將軍薩布素圍雅克薩城
先是都統彭春征雅克薩城二十三年正月羅刹懼乞

降官軍獲其鳥槍以歸未幾羅刹潛據雅克薩如故
上命黑龍江將軍薩布素等統兵圍之阿達哈哈番
馬喇言若取羅刹田禾則羅刹不久自困侍衛關保來
亦以爲然　上諭令薩布素等酌議或由陸路進以
所刈禾投江下流或水陸並進以所刈禾船載以歸已
而薩布素等不能及時進取田禾　詔責之　特命都
統瓦山與薩布素等詳議以聞於是會奏我兵擬於四
月杪水陸並進抵雅克薩城招撫如不納款則攻其城
倘萬難克取卽遵前　旨毀其田禾以歸　上又諭
云兵非善事不得已而用之向者羅刹無故犯邊收我
逋逃後漸越界而來擾害索倫赫哲飛牙喀奇勒爾諸

地剽劫人口搶擄村庄攘奪貂皮肆惡多端是以屢遣人宣諭復移文來使羅刹竟不報命反擾害益甚爰發黑龍江兵扼其往來之路羅刹又竊踞如故不送還逋逃應即翦滅今大軍將逼臨雅克薩城姑再宣諭羅刹倘仍抗拒則大兵相機而行四月官軍乘冰釋水陸並進將神威將軍火器置前急攻之其頭目額克里舍勢窮乞降克其城歸其人於雅庫舊部

丙寅 康熙二十五年

秋九月　詔薩布素班師

是年正月羅刹復以五百人攜火器來據雅克薩依舊址築城以居薩布素率所部二千人圍攻之死守不去

值荷蘭貢使在都稱與俄羅斯逼鄰乃　賜書付荷蘭轉達其汗時察罕汗已卒新察罕汗嗣立知中國東方距已遼遠且限以行國非若西北之西費雅西南之圖里雅（卽普魯社今布國）近在肘腋所必爭也於是商議復書海道往還迅速九月復書卽至言中國前屢　賜書本國無能通解者今已知邊人搆釁之罪自當嚴治卽遣使臣詣邊定界請先釋雅克薩之圍許之遂　詔薩布素等退師

葉爾羌汗遣使來貢

葉爾羌在葱嶺東漢莎車地順治初回疆各城尚皆有汗皆元太祖次子哈薩岱之裔非回回族哈密有巴拜

汗吐魯番有蘇勒檀汗葉爾羌則阿布都汗皆以葉爾羌爲大宗每表貢皆葉爾羌汗署名至是表貢稱臣成吉思汗太祖元裔承蘇賚滿業汗蓋是時尚未爲回酋所有逮準噶爾攻破回疆各城後無復表貢

戊辰康熙二十七年

置定海縣

定海縣舊曰舟山一曰翁洲在寗波海中周百餘里郎越句踐欲徙吴夫差甬東之地先是順治三年大兵定浙東明監國魯王航海先至舟山守將黃斌卿不納遂入閩明遺臣多附之五年其將張名振阮駿陷健跳所王朝先旋攻斬斌卿於舟山迎魯王居之七年閩浙總

督陳錦言浙東舟山海寇及各寨山寇皆以故國爲名猖獗相倚交通閩粤窺伺蘇松久爲東南之患請進兵由定海關出海乘風潮半日可到攻其不備錦旋與都統金礪等會兵進破四明諸山寨乘大霧渡海克其城魯王遁赴厦門錦遂奏設陸兵千水師二千以守後又爲鄭成功所破據官軍復攻克之提督田雄言舟山不難於復而難於守請以滿兵駐防增戰艦補水師分汛偵剿嗣因海警稍息議政王等言舟山本棄地守亦無用應令都統率兵回京康熙二十三年巡撫趙士麟總兵孫惟統疏言舟山爲盜郡藩籬請移定海總兵駐守二十五年奏請設縣治至是建縣　賜名定海屬寧波

府而以舊定海縣爲鎮海
秋九月漠北喀爾喀蒙古各部來附
喀爾喀蒙古元太祖十五世孫達延車臣汗居於北庭即古北匈奴單于庭元代稱和林有子十一徙漠南者爲敖漢柰曼巴林札魯克什克騰烏珠穆沁浩齊特蘇尼特九部其季子格呼森扎賚爾仍留漠北析部衆分授七子爲七旗分東西中三路各立汗掌之是爲土謝圖汗及車臣汗札薩克圖汗三部其地東界黑龍江西界厄魯特北界俄羅斯南訖瀚海以皆在漠北故喀爾喀終明代不見於史　國初崇德時平漠南插漢部喀爾喀遣使貢名馬甲冑元狐白貂鼠及俄羅斯火槍回部弓箙鞍轡阿

爾瑪斯斧　詔定歲獻九白之貢白駝一白馬八曰九白其後相繼歸誠編入八旗駐京蒙古者爲舊喀爾喀有順治中及初元來歸　賜牧喜峯張家兩口外之札薩克左右翼爲內喀爾喀其外喀爾喀在漠北中葉專倭剌麻懈武事所部復自相搆兵爲厄魯特覬覦準噶爾汗噶爾丹因之挑衅是夏遂大舉入其庭喀爾喀再戰再北三部落數十萬衆瓦解先後東奔於是戴青台吉等二十八人各率所部入邊請降　旨准於汛界內遊牧至是土謝圖汗與其弟率兩翼台吉及澤卜尊丹巴胡土克圖等入汛界乞降沿邊阿霸哈納諸台吉皆從之內附

己巳康熙二十八年

冬十二月俄人來歸雅克薩尼布楚城

先是俄羅斯使臣費岳多羅額克里謝等由陸路至喀爾喀土謝圖汗境文移往復至是始與我領侍衛內大臣索額圖等會議於黑龍江一循烏倫穆河（一作綽爾納河）相近格爾必齊河上游之石大興安嶺以至於海凡山南流入黑龍江之溪河盡屬中國山北溪河盡屬俄羅斯一循流入黑龍江之額爾呼（一作古）納河爲界南岸盡屬中國北岸盡屬俄羅斯乃歸我雅克薩尼布楚二城定市於喀爾喀東部之庫倫立石於黑龍江兩岸刊泐會議條款雜用滿漢拉提諾（一作喇第納）蒙古俄羅斯五體文字於是東北數千里化外不毛之地盡隸版圖自後貿

易之使每歲間歲一至未嘗稍違節制

康熙二十九年（庚午）

秋七月　詔親征噶爾丹八月朔左翼兵大破之於烏蘭布通

噶爾丹西域厄魯特四衞拉蒙古之綽羅斯部台吉也篡殺兄僧格長子索諾本阿拉布坦而自立爲準噶爾汗以詐力兼并四衞拉（曰綽羅斯牧伊犁曰杜爾伯特牧額爾齊斯河曰土爾扈特牧雅爾郎塔爾巴哈台曰和碩特牧烏魯木齊徙青海）又思北併喀爾喀使人激怒土謝圖汗土謝圖汗執而殺之因藉詞報復揚言借俄羅斯兵且至喀爾喀探無是事守備懈噶爾丹因領勁騎襲破其帳土謝圖汗潰遁傾國大奔途遇我使臣張

鵬翮等往俄羅斯喀爾喀遣使乞援使臣以使事曉之噶爾丹偵知我師不爲喀爾喀也復蹤之并擊破其左右翼部及哲卜尊丹巴大剌麻等於是土謝圖三汗及澤卜尊丹巴胡土克圖等部衆俱奔潰先後投我漠南乞降噶爾丹亦遣使入貢遂得兼有回部青海漠北益驕蹇　上敕還喀爾喀侵地率衆西歸不聽至是以追喀爾喀逃人爲名選鋭東犯侵及烏爾會河尚書阿爾尼等以蒙古兵擊之失利侵及内札薩克　上遂詔親征　命撫遠大將軍裕親王全福爲左翼安北大將軍恭親王常寗爲右翼右翼遇賊於烏朱穆沁戰復不利噶爾丹遂乘勝而南尋停止恭親王兵　命康

親王傑書會兵駐歸化城　上巡兵至博洛河屯
回鑾八月朔撫遠軍躡賊於烏闌布通大戰破其駝城
賊驚潰噶爾丹夜遁
辛未康熙三十年
車駕幸多倫泊　受喀爾喀蒙古汗王朝
多倫泊在獨石口外二百五十里即元上都地　上以新附喀爾
喀眾數十萬宜訓以法度先檄內外札薩克各蒙古皆
豫屯多倫泊百里外　車駕臨莅上三旗親軍營居中
八旗前鋒營二護軍營十火器營四分二十八汛環
御營而列傳　諭內外蒙古移近　御營五十里不得
入哨內屆期陳鹵簿　御帳殿於網城南　受朝　賜

宴次日　上躬擐甲冑大閱申嚴約束土謝圖汗等具疏請罪宜　赦諭分左右中三路爲三十七旗割內蒙古水草地俾游牧近邊仍留其汗號比內札薩克各旗而建彙宗寺於其地以安其剌麻時噶爾丹與達賴剌麻及厄魯特各台吉遣使上尊號卻之

國朝柔遠記卷二

國朝柔遠記卷三

臣彭玉麟恭定
臣王之春敬編

壬申 康熙三十一年

詔免朝鮮常貢

先是征準噶爾時以火槍便利制勝因立火器營於是朝鮮國王進鳥銃三千桿 詔永免朝鮮黃金及青藍紅木棉等貢

甲戌 康熙三十三年

俄羅斯遣使入貢

時有二犯逃入俄羅斯俄羅斯遣人送回理藩院行文

獎之遂復遣使入貢　上閱其章奏　諭大學士曰
鄂羅斯人材頗健從古未通中國距京師甚遠自嘉峪
關行十一二日至哈密自哈密行十二三日至吐魯番
吐魯番有五種部落過吐魯番即俄羅斯境聞其國有
二萬餘里漢張騫出使西域或即彼處史載霍去病曾
出塞五千里想或有之今塞外尚有碑記可考至外藩
朝貢雖屬盛事恐傳至後世未必不因此反生事端總
之中國安寧則外釁不作故當以培養元氣爲根本要
務耳

丙子　康熙三十五年

車駕復親征噶爾丹噶爾丹遁走

先是噶爾丹自烏蘭布通敗遁後仍侵掠我臣服之喀
爾喀且害我使人而陰遣使誘内蒙古各部叛歸己
上恐勞師襲遠欲復致其來一戰覆之因密諭科爾
沁土謝圖親王沙津遣人僞許内應噶爾丹果沿克魯
倫河而下掠喀爾喀納木札爾陀音遂踞巴顏烏蘭因
命安北將軍伯費揚古爲撫遠大將軍從歸化城進
發揚威將軍覺羅舒恕西安將軍博濟振武將軍孫思
克等由鎮彝取昆都倫一路前後起程皆爲西路將軍
薩布素統盛京甯古塔黑龍江科爾沁兵沿克魯倫河
進爲東路　上自統中路大兵出獨石口皆赴瀚海
約夾攻沙磧不宜車乃留大礮駝載子母礮每駐營

上親撫士卒行至滾諾爾遇雪從官及軍士服物由
車運者及暮不至時一等侍衛海清從　上命海清
以駝載既至之內府帳房及食物柴炭分賜令棲息舉
火軍士歡躍如慶更生　上又諭曰馬亦畏寒其肥
者猶可無恙其瘦者或致凍斃宜順風馳二三里許令
人圍繞之使氣息漸温則無妨矣可傳諭衆知之行至
西巴爾台聞有俄羅斯助虜之信大學士伊桑阿力請
回鑾　上怒曰朕祭告天地宗廟出征不見虜而返
何以對天下且大軍一退則虜盡銳向西路不其殆乎
遂躬率兵前行諸軍以次進發抵克魯倫河　上手
繪陣圖指示方略先遣使告以　駕至噶爾丹不信登

北孟納蘭山望見　御營黃幄龍纛環以幔城又外爲網城軍容山立大驚拔營宵遁因　命領侍衛內大臣搜討近地　上親率前鋒追之三日至拖諾山而還噶爾丹中途欲拒戰而衆奔不可止沿途遺棄老弱輜重廬帳器械無算　上駐蹕克勤和碩而　命領侍衛內大臣明珠盡運中路之糧以濟西師
夏五月撫遠大將軍費揚古大破噶爾丹於昭莫多噶爾丹西走適西路兵遇之時我師度磧士馬飢疲難馳擊費揚古謂非反客爲主以逸待勞不可乃距敵三十里止營遣前鋒兵四百且戰且卻誘之至昭莫多遵　上所授方略皆下馬步戰約聞角聲始上馬而麾

左右翼步騎先據小山陣於東餘沿土臘河北陣於西將軍孫思克以綠旗兵居中據山頂臨之賊爭山頂鋒甚銳我兵據險俯擊弩銃迭發藤牌繼之每進輒以拒馬木列前自固虜冒矢銃鏖鬬至暮不退費揚古遙望虜陣後人馬不動察其婦女駝畜乃麾沿河伏騎一橫衝入陣一襲其輜重山上軍奮呼夾擊大敗之夜追三十里比曉收軍斬數千級降三千人獲馬駝牛羊廬帳器械無算噶爾丹妻阿奴頋皙敢戰披銅甲佩弓矢騎異獸似駝精銳悉隸麾下至是亦斃於礟噶爾丹以數十騎遁

秋七月 命內閣翰林院修平定朔漠方略

時　上因噶爾丹遁逐之盡境而止勒功於察罕拖諾山及昭莫多之山班師凱旋御史阮爾訓疏言我皇上御極以來如天覆育罔不率俾乃冥頑如噶爾丹自外生成致　聖主赫怒躬董六師親臨朔漠恩威遠播算無遺策蓋自啟蹕以迄回鑾往返一百日之內跋涉五千里而遙迅奏膚功丕揚神武爲從古帝王所未有請宣付史館敬述方略勒成一書布之中外傳示無窮　詔下禮部翰林議如所請是月遂　命內閣翰林院等官修平定朔漠方略

秋九月葉爾羌回酋阿布都實特來降

噶爾丹當強盛時攻破天山南路各城盡滅元裔諸汗

乾隆中蕩平準部時惟吐魯番舊頭目莽蘇爾自喀喇沙爾來降外此西域已無蒙古遺種其回教祖謨罕驀德一作摩哈麥一作馬哈麻又稱派罕巴爾二十六世孫瑪墨特已於明季與兄弟分適各國自墨德一作墨克古天方郎波斯東踰蔥嶺居喀什噶爾乾隆時霍集古兄弟雖誅其先世和卓墓仍令回戶管守至今尚存子孫散處西域各城人皆崇而奉之亦各有長時葉爾羌回教酋阿卜都里實特亦爲噶爾丹質諸伊犁至是噶爾丹敗遂乘間率其子額爾克蘇爾唐脫身來降

上賜銀幣遣官送至哈密仍歸葉爾羌

丁丑康熙三十六年

春二月　命北平大將軍馬思哈撫遠大將軍費揚古征噶爾丹　車駕幸甯夏

噶爾丹屢敗後精鋭軍資喪盡回部青海哈薩克皆隔絶背叛欲西歸伊犁則畏兄次子策妄阿拉布坦之偪欲投俄羅斯俄人拒不受準部諸台吉絡繹來降噶爾丹窮蹙無計迺遣使納款　行在探　朝廷意　詔數其罪令親身來降仍許以喀爾喀恩例待之而噶爾丹倔强終不至至是迺　遣馬思哈費揚古分兩路進兵每路兵各三千每兵二名從僕一人馬五匹四兵合爲一伍帶百日口糧前進　車駕復幸甯夏就近指授機宜

閏三月噶爾丹自殺部屬皆來降朔漠平

時　車駕復自甯夏進駐白塔噶爾丹左右親信聞太

兵將至皆密款附噶爾丹遣其子塞卜騰巴珠徵糧哈密爲回人禽獻噶爾丹進退無地至阿察阿穆塔臺仰藥死其下丹濟拉（一作其姪丹吉喇）以噶爾丹尸及其女鍾齊海來歸餘衆盡降自是阿爾台山以東皆隸版圖拓喀爾喀西境千有餘里而反喀爾喀於漠北增編爲五十五旗大臣請行慶賀禮　上曰噶爾丹之死乃天所助昔喀爾喀窮蹙來歸不得不允其內附噶爾丹假此搆難犯我邊境是以爰整其旅爲一勞永逸之計我師所至無水之地而靈泉湧出不毛之土而庶草蕃蕪事悉稱意今西北永甯其不致獲咎者幸矣宜先謝天

戊寅　康熙三十七年

夏四月減粤海關額稅

上諭大學士等廣東海關收稅人員搜括商船貨物概行徵稅以致商船稀少關稅缺額且海船亦有自外國來者如此瑣屑甚覺非體著減額稅銀三萬二百八十五兩著爲令

置定海榷關英吉利來互市

英吉利（粤東初稱英圭黎一作暎咭黎或作諳厄利）歐羅巴洲强國地本三島孤懸大西洋迤東兩島相連南英倫（一作英蘭）國都倫敦（一作蘭頓）在焉北蘇格蘭（一作斯葛蘭一作斯哥西亞又作師古泰）迤西別島曰阿爾蘭（一作愛倫島又作伊爾蘭）三島各分數十小部旁各有羣島東界荷蘭南界法蘭西海峽半日程北至大北海西至

大西海北極出地五十度至六十一度經綫偏東一度至西十度有奇都臨但西河一作坦米斯一作達彌塞河宮室壯麗舟車輻輳商賈充牣工藝精巧爲歐羅巴一大都會國有大書院以聚學徒凡刑名星歷醫術藝事各有師學多藏書文字用二十六字母切字多正字少旁行斜上謂之拉體納書向奉克力斯頓天主教後改婆羅特士頓爲耶穌新教人多長大白肌碧睛髮拳黃故亦稱爲紅毛地產銅鐵錫煤呢羽其珍產異種多從商船采自遠洋土雖腴而地狹人稠歲以海船移罪犯及窮民於荒島給貲墾闢又奪據各島爲藩屬如外大西洋之北亞墨利加洲西南之亞非利加洲海濱亞細亞洲之印

度及各島與東南洋之阿塞尼亞洲（此洲在南極下西人最後得之爲五大洲即澳大利亞島）凡數十處遠者距數萬里皆立市埠收貢稅及種植而以海舶聯絡之故在西洋諸國尤稱雄富其國古爲土番部落後有北狄峩特族據之漢時羅馬渡海略定其地屬意大里者四百餘年六朝時峩特族卑勒敦據之爲據蘇格蘭之斯各多比德斯兩部所攻求援於安各羅安各羅亦峩特族兵强地偪因脅降之後分爲七唐貞元中有豪酋平七國爲一後大尼（即嗹國）復據之宋眞宗時英北族有酋曰威廉（一作給列爾美）請命羅馬教皇伐大尼破之遂王本國嗣王顯理第二克伊琳大洲（即阿爾蘭）元至正中併蘇格蘭國旋分爲二明初國屢亂

以改尚西教（即耶穌新教）與西班牙相攻勝之勢遂振萬歷間有女主卒無子英人奉蘇格蘭王嗣位二國合一稱英吉利古不通中國至天啟間始有聞又未來華故不見明史順治初其王遇弒嗣王強民習洋教（即天主舊教）不從招荷蘭王率兵至荷蘭王遂入即王位是爲威廉第五自後國勢益振及臺灣平開海禁設四榷關浙海關在甯波商船出入海港往返百四十里中多礁石每回帆遲去英吉利貨船時往來澳門廈門復北泊舟山（即定海縣）甯波海關監督屢請移關定海縣部議未許至是監督張聖詔以定海港澳闊深水勢平緩堪容番船亦通各省貿易請捐建衙署移關以便商船當增稅銀萬餘

詔可乃於定海城外道頭街西建紅毛館一區以安置夾板船水梢人等此英吉利商船來定海之始然時雖通市亦不能每歲來華也

己卯康熙三十八年

四川提督唐希順克打箭鑪

打箭鑪在四川西徼明正土司所屬地高寒因山爲城西通裏塘巴塘達西藏時西陲多擾提督唐希順遣守備王允吉等率兵攻克之以其地爲番夷互市通貢總匯入藏驛路所經因定界於中渡

庚辰康熙三十九年

俄羅斯遣使齎表至

俄羅斯使臣齎表至京師　上諭大學士曰俄羅斯地方遙遠僻處西北海之隅然甚誠敬噶爾丹窘迫求救於彼曾拒而不荅曩者遣人分畫疆界即獻尼布楚地以東爲界尼布楚等處原係布拉忒吳郎海諸部落地彼皆林居以捕貂爲業人稱爲土中人後俄羅斯彊盛并吞之能遂獻還允當軫念也

（癸未）康熙四十二年

額濟納土爾扈特人來降

土爾扈特種人在額濟納者見朔漠盡平亦相率來降詔編置一旂與阿拉山（即賀蘭山）厄魯特蒙古同游牧甘涼塞外

乙酉康熙四十四年

冬十一月　詔翰林院習外國文字

時大學士等以俄羅斯貿易來使賫至原文繙譯進呈

上閱之　諭曰此乃拉提諾託多烏祖克俄羅斯三種文也外國文有三十六字母者亦有三十字五十字母者朕交刺麻詳考視之其來源與中國同但不分平上去聲而尚有入聲其兩字合意甚明中國平上去入四韻極精兩字合音不甚緊要是以學之者少漸至棄之問翰林院四聲無不知者問兩字合聲則不能知中國所有之字外國尚知之特不全耳此後翰林院宜學習外國文字

戊子 康熙四十七年

秋七月免暹羅貢使貨稅

暹羅國王森列照拍廣拍馬嘑陸坤司由提耶菩埃遣

陪臣入貢　詔貢使所攜貨物免徵其稅

己丑 康熙四十八年

秋七月許商船由內洋販米赴甯波紹興

時浙江巡撫黃秉中疏言甯波紹興等處連歲歉收米價騰貴計惟招商可平市價而溫台二府豐收米賤格於出洋之禁請許商民由內洋販運以濟甯紹從之

辛卯 康熙五十年

土爾扈特遣使入貢

土爾扈特本厄魯特四瓦剌部（一作衞拉即瓦剌音轉）之一其游牧地曰雅爾（即今塔爾巴哈台）爲元脫歡及也先裔明季所部和鄂勒汗與鄰部有釁率其子書岱青等投俄羅斯俄羅斯以其行國也指裏海額濟勒河之南圖里雅（即普魯社）東哈薩克北無城郭地使之游牧其舊地則輝特部居之至和鄂勒曾孫阿玉奇仍回舊部嗣汗以女妻策妄策妄離間其子散札布率萬五千戶來伊犂盡沒入之而逐散札布阿玉奇遂全部仍投俄羅斯至是聞準噶爾敗亡遣使假道俄羅斯來貢　上欲悉其要領旋遣兵部郎中圖理琛等往報之假道俄羅斯經西悉畢爾及喀山兩斯科使臣過境其邊臣以察罕汗命致禮

餘以兵護行往返三載以五十四年三月歸備記所經爲異域錄數萬言繪圖呈　覽其河道大者曰色棱格河曰厄爾齊斯河皆發源中國色棱格河出漠北阿爾泰山東額爾齊斯河出阿爾泰山西流入北海其近北海處夏至無夜冬至無晝後俄羅斯人至亦稱其地去北極二十度以上爲北海堅冰凝結人不能至云

癸巳康熙五十二年

春二月海盜程尚義降

是月　上諭朕昨問投誠海賊程尚義伊等出洋行劫遇西洋船懼其火器不敢逼近惟東洋船則掠其銀米亦不盡取以此商船仍往來不絕中國與西洋地方

俱在赤道北四十度內海洋行船中國人多論更次(六十里爲一更)西洋人多論度數自彼國南行八十度至大浪山始復北行入廣東界常六閱月在海中不見一山又自西洋至中國有陸路可通因隔俄羅斯諸國行人不便故皆從水路俄羅斯距京都約萬二千里西洋及土兒虎特(即土爾扈特)地方皆與俄羅斯接界俄羅斯倚土爾扈特馬匹土爾扈特助之大敗雪西洋又西去溫多斯坦布海兒夜兒根等處產棉製甲四十層可敵浙江棉八十層曾以鳥槍試驗知之又過哈密六百里有吐魯番去雪山百餘里其人晝伏至夜始出耕種地甚熱而多石日出時耕種輒熱死又哈薩克即古陽關地其人性

好鬬常結隊以殺擄爲事人心亦智若婦女被人擄去必乘間手刃其人而回地亦熱草極肥盛馬皆汗血所產蘋果葡萄梨等物皆大而美又西北回子種類極多皆元後裔又有一支在小西洋約十萬人皆住帳房惟北極下最寒往時有人築室而居明年往觀之已無復存者但見林間雪深數丈而已昔人云北海有積冰數百丈信不誣也

丁酉康熙五十六年

廣東碣石鎭總兵官陳昂請禁開堂傳教

初嚴傳天主教之禁各省私設教堂未奉追毀又以西人得自行其教日久法弛漸相煽惑總兵官陳昂因言

天主一教設自西洋今各省開堂聚衆此輩居心叵測目下廣州城内外尤多加以洋船所匯同類招引恐滋事端乞循例嚴禁毋使滋蔓從之

戊戌康熙五十七年

秋九月 命皇子允禵爲撫遠大將軍屯青海征準噶爾也先是噶爾丹自殺其下丹濟拉以其尸幷其女來歸其兄子策妄阿拉布坦初逃居土魯番遣使乞降已而乘隙收集伊犂遂奪其尸以獻 上以策妄方親附又其地遼遠費轉輸遂畫阿爾台山（即庚金山）以西俾游牧復成西域大部落遂思併厄魯特爲一杜爾伯特先已附之於是迫逐土爾扈特汗阿玉奇父子

仍投俄羅斯又贅和碩特汗拉藏之子丹衷於伊犁而使大策零敦多卜於先年秋潛兵由騰格里入西藏襲殺拉藏汗遂自立爲四部總汗是月又覆我將軍額倫特侍衛色楞援藏之師於喀喇河　上恐其左右憑陵將不可制於是　命皇十四子允禵爲撫遠大將軍視師青海南北路諸軍皆從大將軍取進止旋起程暫駐西甯

以楊琳爲兩廣總督

琳疏言西洋人開堂設教其風未息請循五十六年例再行禁止報可

己亥康熙五十八年

夏六月永甯協副將岳鍾琪撫定裏塘巴塘

四川打箭鑪西三百餘里爲裏塘又西數百里爲巴塘皆通西藏西甯雲南孔道各有土司舊屬前藏時策零據藏番酋多爲所誘大軍將進討都統法喇令副將岳鍾琪領緑旗兵抵裏塘其酋日達哇等語不遜鍾琪乘其無備擒送首逆七人斬之隨宣　詔撫諭進收巴塘令成都教諭楊世祿先招撫其酋結果翁布二人遂齎其土地戶口冊籍詣軍降

庚子　康熙五十九年

春正月　詔大軍護噶爾藏達賴剌麻赴西藏

第五世羅卜藏達賴剌麻之卒也其第巴官名桑結欲專

國不使班禪剌麻代持教欲使衆尊己遂匿不發喪唆噶爾丹使覆喀爾喀及噶爾丹敗竄又使其胡土克圖濟隆代爲乞和以誤我追師及　詔加詰責始惶恐具奏而立紅教之僞剌麻與策妄及拉藏汗交惡拉藏誅桑結而立博克達山之剌麻爲達賴青海諸蒙古不之信別以裏塘之噶爾藏嘉穆錯爲眞達賴擁至西甯塔爾寺坐牀兩部爭議未決策妄已遣策零敦多卜侵藏襲殺拉藏汗而禁其所立新剌麻及覆我援藏之師

上乃封噶爾藏爲宏法覺衆第六輩達賴剌麻　賜冊印　命平逆將軍延信等自青海率滿漢兵及諸蒙古汗王台吉等送之入藏　命護軍統領噶爾弼爲定

西將軍率兵自打箭鑪出軍容甚盛
免西洋人德克里罪
初以妄行陳奏獲罪　詔從寛禁錮未幾赦之
秋九月大軍入西藏賊將策零敦多卜遁回伊犂西藏平
大軍旣進賊將敦多卜自拒中路凡三襲我軍皆敗走
將軍噶爾弼自南路進至察木多（卽前藏）奪橋據險欲俟
中路兵偕進恐期久糧乏之用副將岳鍾琪計卽招土司
前驅集皮船以渡直趨布達拉（卽中藏）分兵斷賊饟道沿
途招降番目傳大小第巴各廟剌麻宣示拯救至意時
北路牽制之師將軍富甯安傅爾丹祁里德等亦分途
進擊準噶爾邊境降其宰桑焚其積蓄獲牲畜萬計敦

卜多無援應又腹背受敵遂大潰由騰格里舊路騰格里海在布達拉西北其北岸大山有鐵索橋之險策零侵藏所經竄還伊犁得達者無幾兩軍既會於藏搜討僞藏王達格咱賊目藍占巴及宰桑剌麻助逆者諸蒙古汗王台吉遂擁新達賴登座

詔賜以土地人民而取博克達剌麻歸京師以拉藏舊臣貝子康濟鼐掌前藏台吉頗羅鼐掌後藏事蓋自五世達賴剌麻卒後羅卜藏卒於康熙壬戌年西陲擾亂三十餘年至是始定　御製文紀事勒石大招寺大招寺在布達拉之薩喇城爲西藏諸城之首寺爲唐公主所建爲駐藏大臣會諸貝子大剌麻議事之所時將軍有乘勝來年大舉之請因哲卜尊丹巴剌麻代策妄請罪　諭令自戢暫停進兵西藏既定於是　遣理藩院主事勝住

偕剌麻楚爾沁等往圖西徼外山川以阿里西三百餘里之岡底底斯為天下衆山水之根葢卽葱嶺南幹時回疆未收故疑岡底斯卽昆崙

壬寅康熙六十一年

暹羅運米至蠲其稅

時暹羅貢使言其地米甚饒裕銀二三錢可買稻米一石詔令分運米三十萬石售於閩廣浙江免收其稅

癸卯雍正元年

安置西洋人於澳門

閩浙總督覺羅滿保奏稱西洋人雜處內地在各省起天主堂邪教徧行聞見漸淆人心漸被煽惑請將各省

西洋人除送京効力人員外餘俱安置澳門其天主堂改爲公廨誤入其教者嚴行禁飭奉　諭遠夷住居各省已歷年所今令其遷移可給限半年委官照看毋使地方擾累沿途勞苦

甲辰　雍正二年

春二月撫遠大將軍年羹堯奮威將軍岳鍾琪征叛酋羅卜藏丹津破走之青海平

青海在西甯府西澥水七百餘里海中有二島不通舟楫惟冰合可通即古弱水西回疆南衞藏北玉關袤延二千里古西戎地漢爲鮮水諸羌後爲吐谷渾唐末入吐番始隸衞藏崇佛教明封番酋爲禪師國師復併入套酋俺荅後元裔和碩

特部和碩特亦厄魯特四部之一固始汗自西域來據之南併衞藏
國初崇德中遣使自塞外通貢順治初導達賴剌麻
入　覲受　封　賜金冊印旋卒有十子一在套西一
在西藏居青海者八部叛服不常及噶爾丹襲殺鄂齊
圖汗固始汗兄子青海和碩特諸台吉懼稍內附康熙中
駕幸甯夏時宣　諭八台吉皆入　覲　詔封固始汗
子達什巴圖爲親王餘授貝勒貝子公有差爲近藩及
達什巴圖子羅卜藏丹津襲爵從大軍定藏歸以唐古
忒及青海舊皆和碩特屬部已爲固始汗嫡孫仍冀總
長諸部於元年夏誘諸部與盟令復故號而自號達賴
渾台吉以脅諸部不從者加以兵親王察罕丹津遂內

奔河州關外又誘青海大剌麻察汗諾們汗使從已諸番剌麻等同時騷動寇掠西甯　詔侍郎常壽往諭爲所執　上乃　命川陝總督年羹堯爲撫遠大將軍四川提督岳鍾琪爲奮威將軍討之羹堯先分兵防其內犯又守險扼其入藏及通準噶爾之路遣諸將分攻潰其黨羽各蒙古貝勒貝子公等多來歸降其脅從部落十餘萬是年正月鍾琪進攻黨賊剌麻沿途焚其寨堡寺舍斬馘六千惟丹津負嵎於柴木達（距西甯一千餘里）羹堯請調兵四萬分四路進攻（西甯松潘甘州布隆吉爾）鍾琪請乘春草未生以精兵五千馬倍之兼程擣其不備　詔從鍾琪策是月出師先後殲殪其守險偵伺之賊賊無哨探

乃蓐食銜枚宵行百六十里黎明抵其帳賊猶未起倉皇大潰丹津衣番婦衣騎白駝遁官軍循河源西窮追至桑駝海無路而返而丹津已橫越戈壁投準部矣俘其母妻弟妹逆目斬馘八萬降數萬擄獲無算往返兩月　詔封羹堯一等公鍾琪三等公勒碑太學鍾琪旋進勦黨賊土番於莊浪衛西山即唐石堡城禽斬大半賊蹙乞降又乘時勘定西甯番奏倣土司設番目隸廳衞而增置大通安西河州柳溝各衞改西甯衞爲府青海辦事大臣駐節於此追繳諸番兵器及明國師印敕限每寺剌麻毋過三百關青海地千餘里分　賜各蒙古

暹羅貢稻種果樹

暹羅貢船內稍目水手九十六人本中國人貢使求免
回籍許之

夏六月定來粵洋商船額數

通政司右通政梁文科奏查香山縣澳門地方明季嘉
靖間租與紅毛居住屢年來戶口日增居心未必善良
不可不嚴加防範以杜隱憂今宜設一弁員在澳門彈
壓凡外洋人往來貿易不許久留並不許內地奸民句
通爲匪則地方安靜庶不致有意外之虞奉　旨交兩
廣總督孔毓珣詳細訪詢籌計妥確以聞毓珣回奏臣
查其地原有香山協把總一員帶兵五十名防守又澳
門內旱路十餘里地名前山寨設有城池關門不容西

洋人擅入內地現有都司守備領兵駐防四面安設礮
臺控制是原有官兵彈壓惟嚴飭用心巡查無庸另議
安設矣惟是康熙五十六年定例禁止南洋不許中國
人貿易澳門因係夷人不禁獨佔其利近年每從外國
買造船隻駕回貿易船隻日多恐致滋事臣擬查其現
有船隻仍聽貿易定爲額數朽壞准修此後不許添置
以杜其逐歲增多之勢至外國洋船每年來中國貿易
者俱泊省城黃埔地方聽粵海關徵稅查貨並不到澳
門灣泊報可

秋九月山東巡撫陳世倌請禁回教不許
東撫陳世倌疏言左道惑民律有嚴禁如回教不敬天

地不祀神祇另立宗主自爲歲年黨羽衆盛濟惡害民請概令出教毁其禮拜寺　上諭此種回教原無一可取但其來已久且彼教亦不爲中土所崇尚率皆鄙薄之卽彼教中稍有知識亦似有不得已之情從無平人入其教門之理則彼所謂教者亦止此數非蔓延難量之事至彼之禮拜寺回回堂亦惟彼類中敬奉而已何能惑衆朕令汝等嚴禁眩幻駭人動衆之事如僧道回回剌麻等其來已久今無故欲一時改革禁除不但不能徒滋紛擾有是治理乎未知汝具何意見也

冬十月安置西洋人於廣州

時　上諭孔毓珣如西洋人之安插亦未甚妥外來

之洋船發放尤屬不當令命爾總督其地其盡心竭力一一料理毓珣奏稱查各省居住西洋人先經閩浙督臣滿保題准有通曉技藝願赴京効力者送京此外一概送赴澳門安插嗣經西洋人戴進賢等奏懇寬免逐回澳門發臣等查議臣思西洋人在中國未聞犯法生事於吏治民生原無大害然厤法算法各技藝民間俱無所用别爲一教原非中國聖人之道愚民輕信誤聽究非長遠之計經臣議將各省送到之西洋人暫令在廣州省城天主堂居住不許出外行教亦不許百姓入教遇有各本國洋船到粤陸續搭回此外各府州縣天主堂盡行改爲公所不許潛往居住業會同將軍撫提

諸臣具題其澳門居住之西洋人與行教之西洋人不同居住二百年日久人衆無地可驅守法納稅亦稱良善惟伊等販洋船隻每從外國造駕回粵連前共二十五隻恐將來船隻日多呼引族類來此謀利則人數益衆臣擬將現存船隻編列字號作爲定數不許添造並不許再帶外國之人容留居住亦經具疏請

旨此安插兩種西洋人是否妥協伏候

聖裁再外來洋船向俱泊於近省黃埔地方來回輸納關稅臣思外洋遠來貿易宜使其懷德畏威臣飭令洋船到日止許正商數人與行客公平交易其餘水手人等俱在船上等候不得登岸行走撥兵防衛看守定於十一十二兩月內

乘風信便利將銀貨交清遣令還國則亦不致別生事端矣奉　諭朕於西洋教化原無深惡痛絕之意但念於我中國聖人之道無甚裨益爾詳加酌量若果無害則異域遠人一切自應從寬若繩之過嚴則又不是矣

乙巳雍正三年

春三月臺灣生番歸化

先是浙閩總督滿保福建巡撫黃國材於二年冬疏報臺灣生番蘭郎等四社歸順又鳳山縣南山前生番歷歷等五社北山後八里岡等六十五社諸羅縣北山前本祿等四社凡七十四社生番歸化至是續報彰化內山巴荖遠等四社猫仔等十九社咸歸化尋　諭云生

番歸化野性難馴要在安戢得法封疆大吏當嚴飭屬
員施恩布教令心悅誠服永無變更方不愧柔遠之道
秋八月西洋敎化王遣使入貢
時敎化王伯納地哆遣使臣噶達都易德豐表貢方物
使還　賜諭曰覽王奏並進貢方物具見悃誠我
聖祖仁皇帝怙冒萬方無遠弗居　龍馭升遐中外
臣民悲思永慕朕纘承大統勉思紹述前徽敎化王地
處極遠特遣使臣齎章陳奏感　先帝之垂恩祝朕
躬之衍慶周詳懇至詞意虔恭朕心嘉慰使臣遠來朕
已加禮優待至西洋寓居中國之人朕以萬物一體爲
懷時時敎以謹飭安靜果能愼守法度行止無虧朕自

推愛撫卹茲因爾使臣歸國特頒斯勅竝賜妝段錦段
大段六十四匹次段四十四匹王其領受悉朕惓惓之意

丁未雍正五年

蘇祿入貢

蘇祿國在南洋小呂宋羣島西南婆羅洲東北地當赤道下三島相連島甚渺小惟兼有婆羅洲東北隅地由廈門往水程百一十更產明珠玳瑁蘇木降香藤條鸚鵡戶口頗繁而民食不足本巫來由繞阿番族勇悍善鬬民多習爲海盜地磽瘠食不足羅於別島廈門商船至蘇祿水程百二十更國有東西峒三王明永樂中幷率妻子來朝後併爲一西班牙旣據呂宋再以兵攻蘇

禒反爲所敗是年其王遣使至閩貢方物並求内附
上以其險遠不許

春三月開閩省海禁

閩督高其倬疏言福興漳泉汀五府地狹人稠自平定臺灣以來生齒日繁山林斥鹵悉成村落無田可耕流爲盜賊勢所不免臣再四思維惟廣開其謀生之路如開洋一途前經嚴禁但察富者爲船主商人貧者爲頭舵水手一船幾及百人其本身既不食本地米糧又得沾餘利歸養家屬若慮盜米出洋則外洋皆產米慮透消息則今廣東船許出外國豈福建獨慮洩漏慮私販船料則中國船小不足資彼之用似開洋於地方有益

請弛其禁尋下廷議行
夏四月葡萄牙入貢
葡萄牙即布路亞（一作博爾都噶亞 一作波耳都欺）歐羅巴極西小國
北界西班牙（即大呂宋一名日斯巴尼亞）西南臨大西洋北極出地
三十七度至四十二度英綫偏西九度至十二度國有
三大江皆源自西班牙有二學歐羅巴高材多出其中
土產果實絲綿善釀葡萄酒其地古名盧西達尼本西
班牙西境後爲回國所併三百餘年宋紹聖時西班牙
恢復故土有臣日英黎給將兵有功王妻以女以盧西
達尼數城封之其子襲位攻破回部拓地漸廣國人奉
以爲王是爲葡萄開國之祖後與西班牙並立明嘉靖

間有賢王以馬努以利能立法制稱極治至孫英黎吉當萬歷八年阿非利加洲回部來侵戰沒無子國仍爲西班牙所幷隸者六十年西政貪殘葡人起兵逐守者復立故王支屬與西構兵二十餘年賴英吉利起兵助之國迺僅存先是歐羅巴諸國元代以前罕通别土葡人精天文厤算用儀器測量星日躔次度數知水陸方向遠近宏治間國王遣善操舟者駕巨艦望南駛行循阿非利加西洲之西沿海越赤道下遶大浪山即吸朴東北行歷阿非利加東境抵五印度國復東駛至麻六甲又從蘇門答臘噶羅巴海峽徧歷東南洋諸島所至輒留葡人立新埔正德十一年先後至中國舟山甯波泉

州隆慶初至廣東香山縣濠鏡即澳門請隙地建屋歲納租銀五百兩時上方珍玩皆中涓取辦於粤當事利其居積寶貨便供給總督林富代爲請葡人遂築樓館營埠市於澳是爲歐羅巴通市粤東之始後西班牙荷蘭法蘭西英吉利諸國相繼東來爭闢新埠葡亦建藩部於南亞墨利加洲嗣因國内亂其小西洋東南洋各埠咸被諸國侵奪僅餘澳門爲諸國東來之逆旅萬歷初意大里人利瑪竇來華士大夫方與講求麻法葡人亦以能治麻聞朝議改用新法亦居其人於澳門故粤人稱居澳者爲大西洋其國終明代未嘗朝貢至是遣使臣麥德樂表貢方物抵粤巡撫楊文乾遣員伴送至京

召見　賜宴於常賚外　特賜人葠緞匹瓷漆器紙
墨字畫絹鐙扇香囊諸珍加　賞使臣旋　命御史常
保住伴送至澳遣歸國麥德樂在澳天主堂率洋商誦
經行禮恭祝　聖壽

議入天主教烏爾陳等罪

時已革宗室貝勒蘇努子烏爾陳蘇爾金庫爾陳以結
黨亂政後私入天主教　廷議請即正法奏　上諭
烏爾陳等不遵滿洲正道崇奉西洋之教朕令伊等悛
改遣王大臣等分晰開導乃伊等固執不願悛改如此
昏庸無知與禽獸奚別何必加以誅戮烏爾陳等非力
能搖動政事斷不可姑容於世者可比此等人正法與

否並無關係今王大臣等因蘇努父子從前所行大逆不道請將烏爾陳等卽行正法所奏雖是但朕從前已將伊等之罪暫行寬宥今復將伊等正法西洋人不知其故必以爲伊等因入西洋教被戮轉使伊等名聞於西洋著將烏爾陳等交與步軍統領阿齊圖擇一地方牢固鎖禁俾得窮究西洋道理如知西洋敬天之教自然在朕前奏請改過也

宣諭釋道天主等教同異

佛誕之日適與西洋國使臣表賀事相值　上因諭廷臣云向來僧道家極口詆毀西洋教西洋人又極詆佛道之非互相訕謗指爲異端此皆以同乎已者爲

正道異乎已者爲異端非聖人所謂異端也孔子曰攻乎異端斯害也已孔子豈以異乎已者槪斥之爲異端乎凡中外所設之教用之不以其正而爲世道人心之害者皆異端也如西洋人崇尚天主天以陰陽五行化生萬物故曰萬物本乎天此卽主宰也自古有不知敬天之人不敬天之教乎如西洋之敬天有何異乎若曰天轉世化人身以救度世此荒誕之詞乃借天之名以蠱惑狂愚率從其教耳此則西洋之異端也朕意西洋立教之初其人爲本國所敬信或者尊之如天倘謂立教之人居然自稱爲天主此理之所無也釋氏以清淨無爲爲本明心見性爲功若必棄置倫常同歸寂滅更

妄談禍福煽惑凡庸藉口空門潛藏奸宄此佛教中之異端也儒者守先王之道讀聖賢之書庶民奉爲坊表倘以詩書爲弋取功名之具科目爲廣通聲氣之途或逞流言邪說以動人聽聞或工豔曲淫詞以蕩人心志此則儒中之異端也凡中外設教之意未有不以忠君孝親獎善懲惡戒淫殺明已性端人品爲本其創設之人自非凡夫俗子必有可取方能令人久久奉行至末學後人敷衍支離而生種種無理謬說遂成異端矣彼西洋之教不必行於中國中國之教豈能行於西洋如蘇努之子烏爾陳等愚昧不法之輩背祖宗違朝廷甘蹈刑戮而不恤豈不怪乎西洋天主化身之說尤爲誕

幻天主既司令於冥冥之中又何必託體於人世若云奉天主者即爲天主後身則服堯服誦堯言者皆堯之後身乎此則悖理謬妄之甚者也西洋人精於厤法國家用之且其國王慕義抒誠虔修職貢數十年來海洋甯謐其善不可泯蒙古之尊信佛教惟言是從故欲約束蒙古則剌麻之教亦不輕棄而不知者輒妄生疑議乃淺近狹小之見也總之人心不公見理不明以同已爲是異已爲非互相誹譏幾同仇敵不知人品類不齊習尚不一不能强異亦不能强同且各有長短惟存其長而棄其短知其短而不昧所長則彼此可以相安方得聖帝明王明通公溥之道而成太和之宇宙矣

六月禁內地民久留外洋

先是康熙末以噶羅巴及呂宋皆紅毛西洋泊船之所藏匿盜賊甚多內地民希圖獲利往往留在彼處有旨交廷臣議准其附洋船帶回內地至是奉　諭云

聖祖仁皇帝綏靖海疆且不忍內地之民轉徙異地實仁育義教之盛心但數年來附洋船回者甚少朕思此等貿易外洋多係不安本分之人若聽其去來任意不論年月久遠伊等益無顧忌輕去其鄉而飄流外國者益衆矣嗣後應定限期若逾限不回是其人甘心流移外方無可憫惜朕意不許令其復回內地如此則貿易之人不敢稽遲在外矣

秋九月與俄羅斯訂恰克圖互市界約

俄羅斯察罕汗卒後其妃代臨朝爲叩肯汗遣使臣薩瓦暨俄官伊立禮與我理藩院尚書圖禮善喀爾喀親王策淩在恰克圖議定喀爾喀北界自楚庫河以西沿布爾固特山至博移沙嶺咸豐八年中俄和約載有雍正六年所立沙賓達巴哈之界碑當卽此地爲兩國邊境而互市於恰克圖議定陳兵鳴礮謝天立誓庫倫檔案載雍正五年七月十五日兩國大臣議定由恰克圖鄂爾懷圖兩處中間界址所立之鄂博起橫至西邊鄂爾懷圖色楞格河起至沙畢迺嶺共立鄂博二十四處由布爾固特依山南巴彥梁起至東邊額爾古納河源之阿巴哈依圖山分界共立鄂博四十八處後嘉慶二十三年會勘一次有手具地圖存案

定俄人來京就學額數

俄羅斯國界近大西洋者崇天主教其南境近哈薩克者崇回教其東境近蒙古者崇佛教康熙間嘗遣人至中國學喇嘛經典以綏東方之衆並遣子弟入國子監習滿漢語言文字居舊會同館派滿洲助教一人漢助教一人教習之至是定俄人來學喇嘛者額數六人學生額數四人十年更代爲例

冬十月平臺灣叛番

高其倬疏報臺灣水連沙等社兇番自康熙六十年朱一貴作亂後不納賦餉肆行劫掠臣令臺廈道吳昌祚等率弁兵番壯分路裹糧進勦擒首惡骨宗等各社相繼歸誠

國朝柔遠記卷三

國朝柔遠記卷四

臣 彭玉麟恭定
臣 王之春敬編

戊申 雍正六年

春正月 敕諭安南國王黎維祹定邊界

先是雲貴總督高其倬奏安南國邊滇疆界有內地舊境一百二十里應卽清理於賭咒河立界國王黎維祹具奏陳辯 上命總督鄂爾泰再行確查給還八十里於鉛廠山下小河內四十里立界國王復疏辯五年五月頒 敕該國王不必以從前侵佔內地爲嫌中心疑懼拳拳申辯爲此無厭之求則亦負懷遠之仁矣九

月復　遣内閣學士任蘭枝偕左都御史杭奕祿等往
諭未至國王奉　敕悔罪上表謝至是復以鄂爾泰所
查鉛山廠山地立界並　敕杭奕祿等齎　敕往諭曰
朕前令守土各官清疆界原屬行之内地未令清查及
於安南也督臣高其倬以職任封疆詳考志書兼訪輿
論知開化府與安南分界處當在逢春里之賭咒河於
是一面設汛一面奏聞比因該國陳奏朕特降旨令撤
汛另議立界又恐高其倬固執己見復命接任總督鄂
爾泰秉公辦理鄂爾泰體朕懷遠之心定界於鉛廠山
下小河較舊界已縮減八十里誠爲仁義盡至朕統御
寰宇凡臣服之邦皆隸版籍安南既列藩封尺地莫非

吾土何必較論此區區四千里之地祇以兩督臣定界時該國王激切奏請陳訴甚爲不恭該國王既失事上之道朕亦無由施惠下之仁非朕初心也頃鄂爾泰呈進該國王上年十二月章奏知該國王深感朝廷之仁自悔從前之失詞意虔恭朕甚爲嘉悅在王既知盡禮在朕便可加恩況此四十里之地在雲南爲朕之內地在安南仍爲朕之外藩一毫無所分別著將此地仍賞賜該國王世守之

二月減朝鮮貢

禮部題朝鮮國補進貢物奉　諭朝鮮年貢之例每年貢米百石朕念該國路程遙遠運送匪易著減去稻米

三十石江米三十石每年進貢江米四十石便足供祭祀之用永著爲例

夏四月禁索洋船規禮

先是粵撫衙門內班門子胡龍超持署巡撫阿克敦諭帖往虎門調取暹羅國船主葉舜德到省押繳銀六百兩方准開艙舜德謂我輩仰慕　天朝航海載米被風飄流到粵今去此銀兩將來國王著落賠補關係身家性命龍超不聽舜德因初來粵貿易船已進港不得已賣米繳銀至是楊文乾來撫粵舜德同番官乃嗁稟陳前事文乾據奏稱　皇上德威遐播遠方絕域重譯來朝竭誠進貢爲從來所未有　皇上格外加恩

何等深厚而阿克敦反向遭風之洋商勒索規禮若傳
至遐方在阿克敦之聲名固不足惜其如　天朝國
體何臣再四思維即暫借公項銀六百兩令司道等傳
齊番官番商當堂曉諭此項銀兩並非署巡撫所得俱
係衙役家人勒索今已究出照數發還免爾等回國賠
補葉舜德等感激　皇恩歡呼舞躍而去請此後嚴
行禁革永著為令奉　諭料理甚當可嘉之至
五月左都御史查郎阿率兵入西藏討叛台吉阿爾布巴
誅之留兵駐防
先年冬西藏噶布倫（藏中官名）貝子阿爾布巴及公隆布鼐
台札爾鼐等忌貝子康濟鼐欲投準噶爾　上命內

閣學士僧格副都統馬臘往藏撫綏繼　遣左都御史
查郎阿副以都統邁祿領滿漢兵鑾儀使周瑛領川陝
兵與滇兵三路俱進師未至藏而台吉頗羅鼐已先率
札什倫布及阿里兵邀其去路至是擒阿爾布巴等獻
於軍　詔封頗羅鼐爲貝子總前後藏事移達賴喇嘛
於裏塘以避準噶爾而留僧格馬臘周瑛等分駐其地
是爲大臣駐藏之始又　詔頒唐古特字律例而收前
藏之巴塘裏塘隸四川設宣撫土司治之中甸維西屬
雲南設二廳治之立界碑於南墩甯靜山嶺西各土司
仍屬西藏厥後與準噶爾成和章嘉胡土克圖代爲達
賴喇嘛請以巴塘裏塘仍還前藏　詔以其商稅　賜

之地仍內屬

閏七月禁運米出洋

先是　上聞近海地方偷運米石出海之弊尚未盡除　諭交清查之員一併嚴查是月御史伊拉齊奏稱臣已與督撫臣會銜飭沿海文武各員嚴禁稽查數月並無一盤獲雖向有無賴小民因西洋人收買希圖重價將米石載小船偷渡出界近亦無之惟間有窮苦漁船多買食米零星賣與洋船聞松江府城天主堂西洋人畢登榮莫滿託言暫住養病時或出門拜客士民多有歸其教者揆此西洋人常有貿易船隻往返走洋恐有偷賣米石之弊又聞各省倘有潛往之洋人煽惑愚

民實無益於中國而有損政教仰懇　皇上飭江南督撫令各府州縣細查如有潛住之西洋人盡行報出作何遞送回澳之處一面料理一面奏明通行各省督撫一體遵查不惟黜異端以崇正學亦可杜偷運米石出海之弊報可

秋八月浙江總督李衛請嚴日本防

日本國古稱倭奴唐始稱日本在東海中平列三大島北曰對馬與朝鮮相值中曰長崎與浙之定海相值華商多互市於此水程四十更南曰薩峒馬與溫台相值餘小島甚多極東北之蝦夷島與俄羅斯東海屬島相距北極出地自二十九至四十七度自東北至西南縱

斜約五千里東西相去約九百里物產不豐惟出黃金紅銅習用中國文字技藝皆精美其王相傳自開國不易姓秦始皇遣方士徐福求仙將童男女入海不返遺種所在多有漢始通中國唐宋皆嘗入貢元世祖遣范文虎興師十萬伐之至平壺島大風破舟文虎等盡棄其師逃歸自是有輕中國心明初入貢後屢寇掠沿海郡縣嘉靖間胡宗憲爲總督以計擒斬渠魁戚繼光俞大猷等協力勦之患始息萬歷時倭酋平秀吉寇朝鮮幾爲所併　國朝龍興東土始震懾聲靈不敢復動雖通商市亦惟我之估舶往而彼不來至是有蘇州余姓洋商言倭王原中國人苗裔歷世相傳若土著爲之則

王不能享祚民皆有災臣下雖極强盛猶奉以虚名從無簒奪之事而號令征伐一秉於上將軍不由國王主持因此將軍肯出重聘倩内地人教演弓箭藤牌偷買盔甲式樣初有福州民王應如於天文戰陣事涉獵不精而好談論首受萬金爲教陣法不久卽死復薦一廣東長鬚年滿千總每年受倭數千金爲釘造戰船二百餘號習學水師又洋商鍾觀天沈順昌久領倭照貿易倭人信託鍾復帶去杭城武舉張燦若教習弓箭每年得銀數千沈亦帶去蘇州獸醫宋姓療治馬匹又商人費贊侯薦一紹興革退書辦在倭講解律例復因不能通曉逐歸曾留我等銅鉛質當凡貿易人到倭皆圈禁

城中週砌高牆內有房屋開行甚多名土庫止有總門重兵守之不許外走得知消息到時將貨收去官爲發賣一切飲食皆其所給回棹時逐一消算扣除交還所換銅觔貨物押往開行至聘去之人則另在隱密之地造船之說吾等嘗親聞之等云浙督李衞聞知遂奏稱日本雖蕞爾島夷恃其銅礮攻擊甚遠刀械犀利非常前明曾屢爲患　本朝威靈懾伏屏迹多年從無干犯中華　聖祖仁皇帝俞允會議於東洋貿易止許內商往販禁其自來原有深意今彼不惜重貲招集無賴習學內地弓矢技藝無故制造戰船姦懷叵測不無窺伺恐乘隙欲爲沿海搶掠之謀然前明水師未設戰

船不修被其突犯登陸始與接戰使得展其跳躍之長故從前江浙地方多受荼毒今沿海水師星羅碁布戰船駕駛精熟官兵皆能奮勵用命倭夷平素未諳水戰設或有警臣等聯絡鄰省會同堵截邀於海中勦殺攻其所短自獲萬全不致上厪 聖懷但彼狡謀惟在重利引誘凡愚人孰不貪婪往墮術中故江浙閩廣好事棍徒甘爲心腹通風走線甚多伊要得內地之信頗易而中國欲知其的耗實難今若遽將訪出之徒張皇拏問則販洋往來人多傳至彼地恐至激而生事臣愚以爲 天朝之待外夷罪惡昭著者必申征討之誅若迹涉隱微則當示以覊縻防範未然臣現密飭沿海

文武營縣及各口稅關員役藉盤詰米穀軍器名色嚴行稽查凡出洋裝貨包箱各物悉令開驗一應水手舵工商人奴僕附搭小客俱著落牙行查明籍貫年貌取保結限期回籍返棹進口點驗人數缺少者拏究其水師兵船嚴督各鎮協營整頓礮械練習攻戰之具不時哨巡耀揚威武以爲有備無患之計一切廢弁驗其因公罣誤原無大過不在解發安置之列而人材尚可效用者分別收錄食糧不使閒居窮苦爲人所誘姦商無賴通同句引之人俟訪實後相機另行拏究明正典刑彼時倭夷聞之知事已敗露防範嚴密自必震服天威絕其邪心矣奉　上諭當年　聖祖曾因

風聞動靜特遣織造烏林達麥爾森改扮商人往彼探視回日復　命大抵假揑虛詞極言其懦弱恭順嗣後遂不以介意而開洋之舉繼此而起朕卽位後亦經念及尚未暇諭卿所以此奏深合朕心又聞噶喇吧呂宋聚有漢姦不下數萬朕經屢次密諭閩廣督撫加意體訪具奏且復聞日本與朝鮮往來交好蹤迹甚密云云總之安內攘外要不出前諭固本防患盡人事以聽天命爲第一良策也

冬十月飭沿海邊備

初李衛奏稱日本島嶼與浙江江南洋面最近止三十餘更路程風順四五晝夜可到今浙江原屬臣轄江南

沿海地方近又奉　旨命臣飭制即當知會督撫提臣調度嚴防但其乘風飄忽四路可通閩廣山東天津錦州等處仰祈　皇上密飭督撫諸臣一體留心防察則雖有姦計亦無所用矣奉　上諭所見甚是隨便皆密令訪察防範此通頒諭旨一例及卿庶不露卿首先陳奏之迹也是月初六日兩廣總督孔毓珣遂覆奏云思我　皇上聖仁威武四海嚮風蕞爾島夷諒無他念但浙江督臣李衞稱既有所聞則粵東與日本亦屬一水相通且南洋之禁初開諸番羅列防範自宜更加嚴密臣已嚴飭沿海各鎮營勤練舟師設備火器於汎口出入人船嚴行稽查礮臺時加瞭望今奉　諭旨

臣俟會審事畢卽赴厓門虎門澳門附近緊要海口親歷查察舟師并汛守礮臺其不能周歷之處分委道府大員巡查如有應行奏　聞之事臣自當具摺密陳至於水師以礮火爲重其砂礮等項必應存留奉　上諭此事虛實未的只可密飭防備不宜明顯致令風聲遠播外夷生疑畏之心

冬十一月立洋商總

初風聞日本句誘中國無賴商民往彼教習技藝於是嚴禁商船出洋自外洋回棹之船亦加意盤查嗣密訪察知別無狡志又知與西洋天主教結爲世仇雖東西海面俱通彼此不能相容凡商船往倭有奉此教者立

卽加害並鐵鑄天主之形令下船諸人脚踹登岸又彼
地人惟沙思馬一處（日本轄八十一島內有薩摩州番言撒子馬卽薩司馬之譯音地在日本西南）最爲勇悍其地俱不足慮浙督李衞奏稱各洋商
貿易不宜遽行禁絕且從前止領夷人倭照我　天
朝並未定有到彼作何管束稽查之法今擬會同江南
督撫諸臣於各商中擇身家最殷實者數人立爲商總
凡內地往販之船責令伊等保結方許給以關牌縣照
置貨驗放各船人貨卽著商總不時稽查如有夾帶違
禁貨物及到彼通同作姦者令商總首報於出入口岸
處所密拏倘商總徇隱一體連坐庶幾事有責成可杜
前弊容臣到蘇公同議定辦妥再爲陳覆至是覆奏辦

理東洋商船事宜略云綏來柔遠　聖主廣運之鴻
模杜漸防微人臣守土之專責日本海島小邦密邇江
浙内洋向通市易數年以來設立倭照挾制客商始則
要求禮物繼則勒帶人貨干犯禁條不一而足臣每留
心密訪誠恐徑竇不塞積久生端隨將前奏所開先後
拏獲各商人等親帶赴蘇會同署江省督撫二臣范時
繹尹繼善復加細訊内鍾覲天首先供吐曾爲代帶武
舉張恒晫現在東洋已令伊父寫信前往設法喚歸又
費贊侯供認曾帶崇明縣醫生周岐來往彼治病業經
回籍經臣於途間喚到面訊是實據稱夷人每事訪求
天朝故實新聞諸様書籍無所不有又李昌謀供

認曾帶所畫慶祝　萬壽圖西湖四季及城隍山迎
會景象現有底稿起出非係中國輿圖又柯萬藏魏德
卿二犯供認曾於閩省請曾壁峰等九人前往東洋在
普陀洋面爲臣訪知先差弁員等候盤獲又沈順昌供
認曾允攜帶弓箭未曾製備其私造迷鏃箭頭一萬箇
欲趕李商之船帶去情由嚴訊堅未肯認又鄭大山供
伊堂弟鄭大威現在東洋未回曾往廣南代帶去家象
野象各一象奴二人尚存活象一現在長崎今年又託
吳瑞觀帶象配數緣風信不順未來並訊據鍾覲天等
供出尚有楊澹齋帶去秀才孫太源沈登偉在彼講習
大清會典中原律例未曾歸浙又朱來章之兄朱

佩章先曾帶去閩人王應如教書已病歿在洋又閩商陳亙選帶去廣東人稱係甯波住居之年滿千總沈大成賓楊姓冒項前往教習陣法現在彼處又郭裕觀代帶僧人馬匹各等情今朱來章先經臣訪聞誘喚至署問知情由前已奏明後又供出曾帶過各項書籍五百本當即收具的保同俞孝行給與銀兩各自置貨密往東洋探信去訖其陳亙選因在日本未回已令海口文武等候緝拏郭裕觀係廈門人密咨福建尚未獲到以上各供與臣前所訪聞不爽惟輿圖盔甲軍器式樣因未現獲雖在狡飾而臣揆其情節大象尚由安南取送則此等事皆有之總緣夷人嗜利於商船回棹時各指

名令其攜帶違禁人物不遂其請即有指照退貨之舉
而商人貪倭照貿易惟命是從若不嚴加稽查將來無
所底止伏思我 皇上德威遠被六合之內皆同胞
與況遠夷絲綿綢帛服食器用久仰給於 天朝未
便遽行概加屏絕惟是各省商人多在江浙二處出口
賢愚不等散漫無紀非設商總盤查無以專責成臣與
范時繹尹繼善公同酌議當面傳集洋商博訪利弊令
其公舉殷實老練之人數名臣等又加察訪甄別派出
閩浙各商李君澤等八名立為商總責令分省稽查一
切盤驗舉首之法詳細開列使之互相牽制從此不敢
妄有夾帶其現在犯案各商按其情罪輕重監禁取保

並將家口查明交鄉總看守俟所遣朱來章俞孝行回棹及招歸張恆晫等到日探明夷人實在行徑再爲酌量定擬請　旨分別發落合將臣等會核設立規條飭行曉諭示稿繕進再查康熙五十六年定例除安南通商外其餘西南諸洋禁止往販今福建督臣高其倬奏請西南諸洋許往貿易已荷　聖恩允准臣愚以爲江浙與閩洋相同自應循照福建近議准行則例一體嚴行查驗等云奉　上諭覽詢訪各情形俱悉此議甚屬妥協事事俱宜如此留心命卿總督浙江朕於東南一隅旱釋顧慮之念矣此項商總既專責成公私俱賴以濟宜再三詳審務須得人爲要應達部者咨部存

案可也

己酉雍正七年

英吉利復來通市

英吉利自康熙間通市後商船或間歲一至猶未每歲常來至是年廣東碣石鎮總兵陳昂奏言臣徧觀海外諸國皆奉正朔惟紅毛一種奸宄莫測中有英圭黎（即英吉利荷蘭）諸國種族雖分聲氣則一請飭督撫關部諸臣設法防範從之至是海禁既開始互市不絕

減免暹羅例貢

暹羅自順治初即效貢職維謹至是減免該國安息速香袈裟布匹等貢並 御書天南樂國扁額 賜之

西南洋諸國來互市

先是康熙中雖設海關與大西洋互市尚嚴南洋諸國商販之禁自安南外並禁止內地人民往販比因粵閩浙各疆臣以弛禁奏請是年遂大開洋禁凡南洋之廣南港口柬埔寨及西南之埭仔六坤大呢吉蘭丹丁葛奴單咀彭亨諸國咸來通市廣南國北接安南漢日南郡晉唐後曰林邑占城明代占城爲安南所奪以封其臣阮氏爲附庸阮氏本中國人以地險兵强自爲一國屢與安南搆兵（嘉慶季年廣南農耐王阮福映以舊阮滅新阮始併安南爲一國改號越南）港口國東南濱海國王鄭姓地數百里眞臘舊境又稱本底國柬埔寨卽舊眞臘自稱甘孛智譌爲澉埔只轉

爲柬埔寨（柬又有訛作東者）一作平波底阿其地北接占城南際海盡處爲爛泥尾由粵虎門經七洲洋七千二百里地近赤道天氣炎熱禾一歲數稔土產鉛錫犀象翠羽孔雀瑇瑁蘇木降眞沈速諸香檳榔豆蔻海參燕窩故舊名富貴眞臘其先本扶南屬國王姓刹利氏後並扶南有之隋代入貢至唐國分爲二北多山號陸眞臘南多水號水眞臘久復合爲一國宋屢入貢與占城爲仇滅之而王其地改號占臘明初國猶富盛職貢不絕至

國初已弱小僅存爲安南暹羅所役屬不復仍眞臘故號自列於王會竟與港口皆併於廣南而廣南又併安南稱越南焉（越南以眞臘故地爲西都嘉定省今爲法蘭西所有名西貢）東埔寨

西界暹羅內海暹羅西南海岸有地由西北伸於東南連山如脊山東有小國七首曰埗仔一作斜仔距廈門百八十更南曰六坤再南曰宋卡一作宋腳閩音謂腳爲卡或作宋腒勝俗信佛不食豬與回回同惟君臣嫡庶之分甚嚴再南曰大呢即大年再南曰吉蘭丹中華人多在二處采金地多瘴癘惟溪水清涼浴之可已疾俗嗜鴉片土番善標槍時出劫殺行人再南曰丁噶奴一作丁加羅國人終身不出境向無航海者極南曰彭亨音近邦項當海濱地盡處北極出地一度離中綫偏西十三度轉西即舊柔佛有地曰息力一作息辣一名烏丁焦林一名星架坡往時丁噶奴單咀彭亨皆柔佛所屬後番部徙別

島遂爲大西洋東來四達扼要之地（嘉慶中英吉利據其地名新嘉坡爲南洋第一埠頭閩粵人謂之新州府）諸國地各數百里皆狠[illegible]裸國巫來由番族類裸跣夾刃出入與眞臘同俗皆歲貢暹羅爲屬國所產金銀鉛錫犀象翡翠玳瑁密蠟胡椒檳榔沙藤蘇木氷片沈速伽楠香諸物亦略相同至是海禁既弛諸國咸來互市粵閩浙商亦以茶葉瓷器色紙往市後並准帶土絲及二蠶胡絲其往也由粵東虎門至曾萬山經七洲洋至舊柔佛用未鍼計水程九千里若由柔佛轉循海岸而西北則爲麻六甲明代已爲大西洋葡萄牙和蘭疊據爲市埔矣（今又爲英吉利新藩）

庚戌 雍正八年

夏五月浙江總督李衛毀杭州天主堂

初西洋人德瑪諾在浙有　旨催令回京瑪諾呈稱老病寒冬長途難行李衛委員驗明代請寛限調治至是委官伴送至廣東澳門安插杭城天主堂因此間空地方官請撥役看守李衛奏稱西洋人原異域外教無知愚民多有貪伊厚利暗入其教並及駐防旗下亦染此風甚有關係臣前設法嚴禁始知斂迹此等深心結納意欲何爲乘此未可再留根株以杜日久後釁查勘規模制度與佛宮梵宇不符伏思海洋中惟天后最顯靈應卽外夷西洋各種人無不敬畏　本朝屢奉
敕封褒崇凡近海處俱有大廟商民往來祈禱瀰杭州

控扼江海未有專祀臣意將天主堂改爲天后宮擇德
行羽流供奉香火則祀典旣清而異端靖其萌蘖矣報
可
福建巡撫劉世明請禁民習天主教
時閩撫劉世明奏言福建民習天主教者闔家俱喫齋
臣通飭嚴禁得　旨但應禁止邪教惑衆者從未有禁
人喫齋之理若將此等妄舉以爲盡心任事實力奉行
則大誤矣
夏六月大將軍傅爾丹等率師征準噶爾敗績副將軍查
弼納巴賽副都統戴豪海蘭西彌賴定壽蘇圖侍郎永
國死之

噶爾丹既死其姪策淩多爾濟奔阿爾泰山北稽首稱臣　仁皇帝受降凱旋朔漠蕩平其後休養招徠部落漸强稍侵犯喀爾喀　仁皇帝練兵籌餉爲深久計會策逆死子噶爾丹策零嗣少年聰黠善撫士卒諸台吉樂爲之用　上決意征之　命傅爾丹爲大將軍副將軍查弼納巴賽副都統戴豪海蘭西彌賴定壽蘇圖馬爾齊侍郎永國塔爾岱達福等皆從征八月會師於科布多城噶逆遣將僞降言其國攜貳與哈薩克迭戰經年馬駝羸弱可襲取也傅欲進師定壽請耀兵境上全師凱旋永國海蘭等皆以爲然傅不從出境數百里及博克託嶺聞賊至遣蘇圖往勸傅移師東

陷和通淖爾（譯言下澤也）定壽蘇圖等中矢殞西彌賴率本部援之兵潰身殉永國戴豪海蘭自縊於幕栈上查弼納躍馬舞刀賊皆披靡潰圍出不見傅恐蒙陷帥罪復入陣死達福殿軍被殺巴賽血戰死之惟塔爾岱冒鋒矢出中槍血殷征衫蒙古醫以羊皮蒙之三日始甦事聞　上震悼貶傅爵　賜卹諸臣家

（辛亥）雍正九年

滇徼外西南諸夷來貢獻

先是四[illegible]雲貴總督鄂爾泰言雲貴大患無如苗蠻欲安民必先制夷欲制夷必改土歸流始一勞永逸

上知其才可辦寇以爲滇粵黔三省總督任以其事爾

泰勦撫兼施自四年至九年事大定其在滇徼外先革
土司後勦猓夷及進勦瀾滄江內孟養茶山諸土夷則
在滇西南極邊界連緬甸事平昇普洱爲府於思茅橄
欖壩設官置戍以扼蒙緬老撾門戶惟瀾滄江外仍歸
效順之車里土司江內土蠻全改流設官於是西南諸
夷咸內附効貢職廣南富州土府州各願增歲糧而永
昌邊外孟連土司獻銀廠維西邊外怒江一作路江野夷夷有
怒夷俅夷怒夷卽貉㺄野人爲戳猓烏魯爾蒐族種人名老卡止割脣塗以五色獵牲爲食又爲赤髮野人
歲輸皮幣於騰越州邊界老撾卽南掌國古越裳氏景邁卽八百媳婦國
皆來貢馴象其四川青海間別有番族土司小部落隸
西藏者不可勝數

巴爾布來附

巴爾布即巴勒布亦作庫爾卡又稱白布或稱白木戎地形長狹北接後藏雪山東界哲孟雄西南界孟加拉亞加拉部（英吉利屬）天道和煖產稻穀其人亦雕題種類采衣塗額短身陰鷙俗尙佛教地分布顏罕葉楞罕庫庫木罕三部所屬仍有小部至是遣使至藏請內附駐藏大臣具奏允准頒 敕書三道並 賜蟒緞玻璃瓷器旋於十二年三部罕各奉金葉表章貢哈達珊瑚琥珀卡契緞布孔雀及地圖謝 恩後爲屬部廓爾喀所併（在乾隆時）

雍正十年（壬子）

噶爾丹侵喀爾喀部落超勇親王策淩大破之於光顯寺
初傅爾丹既敗虜勢日張因闌入喀爾喀時策淩遠屯
他戍酋帥利其厚貲欲擄其游牧其副曰彼爲盟長北
藩之最強者若激其怒以遏吾歸路諸顏難生還也諸
顏譯言君也不從因破其塞擄其妻孥驅牛羊數萬以
行南犯大青山　上命大學士馬爾賽佩撫遠大將
軍印一等侯李杕副之率兵數萬遏其歸路虜知有備
因而南擄諸蒙古策凌聞警趨歸知妻孥已被擄計無
所出時理藩院侍郎綽爾鐸轉餉至彼因謁告故且欲
奔訴於　朝綽爾鐸笑曰蒙古諸藩以王爲最　朝廷
方倚以辦賊今雖妻孥失陷勁卒倘存若紓率諸部遏

其歸路可一戰成功妻孥可全疆域可復　朝廷必厚賚酬勞收功遠矣策淩遂反旆向敵其護衛某能日行千里嘗立高峰上拱手作鵰立狀賊人不覺因命其潛入賊營悉知其虛實然後檄調諸部落蒙古兵得三萬人曰賊衆三十萬以一誅十可以禦敵矣乃日行三百里至光顯寺曰其險已爲吾據賊雖百萬可成擒也寺左河右山衆請登山據險曰賊知吾據要害若自上游以渡反難成功也因命諸滿軍背水而陣諸蒙古軍於河北而自率勁旅萬人伏於山側且屬諸將曰聞胡笳聲卽率以進部署始定賊果大至滿兵佯敗虜衆適追掠閒聞陣後作胡笳聲須臾旌旆徧滿山谷策淩倏作

蒙古語曰策淩在此阻君之行因率衆從右山下馳如風雨擲帽於地曰不破賊不復冠矣我軍無不一當百爭先用命谷中之尸可踏而行也河北諸蒙古聞笳聲結隊以進復半渡擊之虜衆大潰其副戰死噶逆馳白駝夜遁河水盡爲之赤先是馬爾賽之師屯於烏蘭城以爲虜不復經此日置酒高會李杕故馬戚惟其言是用諸路捷書至諸軍咸欲出師立功邀賊歸路馬不許賊竟得從容去　士大怒斬馬爾賽於軍杕遣戍超勇王策淩等論功　封賞有差

瑞丁來互市

瑞丁國卽瑞典一名蘇以天又名綏亦占粵中呼爲藍

旂國在歐羅巴極西北境與挪威一作挪耳瓦又作諾魯威同一區有連山脊起自北而南瑞在山之東境東北接俄羅斯西費耶斯科卽瑞國芬蘭舊境割與俄人者東南距波羅的海卽州中海西距大洋北至冰海地形南北長而東西狹北極出地五十五度至七十二度英中綫自東五度至二十二度北境岧嶢荒寒少人夏至日輪橫行地面冬令夜長九時不見日者七十五日夏令晝長九時不見月者七十五日暴熱多蚊過此則霰雪交集南境稍沃可耕多湖澤五穀不足民食番藷俗奉波羅士頓特教卽洋教俗厖無盜士好文學專心技蓺推求金石草木性質窮極天象爲西土麻法之宗土產銀銅鐵錫硫磺木料皮貨古爲

士番部落宋時有大酋建城邑爲瑞典立國之始與嗹國相爭爲所兼併明正德時全復故土　國初其王加爾祿斯曾敗波蘭大呢俄羅斯三國之師聲震一時終以好戰而敗割東境芬蘭以講於俄羅斯國遂以削至是始來華互市計至廣東海程六萬里

閏五月平臺灣大甲西番

閩撫趙德麟奏臺灣北路大甲西番殘害官兵經總兵呂瑞麟道員倪象愷已將脅從等社撫定續有鳳山縣南路姦民聚衆傷兵經提督王邵追勦解散其大甲西番土官率令全社就撫時議者因臺灣屢次叛亂有請建郡縣城垣者　上曰臺灣非內地比其易於收復

亦因賊無險可據設有城垣必負嵎抗拒更費兵力矣
故臺灣郡縣僅種刺竹爲衛

秋七月禁來粵洋艘停泊黃埔

粵東外洋商艘舊泊虎門口外康熙五十年間移入黃埔（番禺縣境距省城四十里）早晚演銅鐵大礮居民驚恐右翼鎮總兵李維揚謂省會之地何得容他族逼處請飭令仍在虎門海口灣泊有　旨交總督鄂彌達巡撫楊永斌閱看回奏彌達等覆云臣等查虎門所屬亘海汪洋風濤甚險口外口内皆不可長久灣泊若現在夷船停泊之黃埔逼近省城一任洋商揚帆直入早晚試礮毫無顧忌未免駭人聽聞該鎮臣所言實有可采伏查香山縣

澳門河下上至沙寫頭下至孃媽閣地闊滬平現今澳夷各洋船皆在此停泊安穩無虞況從前洋艘原泊此地緣康熙二十五年粤海關監督臣宜爾格圖據澳夷目嘍囉哆等結稱澳門原設與西洋人居住從無別類外國洋船入內混泊題部覆准故至今各洋船皆移泊黄埔但臣等詳查澳門原係内地西洋人不過賃居豈容澳夷視爲已物如云澳門爲西洋人之地不便容別國洋艘停泊豈黄埔内地顧可任其久停耶請自雍正癸丑爲始凡各外國夷船仍照舊在澳門海口拉青角地方與西洋澳夷船同泊往來貨物卽用該澳小船搬運仍飭沿途營汎往回一體撥槳船護送礮位軍器不

得私運來省如此則內地防範周密夷船亦無漂泊之
虞矣報可

癸丑雍正十一年

春二月禁販鐵出洋

時有商民陳秦使販鐵出洋經閩洋巡船查獲稟陳總
督郝玉麟巡撫趙國麟將貨物入官並奏請通行嚴禁
奉　上諭如此實心任事何患諸弊不除吏治民風
之不就理也殊屬可嘉之至

冬十二月姦民蔡祖伏誅

初姦民蔡祖往呂宋日久是年九月忽偕呂宋二番人
來閩並攜番錢四甲箱約五千金於大担門外雇小船

夜投漳州福河廠蔡家村將招人入天主教閩安協副
將張天駿稟知總督郝玉麟密諭汀漳道郭朝鼎漳州
知府王之琦查獲船戶水手供出蔡祖帶番人聖哥在
後坂社嚴登家立諭龍溪縣知縣孫國柱拏獲嚴登及
聖哥並搜出天主教圖象等書蔡聞信潛逃尋於安福
縣西演深山內捕獲玉麟隨將蔡祖等所得聖哥銀及
行李番錢等給還差員押往廈門覓呂宋便船載回彼
國圖象等書銷燬船戶水手等杖徒蔡祖照左道惑人
律絞決

甲寅 雍正十二年

準噶爾遣使求和許之撤西師留屯戍

青海羅卜藏丹津之走投準噶爾也策妄納之　朝廷
遣使索獻不奉　詔西師旋罷及策妄死子噶爾丹策
零立狡黠好兵屢犯邊　廷議討之多以天時人事未
至難遽圖大學士張廷玉以爲當討遂　命傅爾丹爲
靖邊大將軍屯阿爾泰山出北路岳鍾琪爲寧遠大將
軍出西路會策零遣使特磊表獻丹津中途聞師出而
返因　詔兩軍緩出賊旋劫西路科舍圖牲畜嗣又遣
賊將大小策零敦多卜犯北路官軍喀爾喀親王策淩
於九年秋大破之鄂楚勒河十年秋又大破於哈刺麻
齊泊追至鄂爾昆河擊斬大半賊幾就殲而我師以援
應不至收軍　上震怒斬縱賊失機將帥於軍前而

以左都御史查郎阿署定遠大將軍張廣泗副之復大
破賊於布隆吉河賊自是不敢深犯而遣使請和
上以大軍久暴露至是降 諭罷征而 遣侍郎傅鼐
學士阿克敦往準噶爾 諭以利害策零遂遣垂納木
喀齎表請貢有 旨諭定疆界比阿克敦等歸又遣哈
柳隨至京奉表云準噶爾台吉噶爾丹策零具奏恭進
大皇帝聖明去年令達什等以阿爾台遊牧事具
奏奉 大皇帝諭旨爾請喀爾喀與厄魯特以阿爾
台山爲界俱照見在駐牧無相掣肘言辭恭順朕甚嘉
之故復遣使前往幸蒙 聖恩鑒允不勝懽忭又
諭旨有云分界之處尚未指明蒙古遊牧無定若不指

定山河爲界日後邊民生釁於久遠之計仍無裨益前
者我遣垂納木喀具奏亦正爲此耳令議定界請循布
延圖河南以博爾濟昂吉勒圖烏克克嶺噶克察等處
爲界北以遜多爾庫奎多爾多輝庫奎至哈爾奇喇博
木喀喇巴爾楚克等處爲界我邊界人等仍在山後遊
牧不得越阿爾台嶺其山前居住蒙古部人止在札卜
堪等處遊牧彼此相距遼遠庶可兩勿牽涉謹此具奏
奉　諭朕爲天下共主無分畛域一視同仁凡有奏請
可行則允之不可行則卻之百請亦不允也爾言厄魯
特無過阿爾台遊牧其言近理朕即信之又請蒙古止
居札卜堪見今蒙古遊牧原未嘗踰札卜堪也爾又請

循布延圖河南以博爾濟等處北以遜多爾庫奎等處爲界謂卡倫大半向前布延圖托爾和兩卡俱在爾國界中意欲我卡倫稍向內移此必不可行之事爾豈不知乃復牽率而言乎況設卡防守所用不過數人何關輕重然自我　聖祖時設立之卡倫豈可於今忽移動之乎夫休兵息民永歸和好即定界與否亦非要事但使彼此遊牧互相隔遠卡倫則安設如故至科布多並不復駐兵止於每年應畧地時各遣二三十人前往巡視約不相害如此區處爾之猜疑亦可盡釋矣台吉其遵旨定議凡使命往返二載始定議以阿爾台山爲界厄魯特游牧不得過界東喀爾喀亦不得過界西

遂量撤西師北路築城於鄂爾昆河留戍卒屯田防狄
西路則於哈密巴里坤置戍
夏五月遣東波蔗孤綿難民回國
上年八月廣東欽州龍門協營汛有遭風洋人小船一
男婦大小三十四人訊係東波蔗孤綿國人前往暹丹
貿易行至東京海面遭風擊破大船過小船逃生因西
南風飄到知州徐志培將船戶西利幷難番男婦護送
至省總督鄂彌達飭司撫恤給發口糧至是有內地二
商船往安南港口鄂彌達隨飭將難番按口計程給糧
令分搭二船便道回國隨經奏　聞奉　上諭飄溺
之患最爲危險憫惻之懷何分中外亟應加意撫恤

乙卯雍正十三年

春正月小呂宋來廈門乞糴

小呂宋麥收歉薄附洋船載穀二千石銀二千兩海參七百觔來廈門易麥提臣王羣以例禁五穀出洋奏請

詔曰國家嚴禁五穀出洋者乃杜奸商匪類暗生事端若各國米糧缺少隨時奏聞朕尙酌量豐餘以濟之今載穀易麥更近情理著均平糶糴以濟其用

丙辰乾隆元年

冬十月裁減荷蘭稅額

初荷蘭通商粵省歷年納稅尙輕後另抽加一之稅洋商深爲不便至是　諭曰朕聞外洋紅毛夾板船到廣

時泊於黃埔地方起其所帶礮位然後交易俟交易事竣再行給還至輸稅之法每船按樑頭徵銀二千兩左右再照則抽其貨物之稅此向例也乃近來夷人所帶礮位聽其安放船中而於額稅之外將伊所帶置貨見銀另抽加一之稅名曰繳送亦與舊例不符朕思從前洋船到廣既有起礮之例此時仍當遵行何得改易至於加添繳送銀兩尤非朕嘉惠遠人之意著該督查照舊例按數裁減並將朕旨宣諭各夷人知之

丁巳 乾隆二年

秋閏九月遣琉球難民歸國

是夏琉球有載粟米棉花二船遭颶風傷損飄至浙江

定海縣境總督大學士嵇曾筠等賞給衣糧修整船桅器具交還餘貨咨赴閩省附同奏上　諭曰朕思沿海地方常有外國船遭風飄至境內者朕胞與爲懷內外並無歧視外邦人民旣到中華豈可令一夫失所嗣後有似此遭風漂泊人船著該督撫飭有司加意撫䘏動用存公銀兩賞給衣糧修理船隻并將貨物查還遣歸本國以示朕柔遠人之至意永著爲例

戊午乾隆三年

準噶爾汗噶爾丹策零請通西藏并通市許之

初厄魯特噶爾丹曾入西藏爲刺麻歸慕其兄子自言受達賴刺麻封爲準噶爾博碩克圖汗及策妄阿布坦

立與拉藏汗結昏姻而襲殺拉藏禁其所立達賴又搜各廟寺重器送伊犁固爾札廟而阿爾布巴等之害康濟鼐亦欲往投準噶爾自是留兵駐藏皆以防準夷爲要噶爾丹策零初立即請赴藏煎茶聲言欲送還所擄拉藏二子 詔嚴兵爲備至是策零因成和請通市又請入藏煎茶皆許之人馬皆限以數於是盡罷西北兩路兵凡策妄策零及後那木札三世皆請赴藏煎茶每費不貲而 朝廷亦 賜茶葉香帕以助其施焉

庚申 乾隆五年

秋九月蘇祿來請朝貢許之

先是雍正六年貢方物求內附未許是年國王送回內

地遭風商船並請朝貢許之

壬戌 乾隆七年

冬十一月優恤英吉利遭風巡船

英吉利巡船在大洋遭風飄至廣東澳門遣酋目至省城求濟總督策楞令地方官給貲糧修船隻遣之

癸亥 乾隆八年

秋九月減免暹羅米船商稅

先是元年六月暹羅國王咨禮部言往時 欽賜蟒龍大袍藏承 恩亭上歷世久遠難保無虞懇 恩再賜一二又每年造佛送寺需用銅斤求暫開禁采買部議不可 詔特賞蟒緞四匹加 賞銅八百觔後不爲

例至是奉　旨暹羅商人運米至閩源源而來嗣後外洋貨船帶米萬石以上者免船貨稅銀十之五五千石以上者免十之三卽載米不足五千之數亦免船貨稅銀十之二嗣是閩撫陳大受奏言閩商前赴暹羅販米其國木料甚賤應聽造船運回給照查驗報可閩督又奏准商人赴暹羅運米至二千石以上者查明議敘賞給頂帶

丁卯乾隆十二年

金川土司莎羅奔叛

戊辰乾隆十三年

夏五月禁商民從呂宋國天主教

己巳乾隆十四年

大學士經略傅恆討金川叛酋莎羅奔降之

金川自嘉勒巴內附庶孫莎羅奔以土舍從岳鍾琪征西藏羊峒番有功奏授金川安撫司遂自號大金川而以舊土司澤旺爲小金川以女阿扣妻之 上即位十一年莎羅奔刦澤旺奪其印與地檄諭始還之已又攻革布什咱及明正土司不遵諭反傷官兵巡撫紀山請勦 命雲貴總督張廣泗督四川進屯美諾（澤旺所居）以澤旺弟良爾吉從時莎羅奔居勒烏圍兒子郎卡居噶爾厓廣泗奏調兵三萬分二路一由川西入分攻河東一由川南入分攻河西皆阻險不前諸將多失事請增

兵　上命大學士訥親往經略起岳鍾琪赴軍自効訥親至限三日取噶爾厓總兵任舉戰沒廣泗輕訥親不知兵以事相讓而實困之將相不和士皆解體又良爾吉本與阿扣通甚不利官軍之助小金川陰爲賊耳目廣泗以漢奸王秋之言信任之師久無功　上逮廣泗　廷訊不服斬之訥親尋亦賜死而　命大學士傅恆代其任至則斬良爾吉阿扣王秋斷內應具奏軍事本末略云訥親初至不察情形惟嚴切催戰致任舉敗沒銳挫氣索一以軍事諉張廣泗廣泗又爲奸人所愚惟恃以卡攻卡以碉攻碉之法無如賊碉林立致傷亡數千臣查攻碉最爲下策槍礮惟及堅壁是我徒攻

后而賊從暗擊轉得攻入且碉外開濠兵不能越而賊得伏其中自下擊上又戰碉高銳建造甚巧數日可成缺壞隨補頃刻立就且人心堅固至死不移攻一碉難於克一城卽臣所駐卡撤左右山頂卽有三百餘碉計旬日半月得一碉亦非數年不能盡惟有使賊失其所恃而我乃得展其所長臣擬俟大兵齊集分地奮攻而別選銳師旁探間道裹糧直入踰碉勿攻繞出其後卽以圍碉之兵爲護饟之兵番外備旣密內守必虛我兵從捷徑搗入則守碉之番各懷內顧人無固志可不攻自潰又云鄉導必用土兵小金川尤爲驍勇今良爾吉已誅澤旺與賊爲仇驅策自可得力至沃日瓦寺兵彊

而少雜棱綽斯甲兵衆而懦明正木坪忠順而彊幹不足革布咱兵鋭可當一路雖各土司環攻分地之說不可恃亦可資其兵力前此每得一碉卽撥兵防守致兵力日分卽使毀碉而賊又立卡是守碉毀碉均爲無益今賊仍各處增碉不知臣決計深入不與爭碉惟俟四面布置出其不意直搗巢穴以取渠魁必能報捷

上以小醜勞師二載誅兩大臣又失良將任舉已不釋然及是聞其地險力艱轉恨訥親廣泗不早以實告且屢奉　皇太后息武甯邊之諭反復寄諭　命班師時兩路兵已連克碉卡賊聞官軍決計深入又斷內應大懼莎羅奔故德鍾琪乃遣人乞降鍾琪輕騎徑抵其

巢賊見其親至大喜翌日遂從鍾琪皮船出洞詣軍傅恆升壇幄責其抗 命莎羅奔稽顙誓遵六事歸土司侵地獻凶酋還兵民納軍械供徭役乃宣 詔赦其死諸番焚香作樂獻金佛謝班師 詔封傅恆一等威勇公岳鍾琪三等威信公立碑太學

庚午乾隆十五年

駐西藏都統傅清左都御史拉布敦誅叛賊朱爾墨特死之增兵戍藏

朱爾墨特郡王頗羅鼐之子襲父封以駐藏大臣不便於己先奏罷駐防兵陰通書準噶爾爲外應旋襲殺其兄揚言準部兵至聚黨謀變傅清拉布敦覺之欲先發

而左右無一兵迺以計誘至寺手刃之旋爲賊黨所害
時五世班禪已卒達賴使番部公爵班替達攝藏事禽
逆黨以聞　詔以二臣先事靖變　贈一等伯而　命
將軍策楞班第來藏永禁西藏及準部往來之路自是
西藏始不封汗王貝子以四噶布倫分其權而總於達
賴刺麻增駐藏大臣兵千五百戍之
秋九月準噶爾宰桑薩喇爾來降
初準部自噶爾丹以後三世皆梟雄及十年噶爾丹策
零死次子那木札爾立童昏狂惑多戮宰桑爲諸台吉
所廢立其庶兄刺麻達爾札而大小策零兩部裔欲立
其弟策妄達什大小策零本同族台吉以謀勇爲策妄

父子兩世將兵故大策零之孫達瓦齊與小策零之子達什達瓦首被翦鋤故達什達瓦妻先率所部叩關來投徙熱河編旗籍薩喇爾者達什達瓦宰桑也不自安時賓音伯勒克又將奪其戶口分賞各宰桑故薩喇爾率所部千戶來降　命安插察哈爾地方尋授散秩大臣及後阿睦爾撒納襲殺達爾札而達爾瓦篡立其杜爾伯特台吉三車稜又率三千戶來降　上俱封其降人卹其部衆

辛未乾隆十六年

夏六月緬甸遣使來朝貢

緬甸國古朱波地漢通西南夷謂之撣唐謂之驃宋元

謂之緬又稱蒲甘乃其王城在滇徼永昌南二千里北界騰越野夷東北界雲南南掌（即老撾）南界暹羅并榜加剌海西界東印度英吉利屬地西北界前藏北極出地自十五度至二十七西綫自東八十九度至九十八水有瀾滄江怒江（怒一作潞）西有大金沙江（即檳榔江所匯源出西藏名雅魯藏布江）皆自雲南貫境國中恃以爲險而大金沙西南與東恆河合流入南海天時溫熱穀果極豐禽獸繁衍虎象甚多產五金鋼鑽鹽硝硫磺信石紅藍寶石性貪詐尚佛教唐宋皆貢中國元數征之明初置宣慰使司（明宣慰使司有六曰車里曰木邦曰八百大甸曰老撾曰孟養其一即緬甸後增爲十）萬歷閒其酋莽體瑞倂吞諸部又臣木邦蠻暮隴川千厓孟密諸土司

屢犯邊後爲劉綎鄧子龍擣阿瓦（即緬都城）破入之巡撫陳用賓又約暹羅夾攻破之自是不敢內犯永歷入甸其臣李定國遣使約古喇暹羅議犄角攻裂其地而　大兵已取永明王於阿瓦遂不果雍正九年緬與景邁交閧景邁（即八百媳婦國）遣使至普洱求貢乞比暹羅南掌總督鄂爾泰疑而卻之緬偵知之遂揚言亦將入貢益兵攻景邁破之而貢竟不至怒江東有波童山銀場與滇邊之茂隆銀塲近至是塲商吳尚賢說緬王莽達喇以貝葉表文及塗金塔馴象十敂關求貢雲貴總督碩色以聞　上諭朕思緬甸越在荒裔自前明嘉靖後職貢不通我朝定鼎之初即能禽送朱由榔傾心效順茲復

專遣陪貳齎表闕廷向化奉琛具昭忱悃向來蘇祿南掌等國入貢筵宴賞賚俱照各國王貢使之禮所有緬甸貢使到京一應接待事宜亦應照各國王貢使之例以示綏遠於是　親御太和殿受使臣朝賀　錫賚緬王緞帛玉器有差

國朝柔遠記卷五

臣彭玉麟恭定
臣王之春敬編

壬申乾隆十七年

春二月布魯克巴入貢

布魯克巴在後藏南北界前藏帕爾東界貉貐野人南界阿薩密西南界孟加拉（阿薩密孟加拉今皆英吉利屬地）西界哲孟雄（哲孟雄後爲廓爾喀所并）東西長而南北狹亦轄五十城爲紅教剌麻總持之地天時物產勝西藏頗類中國產棉花大黃惟漢民罕至舊分布魯克（一名德白拉）葛畢（一名比斯尼）兩族雍正十年兩族相仇殺先後赴西藏投誠貝子頗羅鼐

爲和解之尋各遣使入藏奉表謝兩族旋合爲一乾隆元年貢方物至是其汗諾彥林親又遣使入貢　上曰布魯克巴迺遐方部落傾忱向化甚屬可嘉著優賞以示褒異嘉慶後布魯克巴爲廓爾喀所幷

癸酉乾隆十八年

春二月暹羅入貢

先是乾隆十四年暹羅入貢有　御書炎服屏藩扁額之賜至是入貢幷懇　賜人葠纓牛良馬及通徹規儀內監部議不可　詔賜人葠

夏四月西洋博爾都噶里雅遣使入貢

博爾都卽葡萄亞一作布路亞遣使巴哲格伯里多瑪

諾入貢奉表言臣父昔年仰奉　聖主聖祖皇帝
世宗皇帝備極誠敬臣父即世臣嗣服以來纘
承父志敬效虔恭臣聞寓居中國西洋人等仰蒙
聖主施恩優眷積有年所臣不勝感激歡忭謹遣一介
使臣以申誠敬因遣使巴哲格等代臣恭請　聖主
萬安並行慶賀伏乞　聖主自天施降諸福以惠小
邦至寓居中國西洋人等更乞　鴻慈優待再所遣使
臣明白自愛臣國諸務俱令料理臣遣其至京必能慰
悅　聖懷其所陳奏伏祈　採納得　旨覽王奏並
進方物具見悃忱

甲戌　乾隆十九年

春二月蘇祿入貢禁商民充外洋正副貢使

時蘇祿國蘇老丹嘛喊味安柔律噒遣使附閩人楊大成船入貢福建巡撫陳宏謀以聞部議查該國於雍正五年始奉表通貢至乾隆七年復修職貢茲該國王遣使嘮獨萬喳喇等齎捧表文方物來閩應如所請給夫馬勘合委員伴送來京所帶土產貨物聽照例貿易免徵關稅惟查該國以楊大成列為副使楊大成即武舉楊廷魁緣事被斥復藉出洋貿易冒充該國副使若不嚴加懲儆恐內地民人習以為常出洋滋事不應如該撫所題僅交原籍管束請照例改發黑龍江充當苦差並行文該督撫知照該國王嗣後凡內地在洋貿易之

人不得令承充正副使至該國王願以地土丁戶編入
天朝圖籍伏思我　朝統御中外荒夷向化該國
土地人民久在薄海臣服之內該國王懇請來年專使
齎送圖籍之處應毋庸議從之
秋九月厄魯特輝特部阿睦爾撒納偕和碩特杜爾伯特
台吉來降
阿睦爾撒納和碩特部拉藏汗孫其父丹衷妻策妄女
先生子班爾珠而丹衷被戮妻改適輝特部酋遺腹生
阿睦爾撒納及噶爾丹策零死次子那木札爾嗣汗位昏
亂妄殺諸台吉其殪之而立其庶兄剌麻達爾札阿睦
撒納性陰很見準部內亂思搆之而已乘其釁與其黨

謀立其弟策妄達什不遂因與大策零之孫達瓦齊偕奔哈薩克達爾札遣台吉將兵追討阿睦撒納潛回舊部簡精銳突入伊犂襲達爾札殺之恐人不附已以達瓦齊族貴立爲汗而已爲輝特台吉居雅爾即塔爾巴哈台以母兄班爾珠爲和碩特台吉又娶杜爾伯特台吉達什女而襲殺達什脅降其子納默庫而遷帳於額爾齊斯河合行三部特功驕蹇遂與達瓦齊生隙達瓦齊因自領精兵三萬使驍將瑪木特將兵八千夾攻之阿睦撒納不能抗遂與納默庫班爾珠挈輝特和碩特杜爾伯特三部衆東奔至是敂關內附　上大喜封阿睦撒納爲親王二台吉郡王瑪木特見諸台吉內附必召大

兵又知達瓦齊不可輔亦脫身來降授內大臣
乙亥乾隆二十年
春二月　王師征準噶爾其部眾皆來降
阿睦撒納之來降也　覲熱河言伊犁可取狀　上久
知其爲部眾畏服可驅策嚮導乘機大舉大學士傅恆
贊之遂定議出師以尚書班第爲定北將軍阿睦撒納
副之瑪木特等爲參贊永常爲定西將軍薩賴爾副之
班爾珠等爲參贊降人三車稜納默庫等皆以所部兵
從兩副將軍各領前鋒三千皆準夷渠帥建其舊纛先
進其同族大台吉噶爾藏多爾濟及舊回酋和卓木皆
先後迎降各台吉宰桑道左獻酮酪羊馬至札哈沁有

得木齊巴哈曼集及宰桑敦多克各率戶口百千降
上諭軍機大臣如細查伊等戶口恐其反生疑惑當
曉諭伊等仍舊安居毋使驚懼似此則投誠必多於是
師行數千里無阻
夏五月師入伊犁達瓦齊南遁回人執以獻
是月朔西路軍皆會博羅塔拉河達瓦齊素嗜酒不設
備倉卒率宿衞走保伊犁西北格登山我師長驅追襲
降人阿玉錫等以二十餘騎往覘乘夜突搗其營賊瓦
解多不戰而降達瓦齊南走回疆投烏什城爲阿奇木
伯克霍吉斯擒獻并獲青海叛賊羅卜藏丹津 上
御午門受俘皆赦其死并封達瓦齊親王霍吉斯郡王

入旗籍回部大小和卓木在伊犂者使歸舊部於是天
山南北二路皆不血刃而定
秋八月阿睦撒納叛
初厄魯特四部部各有汗綽羅斯治伊犂和碩特治烏
魯木齊徙青海杜爾伯特治額爾齊斯土爾扈特治雅
爾不相君臣自綽羅斯準噶爾强盛伊犂始爲四部盟
長抗衡中國者數十年　上欲俟伊犂大定仍衆建
而分其力而阿睦撒納欲爲四部總台吉專制西域與
其黨聚謀逆蹟漸著將軍等密以聞　旨令阿睦撒納
九月至熱河飲至同四部台吉受封至是阿睦撒納中
途遷延行抵烏隆古河近札布堪舊游牧詭言暫歸治

裝由間道逸去四出煽亂伊犁諸剌麻宰桑蠭起應之
時大兵已撤留伊犁兵僅五百班第等力戰被圍死之
西路兵亦退　旨逮永常治罪以定邊左副將軍策楞
代之仍分兩路進討
英人來甯波互市
時英吉利商船收定海港總商喀喇生通事洪任輝船
商華苗珠請於甯紹台道轉詳大府請收泊定海運貨
甯波許之踰年遂增數船
丙子乾隆二十一年
秋七月　王師追阿睦撒納進征哈薩克連戰敗之
哈薩克回部之大者也西人稱曰韃靼里亦曰達爾給

東北界科布多之烏梁海南界塔爾巴哈台東南界伊
犁北界俄羅斯西南界浩罕布魯特安集延納木干諸
部地分三部左部鄂爾圖玉斯右二部齊齊玉斯烏拉
玉斯亦稱中部西部其左部自古爲行國逐水草游牧
爲古康居地廣草蕃茂多馬牛風俗物產文字略與蒙
古準部同而語言稍異西北境曰伊什河地苦寒其汗
帷盛夏居之右二部則有城郭爲古大宛大夏地北極
自三十六至五十一度西綫偏東四十三至七十八度
厄魯特强盛時哈薩克皆爲所屬歲納馬是春　大兵
討阿睦撒納長驅至特克勒河阿逆遁入哈薩克左部
誘煽其汗阿布賚拒命策楞以頓師不進褫職至是將

軍達爾黨阿哈達哈分西北路進討阿布賚遣和集博爾根以四千騎走魯朧而自率千餘騎西行我西路軍進破和集前隊二千於雅爾朧山擒其渠楚魯克又破其後隊二千騎而北路軍亦敗阿布賚於亳沙朧克山下獲渠帥昭華什遂抵伊什河阿逆僅隔一谷將軍信諜者言令駐軍阿逆復徐颺去乃遣所獲渠帥歸諭令禽獻阿逆往返稽延而準部降夷宰桑皆變阿逆自哈薩克潛歸會諸賊於博羅搭拉河準部復大擾

丁丑乾隆二十二年

秋七月哈薩克來獻馬請通貢市

諸降夷之叛也　上以準部夷酋甫受封賞歸輒叛

知厄魯特不可以德懷是年三月　命左副將軍成袞
札布出北路右副將軍兆惠出西路大加搜討會諸部
自相吞噬又瘟疫死亡相望官軍長驅至賊皆敗走逆
酋先後授首阿睦撒納復遁入左哈薩克兆惠及參贊
富德窮追深入其地阿布賚汗懼遣使請罪表貢良馬
誓擒阿逆以獻適阿逆往投使人先收其馬阿逆驚徒
步夜走入俄羅斯界乃擒獻其黨而和集博爾根亦率
三萬戶納款軍門會其西部與中部搆兵阿布賚使與
我使臣單騎入兩陣閒指揮宣檄皆解甲聽命適富德
方追準部逸賊至右部軍于莽格特城遂詣軍納款齎
表京師其表文曰哈薩克小汗臣阿布賚謹奏中國

大皇帝御極自臣祖額什木汗揚吉爾汗以來從未
得通中國聲教今祇奉　大皇帝諭旨加恩邊末部
落臣暨臣族靡不歡忭感慕　皇仁臣阿布賚願率
哈薩克全部歸於鴻化永爲中國臣僕伏惟中國
大皇帝睿鑒謹遣頭目七人及隨役共十一人齎捧表
文恭請　萬安並敬備馬匹進獻謹奏　上諭哈薩
克汗阿布賚悔過投誠稱臣入貢遣使至營情辭懇切
見在護送進京哈薩克一部素爲諸厄魯特所畏去歲
叛賊阿睦爾撒納逃竄往投我師追擒直入其境阿布
賚率其部落遠從數千里旋欲縛獻阿逆以贖前愆爲
阿逆所覺遁回準噶爾復肆鴟張然阿逆所以煽惑諸

厄魯特及回子等衆者惟恃一哈薩克耳茲阿布賚旣已請降約以阿逆如入其地必擒縛以獻則叛賊失其所恃技無所施此一大關鍵也朕心實爲之慶慰哈薩克卽大宛也自古不通中國昔漢武帝窮極兵力僅得其馬以歸史冊所傳侈爲宣威絶域茲乃率其全部傾心內屬此皆 上蒼之福祐 列祖之鴻庥以成我大淸中外一統之盛非人力所能爲也著將哈薩克汗阿布賚降表繙譯宣布中外並將此通行曉諭知之於是授所部王公台吉世爵定三年一貢歲一市於烏魯木齊以馬羊易緞布而稅其百一惟北哈薩克未通中國云

秋八月俄羅斯假道黑龍江運糧不許

俄羅斯請由黑龍江挽運本國口糧　上以其違約不許

冬十一月禁英商來浙互市

廣督上言浙關正稅視粵關則例酌擬加徵一倍部議從之得　旨楊應琚所奏勘定浙海關徵收洋船貨物酌補贛關船稅及樑頭等款並請用內府司員督理關稅一摺已批該部議奏及觀另摺所奏所見甚是前摺竟不必交議從前令浙省加定稅則原非為增添稅額起見不過以洋船意在圖利使其無利可圖則自歸粵省收泊乃不禁之禁耳今浙省出洋之貨價值既賤於

廣東而廣東收口之路稽查又加嚴密即使補徵關稅
樑頭而官辦止能得其大概商人利析秋毫但予以可
乘終不能强其舍浙而就廣也粵省地窄人稠沿海居
民大半藉洋船爲生不獨洋行之二十六家而已且虎
門黃埔在在設有官兵較之甯波之可以揚帆直至者
形勢亦異自以仍令赴粵貿易爲正本年來船雖已照
上年則例辦理而明歲赴浙之船必當嚴行禁絕但此
等貿易細故無煩重以綸音可傳諭楊應琚令以己意
曉諭番商以該督前任廣東總督時兼管關務深悉爾
等情形凡番船至廣卽嚴飭行戶善爲料理並無干爾
等不便之處此該商等所素知今經調任閩浙在粵在

浙均所管轄原無分彼此但此地向非洋船聚集之所
將來止許在廣東收泊交易不得再赴甯波如或再來
必令原船返棹至廣不准入浙江海口豫令粵關傳諭
該商等知悉若可如此辦理於粵民生計並贛韶等關
均有裨益而浙省海防亦得肅清看來番船連年至浙
不但番商洪任輝等利於避重就輕甯波地方必有奸
牙串誘並當留心查察如市儈設有洋行及圖謀設立
天主堂等事皆當嚴行禁逐則番商無所依託庶可斷
其來路耳如或有難行之處該督亦卽據實具奏尋覆
奏遵　旨曉諭番商洪任輝等回帆並札行甯波定海
各官一體遵照見在並無設立洋行等情弊報聞

戊寅乾隆二十三年

春正月俄羅斯獻出阿睦撒納逆屍準部平

阿逆逃入俄羅斯　上命理藩院移文索之俄羅斯以渡河溺死聞既而患痘眞死遂移屍至恰克圖請大臣往驗　上諭桑寨多爾濟等據俄羅斯邊界報稱逆賊阿睦爾撒納出痘身死今將身屍送至恰克圖等處請遣人驗看等語看來逆賊阿睦爾撒納罪惡貫盈身死屬實琳丕勤多爾濟向認識阿逆今天氣寒逆屍尚未腐壞接到此旨桑寨多爾濟即遣琳丕勤多爾濟速往恰克圖驗看並曉示彼處頭目云爾等念兩國和好將逆賊之屍送來以彰信義大皇帝深爲嘉悅又

諭準噶爾一事自用兵以來伊犁既已蕩定而哈薩克汗阿布賚等亦輸誠內嚮實皆仰荷　上蒼之默佑
列祖之鴻庥獨因叛賊阿睦爾撒納逋逃未獲以致勞我師旅於今三年蓋此賊一日未能成擒則西事一日不能就緒不得不極力追捕以爲邊圉久遠之計非朕好爲窮兵黷武從前所降諭旨甚明去歲聞阿逆竄入俄羅斯境內俄羅斯向爲和好之部定議彼此不許容留逃人況阿逆罪大惡極尤非他逃人可比當令理藩院行文俄羅斯薩納特衙門向索今據辦理俄羅斯邊界事務喀爾喀親王桑寨多爾濟等奏稱俄羅斯畢爾噶底爾差圖勒瑪齊畢什拉等前來移文內稱阿

逆逃至伊境渡河被溺隨經救出拘禁旋因患痘身死今將屍獻出等語若惟恐不能取信於天朝而亟亟以獻屍爲確據者夫以阿逆之貪殘狡詐貽害生靈負恩悖叛天良滅絕即暫逃於顯戮必難逭於冥誅斷無久延視息之理其身死諒無可疑至俄羅斯之收留叛賊始未嘗不欲撫而用之及其已死無可希冀然後獻出亦係其實在情節且彼既以謹守舊約克全信義爲詞自不當逆料其詐拒而不受更行深責也況國家之所期必獲者不過阿睦爾撒納耳今其人已死其屍已得準噶爾全局自可以告厥成功朕惟以大公之心爲順應之舉斷不肯恃我國威誅求過當萬一所獻不實意

圖斯岡則其曲自在俄羅斯彼若妄生事端則朕可以上告天地而下對臣民再興師問罪亦未爲遲卽無知苟安之徒亦無從議朕爲好武矣始議向俄羅斯索取阿逆時衆人之意未必不竊議又生邊釁是總不知駕馭外藩之道示之以謙則愈驕怵之以威則自畏此二言若子孫世世能守實大淸國億萬年無疆之庥也卽如漢唐宋明和親稱姪歲幣屢增是亦遜讓之極矣而於邊患寗稍救耶卽如俄羅斯既已收留叛賊若不嚴行索取彼必不將屍獻出設從史貽直陳世倌所議且將還就隱忍竟若叛賊一入俄羅斯遂無可如何者所謂唾面自乾之爲朕甚恥之朕於軍國重務惟有乘機

度勢因物順理不但初無搆釁於俄羅斯之心即此用兵三年雖未如康熙雍正年間之久而朕已慮衆人之勞時切於懷特因叛賊未獲萬難中止初非朕之本意也向使前後在事諸臣果迅合機宜則叛賊自不至逃竄亦當早爲弋獲何至展轉愆期此用人不當實朕之愧然統計連年軍興征調皆出自公帑不但未加賦閭閻而賑恤有加於往歲此亦天下臣民所共知者今逆屍已獲伊犁全部悉入版圖徐謀耕牧纘承 皇祖 皇考未竟之緒而自古未通中國之哈薩克亦皆稱臣納貢其於我皇淸疆宇式廓萬年久安之道爲有益爲無益朕亦不更置論至葉爾羌喀什噶爾等

回部原可計日平定不必更煩動衆所有阿睦爾撒納
身死俟解到之日驗明戮示以彰國憲先將此通行曉
諭知之未幾厄魯特叛台吉舍楞害我都統唐喀祿自
伊犂復逃入俄羅斯我使索之又不與　上怒絕其
恰克圖貿易

秋七月布魯特來附

布魯特分東西部東部五爲古烏孫西境西部十有五
則昔之休循捐毒也唐時爲大小勃律皆游牧無城郭
人貧而悍好擄掠疆域風俗亦皆介準回之閒東部在
天山北準部西南舊游牧特穆爾圖泊左右爲準部所
逼西遷寓安集延　王師定伊犂始復故地散處新疆

回疆卡外部長稱鄂拓克稱其君曰比先年六月將軍兆惠追厄魯特逸賊至其界遣侍衛往諭其薩雅克薩拉巴噶什兩部其鄂拓克遣使獻牛羊百頭將軍設宴而示之講武咸大詫服於是兼撫定霍索楚及啟台兩鄂拓克凡四部共二千餘戶其薩婁鄂拓克亦以所部五千戶來歸五部幷遣使入朝貢馬其西十五部在天山南及葱嶺西麓部各百千戶皆以額德格納部長之大兵追逆回霍集占徑其地其渠阿齊畢一作阿奇木阻回酋與戰奉書將軍率所部一十萬口願爲臣僕以未出痘不敢入中國遣使朝 京師 上嘉之加其渠散秩大臣頭目皆 賞翎頂於是東西兩布魯特皆內附

設二品至七品頭目由將軍大臣奏放歲進馬受　賚互市如哈薩克之例遣使巡其部落如内地焉

塔什干來附

塔什干干亦作罕明史作達失干亦城郭回部在喀什噶爾西北千三百里東界布魯特東南界浩罕那木干東北連哈薩克右部漢康居大宛交界之地平原多園林果木土宜五穀民居稠密舊爲右哈薩克屬部是年參贊大臣富德追討哈薩克錫拉至其地遣使撫諭回眾先有準噶爾逸賊額什木札布在其境内即擒以獻時所部吐爾占文與右哈薩克戰我使諭以釋爭相睦乃大感悟奉表求内屬遣使朝貢惟又附浩罕爲屬城葢以

弱小介於哈薩克浩罕之閒故皆得而役屬之

葉爾羌回酋霍集占叛官軍進討圍庫車破其援兵

回部在葱嶺東天山南路卽漢西域城郭三十六國大小回城數十莊堡千計東西六千餘里南北千餘里舊皆佛教今回教初回教祖國曰天方（今阿剌伯）在葱嶺西數千里當隋唐閒（回教紀年起唐高祖武德四年）有墨德墨克國王謨罕驀德（一作瑪哈穆特或作摩哈麥或作馬哈麻又稱派罕巴爾）生於麥加性聰敏初服賈贅於寡婦家大富因入山讀書數年欲於佛教洋教外別創教門以自異造經三十篇禮拜持齋禁食猪肉徒黨日盛遂據有廣土鄰部皆畏而從之其教遂蔓延西土傳二十六世有瑪墨特者與兄弟分適異國於

明季東踰葱嶺而居各城靡然從之康熙中値厄魯特盡執元裔蒙古諸汗并質回酋於伊犁及噶爾丹敗回酋阿布都實特自拔來歸 聖祖優䘏之遣歸葉爾羌是爲霍集占之祖至其子瑪罕木特欲自爲一部仍爲噶爾丹策零所襲執并羈其二子長布拉敦亦作博羅尼都次霍集占使督回民墾地輸賦卽所謂大小和卓木也猶華言聖裔二十年 王師定伊犁釋布拉敦歸葉爾羌使統舊部而留霍集占居伊犁掌回務阿逆之變集占助逆 王師再克伊犁遁歸布拉敦初欲集所部聽約束霍集占以曾助逆自疑阻欲乘準部反側未安 王師久勞自立國乃集其伯克阿渾等自立爲巴圖爾

汗回戶數十萬皆靡惟庫車拜城阿克蘇阿奇木伯克鄂對等不從皆奔伊犁我招撫之副都統阿敏道旋被害於庫車事聞乃以雅爾哈善爲靖逆將軍率滿漢兵萬餘進討五月由吐魯番進攻庫車霍集占兄弟率鳥槍兵萬餘由阿克蘇捷徑來援六月我軍邀擊擒斬過半霍集占兄弟率餘兵入庫車城鄂對曰賊不株困圍城勢必遁請伏兵兩要隘以待雅爾哈善不爲備兩逆酋果以四百騎出西門夜遁於是布拉敦奔喀什噶爾霍集占奔葉爾羌守庫車回酋阿布都亦以八月突圍出餘衆開門降　上迺誅失機之將軍參贊　命將軍兆惠富德自北路移師而南兆惠以步騎四千先行

十月至葉爾羌賊已堅壁清野掘濠固守我師就黑水河結營賊數萬來攻築長圍以困我受圍三月掘井得水掘窖得粟賊駭爲神時富德在北路聞黑水營圍急卽率兵三千冒雪赴援

己卯乾隆二十四年

春正月官軍大破回賊於葉爾羌還駐阿克蘇

時副將軍富德中途遇賊五千騎轉戰四晝夜渡葉爾羌河距黑水營三百里賊愈衆不能進適巴里坤大臣阿里袞以兵六百解馬駝至副都統愛星阿亦以千兵至三路進逼賊壘兆惠亦勒兵潰圍出賊敗潰入城兩軍還駐阿克蘇俟師集繼進

禁絲觔出洋

時禁英吉利商船赴浙貿易於是皆收泊廣東每夏秋交由虎門入口又時方嚴絲觔出洋之禁兩廣總督李侍堯言近年英吉利洋商屢違禁令潛赴甯波今絲觔禁止出洋可抑外洋驕縱之氣惟本年絲觔已收請仍准運還奏入報可

夏六月收復回疆各城酋逆西遁官軍追討至巴達克山回衆皆降

先是四月遣兵援和闐復二回城至是兵二萬馬駝三萬皆集阿克蘇兆惠由烏什取喀什噶爾富德由和闐取葉爾羌逆酋見前此 王師以四百戰數萬以三千

戰守數月已震讋兵威又回衆初念其先世推戴恐後及霍集占虐用其民衆皆解體莫肯效死兩逆酋遂棄城驅人畜逾葱嶺西遁欲投敖罕不報迺赴巴達克山我前鋒追及哈喇淖爾（即葱嶺巔之黑龍池）斬獲五百又追及阿爾楚山斬其驍將阿布都又追至伊西洱庫河迺巴達克山界霍集占以萬衆據北山及迤東諸峯決死戰我師緣北山巔俯擊又分扼其走路賊潰無所逃乃令鄂對等樹回纛招降凡降回衆二千牲畜萬計逆酋兄弟乃挈妻孥及舊僕數百人走巴達克山兆惠等遂撫定喀什噶爾葉爾羌二城投順者免罪查出各城遷來回衆二千五百餘戶均送阿克蘇備屯田以喀什噶爾爲

參贊大臣建牙之所節制南路各城與葉爾羌英吉沙爾和闐爲西四城烏什阿克蘇庫車闢展爲東四城并東路哈密土魯番哈喇沙爾共十有一城分設辦事領隊大臣鎮之又各設三品至六品阿奇木伯克理回務不得專生殺回疆平

秋七月下英商洪任輝於獄

時英吉利商人洪任輝必欲赴甯波開港既不得請自海道直入天津仍乞通市甯波並訐粵海關陋弊是月

命福州將軍來粵按驗有徽商汪聖儀與任輝交結擅領其國大班銀一萬三百八十兩按交結外國互相買賣借貸財物例治罪監督李永標家人七十三等苛

勘有狀併擬罪如律永標以失察革職以誘唆之劉亞遍戮市英商洪任輝　上命押往澳門圈禁三年滿期交大班附船押回於是粵關規費裁改歸公總督李侍堯因奏防範外夷五事一曰禁夷商在省住冬二曰夷人到粵令寓居洋行管束三曰禁借外夷貲本並雇倩漢人役使四曰禁外夷僱人傳信息五曰夷船收泊黃埔撥營員彈壓皆報可

冬十月巴達克山來獻逆回酋馘請歸附遂入貢

巴達克山一作八答黑商葱嶺西南城郭回國也漢烏秅國距葉爾羌千餘里北界敖罕西界布哈爾南界北印度之克什彌爾距北極三十六度中緯偏西四十四

度明永樂中曾通貢其地羣山環繞城東負徙多河兩岸有縣度之險田土膏腴兼耕鑿牧獵之利戶口十餘萬先是逆回酋霍集占兄弟率餘衆奔至其境詭言假道往噩克國一作塞克即波斯謁其教祖而謀襲據巴達克山又以其酋不親迓怒斬其使欲約鄰部擾之縱兵肆掠其酋素爾坦沙怒拒戰于阿爾渾楚嶺先後禽布拉敦霍集占兄弟副將軍富德進軍瓦漢城即窩罕在其國東北境移檄索賊素爾坦沙以逆酋與己同派罕巴爾欲縛獻恐爲諸部所責霍集占復陰約搭爾巴斯國使攻之溫都斯坦亦興兵謀奪逆酋兄弟乃遷其兄弟于窗室殪之而獻其馘是時惟霍集占函首軍門其布拉敦尸被盜去二十八年巴達克山始獲其尸幷妻子來

獻惟布拉敦次子逃入敖罕故敖罕自逆酋道孽率所部十萬戶降明年遣使入　朝貢刀斧及八駿馬受　封賞甚厚自是貢職不絕

博羅爾來附

博羅爾葱嶺東南城郭回國也北界東布魯特東界乾竺特南界雪山西界巴達克山去北極三十七度偏西四十三度四境皆山西北有河人戶三萬餘有部落室居無文字別一種族與諸回部語言不通衣帽似安集延深目高鼻濃髭男多女少恆數人共一妻俗甚陋土半沙鹵故人多貧苦地惟多桑甚爲糧飲山羊血馬湩爲酒其酋曰比以人口爲賦稅生子女納其半賣於各

回城爲奴婢取值給用至是因巴達克山內附亦舉所
部三萬戶詣軍納款
冬十一月浩罕來附
浩罕卽敖罕一作霍罕又曰哥干葱嶺西回國距喀什
噶爾西五百里漢大宛地東界布魯特北界哈薩克西
南皆布哈爾環之去北極四十一度偏西四十六度有
四大城曰瑪爾噶朗曰納木干最西爲浩罕城其酋居
之又有賽瑪爾堪廢城卽元人所置撒馬兒罕行省以
封駙馬帖木兒最東一城曰安集延其人好賈遠游遍
天山南北路故西域統名浩罕爲安集延四城皆濱那
林河一作納林河水從葱嶺西流入鹹海又有小城三塔什干部雖哈薩

克族亦兼附之故又稱浩罕八城風俗略同南路諸回城土著耕種而富强勇鷙過之性陰狡習攻掠與布哈爾爲勁敵時大軍追逆回霍集占逆酋遣使欲投安集延不報既而將軍遣侍衛撫定布魯特西部至其境其酋額爾德尼迓入城日饋羊酒瓜果餱糧氊毹良馬詢訪中國疆域物產風俗形勢兵馬器械侍衛廣宣　朝廷德化額爾德尼畏慕奉表幷上將軍書稱爲至威至勇如達賚札西特之將軍旋貢馬　京師然亦無所謂汗血者未幾烏什之變回賊所遣赴浩罕之巴敦布爲布魯特禽獻又是時霍集占兄弟爲巴達克山所殲其遺孽逃至浩罕尚留其地

壬午乾隆二十七年

阿富汗入貢

阿富汗卽愛烏罕一作尼士丹又名阿付顏尼在巴達克山西南回部大國也北界布哈爾東界印度南界俾路芝西界波斯東西二千餘里南北千餘里介漢大月氏安息境兼明哈列烈俺都淮之地永樂閒曾偕哈烈通貢國分九部有三大城每城相距二十餘程首部曰喀布爾一作喀奔一作甲布爾都城壯麗戶口殷繁天氣酷熱多雨境多沃壤俗重耕種勝兵十五萬惟鳥槍刀矛無弓矢土產鐵錫礬鹽硫磺氈毯國本波斯東境明正德時有巴爾卑者割取三城爲國康熙初乘波斯衰亂兼幷全

土未幾波斯復興攻滅阿富汗後波斯又亂阿富汗王子仍收復東境與波斯并立當逆回霍集占爲　王師所敗假道巴達克山稱將赴阿富汗往默克祖國爲巴達克山擒殺阿富汗酋愛哈默特沙及溫都斯坦（即北印度之塞哥又稱克什爾爾）興師問罪巴達克山懼貽以中國文綺具言霍集占負中國及擾己國罪阿富汗遂與連和以兵拒溫都斯坦渡河而取其地於是組織雕鏤工匠畢備奄宦傳令文物爛然阿富汗亦聞中國之盛未知道里遠近遂因巴達克山內附遣使偕來以覘中國廣大于是年貢刀及四駿後屢貢良馬是爲中國回疆最西之屬國再西則默克等回教祖國（即今阿剌伯）皆古安息條支

境過此卽地中海接歐羅巴洲矣

夏五月寬絲觔出洋禁

英吉利商人喀囒等以絲觔禁止出洋其貨艱于成造求仍照前通市粤督蘇昌奏稱洋商籲懇代奏酌量准其配買情辭迫切奉　諭前因出洋絲觔過多內地市價翔踴是以申明限制俾裕官民織紅然自禁止出洋以來並未見絲觔價平亦猶朕施恩特免米豆稅而米豆仍然價踴也此蓋由於生齒日繁物價不得不貴有司恪守成規不敢通融調劑致遠夷生計無資亦堪軫念著照該督等所請循照東洋辦銅商船搭配綢緞之例每船准其配買土絲五千觔二蠶湖絲三千觔以示

加惠外洋至意其頭蠶湖絲及綢緞綾匹仍禁止如舊
不得影射取利自是英吉利來廣互市每船如額配買
歲以爲常

秋九月釋英人洪任輝於獄

先是英吉利船來粵攜番官公班衙番文懇釋洪任輝
疆吏飭駁至是三年屆滿釋洪任輝交大班附船載回
兩廣總督照會英吉利國王收管約束毋任潛入內地
英吉利來粵商人由是知所斂戢

癸未乾隆二十八年

冬十二月准琉球買絲

琉球國疏請購買絲觔部臣議駁旋奉 諭琉球本定

遵循例禁第念該國為海澨遠藩織紝無資不足以供
章服據奏情詞懇切著加恩照英吉利國例准其歲買
土絲五千觔二蠶湖絲三千觔用示加惠外洋至意餘
悉飭禁如舊所有稽察各關口岸及出入地方仍加意
嚴查以杜影射

甲申乾隆二十九年

春正月博羅爾遣使來朝貢

博羅爾既因巴達克山內附旋與巴達克山釁爭來乞
援葉爾羌都統新柱為遣諭巴達克山還俘罷戰博羅
爾遂遣使入　朝貢劍斧及玉柄匕首又博羅爾東有
乾竺特地接後藏無城郭宮室鑿穴以居有米麥其俗

敬火每晨向之禮拜卽唐代所稱景敎舊俗其酋曰汗國貧寡以人口爲賦與博羅爾同俗至是亦同內附歲貢金一兩五錢

布哈爾來附

布哈哈或作噶爾卽西哈薩克又稱塞卽薩克或稱札一作之轉音甲布西人又謂之木哈朧葱嶺西大回國也距葉爾羌四十驛西北界俄羅斯北界哈薩克東界浩罕東南界巴達克山及克什彌爾南界阿富汗西南界波斯幅員恢闊部落甚多抱鹹海而達裏海爲古大夏大宛西境卽元之卜花爾其鄂勒推帕等屬城匝阿母河左右皆元行省撒馬兒罕所轄明永樂宣德兩朝陳誠李達使西

域皆嘗經其地但彼時疆域甚小其後撒馬兒罕分裂
布哈爾得其地之大半稱韃靼里（或作韃而靼）都城曰布加
拉亞去北極三十九度西綫偏東六十四度氣候頗炎
冬無大雪產馬駞棉布金玉珠寶五穀及骨種羊俗長
騎射性强悍時與浩罕搆兵昔惟與我通市二十五年
回部平遣使　敕諭是年其部長因巴達克山請以所
屬內附葢慕中國之盛大而來也此外或爲附庸小部
力不能自達　天朝者尚有數十部落

秋七月罷閩浙總督楊廷璋

黃仕簡奏稱厦門洋船陋規內總督每年得受銀一萬
兩巡撫每年得受銀八千兩奉　旨朕以當此法紀肅

淸之日督撫受恩深重何至任意貪婪若此如果屬實則大奇之事楊廷璋溺職負恩罪實難逭但此等陋習料非僅福建一省爲然別省幸而不致敗露則亦姑置不究今旣訊有確據豈可不示以創懲楊廷璋擢任封疆以來尚能實心任事是以簡用大學士仍留總督之任乃不能正己率屬致啟屬員巧爲逢迎借端欺蝕之漸不但不堪表率封疆卽令其還京供職亦有何顏面復廁綸扉耶姑念其宣力有年齒復衰邁不忍據加擯斥著加恩賞給散秩大臣來京效力自贖

秋九月釋朝鮮國人犯禁罪

時朝鮮國人樸厚贊等十人越江偸打貂皮被駐防兵

拿獲部臣照會朝鮮國王國王奏請卽正法　上諭
樸厚贊等違禁越江卽行正法原屬罪所應得第念向
來此等罪犯曾邀格外從寬若遽前後參差未免或有
向隅之憾是以定擬時已有　旨改爲監候然在中朝
字小之仁雖不妨過厚而於藩服越邊之例禁又豈可
稍弛倘日久因循該屬不知奉教條而輕犯法轉非加
惠該國至意嗣後遇有似此罪犯應將首惡之人明正
典刑以昭國憲此案不卽照此處分者以未經申諭於
前事同不教而殺所不忍爲耳該國王其約束所屬宣
示朝章如復不悛朕亦不能爲奸民曲法屢宥也刑部
可行文該國王知之

乙酉乾隆三十年

秋七月籍桑寨多爾濟家

定邊左副將軍成袞札布奏劾喀爾喀親王桑寨多爾濟私與俄羅斯貿易　上特命尚書阿里袞查辦又派軍機章京往張家口查得桑寨多爾濟將皮張物件私售屬實奉　諭桑寨多爾濟自幼養育内廷受恩深重於停止俄羅斯貿易後理宜嚴加查禁今乃首先給票射利深負朕恩其罪實難寬宥著阿里袞查明伊祖丹津多爾濟所遺家產外其餘俱照入官

秋八月俄羅斯綽爾濟剌麻丹巴達爾札等請附

瑚國璽阿奏稱丹巴達爾札等遣索特巴稟稱伊等游

牧地近邊境情願歸順　天朝但恐被俄羅斯追索致生事端請於和好改約時歸順方安並探恰克圖停止貿易之故再請歸順時遣卡兵邀迎奉　諭丹巴達爾札等遣索特巴來稟特以我停止恰克圖貿易或搆兵端如不歸順伊等游牧地近慮先受害若豫歸順又恐我擒執送還故來探信如遣人再來瑚圖靈阿當云我

皇上統一區宇外藩慕仁歸化無不容納爾果輸誠歸順代奏後必加恩收留如恐執送俄羅斯則從前俄羅斯曾收留我國逃人舍楞等此時豈有將爾等送還之理至于恰克圖貿易特因俄羅斯近年諸事推諉不能即速完結且增加稅額以致物價昂貴是以停止並非

欲搆兵端倘俄羅斯敢于滋事彼時再行裁度丹巴達爾札等如欲歸順聽從其便否則亦無抑勒之理若請遣兵邀迎我天朝亦斷不行此誘人之事曉諭後遣還可也

丁亥乾隆三十二年

冬十二月將軍明瑞征緬甸大破其兵於蠻結

緬甸自莽氏吞併諸土司惟暹羅南掌卽老撾越裳氏及景邁卽八百媳婦國古刺諸國與之抗又邑茂隆銀場吳尚賢波龍廠貴家相傳爲明桂王遺臣之後木邦土司及場商吳尚賢說緬酋麻哈祖一作莽噠喇入貢旋以事爲滇吏追還斃諸獄而場衆散緬酋亦爲木疏土司甕籍牙所篡以兵擊破貴家

木邦貴酋宮裏雁敗竄近邊孟連土司奪其孥賄爲貴酋妻囊占襲殺永昌守楊重穀誘宮裏雁戮之木邦酋亦走死緬益無忌擾及孟連耿馬諸內屬土司囊占弁怨中國嗾緬土目內犯車里土司官軍三路俱敗時三十年事也　詔大學士楊應琚自陝甘移督雲貴會賊漸退官軍乘間收復應琚遂奏緬可取狀使人誘致孟密孟養整邁蠻莫諸土司使獻土實則地懸緬境而移文檄緬言不降即進討緬乃大出兵攻陷木邦景綫時副將趙宏榜襲克新街緬來爭宏榜走還賊尾而入分兵圍騰越永昌各營汛襲猛卯城應琚皆不以聞

上廉得其實諸將多以失守逗留論死應琚亦以貪功

掩敗賜自盡而　詔明瑞自伊犂以將軍兼雲貴總督
大舉征緬議以將軍率大兵由木邦孟艮攻東路參贊
額爾登額由孟密出新街水路會于阿瓦（緬甸都城）以前月
出宛頂至木邦獲積糧留參贊珠魯納按察使楊重英
以兵五千守之明瑞自率兵萬二千爲浮橋渡錫箔江
至蠻結賊二萬立柵十六以待領隊大臣觀音保麾兵
先據山左哈國興等三路登山俯薄之一呼直偪其壘
連破三柵餘皆宵遁大獲糧械捷聞　詔封明瑞誠嘉
毅勇公

臣按緬甸古朱波地明時置三宣六慰緬酋莽氏至
乾隆時莽喇𡀔素畏茂隆波龍（一作波童）二廠茂隆廠吴

尚賢者石屏州民家貧走廠爲胡盧國大山王蜂筑所信任與開茂隆銀廠廠大贏有壯丁數十萬波龍廠貴家宮裏雁者（一作桂家宮裏燕）故永明遺裔自號貴家開波龍廠亦有壯丁數十萬二廠强盛爲莽氏所畏隱然爲滇省屏藩旣而尚賢思得胡盧王封號說莽酋入貢而已實欲乘其利不得志怏怏歸滇大吏追繫之獄餓死而茂隆廠敗宮裏雁素輸緬甸歲幣及甕籍牙䔧立不復輸甕酋攻之宮裏雁不能支攜家屬徒衆千餘及貲財内徙寄住孟連地方孟連土司刁派春收其兵器戶索銀三兩令安插於猛尹各圈寨雁不欲受土司管轄已相嗟怨總督吳達善知其

有明代所遺七寶鞍索之雁不與吳遂挐其妾婢六人赴石牛廠派春又重索雁妻囊占牛馬童女囊占怒襲殺派春雁實不知七月永昌守楊重穀欲邀功誘禽之布政使姚永泰曰孟連之變雁不與知況其夫婦不睦避居兩地今若留雁可爲緬酋之忌按察使張坦麟審稱雁雖堅供不知情但勢窮來歸先令妻屬詭計歸服以致劫殺應正法吳以前鞍不與故切齒於雁從張議殺雁檄諭緬人以雁既誅殺囊占及凶目等當卽拏送時囊占已嫁緬酋之弟懵駁緬人以爲有心指其淫行益忿恨會木邦罕黑相句結而二廠敗散緬無所畏遂侵擾內地之耿馬闌入孟

定耿馬土司罕國楷石牛廠委員周德會聞永順鎮田允中已進發率練兵截殺普拉布吴以德會爲殺良冒功置之法而緬人益輕中國遂侵猛籠景綫各隘口吴畏葸惟戒官兵不與戰而已嗣任總督劉藻拏丞令數員於除夕猝發抵普洱分檄各路之兵時發時止人莫知所從　上以陝督楊應琚調任而降劉爲巡撫劉懼自裁楊又信副將趙宏榜之言謂各土司樂内附懵駁之母勸其子臣服有機可乘率二百人襲蠻暮之新街緬酋遣頭目僞乞降宏榜不察犒而遣之永順都司劉天佑騰越都司馬拱垣領兵四百自翁冷出關會新街宏榜方祭纛饗士卒賊

數千乘船猝至力戰相持者兩日夜遂與馬拱垣等潰圍屯鐵關壁再戰木邦復失利有　旨賜楊應琚自盡遂　詔將軍明瑞大舉討緬時議二路出師明瑞由錫箔路參贊大臣額爾登額由猛密路約相會於阿瓦緬都城也路經木邦留參贊珠魯納等以五千人守之爲後路聲援明瑞以萬二千人擊賊于蠻結賊結十六柵以待領隊大臣觀音保總兵哈國興登山三路俯擊連破三柵賊宵遁蓋賊自新街交兵以來從未經此大創已首竄喙伏不敢復抗矣會明瑞一目中傷幾殞數日稍愈復進兵至象孔迷失道而軍中糧匱不能復進又慮猛密之師或已先入而

將軍退兵則法當死聞猛籠有糧且與猛密近遂定計赴之時値歲除駐兵數日果多糧倉賴以濟終不得猛密消息遂還師糧雖多牛馬倒斃莫能運人攜數升餘焚之賊掠我病兵知糧盡悉衆來追綴我後至蠻化我營山頂賊營山半明瑞伏兵箐中晨起吹三波倫啟行賊蟻附而登萬衆突起槍礮聲如雷賊驚墜自相踐踏屍滿山谷殺數千人由是不敢追近而賊之先一日過者已柵於要路攻之不入得波童人引道由間路出賊又先分兵襲木邦陷我師珠魯納死楊重英被執於是木邦之賊亦至額爾登額之趨猛密也攻老官屯不克頓兵數月奉 詔援明瑞

遂撤師於是老官屯之賊亦至賊衆屬聚共四五萬人而額爾登額之援兵終不至還至小猛育距糧台僅二百里明瑞度兵可自達乃令諸將達興阿總兵哈國興等領兵乘夜出而身自拒賊相隨者領隊大臣觀音保札拉豐阿總兵常靑德福及巴圖魯侍衛數十人親兵數百人及晨血戰無不一以當百已而札拉豐阿中槍死觀音保發矢連殪數賊留一矢以箭簇殪喉死明瑞身負數創氣僅屬力疾行二十里拔劍割辮髮令家人持歸報而縊於樹閒葢自章子壩遇賊賊衆日增我兵日減孤軍無援轉戰六十餘日每晨起督戰且戰且撤及歸營率以昏時勺水未

入於口糧久絕僅啖牛炙一臠猶與士卒同之所攜皆餓疲創傷而撫循備至無一叛心擬之漢李陵之禦單于無以過焉其死也非不能自拔也特以阿瓦未至猛密無音懼無以返　命遂誓以身徇而
上已有全師速退之旨以路阻未達豈非天哉方軍勢益蹙明瑞戰益力謂左右曰非不知竟死也正欲使賊知　國家威令嚴明將士用命則深知所畏而後來者易於捷事耳其謀國之深又豈徒慷慨赴死者嗚呼烈丈夫矣

乾隆三十三年戊子

春大軍引還緬人來追將軍明瑞參贊觀音保皆死之緬

人貽書請和不報
先我軍雖捷而緬境益險狹師進至象孔迷失道賊燒屯積馬牛乏草度不能至阿瓦乃向孟籠獲糧至歲除而北路之師無音問乃取道大山土司擬向木邦以歸緬知我軍糧盡悉衆來追我軍且戰且行日三十里至蠻化我軍營山巔賊營山半明瑞謂賊輕我甚乃五鼓吹波倫三敵行而盡伏箐以待賊聞聲爭上山來追萬槍突出賊潰墜坑谷皆滿殺賊數千然是時賊已分路潰我木邦之師戕珠魯訥執楊重英軍旋凡六十日至小猛育距宛頂糧台二百里追賊已蝟集數萬而 詔移北路赴援之師不至明瑞乃令軍士乘夜出度皆得自達而自

與巴圖侍衛親兵數百斷後與賊血戰領隊大臣札拉豐阿中槍死侍衛親兵皆散明瑞觀音保皆死之時二月十日也然明瑞之死緬人不知懼再討旋歸俘卒八人齎貝葉書附以楊重英及木邦土司苗溫之書詣軍求和書云昔吳尚賢至阿瓦敬述　大皇帝仁慈樂善我緬王用是具禮致貢蒙　賜緞帛玉器自是商旅相通初無仇隙近因木邦蠻暮土司從中播弄興兵爭戰致彼此損傷人馬今特請循古禮貢賜往來永息干戈副將軍阿里袞以聞　上以軍所傷亡僅十之一二然將帥親臣皆捐軀非大舉無以雪憤　命絕之勿報而　命大學士傅恒爲經略阿桂阿里袞爲副將軍

再圖大舉

秋八月復准俄羅斯來恰克圖互市

瑚圖靈阿奏稱恰克圖通商一事業將理藩院議定十三條行知俄羅斯廓密薩爾廓密薩爾願一一欽遵辦理奏　上諭俄羅斯既知遵照章程著准其通商其由內地前往貿易人等交理藩院辦理遣往（凡俄羅斯貿易之事理藩院設庫倫辦事大臣掌之與東西兩將軍會商皆行文于其國薩那特衙門）

（己丑）乾隆三十四年

秋七月經略傅恆征緬甸孟拱孟養土司皆迎降

傅恆以四月至軍徵滿漢兵數萬馬騾六萬軍械皆刻期集恐師老氣懈不如乘銳用之不及俟霜降是月渡

戛鳩江而西即大金沙江上游亦曰檳榔江孟拱孟養土司皆迎降各獻馴象四牛百頭糧數百石于軍緬人時方刈穫未能集兵又非其腹地故歷二千里兵不血刃士馬已觸暑雨多疾病又未習道路勢難深入矣

冬十月　王師大破緬於蠻暮江復圍老官屯緬人請和師旋

初擬大軍渡戛鳩江從孟拱孟養由陸直擣阿瓦偏師由東岸夾江下取孟密而遣提督哈國興率兵及工匠至野牛壩在蠻暮造舟以通兩軍聲勢至是戰艦成閩水師并集阿桂東路軍從虎踞關至乃迎經略合軍而進以是朔渡江抵蠻暮出金沙江緬已列舟江口水陸來

犯國興及海蘭察率舟師乘上游上風蹴之殺溺數千阿桂循東岸令步兵矢銃兩發而勁騎從左右鈔入賊大潰阿里袞西岸之師亦捷而傅恆及阿里袞已病乃擬不向阿瓦而剿老官屯賊壘（前歲額爾登額阻兵此地）屯臨金沙江我軍偪其東寨寨據大坡周二里柵皆鉅木環以三濠外臥大樹銳其枝外向我軍大礮擊之木洞而柵不塌哈國興斫箐中百丈老籐爲長絙募敢死士三千人夜往鉤之輒斷乃挾膏薪踰濠火之柵木濡潤不能爇後穴地道實火藥轟之柵突起丈餘我軍挺刃以待柵忽落如是者三不復動蓋柵坡迤下地道平進土厚之故然緬自是震懼乃遣人立柵遞文請於兩軍適中處

親來議款復以其酋孟駁書至阿桂與諸將議進止皆以水土瘴癘願罷兵乃令明亮國興等往會其頭目眇旺模責以進表納貢歸逃人返土司侵地緬亦欲我歸其木邦孟拱孟養三土司議未決而緬去國興乃單騎入其柵定議而還時阿里袞已卒傅恆以疾退居銅壁關　上以大軍再破賊足張國威　諭班師於是緬酋遣使齎貝葉書詣經略饋方物陳請入貢遂焚舟鎔大礟而還遷木邦孟拱蠻暮三土司於關內

辛卯乾隆三十六年

夏六月土爾扈特來附

土爾扈特阿玉奇之復投俄羅斯也居額濟勒河兩岸

世以南岸爲王庭而居其台吉等於河北自康熙中入貢後至乾隆十九年復貢傳至阿玉奇之孫烏錫巴當二十二三年　王師定伊犁凡厄魯特之逃入俄羅斯者悉隸烏錫巴部爲新土爾扈特於是兩岸各十餘萬戶氊幕牲畜不可勝計初康熙中俄羅斯曾徵土爾扈特兵攻西費雅國土爾扈特兵不習戰多創至是叩肯汗復徵其兵攻圖理雅土爾扈特兵屢衂其族台吉舍楞方叛殺我都統唐喀祿自伊犁逃往盛言伊犁可取狀新投入同辭附和勸還故土烏錫巴年少信之與其台吉剌麻宰桑定議於冰合時將北岸部落同渡東徙適河久未凍烏錫巴遽率南岸十餘萬口啟行沿途破

俄羅斯邊城四俄羅斯追之已出境將假道哈薩克哈
薩克力戰拒之改道布魯特布魯特羣起環攻其輜重
牲畜迺改道各邊界戈壁地絕水草旬日飲牛馬血以
行人畜死亡大半自去冬月至是始及伊犁卡倫僅存
尫羸七萬餘口將軍舒赫德嚴兵為備遣人迎詰烏錫
巴與其下計議數日始以慕化歸附為辭且云俄羅斯
經典教尚不同願依中國興黃教之地奏聞廷議以降
人中有叛臣舍楞疑有姦且受俄羅斯叛藩恐啟釁
上以舍楞前竄時我再檄索之而俄羅斯不與是我
詞直土爾扈特既背俄國若復干我彼將焉往且求生
而致死不仁急之使鋌而走險不智乃受其降　命理

藩院移文其邊吏告以土爾扈特本中國部落舍楞乃我叛人歸斯受之無爽盟約俄羅斯亦無他言收其故地改建他藩部與我通市如故封烏錫巴爲汗以下王貝勒公台吉有差給牲畜官茶米麥羊裘布棉氈廬費帑金二十餘萬供億宴犒勞來相望降夷息喘如歸獻西洋鐘表火槍及所受明玉印乃　賜哈拉沙地爲游牧著勒土斯土爲王庭開都河兩岸可耕牧地如其故地仍分新舊二部各設札薩克新部二旗在烏梁海烏古隴河統于科布多參贊大臣舊部在伊犁北路統于將軍有事徵調合之康熙初綏服青海之舊土爾扈特四旗與四十二年來降同阿拉善山阿拉山郎賀蘭山游牧之

額濟土爾扈特故今有和博克薩素布勒罕有齋爾有
晶河有庫爾喀喇烏蘇諸土爾扈特各旗
丙申乾隆四十一年
春正月定西將軍阿桂俘金川叛酋莎羅奔及索諾木兩
金川平
先是莎羅奔歸順未幾郎卡主土司事漸桀驁逐澤旺
及革布咱土司侵掠鄰境不已　詔總督阿爾泰檄九
土司環攻之阿爾泰姑息但諭返諸土司侵地即以安
撫司印給郎卡且許其以女妻澤旺子僧格桑由是兩
金川相倚爲奸時澤旺老病郎卡亦旋死三十六年郎
卡子索諾木誘殺革布咱土司僧格桑亦再攻鄂克什

及明正土司遂與官兵戰　上以前此出師本以救
小金川今小金川反悖逆罪不赦阿爾泰以歷載養癰
又按兵不進　賜死　命大學士溫福自滇赴川尚書
桂林爲總督溫福由西路桂林由南路進討僧格桑懼
求援索諾木索諾木潛遣兵助逆次年春克復諸土司
地未幾官軍三千陷沒桂林匿不以聞被劾乃以阿桂
代參贊赴南路以皮船宵濟奪其險狹進抵美諾僧格
桑及妻妾已先後竄入大金川我軍至底木達俘澤旺
檄索諾木獻僧格桑不應　上以賊酋同惡相濟宜
一舉並滅　命溫福爲定邊將軍阿桂豐伸額爲副將
軍分三路入三十八年春溫福以扼險不得前別取道

駐營木果木令提督董天弼屯守底木達溫福仍襲前此以碉卡逼碉卡之法修築千計兵二萬餘大半散於各卡索諾木陰使小金川頭目由美諾溝出煽諸降番使復叛遂羣起應之首攻陷天弼營劫糧台而潛襲木果木溫福不嚴備賊突薄大營四面蹦入溫福中槍死師大潰海蘭察赴援殿衆由間道出小金川復陷惟阿桂軍獨完乃授阿桂定西將軍副以明亮增調健銳火器營索倫吉林兵進剿轉戰至美諾盡復小金川　敕進討大金川而大金川自初用兵以來增壘設險嚴密十倍大軍三路進攻阿桂首克羅博瓦山既阻那穆山乃從間道克色淜普寨又力克薩斯甲重險乘勝直臨

遂克宗壘勒烏圍外障賊震懾酖殺僧格桑獻其尸及妻妾
頭目至軍乞赦已罪阿桂檻送京師而攻益急賊亦死
守乃冒險克墨格山距勒烏圍二十里賊退守康薩爾山復頓
兵兩月四十年春力攻克之復聚守朗噶寨巢愈近守
愈堅且地多雨雪又數月乃克之七月始抵勒烏圍其
官寨西臨河礪牆堅厚柵卡層立敗賊咸聚守我軍先
破卡寨柵數十重南路明亮軍攻河西以絕其援而以
大礮環轟官寨破之則莎羅奔兄弟頭目已先遁赴噶
爾厓矣九月復進攻西里碉柵中槍礮雨下我兵亦立
柵以漸進逼焚其木城次攻克科布曲山遂進據瑪爾
古山俯瞰賊巢索諾木之母姑姊妹及番目多出降惟

賊心腹死黨皆在圍中而河西軍之阻額爾替山又阻札烏古山者至是河西分拒之賊内顧喪膽明亮富德亦所向克捷合軍徇各險皆下十二月三路軍皆會噶爾崖築長圍斷水道困之大礮晝夜霆擊飛走皆窮索諾木窘急遣其兄乞哀不許乃從莎羅奔及頭目妻子挈番眾二千出寨奉印獻軍營自　王師討小金川閱二載而有木果木之潰又復小金川移師進討大金川又閱二載餘至是始克蕩平獻俘　廟社論功行賞有差而緬甸西南夷皆震慴矣

冬十月　飭邊疆將軍督撫護䘏夷商

時刑部奏嚴廣東巡撫李質穎咨稱革監倪宏文賒欠

英吉利商人貸銀萬餘兩無還問擬杖責未協議將倪宏文改擬杖流監追奉　旨將李侍堯申飭李質穎交部察議令查倪宏文家產變抵仍勒限一年監追再照部議發遣如限滿不完即令督撫司道及承辦之府州縣於養廉內照數攤出傳旨賞給夷商收領回國以示體卹　諭旨且謂夷商估舶冒越重瀛本因覓利而至自應與之公平交易使其捆載而歸方得中華大體若遇內地奸民設局賒騙致令貨本兩虧尤當如法訊究乃李質穎僅擬薄懲而欠項則聽其自行清結有斷無追竟令外洋孤客負屈無伸豈封疆大臣懲惡綏遠之道幸而刑部奏駁朕始得知爲之更正若部臣亦依樣

照覆其錯謬尚可問乎中國撫馭遠人全在秉公持正令其感而生畏方合政經若平日視之如草芥任聽地棍欺淩而有事鳴官又復袒護民人不爲清理彼既不能赴京控訴徒令蓄怨於心歸而傳語豈不輕視督撫且朕此番處置非止爲此事蓋有深慮漢唐宋明之末季多昧於柔遠之經當其弱而不振則輕忽而虐侮之及其强而有事則又畏懼而調停之姑息因循卒至釀成大釁而不可救宋之敗明之亡皆坐此病不可不引爲殷監也方今國家全盛遠近震懾威靈自不敢稍萌異志然思患豫防不可不早杜其漸此事督撫皆以爲錢債細故輕心掉之而不知關係甚大所謂涓涓不息

將成江河者也朕統馭中外一視同仁如內扎薩克諸藩恭順誠服朕皆撫若兒孫每至必歡欣踴躍與舊滿洲蒙古之執役無異卽新附之準夷回部年班來者朕亦必聯之以情待之以禮厚其餼賚而遣之衆亦莫不懷德感恩幾與內扎薩克相等卽如伊犂與哈薩克易馬一節或哈薩克所驅至者本不皆善馬原不妨如法擇而取之若既是可用之馬卽當按其所值與之市易始能經久無弊或所給緞匹輕薄暗減其價彼貿易已已非一日皆能悉其底裏口卽不言而心豈能允服既違立法通市之本意其流弊且無所底止朕每以此廑懷該伊犂將軍不可不實力妥辦以裕永久之規若聽

其日趨日下而不知返朕一有所聞惟該將軍是問又如朝鮮安南琉球日本南掌及東洋西洋諸國凡沿邊沿海等省分夷商貿易之事皆所常有各該將軍督撫等並當體朕此意實心籌辦遇有交涉詞訟之事斷不可徇民人以抑外夷卽苗疆番境諸省亦當推廣此意妥行若仍視爲具文再有此等事件一經發覺或經朕訪聞及言官糾劾必將該將軍督撫重治其罪不能視此案之僅與議處也將軍督撫皆當善體朕意毋怠毋忽自可寓久安長治之計卽我世世子孫敬體朕意守而勿失億萬年無疆之慶詎不在是邪此旨著傳諭各將軍督撫一體遵照並著入於交代令後任永遠遵行

勿稍玩忽並另錄一分交上書房俾皆恪循罔懈

丁酉乾隆四十二年

春正月　勅諭哈薩克部阿布賚

金川平各藩部益震讋阿布賚遣使朝覲請獻塔什罕三萬戶不許　賜諭曰爾所奏托忒字表交稱爾願將數世徵貢之塔什罕三萬戶人丁獻納前爾使鄂札爾齊至伊犂呈請將軍將軍行文飭駮朕謂其所辦甚當今爾復以此請朕統一寰宇爾哈薩克布魯特霍罕安集延回眾皆朕臣僕一視同仁前爾因爭塔什罕土地向霍罕額爾德尼搆兵遣都勒特克呼前來請援經伊犂將軍飭駮朕曾降旨宣示爾今復以塔什罕爲爾數

世徵貢之屬裔欲納於朕是爾無力爭奪欲假天朝兵
力耳爾哈薩克塔什罕皆朕之臣僕豈肯爲爾攻彼乎
他部如有謀取爾哈薩克者亦將允其請乎汝惟善自
保守游牧不可妄生覬覦也再爾稱阿渾曾言經內有
白帽之人屏逐默克哈薩克等深懼斯言願永爲臣妾
不加屏逐斯言甚恠天朝於外藩恭順則撫恤之鴟張
則罰滅之兩金川負朕厚恩復敢抗王師故殄滅耳今
爾歸順已久朕方加惠撫恤豈肯無故屏逐故特賜諭
旨惟期永荷朕恩恭順自効無妄行逆億以自速禍也

庚子 乾隆四十五年

秋七月西藏羅卜藏巴丹伊什班禪剌麻來朝

初四世班禪剌麻羅卜藏垂吉崇德中同達賴通貢順
治初達賴入覲班禪以年老未偕至是六世巴丹伊什
來祝　上七旬萬壽詔倣札什倫布廟式建須彌福
壽廟於熱河接見於　避暑山莊之澹泊誠敬殿舊以
賓禮優之惟跽不拜至是班禪固請拜從之至京接見
於南苑德壽寺仍居西黃寺昔　世祖禮達賴處
也未幾以痘終京師比舍利龕歸　車駕幸西黃寺送
之時七世達賴年少未受封及班禪卒乃使齎冊印往
封初　上習蒙古語及平回部金川習回語番語及
班禪入朝復習唐古特語重譯朝見告語如一家外此
五世達賴大弟子章嘉胡土克圖康熙中自藏來朝

命住持彙宗寺在多倫泊章嘉通宗乘爲世宗藩邸所敬禮其第二世呼畢勒罕轉生多倫泊曾奉詔來京譯定大藏經咒又佐莊親王允祿修同文韻統是爲黃教第四支與哲卜尊丹巴一支皆亞于達賴班禪二支皆以神異鎭服僧俗而藏中之紅帽黑帽各小支皆不能與黃教等又達賴班禪及哲卜尊丹巴歲遣貢使不列朝見年班餘如駐漠南北蒙古及洮岷之大剌麻各有班期或歲至或三歲至惟入朝黃則仍內地冠服之制

甲辰乾隆四十九年

米利堅來購茶

米利堅（米一作彌）即美理哥西語名奈育士迭（猶華言合衆國也故又稱兼攝邦國今和約中即稱合衆國又稱美國）粵東俗稱花旗（其旗方幅紅白相間右角上另作一小方黑色上以白點繪北斗七星形）北亞墨利加洲大國也北界英吉利屬地東界亞蘭的海（即大西洋）西界大洋（又稱外大西洋即大東洋）南界美詩哥及得撒（一作德沙）海灣東西約萬里南北數千里北極出地二十五度至五十二度西綫自西七十度至百二十七度押罷拉既俺大山環其東落機大山繞其西此洲山自北而南以落機爲宗猶亞細亞之昆侖也水以密士失必（一作米西悉比）爲綱曲折萬里會密蘇爾釐河南入海猶中國之黃河也此外名水曰阿巴拉濟哥剌曰哥倫比亞曰朝比勒曰德拉瓦勒北境迆西有大湖

分四汉曰衣羅乖（一作翕大羅）曰休崙曰蘇必力爾曰密執安迤東又有伊爾釐及安剔衣釐阿二湖相屬諸湖皆北與英吉利屬地分界國中平原沃野數千里水土平良天時和正土產五金礬礦石炭絲麻蠟蜜五穀蔬果棉花材木藥料凡二十七部外有四小部首部爲戈攬彌阿（一作哥倫米阿）都城在焉（立國始由華盛頓其都城即以華盛頓爲名）其地明以前尚荒蕪民居亦罕（外國史略云美理哥未闢之初土人以獵爲生食肉寢皮不知闢墾然今鋤地掘出墳墓似古有廣大城邑或日本高麗曾到之地）宏治五年意大里人哥倫（一作閣龍）請西班牙國王遣船初尋得此土十年又有亞美理哥（即墨利哥）至此遂以名洲繼有哥爾德斯訪得此洲赤道北土而葡萄牙人嘉奴東經利未亞洲（一作阿非利加）

洲歷印度至中華而東遂西抵美理哥而返繞大地一週始知爲圜體是時英吉利亦調船航海抵北洲開墾法蘭西和蘭諸國聞風踵至各據爲屬互爭不已萬歷間英吉利首開創費治彌亞之地建城置官天啟中因人衆遂分居新韓賽羅底島及緬部名新英吉利康熙初又奪荷蘭屬地改新約基旋並奪瑞典之新遮些底拉華時法蘭西亦開墾新地於其北建礮台以防英英總制止之不可請於王遣兵船與戰三載英佛兩將皆剏死而英卒奪據其土蓋百數十年漸拓而有十三部戶口百數十萬以後商賈日盛英人心侈遂欲加重稅餉時有公司船自中國販茶至例賣者納稅而責令買

者納之土人不服於是南駕羅連部相約不買公司茶治彌亞新約其茶船皆被驅逐波士頓之茶至爲土人投諸海王聞大怒發兵至將他稅皆强勒倍徵民死不肯從各部衿耆會議欲與客民仍前和好收回新令撤兵英王不聽增兵焚掠居守大酋督征愈急衆皆怒遂潛約各部出壯丁整戰艦推華盛頓爲帥於乾隆四十一年檄告各國數英吉利王凌虐之事遂自立新國以拒英英王見檄益怒愈增兵入境時新國事起倉卒軍需器械未備華盛頓激厲其衆奮力拒戰經年而英師漸老又得法蘭西和蘭等皆有憾於英出兵相助凡血戰八年各國之師數十萬傷亡不可勝計英王知終不

可勝議和罷兵聽自立國盡割其南境腴壤而僅存北鄙不毛之地華盛頓既定國欲謝兵柄歸衆恐英人敗盟堅留之於是仍各部舊領不設君長而推華盛頓爲大伯理璽天德即總統也仍以四年或八年爲限任滿則從各部中公擇可者不世及新國既立即於是年遣船至中國購茶是爲米利堅來粵互市之始

乙巳乾隆五十年

冬、十月釋西洋人巴亞里央於獄

先是大西洋人入中國者意大里亞爲多自歷用西法因許其設堂京師自相傳教於是踵門受廛之輩皆以入京當差爲名而歐羅巴洲各國聞風而來者足跡遂

徧于各直省巴亞里央私入內地傳教經湖廣地方官
查拏究出直隸山東山西陝西等省俱有私自傳教之
人事聞交刑部審擬永遠監禁旋　諭此等人犯不過
意在傳教尚無別項不法情節且究係外夷未諳國法
若永禁囹圄情殊可憫俱著加恩釋放交京城天主堂
安分居住如情願回洋者著該部派司員押送回粵以
示柔遠至意
丙午乾隆五十一年
封鄭華暹羅國王
暹羅鄰緬甸東南與緬世仇自明巡撫陳用賓曾約暹
羅夾攻緬破之而桂王入緬其臣李定國遣人約古刺

暹羅犄角攻緬各遣使報諾而吳三桂已取王於阿瓦故緬事起楊應琚亦有約暹羅夾攻之奏　王師再舉亦有用暹羅之議值暹羅爲緬殘破議遂寢未幾暹羅竟爲緬酋孟駁所滅四十三年暹羅民憤緬苛虐推其遺臣鄭昭起兵盡復舊封復出師侵緬航海來貢且告捷　朝廷不使亦不止也及昭子華嗣立亦材武緬酋孟雲不能支徙居蠻得至是華仍表貢請封　詔封華暹羅國王

戊申　乾隆五十三年

緬甸來貢

先是老官屯之役與緬目議款班師緬旋以木邦孟拱

蠻暮三土司未歸不肯入貢且貽書來索阿桂遣都司蘇爾相齎檄答之復被留　敕阿桂於秋冬率偏師擾之阿桂以偏師不可深入不如休息數年外約暹羅同時大舉　上以大舉非計乃罷阿桂以大學士溫福代之旋值金川叛阿桂溫福皆赴四川緬亦方用兵暹羅三十八年緬目得魯蘊遣孟迤等入關議時方急金川不暇問未幾緬酋孟駁死子贅角牙立四十一年兩金川平緬懼再討請入貢幷求開關市因出蘇爾相而楊重英不至乃　命阿桂及李侍堯重赴滇勘邊界嚴兵備緬酋孟魯殺贅角牙自立國人又殺孟魯而立甕籍牙季子孟雲前此兵釁皆未與聞又值暹羅復國與

之搆難乃思附中國既聞暹羅鄭華受封益惴甚於是由木邦齎金葉表文金塔一馴象八及寶石番毯諸物款關稱臣入貢幷歸楊重英等表言已嗣國家深知孟駮父子前罪久欲進貢因暹羅侵擾是以稽遲　上迺諭暹羅罷兵

庚戌乾隆五十五年

秋九月安南阮光平入朝

初安南國王黎惟禔明嘉靖初爲其臣莫登庸所篡惟禔走保清華其孫維潭破莫復國實其臣鄭氏阮氏之力世爲左右輔政後鄭棟乘阮死孤幼出之使王廣南而自專國事至棟將篡國而忌廣南之强乃誘其土酋

阮岳阮惠攻滅廣南王及楝死其子內閧惠趣廣南兵攻滅鄭氏而阮氏復專國國王黎維禑犒以兩郡維禑旋卒嗣孫黎維祁立惠又盡取象載珍寶歸廣南而使貢整留鎮都城整思扶黎拒阮以王命率兵奪回象五十惠旋使其將阮任攻破東京整戰死維祁出亡遣使投訴中國時五十三年事也明年　朝廷命粵督孫士毅及提督許世亨出師討惠惠敗走克復東京維祁復國惠復集廣南之衆於正月朔夜來襲皆以象載大礮官軍倉卒禦敵衆寡不敵遂潰維祁挈家先遁士毅奪渡富良江走還鎮南關世亨及總兵張朝龍以下皆擠溺死維祁母子復來投惠既踞安南自知罪禍大懼

王師再討又廣南方與暹羅搆兵閒暹羅貢使將入京恐乘其後迺斂關謝罪乞降改名阮光平遣其兄子光顯齎表入貢言守廣南已九世與安南敵國非君臣又蠻觸自相爭非敢抗中國且請立廟祀死綏將士并請親覲京師　上以維祁再棄國并冊印不能守是天厭黎氏不能存立阮光平旣請親覲非前代莫黎僅貢代身金人之比且安南自五季以來曲矯吳丁陳莫黎阮互相吞噬前代曾郡縣其地反側不常不足廑南顧憂乃　允其請維祁編旗籍安置京師至是光平來朝祝　上八旬萬壽宴熱河山莊班親王下郡王上賜冠帶　封安南國王遣歸後二年卒子光纘嗣立

緬甸遣使來朝賀一詔封孟雲緬甸國王
時値　上八旬萬壽緬酋孟雲遣使朝貢乞　敕封
又緬自中國閉關市以來土産象牙蘇木翡翠碧玉銅
廠恃雲南官商采買者皆壅滯且頻年用兵暹羅國用
日絀至是并請開關市皆許之旋遣使　賜敕印　封
孟雲緬甸國王定十年一貢

國朝柔遠記卷五

國朝柔遠記卷六

臣彭玉麟恭定
臣王之春敬編

壬子乾隆五十七年

秋七月大學士福康安討廓爾喀降之

廓爾喀本巴勒布念四汗城名地當孔道故名獨著自古不通中國俗獷很習攻戰旣以小部兼併布顏罕葉楞罕庫庫木罕三部五十八年其酋剌納巴都爾復併哲孟雄巴作木朗洛敏湯諸部疆域廣長數千里戶口百餘萬遂與我西藏以交易滋擾初後藏班禪剌麻以四十五年來朝覲 上七旬萬壽 朝廷禮之如達

賴剌麻　錫賚優渥王公以下布施山積是冬班禪卒於京師舍利西歸其兄仲巴方治商上事（商上藏中掌財賦之秩）珍瓌貲貨盡爲所有一無施舍其弟舍瑪爾巴亦以紅教不得分惠憤唆廓爾喀藉商稅增額食鹽糅土爲詞於五十五年春入寇唐古特兵不能鬬我援剿之侍衞巴忠等復調停賄和以賊降飾奏諷其遣酋瑪木野入貢受封明年藏中歲幣爽約廓夷責負償復冒險深入大掠札什倫布仲巴挈貲先遁剌麻俱潰走全藏大震

上知駐藏諸臣不足恃　命大學士福康安爲大將軍超勇公海蘭察爲參贊率兵進征由青海草地至藏是夏所調索倫及金川土練兵皆集敗其屯聶濟隴

絨轄之賊盡復藏地六月大舉深入首奪鐵索橋之險次破東覺嶺之險進至雍雅山直抵朗古廓夷震懾乞降不許復三路進攻六戰六捷深入七百餘里踰大山二重奪其夾河北岸之山其南岸大山後即其國都陽布之地是時其國南鄰印度之披楞即孟加拉亦即甲臘爾明史作榜葛剌已爲英吉利屬部披楞其都城名一名噶里噶達伴以兵船赴援而陰窺其邊境廓夷兩支大敵益懼再遣使軍前乞哀時我軍進攻小挫而境愈險且恐大雪封山難返乃允其降盡獻所掠藏中財寶歸被執之噶布倫而獻舍瑪爾巴之尸并貢馴象番馬樂部請永遵約束定五年一貢所貢象馬由定結大

路經披楞之巴爾底薩小部迂道月餘始至藏其部長備米草人夫護送並蒙　賞賚大軍摩崖紀功而還留土番兵三千漢蒙古千戍藏自是駐藏大臣行事儀注始與達賴班禪平等其四噶布倫及番目缺均大臣與達賴會同選授定經費巡查額制事權始一又以歷輩達賴班禪各多親族營私專利致召兵戎自是　特頒金奔巴瓶供大招寺遇呼畢勒罕出世互報差異者納籤瓶中誦經降神駐藏大臣會同達賴班禪於宗喀巴前掣之以息爭蓋漠南北與青海各蒙古及滇蜀各邊土司皆崇信黃教邊民強橫故因慈悲以銷殘殺假靈異以降服其心此神道設教之微意也而非乘用兵之

後亦無由變革焉

與俄羅斯訂恰克圖市約

先是俄羅斯納我叛賊舍楞絕其恰克圖貿易已而復開市五十四年又以納我叛人閉市嚴禁大黃茶葉出口至是俄人復以爲請乃由庫倫辦事大臣與訂市約五條有云恰克圖互市於中國初無利益因你薩那特衙門籲請是以開市

癸丑 乾隆五十八年

秋八月英吉利來朝貢

先是五十七年十月英吉利商人波朗亞免質臣等來廣州以其國王雅治命稟請督府因前年 大皇帝

萬壽未申祝釐今遣使臣馬戛爾尼等將由天津入貢
經粵督郭世勳奏聞奉　諭准其所請至是英吉利使
臣至京庚午　上御萬樹園大幄次引　見正使馬
戛爾尼副使司當東等己卯　賜英吉利國敕書曰咨
爾國王遠在重洋傾心向化特遣使恭齎表章航海來
庭叩祝萬壽並備進方物用將忱悃朕披閱表文詞意
肫懇具見爾國王恭順之誠深爲嘉許所有齎到表貢
之正副使臣念其奉使遠涉推恩加禮已令大臣等帶
領瞻覲錫予筵宴疊加賞賚用示懷柔其已回珠山之
管船官役人等六百餘人雖未來京朕亦優加賞賜俾
得普霑恩惠一視同仁至爾國王表內懇請派一爾國

之人住居天朝照管爾國買賣一節此則與天朝體制不合斷不可行向來西洋各國有願來天朝當差之人原准其來京但既來之後卽遵用天朝服色安置堂內永遠不准復回本國此係天朝定制想爾國王亦所知悉今爾國王欲求派一爾國之人住居京城既不能若來京當差之西洋人在京居住不歸本國又不可聽其往來常通信息實爲無益之事且天朝所管地方至爲廣遠凡外藩使臣到京譯館供給行止出入俱有一定體制從無聽其自便之例今爾國若留人在京言語不通服飾殊制無地可以安置若必似來京當差之西洋人令其一例改易服飾天朝亦從不肯彊人以所難設

天朝欲差人常住爾國亦豈爾國所能遵行況西洋諸國甚多非止爾一國若俱似爾國王懇請派人留京豈能一一聽許是此事斷斷難行豈能因爾國王一人之請以致更張天朝百餘年法度若云爾國王爲照料買賣起見則爾國人在澳門貿易非止一日原無不加以恩視即如從前博爾都噶爾亞意大理亞等國屢次遣使來朝亦曾以照料貿易爲請天朝鑒其悃忱優加體恤凡遇該國等貿易之事無不照料周備前次廣東商人吳昭平有拖欠洋船價值銀兩者俱飭令該總督由官庫內先行動支帑項代爲淸還並將拖欠商人重治其罪想此事爾國亦聞知矣外國又何必派人留京爲

此越例斷不可行之請況留人在京距澳門貿易處所幾及萬里伊亦何能照料耶若云仰慕天朝欲其觀習教化則天朝自有天朝禮法與爾國各不相同爾國所留之人即能習學爾國自有風俗制度亦斷不能效法中國即學會亦屬無用天朝撫有四海惟勵精圖治辦理政務奇珍異寶並無貴重爾國王此次齎進各物念其誠心遠獻特諭該管衙門收納其實天朝德威遠被萬國來王種種貴重之物梯航畢集無所不有爾之正使等所親見然從不貴奇巧並無更需爾國製辦物件是爾國王所請派人留京一事於天朝體制既屬不合而于爾國亦殊覺無益特此詳晰開示遣令貢使等安

程回國爾國王惟當善體朕意益勵款誠永矢恭順以保乂爾有邦共享太平之福又因其使臣越分干請罔知大體使諭使臣於朝復　敕誠其王諭曰據爾使臣稱爾國貨船將來或到浙江甯波珠山及天津廣東地方收泊交易一節向來西洋各國前赴天朝地方貿易俱在澳門設有洋行收發各貨由來已久爾國亦已遵行多年並無異語其浙江甯波直隸天津等處均未設有洋行爾國船隻到彼亦無從銷賣貨物況該處並無通事不能諳曉爾國語言諸多未便除廣東澳門地方仍准照舊交易外所有爾使臣懇請向浙江甯波珠山及直隸天津地方泊船貿易之處皆不可行又據爾使

臣稱爾國買賣人要在天朝京城另立一行收貯貨物發賣倣照俄羅斯之例一節更斷不可行京城爲萬方拱極之區體制森嚴法令整肅從無外藩人等在京城開設貨行之事爾國向在澳門交易亦因澳門與海口較近且係西洋各國聚會之處往來便益若于京城設行發貨爾國在京城西北地方相距遼遠運送貨物亦甚不便從前俄羅斯人在京城設館貿易因未立恰克圖以前不過暫行給屋居住嗣因設立恰克圖以後俄羅斯在該處交易買賣卽不准在京城居住亦已數十年見在俄羅斯在恰克圖邊界交易卽與爾國在澳門交易相似爾國既有澳門洋行發賣貨物何必又欲在

京城另立一行天朝疆界嚴明從不許外藩人等稍有
越境攙雜是爾國欲在京城立行之事必不可行又據
爾使臣稱欲求相近珠山地方小島一處商人到彼即
在該處停歇以便收存貨物一節爾國欲在珠山海島
地方居住原爲發賣貨物而起今珠山地方既無洋行
又無通事爾國船隻不在此停泊爾國要此海島何用
天朝尺土俱歸版籍疆址森然即島嶼沙洲亦必畫界
分疆各有專屬況外夷向化天朝交易貨物者亦不僅
爾英吉利一國若別國紛紛效尤懇請賞給地方居住
買賣之人豈能各應所求且天朝亦無此體制此事尤
不便准行又據稱撥給附近廣東省城小地方一處居

住爾國夷商或准令澳門居住之人出入自便一節向來西洋各國夷商居住澳門貿易畫定住址地界不得踰越尺寸其赴洋行發貨夷商亦不得擅入省城原以杜民夷之爭論立中外之大防今欲於附近省城地方另撥一處給爾國夷商居住已非西洋夷商歷來在澳門定例況西洋各國住廣東貿易多年獲利豐厚來者日眾豈能一一撥給地方分住耶至於夷商等出入往來悉由地方官督率洋行商人隨時稽察若竟毫無限制恐內地民人與爾國夷人間有爭論轉非體恤之意覈之事宜自應仍照定例在澳門居住方為妥善又據稱英吉利國夷商自廣東下澳門由內河行走貨物或

不上稅或少上稅一節夷商貿易往來納稅皆有定則西洋各國均屬相同此時既不能因爾國船隻較多徵收稍有溢額亦不便將爾國上稅之例獨爲減少惟應照例公平抽收與別國一體辦理嗣後爾國夷商販貨赴澳門仍當隨時照料用示體恤又據稱爾國船隻請照例上稅一節粵海關徵收船科向有定例今既未便于他處海口設行交易自應仍在粵海關按例納稅無庸另行曉諭至於爾國所奉之天主教原係西洋各國向奉之教天朝自開闢以來聖帝明王垂教創法四方億兆率由有素不敢惑于異說即在京當差之西洋人等居住在堂亦不准與中國民人交接妄行傳教華夷

之辨甚嚴今爾國使臣之意欲任聽夷人傳敎尤屬不
可以上所諭各條原因爾國使臣妄說爾國王或未能
深悉天朝體制並非有意妄干朕於入貢諸邦誠心向
化者無不加之體恤用示懷柔如有懇求之事若于體
制無妨無不曲從所請況爾國王僻處重洋輸誠納貢
朕之錫予優加倍于他國今爾使臣所懇各條不但於
天朝法制攸關即爲爾國王謀亦俱無益難行之事茲
再明白曉諭爾國王或誤聽爾下人之言任從夷商將
貨船駛至浙江天津地方欲求上岸交易天朝法制森
嚴各處守土文武恪遵功令爾國船隻到彼該處文武
必不肯令其停留定當立時驅逐出洋未免爾國夷商

徒勞往返勿謂言之不豫也其懍遵毋忽特此再諭

冬十二月遣英吉利使臣返國

初英吉利貢舟至天津七月抵都後貢舟即先還泊定海及覲見事畢九月貢使回國 上令使臣由內河至定海放洋 特簡軍機大臣戶部侍郎松筠以兵護行所過提鎮陳兵接護貢使於路求請寓甯波市茶絲各物松筠爲奏懇免稅旣而抵杭州以行李從人登定海貢舟使臣仍請道內河達廣 上念其重譯輸忱許之飭松筠回京 命兩廣總督長麟督帶過嶺是月使者自粵乘貢舟返國葢此次英人藉貢陳乞本謀立馬頭減關稅如澳夷事例意望舟山即定海縣以舟珠音近故又稱珠山

既未遂所求　上恐其至澳句煽他國夷商開邊釁
故　特簡重臣陳兵衛護行　諭旨覆奏皆用六百里
馳遞火票排單嗣　上念英夷貪狡終恐日久生心
復以前頒該國王　敕諭二道宣示兩廣總督入交代
內俾後來知所從焉

乾隆六十年乙卯

英吉利復入貢

先是五十八年英吉利貢使將歸有　旨許再來款貢
時在粵之大班波朗上事國王備貢物由商船寄粵請
代進署兩廣總督朱珪譯其副表以前年貢使入都賞
賚優渥藉乞表悃忱又言　天朝大將軍前年督兵

至的密英國曾發兵應援的密飢廓爾喀此指五十七年大學士公福康安用兵西藏時也英人葢以是明其效順之忱奏入　敕書賜賚如例

己未嘉慶四年

廣南酋阮福映禽獻海寇　詔暴安南納叛之罪

安南王阮光平父子以兵簒國國用虛耗商船不至乃遣烏艚船百餘總兵十二以采辦軍饟爲名多招中國海盜爲鄉導入寇閩粵江浙各省奏禽海賊屢有安南兵將及總兵敕印　詔移知安南初不謂國王預知也會黎氏甥農耐王阮福映乞師暹羅克復農耐奪其富春舊都并縛海賊莫扶觀等來獻皆中國奸民受安南

僞職者又上攻克富春時所獲阮光纘封册金印詔
以阮氏父子臣事天朝乃招納叛亡藪奸誨盜負恩莫
大今國都册印不保滅亡已在旦夕足徵傾覆之不爽
其命兩廣總督吉慶赴鎮南關勒兵備邊俟阮福映攻
復安南全境以聞

壬戌嘉慶七年

春三月英人窺澳門

時英吉利突來兵船六泊雞頸洋淹留數月意窺澳門
住澳之大西洋人稟訴兩廣總督吉慶云英吉利兵船
泊零丁洋距澳甚近欲登岸借居洋房恐其滋事懇求
保護吉慶飭洋商宣諭回國至六月始去特遣其酋陳

謝謂法蘭西欲侵澳門故舉兵來護譌言請勿輕信意將掩其迹也會任京之西洋人索德超等言其事于工部侍郎管西洋堂務大臣蘇楞額　上聞馳詢吉慶以英人開帆日奏得　旨有犯必懲切勿姑息無隙莫擾亦勿輕率

秋七月蘊端多爾濟請巡俄羅斯邊界

時喀爾喀親王蘊端多爾濟請巡查恰克圖東西卡倫奉　諭俄羅斯交界四十七處卡倫向來未定巡查之例今蘊端多爾濟奏稱明年四月親查恰克圖西十九處卡倫後年再查恰克圖東二十八處卡倫逾十年與庫倫辦事大臣輪流一次往查亦屬嚴肅邊界之意著

照所請行但俄羅斯人等多疑著蘊端多爾濟於巡查
卡倫以前明白曉諭使俄羅斯固畢爾納托爾等知巡
查原欲永清二處交界並無別故自不至心生疑懼也

冬十二月封阮福映爲越南國王

阮福映復破東京盡有安南遣使入貢備陳搆兵始末
爲先世黎氏復讎其舊封農耐本古越裳地今兼幷安
南不忘世守乞以越南名國　詔封福映越南國王而
歸黎維祁遺櫬及黎臣懷故土者還國蓋新阮篡黎十
餘年而復滅于舊阮例仍六年兩貢並進

乙丑嘉慶十年

春三月英吉利來貢

時英吉利國王遣其酋多林文附商船來粵獻方物奉
表云英吉利國王雅治管愛倫等處地方呈　天朝
　大皇帝從前　太上皇帝恩威遠播四海昇
平今　大皇帝仁慈威武天下太平均同一德凡有
本國人來中國貿易俱蒙一體公平恩待因　天朝
百姓不能來我國貿易我已分付在港脚等處地方官
員如與中國相連地方遇有　天朝百姓兵丁人等
務要加意相待即遇有別項事情要我出力我亦十分
歡喜效力我與法蘭西國前已修和因和之後伊國彊
悍無理是以我今復與伊國戰爭我今本意原欲和好
無事豈料伊國彊橫凌辱致我不能忍受又於海口地

方設立重兵顯有歹意我恐被伊國佔奪無奈亦止得設立重兵防守並非意存好鬬我雖然與伊國戰爭仍可照舊來中國貿易通好並無阻滯那法蘭西國海口雖有重兵我已用兵圍住伊不能出口此外又多派兵船護送是以我貿易船隻可保無虞又幸遇　大皇帝聖明即使法蘭西國有著人到中國謠言疏間我國

我想　大皇帝必不聽信再伊國不獨存心想戰占奪我國並欲占奪我之屬國伊國若兵力不能相敵伊必另設陰謀即伊國恃彊設計我國均能設備提防可保無虞查該法蘭西國內已亂十三年法蘭西老國王爲人甚好竟被伊國人弒害深爲可憫可恨如今伊國

有一人做國長存心無道意欲惑亂人心使通國之人
不顧五倫不畏天地我想伊斷不能惑亂中國　大
皇帝英明素著定然洞察其奸恭祝　大皇帝長享
四海昇平之福具本國些須土物伏乞　大皇帝賞
收經粵督倭什布繙譯呈進并奏云查英吉利國王表
内所稱與法蘭西國爭鬭及法蘭西有著人到中國謠
言疏間等語查係嘉慶七年六月間有住澳之夷目委
黎多寄信與在京之西洋人索德超言英吉利有大戰
船六隻近澳門停泊恐有覬覦情事轉呈管理西洋人
大臣蘇楞額具奏　諭旨查詢經前督臣吉慶查奏英
吉利護貨兵船均已陸續回國其泊澳門外時並未滋

事因該國向來恃彊澳夷是以驚疑今該國王表文所稱謠言疏間之語自係指前事而言本年該國亦有護送貨四兵船來廣隨貨船仍回國並無絲毫滋事且貿易夷船英吉利貨物最細較別國買賣殷厚該國目商均稱恭順臣等窺測其隱因與法蘭西蠻觸相爭恐爲離間有妨貿易故於表内特陳其事密詢洋商潘致祥等僉稱係此意該二國僻居西北海外去粵東甚遙斷無虞別滋事端語似可信可以仰慰　聖廑嗣奉

廷寄覆奏云伏查外洋各夷商並該國商船俱無兵船惟該國王貨船始有兵船四隻護送在虎門外交易後同貨船回國不少逗留臣等亦派兵役防送至各夷貨

船均有礮火器械自資防範原准攜帶該國原表歡喜效力等語自係聞洋面不靖或需伊等出力之意如澳門夷目願備兵船幫同出洋緝捕臣以體制不符出示停止揣其情形不過藉協捕爲名冀免此船出入納稅而英夷得聞此事亦希效尤免稅又恐澳門夷船有功或待彼國冷淡意不過如此至各國夷船旣大多載礮火洋盜俱不敢搶劫澳門等處又有師船巡防不致少有疏失可以無虞 聖念奏入 上命齎貢入京

按例 須賞并 諭新任總督那彥成以整飭戎備勿令澳門近地致有竊掠貽笑遠人其護貨兵船停泊總當循照舊規勿令逾越爲要

夏四月禁西洋人刻書傳教

御史蔡維鈺奏請嚴禁西洋人刻書傳教奉　諭京師設立西洋堂原因推算天文參用西法凡西洋人等情願來京學藝者均得在堂棲止乃各堂西洋人每與內地民人往來講習並有刊刻書籍私自流傳之事在該國習俗相沿信奉天主教伊等自行講論立說成書原所不禁至在內地刊刻書籍私與民人傳習向來本定有例禁今奉行日久未免懈弛其中一二好事之徒創立異說妄思傳播而愚民無知往往易爲所惑不可不申明舊例以杜歧趨嗣後著管理西洋堂務大臣留心稽察如有西洋人私刊書籍卽行查出銷毀並隨時諭

知在京之西洋人等務當安分學藝不得與內地民人往來交結仍著提督衙門五城順天府將坊肆私刊書籍一體查銷不得任聽胥役藉端滋擾致干戾咎

圈禁西洋人德天賜於厄魯特營房

廣東民陳若望私代西洋人德天賜遞送書信地圖拏解刑部並究出傳教習教多人刑部奏將各犯分別定擬得 旨德天賜膽敢私行傳教不惟愚民婦女被其煽惑兼有旗人亦復信奉並用漢字編造西洋經卷至三十一種之多若不嚴行懲辦何以闢異說而杜歧趨且該國原係書寫西洋字內地民人從無傳習今查出所造經卷俱係刊刻漢字其居心實不可問此在內地

愚民已不得傳習而旗人尤不應出此關繫人心風俗者甚巨所有寄信人陳若望在堂講道之漢軍周炳德會長民人劉朝棟趙廷畛朱長泰漢軍汪茂德或往來寄信或展轉傳惑著照刑部所擬發往伊犁給厄魯特爲奴仍先用重枷枷號三箇月以示懲儆民婦陳楊氏以婦女充當會長尤屬不安本分著發往伊犁給兵丁爲奴不准折枷收贖民人簡恆曾代爲寄信請人傳敎漢軍佟恆善經反復開導執迷不悟俱著枷號三箇月滿日發往伊犁給厄魯特爲奴周炳德汪茂德佟恆善既自背根本甘心習學洋敎實不齒于人類均令銷去旗檔德天賜來京當差不知安分守法妄行刊書傳敎

實爲可惡著圖禁厄魯特營房交慶傑嚴爲管束以杜
煽惑
五月管理西洋堂事務常福罷
甲申朔　上諭向來西洋堂事務俱派總管內務府
大臣管理而歷任總管之大臣等不能實心經理其派
委司員亦不常川稽查大率有名無實即如近日德天
賜等妄行刊書傳教煽惑旗民此皆由歷任該經管大
臣官員等平日不能認眞查察以致伊等敢於私通書
信往來交結現在管理西洋堂事務之常福著無庸兼
管改派祿康長齡英和管理其應如何設立章程嚴加
管束之處著祿康等悉心妥議具奏尋議酌派司員到

堂稽查設立堆撥輪流巡綽撤毀堂額天主字樣禁止旗民彼此往來封禁該堂女堂房屋稽察海淀各堂寓所譯驗該國投寄信書編造服役人數冊檔示諭習教治罪條款禁止收買藥材洋草從之

禁旗人習天主教

時有佟瀾色克舒敏李慶喜因傳習天主教革職交刑部審辦刑部奏佟瀾等俱願出教請革職免其治罪奉

諭佟瀾等均係旗人且任職官輒敢棄背根本學習洋教見雖據供明眞心改悔但恐因一時畏罪求免伊等全家久爲邪說所惑一經釋放或仍私相崇奉其言殊難憑信佟瀾色克舒敏李慶喜仍著在刑部羈禁將

伊家屬傳至令其當面告誡各將洋教不祀祖先不供門竈等事全行改革仍交各旗查明伊全家出教屬實由該管參佐領具結詳報再行釋放如釋放後再敢私行習教即加倍治罪決不寬貸

秋暹羅入貢

時暹羅貢表又言方出師攻緬獲捷復頒　敕諭解之緬聞亦款關求入貢疆吏以非貢期卻之緬亦自是循例修貢不絕

冬十一月申嚴粵省傳教禁

奉　上諭軍機大臣等本日朕恭閱　皇考高宗純皇帝實錄乾隆四十九年十一月內欽奉

聖諭以西洋人蔓延數省皆由廣東地方官未能稽察防範所致向來西洋人情願進京效力者尚須該省督撫奏明允准後遣員伴送來京何以此次羅瑪當家竟公然分派多人赴各省傳教澳門距省甚近地方官平日竟如聾瞶毫無覺察自有應得處分倘嗣後仍有西洋人潛出滋事者一經發覺惟該督撫是問卽當重治其罪等因又奉　聖諭以孫士毅奏委員伴送西洋人德天賜等四人進京已敷當差嗣後可無庸選派俟將來人少需用之時另行聽候諭旨等因仰見
皇考禁絕邪說訓誡嚴明至意當德天賜等進京效力之時在京西洋人已敷當差卽　諭令停止選派可

見西洋人等來至內地授徒傳教爲害風俗早在
聖明鑒察之中粤省澳門地方洋船往來該國人等自
因赴廣貿易與內地民人句結始能惑衆傳教如果粤
省稽察嚴密何至私越內地乎本年因江西省拏獲爲
西洋人送信之陳若望及山西省民人李如接引西洋
人若亞敬傳教等案業經根訊明確分別懲創嗣後著
該督撫等飭知地方官於澳門地方嚴查西洋人等除
貿易外如有私行逗留講經傳教等事卽隨時飭禁勿
任潛赴他省致滋煽誘其有內地民人暗爲接引者卽
當訪拏懲辦庶知儆懼並當曉諭民人等以西洋邪教
例禁綦嚴不可受其愚惑致蹈法網俾無知愚民咨知

遷善遠罪則西洋人等自無所肆其簧鼓即舊設有天主堂之處亦不禁而自絕此尤潛移默化之方該督撫等惟當善爲經理實力稽查絕其根株正其趨向亦整風飭俗之要務也

冬十二月禁俄羅斯商船來粵互市

先是有嚕咥國商船二來粵請互市總督那彥成駁不許監督阿克當阿不候札覆遽令開艙卸貨有 旨將阿克當阿同前監督延豐巡撫孫玉庭議處至是總督吳熊光查奏得 旨據吳熊光等奏查明嚕咥國即俄羅斯國向例止准在恰克圖地方通市貿易本有一定界限今該國商船駛至粵東懇請越關卸貨自應照例

駮回乃延豐擅准進埔卸貨實屬冒昧且該國商船于
十月初八十七等日先後進口延豐于二十九日始行
具奏又于咨商總督後並不候那彥成回咨輒以意見
相同之語揑詞入告其咎甚重前經降旨將延豐降爲
七品筆帖式尚不足以示懲延豐著即革職接任監督
阿克當阿因延豐已准該夷商起卸一船貨物亦即不
候那彥成移知率准後船進埔卸載吳熊光孫玉庭未
經查明遽准開船回國均屬辦理未協不能無咎吳熊
光孫玉庭阿克當阿均著交部議處嗣後遇有該國商
船來廣貿易者惟當嚴行駮回毋得擅准起卸貨物以
昭定制

戊辰嘉慶十三年

秋九月英人謀襲澳門不果

初英吉利有大班喇咈者約孟甲剌（孟加臘）兵頭以兵船十艘窺伺安南爲安南所燼無顏返國以所餘艘順抵粤洋其船大者番梢七百中者二百小者百人他槍礮劍刀火彈稱是舊制英吉利護貨兵船泊十字門外時貨船未至乃紿言護貨既而兵頭度路利揚言法蘭西侵據大西洋國主遷于亞美利加洲英吉利與大西洋世好慮法蘭西人澳滋擾因以兵來助其實不得逞于安南思佔澳門爲補牢計也澳夷不敢校然英人懼中國不從亦未敢顯言據澳總督吳熊光飭洋商諭大班

俾兵船且夕回帆度路利不聽將入澳登岸定居澳夷理事官委黎多服從詭云國王有書許令安置八月二日以二百人入三巴寺百人入龍嵩廟以二百人踞東望洋百人踞西望洋在三巴寺者復移于西洋市樓熊光與監督常顯諭洋商挾大班赴澳慰遣堅不肯行乃下令封艙禁貿易斷買辦移駐澳左翼碣石二鎮師船五十紅單船二十六自虎門進省防護而英吉利復續來兵船八每船番梢六七百泊雞頸九洲洋虎頭門在東莞縣爲中路海洋進口要隘左翼鎮駐兵于此建礮臺焉是月朔日以三兵船闖入虎門進泊黃埔熊光奏聞得　旨英吉利夷人藉稱大西洋地方被法蘭西佔

踞該國因與大西洋鄰好恐大西洋人之在澳門者法蘭西欺阻貿易輒派夷目帶領兵船前來幫護所言全不可信而且斷無此理見在先後到船九隻皆帶有礮械火藥等物竟敢灣泊香山縣屬雞頸洋面並有夷兵三百名公然登岸居住澳門三巴寺龍嵩廟分守東西礮臺實屬桀驁可惡該員等見將該國夷船停止開艙派員剴切曉諭俟夷兵退出澳門方准起貨並稱夷人若再挨延卽封禁進澳水路絕其糧食所辦尚是但究竟如何嚴切曉諭及見在作何準備之處全未奏及所辦太輭邊疆重地外夷敢心存覬覦飾詞嘗試不可稍示以弱此時如該國兵船業經退出澳門則已如尚未

退出澳門呉熊光即行遴派曉事文武大員前往澳門嚴加詰責以天朝禁令綦嚴不容稍有越犯大西洋與法蘭西彼此搆釁自相爭殺原屬情事之常中國並不過問即如近年緬甸暹羅二國互相仇殺業經叩關求援大皇帝一視同仁毫無偏向至于中國外藩自有一定疆界試思中國兵船從無遠涉外洋向爾國地方屯紮之事而爾國兵船輒敢駛進澳門登岸居住目昧已極若云因恐法蘭西欺侮西洋前來幫護殊不知西洋夷人既在中國地方居住法蘭西焉敢前來侵奪以致冒犯天朝即使法蘭西果有此事天朝法令俱在斷不能稍爲姑容必當立調勁兵大加勦殺申明海禁又何

必爾國派兵前來代爲防護若云洋匪未淨欲思効力
天朝尤屬無謂海洋盜匪屢經剿辦不過東竄西逃旣
經兵船四路禽拏不日卽可殲盡餘孽又何藉爾國兵
力乎看來竟係爾國夷人見西洋人在澳門貿易趁其
微弱之時意圖佔住大干天朝例禁矣爾國臣事天朝
平素遣使進貢尚稱恭順乃此次無知冒犯實出情理
之外本當卽行拏究姑先明白曉諭爾若自知悚懼卽
速撤兵開帆不敢片刻逗留尚可曲恕爾罪仍准爾國
貿易若再有延挨不遵法度則不但目前停止開艙一
面卽當封禁進澳水路絕爾糧食並當調集大兵前來
圍捕爾等後悔無及如此逐層曉諭義正詞嚴該夷人

自當畏懼懍遵吳熊光等仍當密速調派得力將弁統領水路官兵整頓預備設該夷人一有不遵竟當統兵剿辦不可畏葸姑息庶足以伸國威而清海澨此於邊務夷情大有關繫該督不此之慮而惟鰓鰓于數十萬稅銀往復籌計其于防備機宜全未辦及吳熊光孫玉庭均懦弱不知大體且吳熊光孫玉庭此次來摺僅由馬上飛遞亦屬遲緩此次著由五百里發往吳熊光等即速遵辦並傳諭常顯知之又　諭英吉利國所遞原稟繙譯進京朕詳加披閱稟内所敘之詞多不恭順如所稱該國王多派戰船兵丁赴中國海面若法蘭西國人來至澳門預備防堵等語殊不成話該國王旣知為

中國海面卽不應派兵擅入況法蘭西國夷人並未來
至澳門何得藉詞越進天朝兵精糧足卽外藩部落或
敢桀驁思逞不難聲罪致討若蠻觸相爭敂關求救天
朝一視同仁斷無偏護何須該國王豫籌防堵耶又稱
法蘭西係各國仇人該國王派兵作敵以期保護中國
博勒都雅英吉利三國買賣等語尤屬謬妄試思天朝
臣服中外夷夏咸賓蕞爾夷邦何得與中國並論又稱
天朝海面盜案甚多商販被劫該國王派備兵船情願
效力勦捕等語究係意存輕視見在海洋水師兵船梭
織巡緝沿海各口岸斷絕接濟盜匪日形窮蹙豈轉待
外夷相助種種措詞背謬干邊務夷情大有關繫該督

等接閱夷禀早當驅逐駁飭乃止以停止開艙封禁進澳水路絕其糧食虛言由尋常馬遞入告且該督等具奏後該國夷船曾否退去亦未據續行馳報吳熊光不應如此糊塗懈怠實出意想之外試思邊防重地任令外夷帶兵闖入佔據礮臺視爲無關緊要不知有何事大于此事者該督等接奉此旨即將夷船見在情形及如何密飭籌備之處速行奏聞無論退去未退去即由五百里具奏

冬十一月遣永保赴粵查辦

先是吳熊光撤香山虎門兵回營自衛九月二十三日度路利率兵目十餘散兵四十水梢二百自黃埔以三

板船三十餘直抵會城入洋館二十六日又載三板船十餘以禁斷買辦爲名云至十三行公司洋館取其儲蓄碣石總兵黃飛鵬時統師駐省河飛礮擊之斃英兵一傷英兵三始懼而退其入夷館者自若也又値封艙令下大班請還累年洋帳載所已市茶出口或退茶洋行而價銀息銀全償監督常顯嚴詞飭駁續來商船皆泊零丁洋停其帶引入埔會英吉利祖家（卽歐羅巴本國）一船主至以封艙數大班曰犯中國而絕市雖得澳門猶石田也不如已先時英船七月抵廣換貨後十月卽可回帆至是停滯港外數月各國商人亦咸怨之十月十日奉抗延剿辦之　諭各路官軍雲集距澳門八里之關

閘二十里之前山寨復增兵防守英人乃大恐慮其貿易之停也始議遷賄澳番約以番銀六十萬圓犒軍澳番輸款英吉利之兵總悅大班乃具狀歸誠請給買辦復開艙以入埔其入澳英兵撤遣回國熊光許焉是月七日遂先後起椗去十一日復開艙驗貨熊光遂以英吉利兵船全數退出澳門入奏奉 諭此次該國夷人自七月來至澳門住守數月有餘夷情叵測必有所爲而來何以又無故而去且所稱見聖諭嚴明兵威壯盛業已不敢抗違之語所見係何諭旨所派係屬何兵並未一一聲敘況夷稟尚未呈遞吳熊光輒稱夷船風信一過即不能開行如果切實懇求即准其開船見好於

夷去豈非示之以弱乎外夷來至內地貿易輸納稅課原因其恪守藩服用示懷柔並非利其財貨若沾沾以徵榷為重無怪該夷人肆意居奇意存輕視也永保馳抵粵東即會同韓對詳查英吉利夷船因何擅入內地自七月至今呈遞夷稟幾次吳熊光如何批示所稱水陸兩途嚴密布置官兵所派係屬何兵節次稱奏派員剴切曉諭並聖諭嚴明之語所見係何諭旨所派係屬何員因何全行退出有無豫准開艙貿易之事逐一奏聞仍嚴切曉諭英吉利夷人以爾等擅入澳門實屬目昧斷不能仍准貿易倘自知悔罪畏服倍加恭順于二三年後再行懇請彼時爾國貨船亦止准在澳門以外

停泊俟奏聞大皇帝俟旨遵行設再欲攜帶兵船即當永斷貿易聲罪致討倘永保到彼後吳熊光業已准令開艙即當查明因何允准是否係該國夷人具禀懇求抑係吳熊光先行准令開艙該夷始行退出之處一併據實具奏不可稍有隱飾旋罷吳熊光以永保爲兩廣總督韓崶爲廣東巡撫

國朝柔遠記卷七

臣彭玉麟恭定
臣王之春敬編

己巳嘉慶十四年

春二月增築澳門礮臺

時永保道卒韓崶抵任查閱澳門奏稱澳門西洋人舊設礮臺六坐自伽思蘭至西望洋礮臺迤南沿海一帶石坎形勢低矮上年英吉利夷兵由此登岸今擬加築女牆一道增高四五尺共長二百餘丈該處夷民等亦歡欣願辦奏

旨俞允於是前山寨設遊擊守備水師千總各一把總外委額外外委各二募馬步兵四百分

左右哨爲前山營一把總率兵六十防關閘況其閘外之望廈村並派弁兵協防又於虎門亭之新埔山添建礮臺蕉門海口排樁沈石以杜繞虎門進獅子洋之路層疊鈐束以資控制

夏四月吳熊光謫戍伊犁

時奉　上諭各省封疆大吏守土是其專責遇有關涉外夷之事尤當立時親往勘辦務臻妥協方爲無忝厥職前此吳熊光在兩廣總督任內英吉利商船帶兵入澳佔據東望洋娘媽閣伽思蘭三處礮臺雖向係西洋商人防守所設但究在中國地面即與闌入內境無異吳熊光身任封圻即應立時驅逐況此次該夷兵遇

官兵開礮並不敢稍有抗拒及奉有嚴飭諭旨亦卽畏懼開帆遠去是該夷兵尚知震懾天威無他伎倆設吳熊光於該夷兵登岸之初卽親往彈壓曉以大義一面調集官兵防守該夷兵自必知所畏懼卽時退出庶足宣示國威吳熊光於此等要事遲至月餘始行具奏旣未親往查辦該夷兵目求見又止派員往諭並不面詢斥逐雖開艙在夷兵旣退之後而許其開艙究在夷兵未退之先是奏報旣屬遲緩辦理又形畏葸且屢次夷人具稟及吳熊光批示並轟斃夷兵等事俱未入奏亦屬含糊吳熊光由軍機章京蒙
皇考高宗純皇帝不次超擢用至軍機大臣經朕簡用歷任三省總督

非新進不曉事者可比乃種種錯謬實屬孤負委任吳熊光前已革職著拏問交軍機大臣會同刑部審訊定擬具奏熊光尋遣戍伊犁

夏五月定廣東互市章程

時百齡代永保任兩廣總督抵任二日馳赴澳門詢訪盡得英人覬覦實情遂奏請俟本年英吉利國貨船到時預遣員弁偵探得　旨所見甚是該國夷人素性彊橫譎詐雖見據夷商喇咈所稟夷兵不敢再來之語亦未可深信上年該夷人來澳時吳熊光等不立行查辦既失之於寬此時自應濟之以猛俟該國貨船到時先期留心偵探如再敢多帶夷兵欲圖進口即行調集官

兵相機堵勦倘止係貿易船隻並遞謝罪哀懇稟件亦
應飭令停泊港外該督一面奏聞候朕降旨遵行百齡
又奏酌籌民夷交易章程經軍機大臣議覆奏　諭所
議甚是嗣後各國護貨兵船俱不許駛入內港夷商銷
貨令即依限回國並令洋商早清夷欠其澳內西洋人
不准再行添屋民人眷口亦不准再有增添引水船戶
給照銷照俱責成澳門同知辦理夷商買辦選擇殷實
之人始准承充至向來夷貨到粵皆由該國自行投行
公平交易以順夷情而服夷心今該督等請由監督不
論殷商乏商按股掣籤竟以外夷貨財爲調劑乏商之
計事不可行著仍查明舊例妥協辦理

六月造米艇

先是吳熊光督粵請造登花戰船緝捕洋盜至是百齡
奏查登花船難於購料成造仍請添造米艇以期迅速
竣工俾資緝捕奉　旨粵省勦捕匪船米艇具有成效
前此吳熊光忽以米艇不能遠出外洋請改造登花艦
二十號往來外洋緝捕將米艇全行收入內洋防守見
經百齡等查明此項船隻所需桅舵大料因須在外洋
購覓是以二年以來未能購得且此時即購料成造一
經風浪掣損將來亦無料換修仍屬不能應用況粵洋
緜亙四千餘里止仗此二十船之力在外洋策應捕盜
甯不顧此遺彼皆吳熊光全無主見不過逞其臆度之

詞妄思更改而於空言陳奏之外仍無實際斷不可行
百齡等現已估計船身價值計其一船所需足造米艇
兩隻請將原估登花船二十隻工料銀十五萬四千餘
兩改作大中小米艇四十號以期節浮糜而便駕駛所
議甚是著即照所奏辦理又諭云遂溪縣東海地方先
經吳熊光議請設立參將專營在督撫各標抽丁防守
嗣吳熊光又以東海不產氈木奏請停止建營改募水
師添船緝捕今據百齡等查明該處沙土鬆浮建築城
堡礮臺難資經久又與廣州灣遙相對以一隅駐守之
兵當四面可通之路亦復難資控制是此事亦不可行
吳熊光始則並未詳細確查繼知事有所難又復回護

前議不肯據實奏明更改一味遷延且如何改募水師添船若干並如何派人管帶之處亦全未議及殊屬因循闒茸毫無振作茲百齡等請將新造米艇二十隻專在東海巡防以二十隻在西路洋面策應其配駕巡兵即於通省水師按數勻派既可無庸建立營汛亦無庸改募水師其吳熊光原議裁撤督標後營及提督兵丁之處本與營制不符且陸路口岸防守緊要斷不可輕議裁革百齡等所見皆是此時應行分別歸伍撤募之處亦均照所奏辦理至目下粵洋緝捕緊要而水路營伍皆屬廢弛該督等務當振刷精神實力整頓以期設一兵得一兵之力添一船得一船之用方爲不負委任

庚午 嘉慶十五年

英商請減行用銀不許

行用者每價銀一兩奏抽三分以給洋行商人之辛工也繼而軍需出其中貢項出其中各商攤還洋貨亦出其中遂分內用外用名目此外尚有官吏之需求與閒遊之款接亦皆出於入口出口長落之貨價以故洋利漸薄是年大班喇咈等訴於廣東巡撫韓對略曰始時洋商行用減少與夷無大損益今行用日夥致壞遠人貿遷如棉花一項每石價銀八兩行用二錢四分連稅銀約四錢耳茲棉花進口三倍於前行用亦多至三倍每石約銀二兩即二十倍矣他貨稱是各洋行費用皆

由祖家貿易攤還其何以堪伏懇照舊酌量裁減遠人
幸甚韓對與總督監督及屬僚核議僉謂洋人無利可
獲或可杜其偕來遂不許
辛未嘉慶十六年
秋七月申嚴洋人傳教禁
時奉　上諭西洋人居住京師原因其諳習算法可
以推步天文備欽天監職官之選昨據管理西洋堂務
大臣查明在京者共十一人除福文高李拱辰高守謙
三人見任欽天監監正監副南彌德在內閣充當繙譯
差使又畢學源一人通曉算法留備敘補賀清泰吉德
明二人均年老多病不能歸國此外學藝未精之高臨

淵等四人俱已飭令回國見在西洋人之畱京者止有
七人此七人中其有官職差使者出入往來俱有在官
人役隨地稽查不能與旗民人等私相交接其老病者
不過聽其終老不准擅出西洋堂外人亦不准擅入管
理大臣及官員弁兵巡邏嚴密諒不敢有聽其傳教惑
衆之事至外省地方本無需用西洋人之處即不應有
西洋人在境潛住從前外省拏獲習教人犯每稱傳播
始於京師今京師業已按名稽覈徹底清釐若外省再
有傳習此教者必係另有西洋人在彼煽惑地方匪徒
私自容畱不可不加之厲禁除廣東省向有西洋人來
往貿易其居住之處應畱心管束勿任私行傳教有不

遵禁令者卽按例懲治外其餘各直省著該督撫等飭屬通行詳查如見有西洋人在境及續有西洋人潛來者均令地方官查拏具報一面奏聞一面遞交廣東遣令回國如地方官辦理不力致令傳教惑衆照新定條例嚴參重處若內地民人私習其教復影射傳惑者著地方官一律查拏按律治罪將此通諭知之

甲戌 嘉慶十九年

春正月禁洋商運銀出洋

蘇楞額奏稱近年來夷商賄通洋行商人藉護回夷兵盤費爲名每年將內地銀兩偷運出洋至百數十萬之多復將低潮洋銀運進任意欺蒙商賈以致內地銀兩

漸形短絀請　旨飭禁奉　上諭夷商交易原令彼此以貨物相準俾中外通易有無以便民用若將內地銀兩每年偷運出洋百數十萬歲積月累於國計民生均有關係著蔣攸銛祥紹查明每歲夷商等偷運足色銀兩出洋實有若干應如何酌定章程嚴密禁止會同妥議具奏

冬十一月禁英人傳教

先是乾隆間英人司當東隨入貢使臣至京後貢使歸司當東留住澳門誘惑愚民甚眾至是　上特降旨聞有英吉利夷人司當東前於該國入貢時曾隨入京師年幼狡黠回國時將沿途山川形勢俱一一繪成圖

冊到粵後又不回本國留住澳門已二十年通曉漢語定例澳門所住夷人不准進省司當東在粵既久夷人來粵者大率聽其教誘日久恐至滋生事端著蔣攸銛等查明司當東有無教唆句通款蹟如查有實據或遷徙安置奏明妥辦

冬、十二月申定互市章程

兩廣總督蔣攸銛密陳洋商貿易及酌籌整飭洋行事宜奉　上諭粵省地方瀕海向准各國夷船前來貿易該夷商遠涉重洋懋遷有無實天朝體恤之恩然懷柔之中仍應隱寓防閑之意近來英吉利國護貨兵船不遵定制停泊外洋竟敢駛至虎門其詭詐情形甚為

叵測藉攸餂示以兵威派員詰責該大班始遞稟謝罪
此後不可不嚴申禁令該夷船所販貨物全藉內地銷
售如呢羽鐘表等物中華儘可不需而茶葉土絲在彼
國斷不可少倘一經停止貿易則其生計立窮書云不
寶遠物則遠人格該督等當深明此意謹守定制內固
藩籬不可使外夷輕視嗣後所有各國護貨兵船仍遵
舊制不許駛近內洋貨船出口亦不許逗留如敢闌入
禁地卽嚴加驅逐倘敢抗拒卽行施放槍礮懾以兵威
使知畏懼所有該督等請嚴禁民人私爲夷人服役及
洋行不得搭蓋夷式房屋鋪戶不得用夷字店號及清
查商欠不得濫保身家淺薄之人承充洋商並不准內

地民人私往夷館之處均照所議行

乙亥嘉慶二十年

春三月申禁鴉片煙

鴉片煙一曰波畢一曰阿芙蓉又曰阿片本罌粟殼所造產印度之孟阿拉即孟加臘一曰明呀喱首部曰加爾吉達又有八旦拏及麻哈默那皆孟阿拉屬邑均產鴉片及曼噠喇薩即麻打拉薩孟邁一作孟買又稱港腳馬剌他一作麻爾窪盎叭哩唧肚二部皆在小西洋諸處有公班白皮紅皮大小土之分明中葉始入中國見李時珍本草綱目及龔雲林醫鑑康熙初以藥材入口每擔稅銀三兩又每包加稅二兩四分五釐時尚無吸食雍正中年希堯刊集驗良方屢載鴉片亦不聞吸食其入內地附西洋諸商船歲不過二百箱自英吉利在孟阿拉

購片土立市埔至乾隆二十年因搆釁蕩滅孟阿拉乘勝蠶食五印度諸部其中東南三部則全爲所役屬地產棉花（棉花亦元太祖用兵印度時移種入中國稱吉貝布）又產鴉片英人倍徵其稅遂專擅印度鴉片之利（此外產鴉片之地惟馬剌他不盡屬英轄而煙土亦多由英埔孟邁出口又跨亞歐兩洲間之都魯機亦歲有千餘箱米利堅運之來華）其運載亦附英人船旂船名格拉巴約載三百甕（千六百八十斤爲一甕）每箱載兩滿每滿各重六十七棒（十二兩爲一棒棒一作磅）其價自一千三百至千五百魯卑不等（五十先士值一魯卑二魯卑值一番銀）以分售各處（英吉利本國原禁食鴉片外洋吸食者有都魯機印度及無來由各番族）乾隆季年閩粵吸食漸多粵督奏禁入口然官吏奉行有名無實嘉慶初元申禁鴉片躉船在黃埔者改泊澳門或急水門

而私銷如故每年已三四千箱至是粵督蔣攸銛等奏

查禁鴉片章程奉　上諭鴉片煙一項流毒甚熾多

由夷船夾帶而來嗣後西洋貨船至澳門時自應按船

查驗杜絕來源至粵省行銷鴉片煙積弊已久地方官

皆有失察處分恐伊等瞻顧因循查拏不力嗣後有拏

獲鴉片煙之案除查明地方委員等有得規故縱情事

應嚴參辦理外其僅止失察者竟當概行寬免處分至

所請獲販煙斤自二百斤至五千斤以上分別紀錄

加級及送部引見並軍民人等拏獲獎賞以及誣良治

罪之處俱著照該督等所請行

冬十月西洋人蘭月旺伏誅

時湖南耒陽縣查獲西洋人蘭月旺授徒傳教巡撫翁元圻以聞奉　諭蘭月旺以西洋夷人潛入内地遠歷數省收徒傳教煽惑多人不法已極著翁元圻嚴切訊究審明後將該犯問擬絞決奏明辦理其供出之犯按名查拏務獲並飛咨各該省一體嚴緝究辦耒陽縣知縣常慶查緝認眞於此案辦竣後送部引見再行施恩

十一月禁買洋人奇巧貨物

時蔣攸銛等奏查洋商拖欠夷人貨帳銀兩業經停利歸本請勒限分年清還奉　上諭此項洋商節年拖欠夷人貨帳銀兩據該督等查明各行欠項自嘉慶十七年至十九年共還過銀一百三十萬兩零見尚欠夷

帳一百六萬兩按照欠數多寡分定年限歸還該商等經此次清釐之後自應遵照定限一律清還毋令再有拖欠惟是該夷人以貨易貨乃壟斷盤剝任令疲商賒欠卽明知有不得過十萬之舊章朦朧匿報亦應嚴行飭禁近年內地銀兩爲外夷貿易攜去者動逾百萬日久幾同漏卮著該督撫及該監督留心稽察如外夷有以奇巧貨物攜至洋行私行留用此等物件飢不可食寒不可衣令其將中土財貝潛就消耗殊爲可惜果能實力禁絕該夷人等知內地不寶異物不能行銷則來者漸少易去銀兩亦必日減亦節財流之一道也

丙子嘉慶二十一年

夏六月英吉利遣使入貢

初英吉利迭修職貢未如所望舉兵來澳門又不得逞仍思藉貢輸忱以希　恩澤五月英吉利公使加拉威禮來粤東遞稟云英國太子攝政已歷四年感念　純皇帝恩德仰慕　大皇帝仁聖於上年九月遣使起程來獻方物仍循乾隆五十八年貢道由海洋舟山一路至天津赴都懇總督先奏時總督蔣攸銛方入朝巡撫董教增權總督事許番官晉見故事督撫大吏見暹邏諸國貢使於節堂貢使皆拜伏如陪臣禮加拉威禮不肯迫洋商白總督議相見儀往復再三教增不得已許之其日總督及將軍兩副都統海關監督畢坐

節堂大陳儀衛加拉威禮上謁免冠致敬通事爲達意教增雜座起立問英吉利國王好復坐乃詢貢使行日程途允爲入告加拉威禮徑出此卽所議相見儀也嘗教增立詢時將軍以下皆振衣起副都統張永清獨據案不少動意殊怫然比教增奏入而貢使羅爾美都副貢使馬禮遜乘貢舟五已達天津　上命戶部尚書和世泰工部尚書蘇楞額往天津率長蘆鹽政廣惠料理貢使來京一晝夜馳至圓明園車路顛簸不堪又衣裝皆落後詰朝　上升殿受朝會時正使已病副使言衣車未至無朝服何以成禮和世泰懼獲譴遂飾奏兩貢使皆病　上怒卻其貢不納遣廣惠伴押使臣

回粵
秋七月蘇楞額和世泰廣惠等降革有差
初英吉利貢使齎表　上覽表文失辭抗若敵體復
鋪張伐法蘭西戰功有要挾意又值理藩院迓接不如
儀　上故疑使人之慢絕不與通羅爾美等既出都
有以實入告者　上始知不盡貢使之罪復降　諭
錫賚追及良鄉酌收貢物仍　賜國王珍玩數事並
敕諭其王交兩廣總督蔣攸銛俟貢使至粵頒發　敕
諭曰爾國遠在重洋輸誠慕化前於乾隆五十八年
先朝　高宗純皇帝御極時曾遣使航海來
庭維時爾使臣恪恭成禮不愆於儀用能仰承　恩

寵瞻覲筵宴　錫賚便蕃本年爾國王復遣使齎奉
表章備進方物朕念爾國王篤於恭順深為愉悅循考
舊典爰飭百司俟爾使臣至日瞻覲宴賚悉倣
先朝之禮舉行爾使臣始達天津朕飭派官吏在彼賜
宴詎爾使臣於謝宴時即不遵禮節朕以遠國小臣未
嫺儀度可從矜恕特命大臣於爾使臣將次抵京之時
告以乾隆五十八年爾使臣行禮悉跪叩如儀此次豈
容改異爾使臣面告我大臣以臨期遵行跪叩不至愆
儀我大臣據以入奏朕乃降旨於七月初七日令爾使
臣瞻覲初八日於正大光明殿賜宴頒賞再於同樂園
賜食初九日陛辭並於是日賜遊萬壽山十一日在太

和門領賞再赴禮部筵宴十三日遣行其行禮日期儀節我大臣俱已告知爾使臣矣初七日瞻覲之期爾使臣已至宮門朕將御殿爾正使忽稱急病不能動履朕以正使猝病事或有之因止令副使入見乃副使二人亦同稱患病其爲無禮莫此之甚朕不加深責卽日遣令歸國爾使臣既未瞻覲則爾國王表文亦不便進呈仍由爾使臣齎回但念爾國王數萬里外奉表納贄爾使臣不敬恭將事代達悃忱乃爾使臣之咎爾國王恭順之心朕實鑒之特將貢物內地理圖畫像山水人像收納嘉爾誠心卽同全收並賜爾國王白玉如意一柄翡翠玉朝珠一盤大荷包二對小荷包八箇以示懷柔

至爾距中華過遠遣使遠涉良非易事且來使於中國
禮儀不能諳習重勞脣舌非所樂聞天朝不寶遠物凡
爾國奇巧之器亦不視爲珍異爾國王其輯和爾人民
愼固爾疆土無間遠邇朕實嘉之嗣後無庸遣使遠來
徒煩跋涉但能傾心效順不必歲時來朝始稱向化也
俾爾永遵故茲敕諭又　諭此次英吉利國進貢使臣
至天津海口登岸特命蘇楞額廣惠傳旨賜宴令其謝
宴行三跪九叩禮如合式即日帶京如不諳禮儀具奏
候旨其原船勿令駕駛仍由原路回津泛海回國蘇楞
額廣惠故違旨意徑行帶來又縱令原船私去伊二人
之咎在此因事已不妥又命和世泰穆克登額迎赴通

州演禮以七月初六爲限限內如儀再行帶來滿限尚
未如儀卽行參奏候旨和世泰穆克登額於初五日含
混具奏初六日徑行帶來朕於未初二刻御勤政殿召
見伊二人先詢以演禮之事伊二人免冠磕頭云並未
演禮及至再問以既未演禮何不參奏和世泰云明日
進見必能如儀此一節伊二人之咎已同前二人矣至
初七日早膳後卯正二刻朕傳旨升殿召見來使和世
泰初次奏稱不能使走俟至門時再請二次奏稱正使
病泄少緩片刻三次奏稱正使病倒不能進見卽諭以
正使回寓賞醫調治令副使進見四次奏稱副使俱病
俟正使全愈後一同進見中國爲天下共主豈有如此

侮慢倨傲甘心忍受之理是以降旨遂其使臣回國不
治重罪仍命廣東護送至廣東下船近日召見廷臣始
知來使由通州直至朝房行走一夜來使云進見朝服
在後尚未趕到便服焉能瞻謁大皇帝此等情節和世
泰見面時何不陳奏卽或遺忘或晚間補奏或次日一
早具奏俱可直至將次升殿總未奏明情節伊二人之
罪重於蘇楞額矣若豫先奏明必改期召見成禮而返
不料庸臣誤事至此朕實無顏下對臣工惟躬自引咎
耳四人之罪俟部議上時再行處分先將此旨通諭中
外及蒙古王公等知之尋議上得　旨蘇楞額革去工
部尚書鑲紅旗漢軍都統加恩以三品頂戴降補工部

左侍郎仍留總管內務府大臣廣惠降內務府八品筆帖式和世泰革去理藩院尚書鑲白旗漢軍都統仍留公爵總管內務府大臣穆克登額革去禮部尚書鑲黃旗漢軍都統降補鑲黃旗漢軍副都統

冬十二月英吉利貢使回國

先是英吉利貢使返粵總督蔣攸銛亦宴賚如常仍免其歸舟茶稅遵將辦理一切奏聞 上諭英吉利國貢使不能行謝宴禮儀乾隆五十八年到粵時並未給與筵宴此次自無庸彊令入宴行禮該督等所奏頒賞使臣筵席三桌仍賞給牛羊等物所辦甚是至另片所請再行頒發諭旨宣明該貢使等失禮之咎令該國

王自行查辦殊可不必前該督所奏刊刷告示發給該
國來粵貿易各船朕即諭以六合之外存而不論降旨
飭令停止該督尚未接到復爲此奏總之此事蘇楞額
一誤於前和世泰再誤於後朕權衡裁度恩威並濟厚
往薄來辦理已爲允協此後勿庸多煩詞說該貢使如
此狡詐即頒發諭旨伊歸國後亦豈不能隱匿揑造虛
詞以自文其過竟當置之不論較爲得體俟該貢使到
粵該督於接見時當堂正正諭此次爾等奉國王之
命來天朝納貢不能成禮即屬爾等之咎仰荷大皇帝
深仁大度不加譴罰仍賞收爾國王貢物頒賞珍品此
乃天高地厚之恩爾等回國不可不知感激至爾國向

在粵東貿易卽係爾國一定口岸倘將來再有進貢之事總須在粵東收泊候督撫具奏請旨遵辦毋得徑往天津卽駛至彼處該官吏亦必遵旨駁回爾等豈非跋涉徒勞如此明白宣諭伊等自當畏威懷德不必與之辯論曲直也朕又思英吉利國於乾隆五十八年入貢時懇請在浙江甯波貿易此次該國貢船來往經過浙洋並未寄椗其意似專欲來天津貿易以遂其壟斷之謀該督總當設法將伊國來津之意嚴行杜絕使之不萌此念卽來亦不能逕達方爲妥善至波臣等五人旣均係夷商見在仍准該國貿易自不必全行驅逐致啟其疑卽聽從其便可也是月英吉利貢使回國瀕行攸

銛等復宴於海幢寺曉之曰　大皇帝不寶異物後
可勿勞貢獻如必欲入貢廣東爲爾國貿易之所貢舟
應收泊廣東毋徑赴天津致令駁回使臣唯唯攸銛復
曰爾國通市廣州於今百年凡爾之俸餉經費一惟於
市取辦市之貲每歲以數千萬計其利溥矣中國之裨
益於爾尤大矣繼今以往宜効順毋自誤使臣應聲曰
凡市中國與本國兩利毋徒爲我計也於是天津增設
水師置總兵官一未幾又省之

丁丑嘉慶二十二年

春三月雲南徼外逆夷高羅衣伏誅

時臨安邊外逆匪高羅衣滋事雲貴總督伯麟以勦撫

事具聞得　旨逆夷高羅衣膽敢自稱窩泥王並將附
從漢奸等僞封官職裹脅至萬餘人搶擄江外土司地
方復率眾搶渡窺伺地方實屬罪大惡極有關邊境軍
情伯麟此摺僅由三百里具奏殊屬不曉事體嗣後奏
報皆當由五百里馳遞俟辦理完竣即由六百里馳奏
見在僞封軍師之漢奸章喜業經禽獲訊明該逆等犯
事緣由伯麟雙林等已派調本省官兵及廣南土練定
期進勦此事務須一鼓撲滅不可因循疲玩如見調兵
力尚有不敷貴州官兵素稱趫捷該督即行添調或一
千名或五百名迅速來滇選派曾經出師打仗奮勇將
弁帶領迅即進勦此時賊眾初集兵貴神速趁此煙瘴

未起之時立卽擒渠擣穴不可靳惜小費遷延時日若辦理遲緩一至暑熱瘴生官兵卽須撤退使賊得以乘暇裹脅秋冬再舉則勞費更重伯麟等務勉力辦理將首逆高羅衣及逆姪高借沙等尅期擒獲淩遲處死其餘烏合之衆自必卽時瓦解其章喜一犯暫行牢固監禁俟首逆就擒質訊明確一并淩遲以伸國法而靖人心未幾悉數擒獲誅之　上又諭云首犯高羅衣以江外夷民膽敢謀逆滋事據該犯供稱因江西湖廣等處漢人在夷地貿易取利甚爲刻苦遂借驅逐漢人爲名聚衆謀逆等語夷民愚蠢無知多因內地民人私往夷地或潛相煽惑或激生事端釀成大案致勞兵力戕

害生靈此案拏獲之僞軍師章喜一犯卽係漢奸見將首從各逆悉數殲獲邊境敉甯正當趁此出示曉諭嚴飭沿邊各州縣凡內地民人不准私往夷地貿易侵奪夷人生計若有私越邊境者查明嚴禁治罪務令弭患未形勿再滋生邊隙爲要

紀嘉慶二十四年

冬十二月禁廈門洋船運茶

時董教增奏閩省廈門洋船請仍返運茶葉　上諭

軍機大臣等所奏甚屬非是前閩浙等省販粵茶葉多由海道運往經蔣攸銛以洋面遼濶漫無稽查恐有違禁夾帶等弊奏請仍照舊例改由內河行走業經明降

諭旨通行飭禁自諭禁之後洋面日見肅清海口無從
偷漏即黠夷如英吉利不能串通奸商私用售買亦皆
遵奉禁令虔受約束爲法甚善必應永遠遵行今董教
增忽請准廈門洋船仍返運茶葉則與由海返粵何異
明係受奸商慫慂冒昧陳請董教增著傳旨申飭所奏
不准行

國朝柔遠記卷七

國朝柔遠記卷八

臣彭玉麟恭定
臣王之春敬編

辛巳道光元年

申鴉片煙禁

初禁鴉片時已裁稅額禁雖嚴而私銷益廣價亦日增鴉片躉船泊於澳門者繼仍移入黃埔皆於貨物中夾帶私售至是查出奏　旨重申前禁凡洋艘至粵先由行商出具所進黃埔貨船並無鴉片甘結方准開艙驗貨其行商容隱經事後查出者加等治罪

壬午道光二年

以阮元爲兩廣總督

時鴉片躉船又改泊急水門金星門等處鉤結內地奸民往來傳送包買則有窯口說合則有行商賄通則有關卡衙門一切規禮攬運則有快艇護送甚至礟械拒捕於是躉船歲來粵漸增至萬箱洋商易貨無多輒載銀出洋元憂之乃疏禁鴉片以嚴馭洋商爲務遇事裁抑之有洋船在黃埔殺人元必得犯人乃已洋商不能庇犯人自刎死又有擊殺民婦者亦絞決抵罪洋人憚之然元當日又有暫事羈縻徐圖驅逐之密奏後乃日卽因循矣

丙戌 道光六年

秋八月回孽張格爾寇回疆陷西四城　詔授大學士長齡揚威將軍討之

初回酋大小和卓木以叛爲巴達克山酋殪獻馘布拉敦亦名博羅尼都長子阿布都里旋亦俘入次子薩木克留匿浩罕有三子次張格爾以誦經祈福傳食諸部落奸回假以歛財惑衆嘉慶末喀什噶爾參贊大臣斌靜荒淫失回衆心張格爾始糾布魯特數百寇邊官軍敗之擒斬幾盡張格爾棄騎逃出塞官軍亦返　上褫逮斌靜代以永芹嗣是逆回屢寇掠內地回多爲其耳目往捕輒遁領隊大臣以兵一二百出塞掩之不獲則縱殺游牧之布魯特妻子百餘其酋汰克列憤甚率所部追覆

官軍於山谷　詔以伊犂將軍慶祥代永芹奸回阿布都拉陰通賊堅稱逆裔無子慶祥信之不爲備是夏六月張格爾糾布魯特安集延五百人由開齊山路突至回城拜其先和卓之墓（地去喀什城八十里）協辦大臣舒爾哈善領隊大臣烏凌阿率兵千往勦殺賊四百圍大瑪雜賊突圍出各回應之旬日萬計慶祥盡調營卡兵還令烏凌阿穆克登布將之迎戰渾河先後沒於陣賊遂圍喀什噶爾張格爾懼我援兵速至求助於浩罕許以喀城玉帛子女浩罕酋將萬人至張格爾尋悔酋怒即自以所部攻城不下率兵宵遁張格爾遣兵追覆其衆降者三千勢益張是月喀城陷英吉沙爾葉爾羌和闐相繼

陷伊犂將軍長齡奏逆酋已據巢穴全局蠢動斷非伊犂烏魯木齊援兵六千所能克復惟有速發大兵四萬以萬五千護糧二萬五千進戰　詔授長齡揚威將軍山東巡撫武隆阿陝甘總督楊遇春均參贊會兵阿克蘇特頒　密諭十條指授方略而賊陷各城後進至渾巴什河距阿克蘇四十里時援兵自庫車哈拉沙至者擊敗其渡河之賊賊退走南岸我兵亦渡河再敗賊禽斬千百賊遂不敢窺河北東四城始無虞

丁亥道光七年

廣東巡撫朱桂楨毀英商公局

初粵城外民居失火多斥爲平壤英商欲廣其公局以

交侵占拖地數里地當渡口居民欲返故地不得控於總督李鴻賓置不理粵人謂其受賄乃乘其人 覲控於巡撫朱桂楨桂楨素有威望洋商憚之受控立置通事於獄洋行懼誤開艙事免究乃親督拆毀之

春三月大軍克復回疆西四城逆回張格爾敗竄浩罕賊昭各城盡戕兵民雖黑帽回亦以非其支派縱白帽回虐之阿克蘇阿奇木伊薩克等潛遣人赴和闐結黑回伯克縛偽帥獻城會冬雪封山兵阻城復昭二月六日大軍發阿克蘇深入半月未見賊已糧盡日食瘦駝羸馬賊忽決河阻我軍戈壁中轉得水以飲士馬進至洋阿巴特賊二萬據橫岡我兵分路奪岡賊敗潰禽斬

其半盡得糗糧牲畜以濟師乘勝至沙布都爾回城破賊數萬殪其渠復進至阿瓦巴特回城賊依岡背河我軍以勁騎各五百分探間道繞賊後晨壓賊壘而軍步兵居中騎兵張左右翼進賊佯退欲誘我登岡而反乘之我軍槍礮進偪藤牌兵虎衣虎帽躍入陣賊馬驚亂而我千騎已突擊其背賊大潰禽斬各半殪安集延二渠追至渾河比賊悉眾十餘萬背城阻河而陣築壘列銃勢張甚我軍先遣死士夜擾終夜讙囂會大風起撼木揚沙大霧晦楊遇春曰天贊我也霧晦中賊不辨我多少又不虞我即渡且客兵利速戰難持久乃遣千騎繞下游牽賊勢遇春自率親兵驟渡上游前鋒扛礮轟

之聲勢與風沙相並賊驚擾比曉我兵盡渡乘勢衝入賊土崩遂復喀什噶爾張格爾已先期遁浩罕獲其甥姪及安集延夷酋推立汗薩木汗並從逆伯克先後殺賊無算生擒四千遇春及提督楊芳遂分途遞復英吉沙爾葉爾羌和闐　上以出師期殄元惡乃臨巢兔脫棄前功貽後患長齡等皆受譴仍勒限捕賊

冬十二月參贊大臣楊芳追擒張格爾於喀爾鐵蓋山張格爾初以厚利啗安集延入寇及四城破安集延掠括回戶張格爾又濫誅殺失回衆心及逃至浩罕不受傳食諸部落亦漸不能供時中國馳諭諸部擒獻者爵郡王賊愈遠颺長齡令楊遇春楊芳出塞搜捕遇春屯

色勒庫芳屯阿賴（阿賴蔥嶺之脊脊以西水皆西流爲喀城赴浩罕之路）絕徼饟道愈艱而芳遇浩罕伏賊鏖戰一晝夜始嚴陣出險上責諸將孤軍突入老師糜饟　命留兵八千防喀城餘九千令隨遇春入關以芳代參贊又將軍等會密奏　手諭以事平後可否倣土司分封之例令籌議長齡言愚回崇信和卓猶西番之信達賴已成錮習即張逆就禽尚有子姪在浩罕終留後患勢難以八千留防之兵制百萬犬羊之衆若分封伯克如伊薩克等效順均非白回所心服惟有赦回酋博羅尼都之子阿布都里乾隆時羈在京師者令歸總轄四城庶可服內夷制外患武隆阿奏善後亦言留兵則不敷戰守兵多則難

繼度支不若以兵餉歸并東四城無需更守西四城漏
巵　上均責斥之　命直隸總督那彥成以欽差大
臣赴回疆代長齡籌善後是月長齡等密遣黑回出卡
揚言大兵全撤喀城空虛諸回翹首以望和卓木張格
爾果復率步騎五百欲乘官軍歲除不備入卡煽衆圖
襲喀城仍由開齊山入阿木古回城黑回要拒賊知有
變即折奔出卡芳率兵分三路追至喀爾鐵蓋山擊斬幾
盡張格爾棄騎登山見勢逼欲自刎副將胡超等督兵
奪刀生禽之捷聞　詔封長齡一等威勇公楊芳三等
果勇侯阿克蘇貝子伊克薩晉郡王餘賞賚有差郊迎
受俘如舊典

戊子道光八年

春正月英大班部樓頓遁回

初洋船到口大班等恭請紅牌來省館詰朝穿大服佩刀劍詣各洋行行商或先辭以事不見俟再來然後往答一惟行商言是聽自來船益多銷茶益盛行商爭仰厚潤於洋船將到行商卽出遠迎又常踞十三行之英酋能通漢字漢語常矜其出入口稅餉歲幾百萬而澳番貨稀稅少翻得坐享澳門市易租賃之利每欲效之遇新來商船多方煽動嗣因粵撫拆毀圍牆柵欄商船皆泊零丁洋不入口開艙以八事入稟要挾又糾各國人附勢惟米利堅不從謂我國有船至汝英國貿易必

遵英國制度今來中國圖覓利耳如無利即請汝亦不來何喋喋也向例洋船到即開艙交易事畢止一二月及寄碇外洋既久貨物霉蒸食用亦絀大班部樓頓見難了事至是潛附舟遁歸而行商以貿易久擱行用無出齊至澳解勸適有火輪船自孟加拉來者令其作速開艙毋悞貿易事遂寢

粵洋行司事謝治安以罪下獄

先是洋商在粵通市定制不得攜家屬自大班公司既設出入自便是秋遂有大班挈一洋婦來粵城時東裕洋行司事謝治安爲置肩輿出入久之傢然自大翻不許行中人乘轎入館大吏聞之立拏究治安死獄中大

班輙架大礮洋館外設兵自衛大吏恐激變乃遣通事諭令撤兵礮速遣洋婦回國於是洋行具稟託以大班患病需人乳爲引請俟稍愈遣之

辛卯 道光十一年

冬十月浩罕求復通貢市許之

初張格爾就禽逆妻及子布素普時年六歲尚留浩罕一云張逆子有布作魯克二人皆在浩罕又助逆之阿坦台汰列克未獲長齡那彥成竝檄諭浩罕縛獻逆屬浩罕遣使來賀請被虜兵民可獻出惟回經無縛獻和卓子孫之例那彥成屢遣間購之并招諭布噶爾巴達克山達爾瓦斯諸部使與浩罕攜貳　上以幺麼無關邊患　敕防兵嚴

守卡倫禁其貿易以困之不必貪功生釁那彥成遂先後奏安內制外數十事悉　允行因嚴禁大黄茶葉出卡而盡驅內地夷商諸夷被逐出卡竝沒其貲咸憤怨聞大軍已班遂奉張逆兄玉素普爲和卓木糾布魯特安集延將入寇回郡王伊薩克密報賊警喀什噶爾參贊大臣札隆阿不信及十年八月警至始遣兵禦之敗績卡外賊遂猖獗　詔參贊大臣哈朗阿楊芳赴阿克蘇調兵進勦而賊已圍喀城及英吉沙爾又分寇葉爾羌辦事大臣壁昌率漢回兵屢卻之札隆阿亦三敗賊衆而伊犂參贊大臣容安將援兵抵阿克蘇不即進敗賊復葉爾羌而喀英二城圍久不解　上遠容安以

哈豐阿領其兵進破其中途之賊比至英吉沙爾賊已
磬掠回城皆解圍出塞伊薩克先以疑謗黜還舊職葉
城阿布都滿以助守功仍襲其祖霍吉斯郡王封時浩
罕聞大兵將三路出討亦築邊牆又遣使求貢俄羅斯
乞援俄人不受浩罕乃遣頭目赴喀城訴前事請通貢
市　欽差大臣長齡以聞　命悉如所請浩罕大喜
遣使來抱經盟誓納貢通商而以兵巡俄羅斯界張聲
勢然浩罕於二十二年竟爲布噶爾所破滅虜其王子
伯克遣使來告捷立浩罕酋之弟爲布噶爾附庸

癸巳道光十三年

英商公司罷

西洋市廣東者十餘國皆散商惟英吉利有公司公司者數十商集貲營運嬴則計本均分凡通商他國之始造船礮修河渠占埠頭築廛舍費輒巨萬故惟衆力易擎不足則國王亦貸以貲本資其轉運故貿易一出於公司其局初立於印度繼立於粤東及通市日久壟斷他商揮霍公帑費愈重利愈微又初設公司限三十年及限滿而公司欲專其利不肯散局以助本國兵餉爲詞請再展三十年而開支仍多浮冒且於運回之貨居奇踊貴百物滯銷國人皆不服屢控國王請廢公司爲散商各自貿遷類爲大班等所持故公司與散商交惡初公司貲本銀三千萬圓主事二十四商首領二人司

機密每商捐[illegible]二千五百圓贍之道光十年本國計入公帑銀萬有五百萬圓公費出九千萬圓公欠項千五百萬圓公司貿易已無利十二年計貲貨自本國及印度運出者估價三千萬圓而所售僅千六百萬圓公司乃遠遜散商國主慮其黨與日多驕不可制是年遂散公司局盡收帑本聽商自運而第征其稅

甲午道光十四年

盧坤復請設英公司

初廣東英公司未散時各大班恃其勢大金多每抗衡中國官吏至是公司散勢本渙而易制時盧坤新任粵督誤聽洋商言以英公司雖散而粵中不可無理洋務

之人遂奏請　飭令洋商寄信回國仍援前例派公司
大班來粵管理貿易英國王遂遣領事律勞卑（一作勞律）以
是秋由澳來粵大吏以未經通報闖入省河疑非其國
王所遣乃派員押回澳門

丙申　道光十六年

英人遣義律來粵

律勞卑既逐英國王繼遣義律來粵議在粵設審判衙
門專理各洋交涉訟事其貿易仍聽散商自理然其時
各洋貲本首推英商而義律是冬攜妻子來粵名雖爲
約束商人水手不管貿易實則總攝其事洋行尤謹事
之在粵諸番咸仰其鼻息不敢異同

定食鴉片煙罪

時鴉片煙禁循名不核實徒資奸蠹是歲已銷至三萬餘箱太常寺卿許乃濟上言近日鴉片禁愈嚴而食者愈多幾遍天下蓋法令者胥役棍徒之所藉以爲利法愈峻則胥役之賄賂愈豐棍徒之計謀愈巧臣愚以爲匪徒之畏法不如其騖利且逞其鬼蜮伎倆則法令亦有時而窮究之食鴉片者率皆浮惰無志不足輕重之輩亦有逾耆艾而食之者不盡促人壽命海内生齒日繁斷無減耗戶口之虞而歲竭中國之脂膏則不可不早爲之計閉關不可徒法不行計惟仍用舊制照藥材納稅但祇准以貨易貨不得用銀錢購買應將紋銀番

洋一體嚴禁偷漏又官員士子兵丁不得漫無區别犯者請立加斥革免其罪名該管上司及統轄各官有知而故縱者仍分别查議似此變通辦理庶足以杜漏卮而裕國計有　旨交議而一時議者謂其有傷政體於是內閣學士朱嶟給事中許球封章迭上幷陳澳門近日情形請嚴治漢奸奉　上諭鴉片煙來自外洋流毒内地例禁綦嚴近日言者不一或請量爲變通或請仍嚴例禁必須體察情形通盤籌畫行之久遠無弊方爲妥善著鄧廷楨等將摺內所奏如販賣之奸民說合之行商包買之窰口護送之蟹艇賄縱之兵丁嚴密查拏各情節悉心妥議力塞弊源據實具奏至許球另片

所稱澳夷情形是否實有其事著一并議奏是時鴉片弛禁之議已絀疆臣奏覆悉請嚴定販賣吸食罪名凡吸煙販煙例禁始而枷杖繼而流徙者至是請皆以死論

丁酉道光十七年

廣東復設水師巡緝船

先是鴉片躉船由澳門移入黃埔道光初　嚴旨查禁乃復移至零丁洋（在老萬山內其地水路四達）洋貨艘至先以鴉片寄躉船而後以貨入口閩浙江蘇商船皆在洋販運粵則在口內議價後潛從口外運入六年總督李鴻賓專設水師巡緝船而巡船受私規銀日且逾萬私放入口

其年突增至躉船二十五艘煙土二萬箱十二年盧坤督粵因裁撤之而奸商私販日充斥至是總督鄧廷楨復設巡船而巡船仍沿舊規且與之約每萬箱另餽數百箱與水師報功甚至師船代運進口副將韓肇慶以此獲功擢總兵賞孔雀翎而鴉片遂歲至五六萬箱矣

戊戌道光十八年

夏四月鴻臚寺卿黃爵滋奏禁食鴉片行保甲連坐法

鴻臚寺卿黃爵滋奏請將鴉片從嚴懲辦以塞漏卮意在嚴吸食之罪名定保甲之連坐其略云近年銀價昂而錢價賤每紋銀一兩易制錢千今則兌一千六百有奇耗銀於內地實由粵中洋船鴉片煙盛行漏銀於外

洋也蓋自鴉片流入中國道光三年以前每歲漏銀數百萬兩其初不過紈袴子弟習為浮靡嗣後上自官府搢紳下至工商優隸以及婦女僧尼道士隨在吸食粵省奸商句通兵弁用扒龍快蟹等船運銀出洋運煙入口故自道光三年至十一年歲漏銀一千七八百萬兩十一年至十四年歲漏銀二千餘萬兩十四年至今漸漏至三千萬兩之多福建浙江山東天津各海口合之亦數千萬兩以中土有用之財塡海外無窮之壑易此害人之物漸成病國之憂日復一日臣不知伊于胡底查鴉片煙製自英吉利嚴禁本國人勿食專以誘他國之人使其輭弱既以此取葛留巴又欲誘安南為安南

嚴禁始絕今則蔓延中國槁人形骸蠱人心志喪人身家實生民未有之大患其禍烈於洪水猛獸非雷厲風行不足以振聾發聵請仿周官重典之法治以死罪又云耗銀之多由於販煙之盛販煙之盛由於食煙之衆無吸食自無興販則外夷之煙自不來矣今欲加重罪名必先重治吸食又云伏請　飭諭各督撫嚴飭府州縣清查保甲預先曉諭居民定於一年後取具五家互結仍有犯者准令舉發給予優獎倘有容隱一經查出本犯照新例處死外互結之人照例治罪通都大邑往來客商責成鋪店如有容留食煙之人照窩藏匪類治罪現任文武大小各官如逾限吸食者照常人加等子

孫不准考試官親幕友家丁除本犯治罪外本管官嚴
加議處各省滿漢營兵照地方官保甲辦理管轄失察
之人照地方官辦理庶軍民一體上下肅清漏巵可塞
銀價不致再昂然後講求理財之方誠天下萬世臣民
之福疏上　詔內廷諸臣及各省將軍督撫會議速奏
時湖廣總督林則徐奏最剴切言鴉片不禁絕則國日
貧民日弱十餘年後豈惟無可籌之餉抑且無可用之
兵　上謂深識遠慮之言遂　詔來京面授方略以
兵部尚書　頒欽差大臣關防赴粤東查辦
己亥道光十九年
春正月欽差大臣林則徐至廣東查禁鴉片煙

林則徐是月馳驛抵粵與兩廣總督鄧廷楨申嚴煙禁頒新律以一年又六月爲限吸煙罪絞販煙罪斬時嚴拏煙犯洋人不敢庇匿於是鴉片躉船悉寄碇零丁洋凡二十二艘聞欽差至將徙避則徐欲窮治其事咨會水師提鎮飭各營分路扼守傳令在洋躉船先將鴉片悉數繳銷方准開艙又傳集十三洋行商人伍怡和等令傳諭各洋公司商人估較煙土存儲實數令即稟覆幷索歷年販煙奸商查頓顛地二人查頓聞風遁去義律先知其事託回澳門住冬不至各洋商觀望遷延不覆及事亟義律始來省入洋館中如弗聞適顛地乘間逃脫則徐遂以兵役監守洋館而於省河琶洲獵得二

礮臺設橫筏以斷其小舟往來移咨海關監督封閉各洋泊黃埔船貨物停其貿易撤其沙文而羈禁之（凡漢人受雇洋館充其買辦者曰沙文）洋人供應既窘消息不通躉船之在洋面者亦以兵役防守斷其水陸接濟餉道垂絕義律懼始謀於各商通查躉船所存煙土實數呈出凡二萬二百八十三箱飭即駛赴虎門候收繳

夏四月欽差大臣林則徐燬鴉片煙土

先是則徐會同鄧廷楨赴虎門咨會提鎮統各營兵船分布口門內外海關監督駐稅口稽查於是泊零丁洋之躉船二十二艘先後駛至虎門繳出煙箱如數收畢每箱償茶葉五觔復傳集外洋各商令其具結永不售

賣煙土事後犯者人卽正法貨船入官據奏奉　旨所繳鴉片煙土飭卽在虎門外銷燬完案無庸解送來京俾沿海居民及在粵夷人共見共聞咸知震讋該大臣等唯當仰體朕意覈實稽查毋致稍滋弊混則徐遂會同督撫提鎭率員弁悉集虎門監視銷燬將煙土就海灘高處樹柵開池浸以鹽滷投以石灰頃刻湯沸自焚啟閘隨潮入海是時中外屏懾遂下令盡逐外洋躉船與澳門奸匪躉船一朝失利遂生觖望義律恥見挫辱遂以此鼓動國人教唆國主英吉利國王謀於上下議院簽以此項貿易本干中國例禁其曲在我遂有律士丹衙門遞稟求禁並請禁印度人栽種波畢又有地爾

洼者在倫敦英都國作鴉片罪過論以爲既壞中國風俗又使中國猜忌英人反礙通商之局英王聞而是之然自燒煙之信傳入外洋茶絲日見翔踊銀鋪利息長至六分義律遂以爲鴉片興衰實於國計民生兩有關係國王惑焉則徐因兩次照會該國王始則懾之以威繼則懷之以德詞義嚴正

秋七月廣東水師參將賴恩爵敗英人於九龍山

時林則徐諭令各洋船先停洋面候查丈量船身入水漬痕尺寸必無夾帶鴉片斤兩者方准入口開艙各國商俱唯唯如命英義律獨違抗不肯具結謂必俟其國王命定章程方許貨船入口而遞稟請准其國貨船泊

近澳門不入黃埔則徐嚴駮不許又禁絕薪蔬食物入澳義律率妻子及被逐奸商與住澳之五十餘家同遷去澳寄居尖沙嘴貨船義律甚慙憾乃潛招其國兵船二又取貨船配以礮械假索食突攻九龍山參將賴恩爵揮兵發礮沉其雙桅船一其所雇蜑船逗留漢仔者亦旋爲水師攻燬義律懼求澳門洋人轉圜願遵新例惟不肯卽交毆斃村民之犯又遞禀請毋逐尖沙嘴貨船且俟其國王之命水師提督關天培以兇犯未繳擲還其禀而義律益怨

以林則徐爲兩廣總督

冬十月廣東水師提督關天培擊敗英人英船遁出外洋

時我師船五艘在洋巡歷英船見我師紅旗遂來攻天培發礮應之斷其船頭鼻又壞其柁樓英兵多落海死餘遁還尖沙嘴時英人又窺我官涌岡營以小舟登岸來攻亦多爲我礮所斃我師連勝英船恐我師乘夜火攻又毒水泉無可吸飲義律乃宵遁出老萬山外洋

十一月罷英吉利互市

先是申嚴煙禁大理寺卿曾望顔請封關禁海盡停各國貿易林則徐力陳不可及義律抗兵旋奉　上諭英吉利夷人自議禁煙後反復無常若仍准其通商殊屬不成事體至區區關稅何足計較我朝撫綏外國恩澤極厚英夷不知感戴反肆鴟張我直彼曲中外咸知

自外生成尚何足惜其卽將英吉利國貿易停止於是遂下封港之令自廣州澳門大小河口悉派師船封禁防範英貨船先後三十餘艘皆不得入其往來偵探之船爲我師船搜捕人煙俱獲一日數起英商人人怨懟義律義律不得已於是復遣人投稟乞恩言今諸事擾亂心多憂慮自後願照　大清律例辦理請仍許英夷回居澳門則徐以新奉　諭旨難驟更復嚴斥堅與之絕而英貨船皆泊老萬山外洋不肯去惟以厚利啗島濱亡命漁舟蜑艇送致薪蔬且以鴉片與之市故寄椗雖遙而冒險趨之若鶩

廣東增嚴海防

林則徐自至粵時即使人日探刺外洋情事翻譯洋書購其新聞紙具知洋人藐水師而畏海濱梟徒及漁船蜑戶乃募壯丁五千人給月饟銀六圓贍家銀六圓其費皆各商捐助於虎門橫檔嶼設鐵鍊木筏暗樁購各國洋礮二百餘增列兩岸守之而雇同安米船紅單拖罾船六十備戰艦以大舟二十小舟百備襲攻則徐親赴獅子洋校閱并購舊洋船爲式令兵勇日習躍登中艙分攻首尾之法務乘晦夜據上風爲萬全必勝計其內河各口非有沙礁者盡增防兵守禦屹然

庚子道光二十年

春正月廣東遊擊馬辰焚匪船於長沙灣

林則徐既督粵與水師提督關天培密籌水師船未可遽出外洋乃以所募漁船蜑艇配以弁兵令遊擊馬辰率之先分赴各洋島澳潛伏約晦夜乘潮退往潮漲還出其不意突攻之於長沙灣焚運煙濟英匪船二十餘艘岸上篷寮生禽奸民十餘焚溺無數英船倉皇開避我兵乘潮急退無一傷者

夏五月林則徐遣兵逐英人於磨刀洋

時英船匪船泊磨刀外洋林則徐遣師船往襲之以火焚英杉板船二艘英弁目數人有英船帆桅著火棄椗逃去延燒大小匪船十餘禽獲漢奸十餘時義律先回國請益兵其文武多主戰其商賈皆不欲最後卜於羅

占士神三得戰闞國王遂命其外戚伯麥率兵船十餘及印度兵船二十餘來粤遂以其先至之大小兵船十二火輪三泊金星門則徐以火艘十每兩船綆以鐵索乘風潮往攻英船皆亟避去又懸重賞募斬獲英酋目以下等級有差獲兵艦者火藥礮械繳官餘悉充賞於是漢奸皆爲英人所疑忌盡遣去英人莫測內地虛實不敢復駛進粤海口

閩浙總督鄧廷楨敗英人於廈門

英人見粤防嚴密徘徊旬月無隙可乘遂起碇乘風東北去林則徐飛咨閩浙沿海各省嚴防閩督鄧廷楨偵知英船將取道廈門預募水勇在洋巡邏時英船泊南

澳島西北水勇僞爲商船乘夜駛近英艦突以火罐噴筒攻其桅尾燬英兵數十焚其帆桅二艘英人猶疑海盜仍駛至厦門遞書求通貿易廷楨不答英船來攻廷楨調水師迎擊口門外不克乘夜以師船收港時水師提督陳階平已先期告病因督兵備道劉耀春固守礮臺囊沙壘垣自衞敵礮不能透遂轟破其兵艦一英船屢卻遂復乘南風犯浙

六月英人寇定海知縣姚懷祥典史全福總兵官張朝發死之

定海縣卽舟山故地四面皆海無險可扼英船自閩洋遁至偵其無備思據焉初游奕洋面守者以爲貿船不

設備是月初四日洋艘分二幫一向西行駛（此即義律赴天津之船時未至定海也）一北入定海火船兵船大小二十六艘輪煙蔽天時總兵張朝發將親督水師出洋令中軍遊擊羅建功護在營遊擊王萬年等分路堵勦翼日突有洋艘三駛至道頭街知縣姚懷祥偕建功登舟詰之則手出文書脅懷祥獻城（時英統兵者一統領水師伯麥一統領陸路兵官布爾利其文稱啟定海縣主速將所屬海島堡臺一切投獻惟聽半個時辰即行開礮轟擊等語）懷祥不答退謀於朝發請於道頭街扼守朝發曰城非吾責吾領水師知扼海口而已不可縱之登岸時英船已連檣而進建功等以外洋礮火利於水不利於陸請以水陸各兵半撤至近城之半路亭扼守半撤入城登陴接應朝發不可

次日朝發督水師出港口有英杉板舟徑來投函此即聲明粵東燒煙歸咎林鄧與所遞天津書畧同朝發不受麾軍士開礮擊之英舟乃遁初七日英兵船並列口門內外朝發統各營放礮相持英人以飛礮自桅檣上注攻其左右軍各營潰兵士傷亡無數船亦碎沈朝發方親接戰猝中礮傷左股不能軍親兵救之回鎮海而殞於是英舟徑泊城下先是朝發出港懷祥與典史全福謀城守令四門皆塞以土袋語建功曰在外者主戰戰雖敗不得入在內者主守守雖潰不得出蓋欲以致之死地交相厲也及朝發敗建功等託以城門重閉不得入相繼回鎮事亟懷祥見城內無兵預遣全福赴村堡募鄉勇數百甫至即潰

懷祥獨坐南城上英兵梯城入懷祥奔赴北門以印交僕送府自投明魯王諸臣叢葬處梵宮池死之全福持刀立獄門有勸之去者曰吾職在此安敢逃及寇至大罵不屈被戕

臣按懷祥號履堂福建侯官人嘉慶戊寅舉人道光乙未大挑補定海縣是年五月蒞任卽修葺張太傅肯堂止水亭初太傅守翁州築雪交亭於邸中夾以一梅一梨開花則兩頭相接語人曰此吾止水也後大兵破翁州公及四姬一子婦一女孫諸僕婦暨參軍事之儀部蘇兆人等廿七人共殉於此一時相繼殉難者吳稚山尚書並監國妃嬪及大臣文武等數

十人皆葬於北門補陀之茶山名曰同歸域其下爲
成仁祠祀殉難諸臣卽懷祥投水處也懷祥殉難之
前二日集幕中諸人語之曰守土之義不可不死君
等寇至則去盡早圖之乃各按館金遣去揮淚而別
觀此知懷祥非徒倦倦於友誼卽造次顛沛閒亦從容
不苟出北門過成仁祠曰此昔人殉難處吾何憾遂
投池死昔太傅以雪交亭爲止水死志已決今懷祥
到任卽首葺之不踰月而難作則是亭又懷祥止水
之先讖也典史全福字疇五甘肅人性剛直幹事明
決卒與懷祥同殉總兵張朝發以七月五日歿於鎮
海當其受傷落水遇救回鎮豈有意逃死哉撫臣謂

其愎諫撤守以致喪師失城未免不樂與人爲善故士民憐之海外彈丸之地巋然爲古戰場越二百年劫運重逢前有殉國之義旅後有死職之三忠舟山片壤浩氣鍾焉與弔湘哀郢同千古矣

以伊里布爲欽差大臣赴浙視師

時伊里布任兩江總督 特旨命爲欽差大臣馳赴浙江視師勦賊

秋七月廣東禦英人敗之

定海既陷英人分出之船復游奕於閩粵各洋突攻關閘在澳門後我守兵礮沈其數小舟傷英兵數十已而林則徐傎英帥士[illegible]兵船五在磨刀洋遣副將陳連升游擊

馬辰率五艘勦之每艘兵五百馬辰一艘先至卽乘上風攻之礮破英帥船頭鼻遂敵側英兵多溺英帥窘甚以小舟十餘來圍舟小礮低我船外障木排襯以糖包無損而英船乘間遁獲其帥旗

八月英義律來天津要撫

時大學士琦善任直隸總督義律乃駛至天津以其國巴里滿衙門照會中朝宰相書遣人詣大沽口上之大略言粵東燒煙之釁起自林鄧二人因及索價不與遭其詬逐是以越境而來遂入浙港之由且多所求索一索貨價二索廣州厦門福州定海上海各港口爲市埠三欲敵體平行四索犒軍費五不得以外洋販煙之船

貽累岸商六欲盡裁洋商浮費義律又言在浙時曾遞書總兵不受再遞書巡撫亦不受不得已始越天津呈訴琦善據奏遂力持撫議天津道陸建瀛謂英船尚踞定海逆情顯著而託以請撫爲詞是據邑以要我也請以此時奪其舟船而羈縶其酋長俾繳還定海然後徐議之琦善不可旋宴其酋目二十餘人皆連蜷箕踞有舞槍飛刀於座上者琦善爲之動色以濫言撫之許以奏乞

大皇帝格外恩施並遣重臣詣粵東平反煙案英酋大喜時火輪兵船先後至津者八艘聲稱尚有兵船在後義律見琦善假以辭色因張大其國之富強及船礮之堅利出入抗行意得甚及議定後遂起碇去

以琦善爲欽差大臣赴粵

義律之在天津督院遞詞乞撫也有中堂若赴廣東我們即可永遠和好之語琦善深祕之義律旣去遂請入都面陳撫事中樞力贊之遂　頒欽差大臣關防令琦善馳赴粵東查辦

烏爾恭額免

時浙撫烏爾恭額以失守海疆自請嚴議奉　旨革職留任續因英人赴津追論其事奉　上諭烏爾恭額當該夷前在浙江投遞稟帖欲求轉奏乃於接收時並不將原書呈奏遽行擲還以致該夷船駛往各處紛紛投訴實屬昏憒致誤機宜烏爾恭額著伊里布委員解

交刑部治罪烏爾恭額被逮入都奉　旨交大學士軍機大臣同刑部會訊供稱當日夷人投遞書函已在攻破定海之後况書係固封其中措詞是否得失未便折閱自念守土之官旣失城池罪名難逭今未克復定海卽爲呈奏原書爲罪更大是以送還謹於籌辦摺內將退還原書大略情形具奏未經詳晰聲敘係因彼時防守海口安撫居民日夜籌畫精神昏憒不知請　旨定奪自揣謬妄糊塗辜負　天恩祇求從重治罪遂

敕沿海督撫遇夷船投書卽收受馳奏

臣按烏爾恭額在浙不能預防邊患授之以瑕咎無可諉而其不受英人投遞之書未爲謬妄琦善欲徇

義律之請遂謂其壅下情於上達實則還書之舉尚
不外持之以正也
託渾布代英義律奏事
義律行過山東巡撫託渾布具摺迎送奏曰義律馬利
遜等自天津回南過山東內洋接見時甚爲恭順聲稱
伊等此來志在乞 恩今幸蒙 大皇帝鑒察欽差
大臣赴粵東查辦不勝欣感不敢在途滋擾詰以來船
止五隻餘船抵何處據稱伊等初來曾糾約孟雅喇國
兵船四十隻（孟雅喇即東印度之孟加喇）爲後援嗣蒙 恩旨恐該
國不知情由誤行侵犯故由天津起碇後先撥船三隻
由天津迅速回南止其前進云先是琦善在 上前

多造滕語廷臣皆未之聞迨東省奏至始知義律之來意謂此行如蒙允准即回粵聽候查辦否則糾約兵船在後即張紅旗圖滋擾於是中外皆知琦善之志衰而氣餒矣

罷兩廣總督林則徐

初定海告陷　上以邊釁之開燒煙實啟之時粵東奏報拏獲煙犯奉　硃批外而斷絕通商並未斷絕內而查獲奸犯亦未能盡淨無非空言搪塞不但終無實濟反生出許多波瀾思之曷勝憤懣看汝何以對朕也林則徐遂具摺請罪附片請戴罪赴浙圖勦大意謂該逆所憾在粵而滋擾乃在浙粵省無可乘之隙故窮蹙

而思他逞也則徐旋罷以怡良暫署總督事

以江蘇巡撫裕謙署兩江總督

時裕謙署兩江總督見英寇披猖深懷憤激聞琦善粤東之行不禁浩歎適義律南歸迂道過江蘇裕謙懸重賞購之急乃潛赴鎮海

伊里布犒英師

時英義律由天津來浙乘肩輿入伊里布大營衢州守備周光璧厲聲叱之始步而入伊里布方接琦善撫議咨會與義律分庭抗禮諸將皆莫敢言並遣家丁張喜赴英船犒師往來不絕英水師統領伯麥踞定海數月聞撫事定聽洋艘四出游奕至餘姚有土人誘其五桅

船入擱淺灘獲黑白番數十人內番婦一人裝飾甚盛有傳爲外洋公主者伊里布聞之飛檄餘姚縣設供張委員護送入粵

冬十二月英人陷沙角副將陳連升及其子舉鵬千總張清鶴死之

琦善以十月抵廣州尋授兩廣總督至卽查義律繳煙印文欲求林則徐罪不可得則欲斬首劫英船之副將以謝英人軍情憤怨義律又請撤沿海諸防虎門爲廣州水道咽喉水師提督駐焉其外大角沙角二礮台燒煙後益增戍守師船火船及蛋艇扒龍快蟹悉列口門內外至是裁減兵艘遣撤壯丁殆盡而水師多化爲漢

奸又撤横檔暗樁而義律乘舟往來反得探水誌徑內地虛實盡泄凡報漢奸緝鴉片探敵情者輒被訶斥務反則徐所爲又專任漢奸鮑鵬往來傳信其人本義律所奴視於是益輕中國義律遂日夜增船櫓造攻具招納叛亡首索煙價（義律初在天津投書但索貨價及見內地報書不復及禁煙事遂索煙價）繼求香港馬頭且行文趣琦善速覆而數遣人挑戰琦善亟使人欲諭止之義律曰戰而和未爲晚也是月十五日突攻沙角礮臺副將陳連升兵六百英船礮攻其前而漢奸二千餘梯山攻其背連升以地雷扛礮擊斃英兵四百餘而火藥已竭援兵不至英人並力攻礮臺陷之連升及子舉鵬千總張清鶴皆力戰死之英人又

以火輪三板赴三門口焚我戰船十數艘水師亦潰
總兵李廷鈺乞援琦善不許
英人進攻大角礮台千總黎志安受傷推礮落水潰圍
出礮臺陷英人悉取水中礮分兵戍守於是虎門危急
水師提督關天培守靖遠礮臺總兵李廷鈺守威遠礮
臺游擊馬辰守靖遠礮台各僅兵數百遣弁告急不應
廷鈺回至省城哭求增兵以固省城門戶琦善恐妨撫
議不許文武屬僚亦皆力求初允遣兵二百繼增至五
百以小舟乘夜暗渡分布各礮臺惟恐義律知而義律
仍挾兵力索煙價香港並行文水師提督限三日內回
覆琦善據奏略曰該逆不候回文輒行攻擊迫兩礮臺

破後提臣請將該夷前次來文從權照復藉作緩兵之
計庶可量爲布置函致前來伏思此間水師兵械技藝
廢弛已久經該夷猖獗之後益形氣餒爲今之計總須
設法先行止住夷船俾得並力籌辦而該夷前日來文
本戰後再商之說臣以該夷續有所請其來文接收與
否反屬兩難若如該提臣所稱將前日來文從權照復
而今次情形已與前日不同該夷既不候照復此間更
不值覆伊前日之文惟思該夷前日具報之書總應聽
候回文何以輒先滋擾不若借此作爲詰問之詞覩其
是何意見再行登復庶以後該夷續有來文係其禀復
文書既於　國體無傷或仍可設法羈縻甫經備文去

後復准提臣函稱十六日將虜我官兵何一魁釋放仍致該提臣文書一件交其隨帶經提臣籤復發去隨又一書列明請求各款聲稱聽候於三日內照復等語隨代提臣具覆將文稿寄交繕發告以業經行文諮詢俟其登覆再辦

廓爾喀請效順

廓爾喀西南境與英人所屬東印度孟阿臘一作孟加拉或作八察接壤世相仇也是時聞英人入寇即致書稟駐藏大臣言小國與底里一作第里之屬地相接每受其侮今聞底里與京屬構兵京屬屢勝小國欲率所部往攻底里所屬以助天討時廷臣不知底里即英吉利屬地孟阿臘

京屬卽指中國之廣東顧答以蠻夷相攻　天朝例不過問於是廓人罷攻印度之師而英人入寇無內顧憂矣後江甯款議成英人歸印度者以此大驕廓爾喀擾江浙時廓爾喀則反脣於駐藏大臣云一說當英吉利大乘虛往攻大有破獲英人回救不及乃以所得中國銀數十萬贖其俘千人以和

國朝柔遠記卷八

清末民初文獻叢刊

國朝柔遠記

（下册）

［清］王之春 輯

朝華出版社
BLOSSOM PRESS

國朝柔遠記卷九

臣彭玉麟鑒定
臣王之春敬編

辛丑道光二十一年

春正月琦善以香港許英

粤東時已許償煙價銀七百萬圓而英義律索香港甚力琦善慮虎門失事許之而未敢入奏乃歸浙江英俘易定海義律度香港未可驟得先遣人赴浙繳還定海續請獻出沙角大角礮臺以易之琦善乃以出查礮位爲辭陰與義律訂期會於蓮花城義律出所定貿易章程並給予香港全島如澳門故事皆私許之

琦善伊里布罷

時義律繳還定海伊里布在浙接粵東咨文遂以收復定海聞　上諭伊里布不遵諭旨惟知順從琦善屢次奏報始以兵礮未集藉詞緩攻繼以接得繳還定海之札即信以爲眞殊非初命赴浙剿辦之意仍令折回本任時　上已知琦善不足任遂　命宗室奕山爲靖逆將軍尚書隆文湖南提督楊芳爲參贊大臣赴粵剿辦琦善罷

暴英人罪

先義律因琦善許給香港請用關防爲據琦善未敢遽從但屬其安靜守候旣咨伊里布以收復定海省釋因

俘遂據義律來文附奏　上大怒奉　詔覽奏曷勝
憤懣不料琦善怯懦無能一至於此該夷兩次在浙江
粵東肆逆攻占縣城礮臺傷我鎮將大員荼毒生民驚
擾郡邑大逆不道覆載難容無論繳還定海獻出礮臺
之語不足深信即使真能退地亦只復我疆土其被戕
之官兵罹害之民人切齒同仇神人共憤若不痛加勦
洗何以伸天討而示國威奕山隆文兼程前進迅即馳
赴廣東整我兵旅殲茲醜類務將首從各犯通夷漢奸
檻送京師盡法處治至琦善身膺重寄不能聲明大義
拒絕要求竟甘受其欺侮已出情理之外且屢奉諭旨
不准收受夷書膽敢附摺呈遞代爲懇求是何居心且

據稱同城之將軍都統巡撫學政及司道府縣均經會
商何以搯內阿精阿怡良等並未會銜所奏顯有不實
琦善著革去大學士拔去花翎仍交部嚴加議處
籍琦善家
時義律以香港業經琦善允給遽諭居民以香港為英
屬埠又照會我大鵬營副將令將營汛撤回粵撫怡良
以聞略言自琦善到粵以後如何辦理未經知會到臣
忽外間傳說義律已在香港出有偽示逼令該處民人
歸順彼國等語方謂傳聞未確蠱惑人心隨據水師提
督轉據副將稟鈔偽示前來臣不勝駭異惟大西洋自
前明寄居香山縣屬之澳門相沿已久均歸中國之同

知縣丞管轄而議者猶以爲非計今該夷竟敢脅　天
朝士民占踞全島該處去虎門甚近片帆可到沿海各
州縣勢必刻刻防閑且此後內地犯法之徒必以此爲
藏納之藪是地方既因之不靖而法律亦有所不行更
恐犬羊之性反復無常一有要求不遂必仍非禮相向
雖欲追悔從前其何可及伏思　　　聖慮周詳無遠不
照何待臣緦緦過計但海疆要地外夷公然主掌並敢
以　天朝百姓稱爲英國之民臣實不勝憤憾第一切
駕馭機宜臣無從悉其顛末惟於上年十二月二十八
日欽奉　　諭旨調集兵丁預備進剿並令琦善同林則
徐鄧廷楨妥爲辦理均經宣示臣等暗見時亦請添募

兵勇以壯聲威固守虎門礮臺防堵入省要隘今英夷窺伺多端實有措手莫及之勢現既見有夷文僞示不敢緘默謹照錄以聞奉

上諭香港地方緊要前經琦善奏明如或給予必至屯兵聚糧建臺設礮久之覬覦廣東流弊不可勝言旋又奏請准其在廣東通商並給予香港泊舟寄住前後自相矛盾已出情理之外況此時並未奉旨允行何以該督卽令其公然占踞怡良所奏覽之曷勝憤懣朕君臨天下尺土一民莫非國家所有琦善擅予香港擅准通商膽敢乞朕格外施恩且伊被人恐嚇奏報粵省情形妄稱地理無要可扼軍器無利可恃兵力不堅民情不固摘舉數端危言要挾不

知是何肺腑如此辜恩誤國實屬喪盡天良琦善著即
革職拏問所有家產即行查抄入官初琦善之陛辭也
面諭以英夷但求通商則已如要挾無厭可一面羈
縻一面奏請調兵未令其撤防專款也及英人攻陷礮
臺　上震怒有煙價一毫不許土地一寸不給之
旨并調四川貴州湖南江西兵赴剿　命林則徐鄧廷
楨隨同辦理然琦善不與則徐廷楨議事又不增兵為
備時將軍奕山參贊楊芳隆文已在途次　廷寄令兼
程赴粵而琦善仍以定海收復撫事可成續奏香港地
勢及現在籌辦情形　上恐奕山等到粵復踵權宜
請撫故轍將琦善前後摺奏及　硃批交將軍等閱看

復奉　廷寄言英夷種種不法殊堪髮指前有旨令楊
芳先行赴粵會防並令奕山等兼程前進計已接奉遵
行該將軍等到粵後務即會集各路官兵一意進剿不
可存一通商之見稍涉游移更不可因有繳還定海之
事少加寬縱又密飭將軍等訪查當日琦善與義律屢
次晤面談論香港之事彼時有無官員在旁該夷目與
琦善有無私相餽送之事逐一查奏
以兩江總督裕謙爲欽差大臣赴浙視師討英
初裕謙代伊里布任兩江總督聞伊里布在浙逗留不
敢進兵心弗善也至是伊里布回任　上命裕謙爲
欽差大臣馳赴浙江會提督余步雲迅剿裕謙始專任

浙事意謂犬羊之性非大加懲創無以善後遂上書主剿並以義律心懷叵測繳還定海之說恐售其欺請飭壽春鎮總兵王錫朋統各鎮官兵仍行前進奉

上諭所奏極是逆夷攻踞定海之後姦淫搶掠荼毒生靈凡我士民志切同仇人思敵愾裕謙此次赴浙以順討逆以主逐客以衆擊寡必當一鼓作氣聚而殲旃朕佇望該大臣迅奏膚功懋膺上賞時定海鎮海等處尚有英船四出游奕裕謙遣兵節次焚剿並誅其酋目一人初英將踞定海虐使定民用法嚴酷殺人者先以刀割裂其皮納入水銀周身灌注活剝而懸焉裕謙既獲其酋亦合如法誅之又英人之死於定海令掘其尸焚

之通衢以洩定民之憤事聞於粵粵東撫事方定英人
又以報復爲詞以圖犯浙

春二月英人寇虎門水師提督關天培死之

時義律聞大兵將至所請必不行謀先發初六日以火輪兵船直抵虎門提督關天培守靖遠礮臺礮中英舟一有頃英船連檣而進我軍衆寡不敵紛紛潰散天培中槍自刎礮臺陷威遠橫檔各礮臺聞警亦潰總兵李廷鈺副將劉大忠皆敗走虎門陷各隘所列大礮三百餘并林則徐前購西洋礮二百餘門皆爲敵有英師乘勝直薄烏涌湖南兵千餘初至倉卒出禦粵兵退湘兵且戰且走阻水溺死者半總兵祥福拒戰不克與麾下

二將赴敵死之烏涌去省六十里城中大震十三日參
贊楊芳抵粤時各路官兵未集而虎門內外舟師悉被
燬楊芳議以堵爲剿使總兵段永福率千兵扼東勝寺
陸路總兵長春以千兵扼鳳凰岡水路亦僅掘濠築壘
未沉船下樁獵得及二沙尾稍狹雖堵塞而無兵礮守
禦英人初讋楊芳宿將威名又不悉內河形勢未敢深
入而漢奸盡探虛實以報二十四日英船將闖入省河
經鳳凰岡官兵擊退倏潮長南風大起英人又增兵船
杉板三十餘艘乘風擁至官兵轟擊英船恃其堅厚冒
死深入飛礮火箭並力注攻楊芳懼蹈虎門覆轍復議
羈縻

美利堅爲英人請款

時英人雖扼險要然見　朝廷赫怒琦善鐫逮恐林則徐起用我軍一振和議永絕且洋船兵費浩大亟欲通商以裕餉又初停止英人貿易時迭經　上諭仍准西洋恭順之各國照常通商及英人犯順各國商船俱阻外洋不得入黃埔各國亦皆咎之及虎門烏涌潰陷於是美利堅法蘭西諸國貨船隨英船後進口適鳳凰岡官兵與英人相持美利堅領事赴營請進埔開艙兼爲英人緩頰謂英人既繳還定海仍不敢更有他求惟通商乃　天朝二百年來　恩例懇仍循舊制並呈出義律筆據有不討別情惟求照常貿易如帶違禁貨物

即將貨船入官之文又言英之商人并未隨同滋事若
該貨船入口藉可制服師船時定海師船亦至粵舳艫
相望徧樹出賣鴉片之幟楊芳見敵入堂奧守具皆乏
而煙價香港皆不索亦欲姑藉此緩兵以退敵收險遂
與巡撫怡良聯銜奏請　上以其復蹈權宜請撫故
轍　嚴旨切責不許
三月　詔林則徐會辦浙江軍務
時靖逆將軍奕山參贊隆文及總督祁𡎴並抵廣州奕
山問計於林則徐則徐言寇勢已深新城卑薄無險可
守宜遣人計誘英船退至獵得大黃滘之外連夜下椿
沉船岸上迅壘沙城守以重兵大礮爲省城外障俾彼

不能制我之命而後調集兵勇船礮以守爲戰俟風潮
皆順葦筏齊備再議乘勢火攻應出萬全奕山不能用
有　詔林則徐以四品京堂馳赴浙江會辦軍務益去
冬浙閩總督顏伯燾與浙江巡撫劉韻珂兩江總督裕
謙並有密疏陳林則徐琦善功罪至是裕謙赴浙代伊
里布故有是　命

夏四月官軍夜襲英人不克英人犯廣州城
義律聞和議未可成復索烟價及香港楊芳以攻具未
備水勇未集不欲浪戰奕山見各省兵至者萬有七千
合粵兵數萬遂聽部將之言冀倖一勝以提督張必祿
屯西礮臺出中路楊芳由泥城出右路隆文屯東礮臺

出左路以四川餘丁及祁墳所募水勇三百駕小舟攜火箭噴筒分路而伏於朔夜突攻英船適逆風焚其二桅船二杉板小船五英兵焚溺死者數百義律自洋館登舟竄免幷誤傷美利堅人數十英兵大集反乘順風以攻我我兵退保入城英船入碇十三洋行前河南兵禦之殺傷相當燬我師船三艘時總兵段永福守天字礮臺副將岱昌參將劉大忠守泥城礮臺總兵長春守四方礮臺義律仍投書約戰翼日英兵水陸幷攻我兵皆反走天字礮臺八千觔礮未放即爲英兵錮以鐵釘泥城爲佛山鎭要道岱昌大忠聞礮倉皇遁港內筏材油薪船及水師船六十餘艘皆爲英兵及漢奸所燼遂

回刦十三洋行燒城外市廛火光燭天英又分兵繞東而北往攻四方礮臺據省城後山俯瞰全城層崖峭徑一夫可以當關山下英兵僅百餘而守臺兵千望風爭竄墜崖死者無數督撫聞急飛檄閩中新至水勇往援將軍阿精阿以省城緊要令截回礮臺被奪英人既據險要乘夜築土城運礮藥於上於是闔城軍民如坐穽中矣英人日夜以火箭礮彈俯擊入城幸大雨不爇箭彈多墜空地然外城低薄英人并力專攻東南隅人無固志楊芳日坐城樓督戰急輒身當其衝廣州知府余葆純復請講款義律索煙價千二百萬美利堅商人居間許其半議既定奕山慮傷　國體乃奏初八日焚

擊大挫凶鋒續稱義律窮蹙乞撫求准照舊通商永不售賣鴉片將所償費六百萬改爲追交商欠　上乃不復深詰約限五日交銀先令粵海關出二百萬圓餘從藩運兩庫給之且約將軍及外省兵先出城英船始退虎門十六日奕山隆文退屯金山隆文憤恚病卒

廣州義民敗英人於三元里

初將軍參贊屢奏粵民皆漢奸故遠募水勇於閩令官兵擒捕不問是非皆殺之又湖南兵以騷擾故與民勇相仇而英人初不殺粵民所獲鄉勇皆釋還以市恩及英兵日肆淫掠與粵民結怨撫議既定士民以大帥無謀官兵怯懦議論沸騰適英人以得賂撤四方礮臺兵

肆掠城外初十日將擾佛山鎮取道泥城經蕭關三元
里里民憤起報復號召各鄉壯勇槍械雲集四面邀截
英兵終日衝突不能出死者二百餘殪其渠帥伯麥月
霞畢獲其兵符黃金劍雙頭手礮義律亟馳援復被重
圍時揭竿起者百有三鄉不械而集衆至數萬義律亟
遣人突圍出告急於余葆純葆純慮敗撫議馳往解散
竟翼義律出圍登舟免時三山邨民亦擊殺英兵百餘
獲二礮及刀槍九百餘件佛山義勇三百餘亦圍攻各
英兵於龜岡礮臺乘風縱毒烟以眯其目殲英兵數十
又擊破應援之杉板船新安縣武舉庾體羣於初四日
以火舟三隊自穿鼻洋乘夜潮至虎門攻其後比英船

驚覺火舟已逼後艙火藥轟發燬其大兵船一餘船遁竄十七日英船漸退出大舟有膠淺者鄉民復將截而火之欲奪回講款之銀義律移文總督出示曉諭衆始解散事先後 上聞 詔責諸帥調集各省兵何反不如區區義勇俱交部議義律亦慚憤强出僞示言百姓此次刁抗姑與寬容後毋再犯粵紳民亦回檄討之義律偵知內河有備竟不敢報復且知粵市之未可復開思變計矣

秋七月英人犯厦門陷之總兵江繼芸及副將淩志都司王世俊死之

英人之受款廣州也我師則敉一時之危英亦亟欲得

銀以濟餉皆未及議通商章程及義律受困三元里畏粵民之悍不敢入內河貿易各洋商又不肯赴香港乃復索沙尖嘴及九龍山將軍等弗許而內河修復礮臺增設要害不復能闖突羣商以咎義律議款時未索他埠乃詭稱英國王褫義律職改命濮鼎查為兵帥欲復擾沿海又英人曾犯厦門失利故意圖犯浙藉修閩怨閩浙總督顏伯燾赴厦門增防而輕鄧廷楨之僅僅自守不能用攻遂請餉造戰艦五十募新兵五千水勇八千欲出洋馳擊而於口門外峿嶼青嶼大小儋增三礮臺備多而力分及粵東議款成有　旨裁兵節餉而閩洋日來洋艘游奕方督修船礮備出洋攻擊初九日英

船已泊鼓浪嶼翼早駛進厦門先以火輪船東西往來試礮路我兵禦於嶼口礮沈其火輪兵船五而英諸船蜂擁齊進以多船注攻一礮臺破再攻一臺以小舟分路登岸我守靑嶼仔尾嶼鼓浪嶼之兵雖三面環擊而礮臺皆磚石未壘沙垣自辰至酉大半被燬官軍不能存立水陸皆潰金門鎭總兵江繼芸中礮落水死延平協副將凌志署淮口都司王世俊水師把總紀國慶楊肇基李啟明皆力戰死英人反旋我大礮轟官署皆燬興泉永道劉耀椿同知顧效忠皆走伯燾退保同安英人據厦門肆掠鄉民陳姓以五百人抗英五千衆英用車礮民用抬槍英兵死者百傷者千陳姓死者三人傷

者十三人耳英人遂不敢久駐大幫駛赴浙江惟留數艘駐鼓浪嶼伯燾即以收復奏　聞

八月英人復攻廈門副將林大椿遊擊王定國戰死

英人留鼓浪嶼之酋復招工匠增造小舟爲窺伺內河計至是復以大船五小船三十餘入廈門木椿港礮沈我師船五副將林大椿游擊王定國中礮死提督普陀保總兵那丹珠督兵禦之礮沈其大船一始退出初顏伯燾力排撫議意氣甚銳及至喪師奏　諭逆夷沿海滋擾廈門尤其垂涎之地該督不能先事預防致倉卒失事咎無可逭姑念夷人豕突而來弁勇奮力抵拒擊沈夷船六隻此時業已收回著從寬免其治罪降三品

頂戴留任

英人復陷定海總兵葛雲飛鄭國鴻王錫朋死之

裕謙正月赴浙英船時已去定海謙任事剛鋭而未嫻武備力援林則徐而則徐旋有遣戍新疆改赴河工之命蓋廣東鹽運使王篤於　召見時救琦善而排則徐及則徐去而浙事亦無所倚時各省方裁兵節餉忽聞英人在粵新增兵船聲言將移兵入浙時伏暑南風潮旺裕謙方次嘉興乃奏以統帶來浙之江甯駐防兵並徐州鎮兵五百前赴鎮海相機籌辦因言洋人以通商爲命而通商有一定馬頭奕山等既爲籲懇　天恩自當籌及全局與之要約堅定爲一勞永逸之計斷

無僅令其退出虎門仍復滋擾他省之理現既聞有赴浙之謠何以不向該逆詰問明白轉行咨飭嚴防以致沿海各省訛傳不一不但各省調防之官兵未便請撤即居民人等亦皆當同仇敵愾舍本業而荷戈以待應請　旨飭下靖逆將軍奕山向該逆嚴行詰問究竟是否誠心乞撫抑仍是得步進步之故智使各省有所遵循臣不勝翹悚待　命之至其時英人赴浙語雖傳播而奕山以撫事方定未便上聞遂復奏　廷寄謂該夷赴浙滋擾既屬風聞從何究其來歷且果別有思逞斷無先將傳播逗漏之理著裕謙仍遵前旨將江浙調防官兵酌量裁撤不必爲浮言所惑以致糜餉勞師及裕

謙抵鎮海而厦門已告陷於是飛檄定海總兵葛雲飛同嚴州鎮總兵鄭國鴻安徽壽春鎮總兵王錫朋統各鎮兵五千嚴守定海是月初英酋濮鼎查郭士利等果以大小火輪兵船二十九艘先犯乍浦以礁險不利而退十二日復犯定海初以四舟駛進竹山門我軍礮破其頭船大桅退去十四日英兵繞吉祥門入攻東港浦爲我礮所御由竹山嘴登岸國鴻等督兵禦之殺傷相當會連日陰雨轉戰泥淖中士卒漸疲十七日英人三路進攻以小舟渡兵登山撤舟死戰首陷曉峯嶺錫朋中槍死壽春營潰有頃竹山門兵亦潰國鴻死之雲飛扼道頭街孤軍巷戰敵揮刀削其半面猶手刃殺數人

植立崖石間而死定海復陷　上聞謂其以四千殘
師當二萬巨寇均從優賜卹初英師退去議築定海外
城雲飛欲包市埠於內左右以山爲城有諍者曰天下
無一面之城此海塘非外城也敵若左右踰山入郎在
城內矣備多則力分山峻則師勞請環內城爲郭勿包
市埠勿倚外山庶城足衞兵兵足守城裕謙未親勘不
以措意至是失事果如所言

英人陷鎮海縣　欽差大臣裕謙及狼山鎮總兵謝朝恩
死之英人進據甯波府

英人踞定海數日乘勝自蛟門島進攻鎮海鎮海以笠
山爲外障招寶山爲內屏上有威遠城明代築以禦倭

者時鎮海防兵僅四千裕謙使提督余步雲率其半守之總兵謝朝恩率其半守金雞嶺相犄角而自駐鎮海城督之及定海警至裕謙上東城見招寶山張白旗疑之（西洋戰則張紅旗和則挂白旗）乃約期盟神誓衆步雲託足病不赴二十六日英船薄鎮海分犯各營裕謙登城督戰惟金雞嶺兵力戰擊殺英兵數百而步雲詣城上請遣外委陳志剛赴英師議款又請退守甯波不許步雲初不令士卒開礮英兵向招寶山復以小舟載兵由山後石洞攀而上步雲即棄礮臺西走裕謙令截止潰兵不能止英據招寶山俯攻鎮海城金雞山守兵見之亦亂朝恩率親兵三百拒戰中礮死二山既陷督師營亦潰英兵

自北門入裕謙知不可爲令副將豐伸泰護關防送浙江巡撫遂由東門赴學宮投泮池未絕家人至援之出輿至甯波有傳英人以十萬金購裕謙者左右復以小舟載抵餘姚而瞑進至西興壩左蕭山縣境 巡撫劉韻珂探弁至爲購棺衾抵杭州死已五日顏色猶生時鎮海文武皆棄走甯紹台道鹿澤長遁入慈谿縣丞李向陽死之甯波距鎮海六十里忽聞步雲走還郡中大驚而英人探水至邵港於是知府鄧廷彩以下皆覓小舟奔上虞步雲復單騎走居民遷避一空二十九日英人以大小兵船直薄靈橋門城虛無人其酋郭士利率衆入踞府署張僞示安民郡以西水漸淺狹英人旋以杉板小

舟進至餘姚我兵望風潰復犯慈谿城中逃散已盡英
人亦不守焚掠而去
臣按鎮海之地明人刻石於威遠城上以爲平倭第
一關蓋浙省之咽喉而東南之門戶也使裕謙當日
以步雲守孤懸之定海三鎮抗天險之雄關步雲雖
有貳志何至開門揖盜又使於白旗預懸時申明軍
法如穰苴之斬莊賈原不爲專擅或如魏絳之於揚
干僇其麾下一人以殉則諸將弁必皆股栗自致於
死地計不出此以三鎮敢死之將而置於必不可守
之城以庸碌無能之人而授以險要必爭之地卒至
以隨侯之珠而彈千仞之鵲力竭軀捐無裨國事是

豈有數存其間耶然一腔熱血報國拳拳烈魄忠魂原不讓唐之張巡宋之劉錡以獨步矣而論者謂其以剛愎取敗此之楚子玉趙括不亦過哉

法蘭西來粵輸情

初英人再犯定海乞援於法蘭西時有法兵頭至香港傳聞英酋濮鼎查自浙潛回屢與法兵頭會遂有奏英逆糾集天竺佛蘭西小呂宋諸國同惡相濟者有　旨交靖逆將軍奕山曉諭解散於是法兵頭懼以助逆干
天朝詰責自香港來粵垣求見奕山聞其有兵船在後欲令反攻英人兵頭答稱英法新和無衅此來先須講款若款議不允方可藉詞交兵奕山疑而遣之

仿造安南船礮不果

時有越南國人阮得烘來廣州訴新會船戶梁潘輝等昔曾遭風漂至越南壞船借伊銀未償在省守候追欠復呈稱伊見英人如此猖獗不過恃船堅礮利本處戰船力不能敵越南所造船頗堅厚皆甘露鬼子駕駛如中國給國王文書當可代造每船約費四百金但越南與英人近無嫌隙事宜機密語經 上聞 敕下兩廣總督祁𡎴廣東巡撫梁章鉅並廣西巡撫周之琦一體訪確𡎴等覆奏云越南雖產木植若造堅厚大船亦非數百金所能辦即造成該船式樣本地無人駕駛前督臣林則徐仿製越南軋船四隻內港外洋均不可用

是其明徵又越南之於 天朝久稱恭順聞昔曾戰敗英人至今兩不侵犯此特見之前人說部係嘉慶十三年事迄今三十餘年英人日見强肆且與越南未再交兵未聞有英人畏懼越南之語又續奏略云臣等以此事所關重大因據越南國人阮得烘稟詞會同隨時密訪有貿易越南之順德縣民人周彥才來省稱本年八月伊甫自越南回家越南現因英人滋事亦隨時警備造戰船數隻每船三桅四十餘槳船身以硬木爲之厚五六寸或七八寸不等又仿造英吉利屬國新洲貨船十餘皆堅重有餘而靈動不足該國銅礮少鐵礮亦不甚大又寓兵於農戰陣多以象力取勝能陸戰而不

善水戰該國由都城出海三十餘里各外國貨船如至
該國入港時先將各船礮械搬岸代爲看守俟出港時
交還是越南向恐各國在其國滋事並未聞英逆有畏
懼越南之說其瓊山縣民陳姓所言亦略同又鄉勇中
礮手林九曾被張保招去與越南打仗後經投回因令
管帶之紳士密向查詢據稱越南船有金蠏銀蠏之名
如天津來粵貨船式堅牢而不能快駛其內河船有名
牙釵者長十餘丈闊二丈槳百枝亦看風勢爲遲速曾
被張保打沉數隻似難與英人對敵又欽州知州黃定
宜稟稱本籍廣西龍州與現任之欽州均與越南東北
境毗連惟距該國都富春二千餘里傳聞該國向製巡

洋大師船二隻皆附近居民合力采堅實大木造成以銅包底俗呼銅皮船約載二三百人船雖堅而不靈外有巡洋小兵船用籐爲之亦止載至四五十人雖行駛較便第遭風撞礁亦卽破散前此該國修造巡船大者數月小者幾一月始竣是工匠亦非迅速查道光二十年閒該國頭目阮廷豪等兵船在崖州洋遭風破壞遞至欽州轉送回國撈獲三銅礮重者八十餘觔輕者三十餘觔式與內地過山鳥槍相似又越南現聞英人滋事慮其擾邊亦修防守去冬添造戰船至今尚未畢工時探英逆消息又道光中該國奸民陳如海糾結內地匪黨楊就富等在南洋 狗頭山嘯聚劫掠該國兵力不

足曾請內地舟師幫捕始殲厥渠魁可見該國巡船並不得力臣等於該國情形節次訪查大略相同伏思該國世受　天恩素稱恭順現在國王阮福暶新受敕封尤當感　恩圖報如果船堅礮利兵力精強斷無不竭誠報効而該國王並未表文陳請亦未呈懇督撫轉奏其力不從心未能與英人爲難已可想見其事遂寢

臺灣道姚瑩敗英人於雞籠港

初英船至鹿耳門外泊馬鬉隙洋官兵擊走之然臺澎外洋時有英船往來是月十五日艋舺營參將邱鎮功等以遠鏡窺見一雙桅大船多帶杉板在萬人堆洋有

人升桅頂瞭望當即警備次日英船駛進礮擊三沙灣礮臺壞一兵房姚瑩督鎮功率守備歐陽寶等接應鎮功手然八千觔大礮擊斷英船桅索船即退出風潮驟湧衝礁擊碎落水死者甚衆有梟水登岸或上杉板駛竄者鎮功督兵追擒黑番四十三人手刃四人游擊安定邦守備許長明千總陳大坤等各擒獲有差又有白黑番二十餘人駕一杉板在大武崙港外次早淡水同知曹謹帶壯勇搜捕至草嶼有白番二人紅番五人藏匿壯勇直前擒斬獲其洋圖冊頁洋書皆繪記山海形勢城池人物車馬形狀是役共擒紅白黑番百三十八人斬馘三十二人捷聞奉

上諭覽奏均悉昨生擒夷

人漢奸多名該逆夷中必有洞悉夷情者究竟該國地方周圍幾許所屬國共有若干其最爲强大不受該國統束者共有若干英吉利至回疆各部有無旱路可通平素有無往來俄羅斯是否接壤有無貿易相通此次遣來各僞官是否授自國王抑由帶兵之人派調著達洪阿姚瑩等逐層密訊譯取明確供詞據實具奏毋庸諱匿

九月以大學士宗室奕經爲揚威將軍侍郎文蔚副都統特依順爲參贊大臣赴浙討英人

英人既陷甯波鎮海侵軼四出浙省大震巡撫劉韻珂告急於　朝詔以奕經爲揚威將軍文蔚特依順俱參

贊　飭調陝甘兵二千隨赴浙江進剿
以怡良爲欽差大臣赴閩會辦軍務
時英船在閩者尚踞厦門鼓浪嶼　詔怡良以欽差自
粵東赴閩會同剿辦尋罷顏伯燾以怡良代爲總督
冬十月揚威將軍奕經次蘇州
奕經是月抵蘇駐軍館滄浪亭時浙撫專任西路防守
自江以東則坐待大軍有以專閫距浙太遠爲言者奕
經不納英人在甯海聲勢甚盛紹興東逼慈谿求援日
亟奕經以兵力尚單復遣赴淮徐招募山東義勇欲俟
各路兵齊聚而進
十二月大兵次杭州

先是十一月浙江大雪四晝夜平地深數尺英酋濮鼎查畏寒南赴福建甯波英兵及漢奸僅三千人而奕經方次嘉興時　詔舉沿海智勇之士廣咨方略奕經雖設匭聽人上書然凡言練兵選將申紀律備火器者以爲常談卽立功宿將前福建水師提督王得祿投効亦不用徒託腹心於幕屬年少寄耳目於蘇浙州縣前泗州知州張應雲獻計謂英人入內地皆漢奸爲嚮導然不過啗之以利非有恩義之結令其效死今甯波紳民靡不延頸以望大軍而漢奸多其鄉人誠能以重賞招撫我兵攻城使爲內應此兵法所謂因間也奕經深然之遂專以購反間爲得計定議進取甯波鎭海一路以

應雲主之定海一路以知州王用賓主之並充左右翼長軍抵杭州特依順至自福建奕經不甚與議令駐守杭州惟與文蔚率師進駐錢塘江

國朝柔遠記卷九

國朝柔遠記卷十

臣 彭玉麟恭定
臣 王之春敬編

壬寅道光二十二年

春正月揚威將軍奕經復甯波鎮海不克

大兵進次紹興府將軍參贊定議同日分襲甯波鎮海使敵不相援應張應雲先約甯鎮紳士令所購漢奸內應而未能質其家屬仗以我軍舉動輸敵英人聞大兵將至悉聚守甯波應雲請刻日渡曹娥江先據慈谿爲戰地乃下令移營進發二十三日奕經大兵營東關在紹興文蔚駐慈谿東門外以四千人使金華協副將朱貴

參將劉天保分屯長谿嶺及大寶山以圖鎮海總兵段永福以四千人半伏甯波城外半屯大隱山以圖甯波應雲率所募鄉勇千五百人駐駱駝橋爲南北兩軍策應甯波在鎮海南約以晦日首尾幷舉俄而師期洩英人知之反令漢奸句結鄉勇倒戈相向兩軍見事急先期進劉遂以二十八日三路分襲甯波鎮海其踰甯波西門入者盡爲英兵所殺南門則洞開縱我兵入英兵踞街樓兩旁火彈雨下我軍信漢奸言謂軍至即開門縛獻英酋未攜火器潰退英伏兵自北門截之前後受敵陣亡二百餘永福聞敗即退至東關其慈谿之兵天保欲立首功先發甫至鎮海城外即大呼譟英兵警覺火礮齊

發招寶山英兵亦應之天保退走越日駱駝橋鄉勇中夜悉自驚潰奔入大寶山其由乍浦顧漁舟渡岱山圖復定海一路之師半渡亦爲英人所覺焚燬大半

臺灣道姚瑩敗英人於大安

初英人屢窺大安港在淡水廳彰化縣界見防守嚴不敢駛近至是有三桅船一帶杉板船四欲入口姚瑩令淡水同知曹謹彰化知縣黃開基護北路副將關桂游擊安定邦等馳往堵禦設伏於港北之土地公港英人見大安有備復退出巡檢高春如謝得琛所募漁船粵人周梓等以土音招英船漢奸與語誘從土地公港入爲暗礁所擱船卽欹側伏兵齊起時船距岸甚近關桂等以大礮

攻擊英人急不能脫船破落水死者無數逃上杉板及跳登漁船者得琛等率兵勇圍擊斃白番一紅黑番數十生擒白番十一紅黑番三十八並漢奸五獲礮共二十門及刀械與甯波鎮海官物蓋攻浙之兵回至閩洋窺伺者捷聞奉

上諭覽奏欣悅大快人心該夷上年窺伺臺灣業被懲創復敢前來滋擾姚瑩以計誘令夷船擱淺破舟斬馘大揚國威實屬智勇兼施不負委任允宜特沛殊恩以嘉懋績自是英船不敢再犯臺灣

二月英人攻慈谿營金華協副將朱貴及其子武生昭南督糧官卽用知縣顏履敬死之

官軍襲甯波鎮海旣不克反墮漢奸空城計然祗喪亡

金川精兵亡二三百尚無大失朱貴率陝甘兵六百回屯大寶山收集駱駝橋潰勇圖進攻劉天保謝天貴領河南兵各六百爲左右翼初四日英人由小西壩登岸由夾田橋繞慈谿東北門攻大寶山朱貴麾所部迎擊以扛礮數十擊退者再英兵傷亡三四百仍冒死前進而左右兩軍按兵不動自辰至申貴軍饑渴交加猶誓死格鬬戰方酣鄉勇亂竄或反拒官兵英兵乘間抄襲山後有三火輪船進大亭江直逼山下巨礮火筒射燒營帳煙焰障天左右軍即驚潰反衝亂其陣朱貴腹背受敵見勢不支卓豎所執大旗於壘怒馬馳赴斬數十級身受重傷馬踣復躍起奪敵矛左右衝盪復中火槍乃

踣子昭南以身障之格殺數人被創無完膚同時麾下二百五十人皆死焉督糧官卽用知縣顧履敬素與朱貴意氣相得糧臺距大寶山二里登高觀戰良久奮起曰吾不可不助易短衣持佩刀奔赴其僕止之不可乃執梃以從俱中礮死時文蔚駐長溪嶺里鏖戰時有請往援者諍久之始許發兵二百薄暮未遣而敗聞侍衞容照司員聯芳等請退避遂宵遁至東關全軍遂潰以後營夜被漢奸焚燬奏聞次日猶未至也長谿嶺營旣潰軍氣大喪初七日將軍參贊棄紹興走西興巡撫劉韻珂飛檄毋許一卒渡江違者軍法從事於是文蔚乃回紹興奕經渡江回杭州

以旨英爲杭州將軍

起用伊里布

伊里布既回兩江總督任後以家人張喜往來洋船事涉通番逮入都奉　旨遣戍至是大兵敗績於慈谿巡撫劉韻珂以事勢危急奏陳十可慮末曰凡此十者皆屬必然之患非皆屬無解之憂若不早爲籌畫則國家大事豈容屢誤現在將軍奕經赴海甯州查看海口參贊大臣文蔚留紹城調置前路防守究竟此後應作何籌辦將軍等似尚無定見臣渥被　生成若不將實在情形直陳倘省垣不守臣粉身碎骨難葢前愆伏乞皇上俯念浙省實在危急獨操　乾斷飭將軍等

隨機應變妥協辦理俾浙省危而復安即天下亦胥受
其福臣不勝迫切待命之至又片奏云臣前請將已革
兩江總督伊里布改發浙江軍營效力贖罪未蒙　允
准恩出自　上臣何敢復行瀆請惟念該革員獲罪
究屬因公且其按兵不戰究與僨事誤國者有別我
皇上愛惜人才凡中外獲咎臣工苟心迹可原咸荷
棄瑕錄用或令戴罪立功不知凡幾如周天爵林則徐
等亦皆令其及時自效仰見　聖德如天不使諸臣
終身廢棄伊里布與周天爵等同係譴戍情罪似均且
公忠體國並無邀功近名之心現在將軍等差委需員
除隨帶司員外又調取各省丞倅牧令來浙並令本省

之責舉生監查辦事件若老成謹慎不貪功不圖利如伊里布者正可以備器使況該革員為英逆所感戴即其家人張喜亦為英逆所傾服若令其來浙或該逆聞之不復內犯亦未可定可否仰懇 天恩將伊里布發至浙江軍營效力贖罪之處出自 聖裁如蒙

皇上鑒其無他望賜采納旋奉 密諭劉韻珂奏請將伊里布發至浙江軍營効力贖罪已有旨令隨耆英前往矣現在浙省剿辦既難得手則防堵是第一要務萬不可再有疏失該將軍等惟當激厲眾心協力守禦不可因前此失利稍存畏葸致該逆乘機更肆猖獗耆英此來已諭令與該將軍等相度機宜通籌大局臨

時自必密商至防堵保衛是將軍參贊等專職倘有疏虞獲咎孟浪朕惟將軍等是問該將軍等接奉此次密諭惟有默識於心斷不可稍露風聲致令在事員弁兵丁羣相觀望貽誤事機也

臺灣兵備道姚瑩奏籌海防

初英人寇大安雞籠皆受創在粵英船聲稱大舉報復

上憂臺灣單薄　廷寄臺灣爲閩海要區向係該逆垂涎之地此次駛入逆船復經該總兵等殲剿難保無匪徒闖入冀圖報復現據奕山等奏逆夷有遣人回國添調兵船滋擾臺灣之語該總兵等於一切堵剿機宜自必先事預籌妥洽現在情形若何有無續來滋擾

萬一該逆大隊復來該處駐守弁兵及招募義勇是否足資抵禦其如何定謀決策層層布置可操必勝之券著達洪阿等會同王得祿悉心定議時得祿病故而怡良方授閩浙總督舊制以臺灣遠在海外軍情不必由閩中督撫轉奏兵備道與總兵得專摺奏事於是達洪阿姚瑩覆奏云臣等查臺灣戍兵名雖一萬四千內除澎湖兩營隔海噶瑪蘭一營遠在山後其山前一廳四縣地亘一千餘里海口林立民情不靖現當戒嚴若遇大幫洋船實形單薄欲請兵內地則本省海防吃緊缺額戍兵尚難補足欲請兵外省則客兵地利生疏且遠隔重洋緩不濟急惟臺人習鬬膽氣較優且自衞鄉邦

其情較切若曉以大義優其爵賞尚可有爲是以臣等
自二十年八月先後赴南北路督同廳縣委員遍諭紳
耆聯各莊團練義勇半守本莊半聽官調已據各屬冊
報練勇四萬七千一百有奇請領義旗腰牌此皆平時
不領經費調用始給口糧其各海口則自二十年洋船
窺伺臺灣擊退後及上年廈門失守洋船再犯雞籠臣
等陸續添派守口常駐弁兵三千六百六十八名益以
調募屯丁義勇水勇五千五百餘名其分防陸路守城
及澎湖兵勇均不在內惟兵勇分駐只可禦三數洋船
設有大幫則需調取陸營兵及團練義勇出禦仍遵
聖訓不與海上爭鋒俟其登岸設伏擊之伏思用兵

之道氣不可餒貴從容布置言不可夸貴切中機宜謀不在奇貴深明事勢人不在衆貴協力同心洋人之長在火船火器守禦之法其要有五一曰塞港各省近皆講求當各因地勢而用臺郡近城惟國賽港與三崑身之新港最寬深新港現用大竹簍及木桶載石塡塞國賽港則以不堪用之哨船並製大木籠千餘載石堆水中均設兵勇守之至四草港與安平大港對峙安平爲重兵所在而以偏師扼守四草港內復製大木排四座上架大礮攔截港門更製長二丈大木攢數百枝上施大鐵鑽帶鉤貫以籐條橫浮水上以罣其船此塞港與守港之法也二曰禦礮沿岸設石壁外以竹簍貯土作

礮堆或用大竹簍夾築土牆長數百餘丈下更挖濠埋釘桶竹簽或布鐵蒺藜臣達洪阿近更製地雷埋伏數十處以待三曰破其鳥槍水中用竹筏上設木架張牛皮棉被使水勇乘之以進岸上則於籐牌外新添翻架五十名爲一排後藏小銅礮抬礮抬槍可以破其鳥槍火箭火鏢又鍊翻被手法用五十八爲隊以水溼棉被張其兩角兼執兩刃排列而前長矛鳥槍隨進較籐牌更爲得力四曰守城臺灣郡城逼近海邊安平即係西城三郊商賈雲集之所向有礮臺三座近更加築堅厚復圍建木柵七百餘丈守以義勇城內八坊八十二境諭令紳士鋪民每段樹柵自選壯丁稽查嚴守現在送

册亦五千餘人此臣等籌防城内外之大概情形也五
曰稽察奸民夷雖猖獗皆由所在奸民句引廣東厦門
甯波本洋商所聚通市已久無賴之徒素貪其利故爲
之用臺灣向無洋商洋船不到似無此患而民情不靖
則其患更深昨鳳山逆匪張從竟以廣西逃軍在廣東
與通番奸民句結回臺糾人爲英内應幸爲臺灣縣知
縣閻炘擒獲首從伏誅並究出英用漢奸劉相蘇旺爲
主謀本年夷首濮鼎查復自定海遣夷目顛林偕漢奸
黄舟等以重貲來臺窺探欲行句結入即被獲而南北
匪徒上年復痛加殲剿惟是英逆既屢次失利懷憾轉
深果否遂能戢其邪謀尚在未定臣等益當督飭文武

隨時嚴密稽查以防意外之虞且夷囚現在郡監一百
六十八名解省既有不可久禁亦非善計甫經奏請
訓示設未奉到　批回爾大幫猝至惟有先行正法以
除内患是爲要著至臺灣惟郡城臨海最爲險要其餘
廳縣皆距海數十里民莊皆用竹圍足禦夷礮獨海口
沙地水鹹不能種竹惟令各口添礮墩土牆相機辦理
又各口惟雞籠三面環山險峻可守滬尾兩山對峙一
港中通其險次之此外則一望平沙港門皆在水中或
有暗礁沈汕猶可限阻洋舟否則全仗人力自當相度
地勢而行不能一律辦理現令各民莊自相結聯倘洋
人登岸即同官兵設法邀擊蓋兵事頃刻變易全在不

失機宜非成法所能盡者亦惟存乎其人將吏果皆有勇能謀是又臣等之愚所不敢遽信也臣等才識庸愚當此鉅任惴慄時深何敢遽操必勝惟有竭誠畢慮仰報　高厚鴻慈於萬一

三月廣東遣通事至浙

時廣東遣諳悉英語之通事二人來浙　上命奕經等將所獲夷目幹布爾詳訊該國一切情形奕經覆奏云臣等遵將　諭旨各條飭司員詢該白番等供稱自英吉利國都至廣東總視風信順逆爲遲速速則一月即至香港至遲亦五六月可到所過地方若佛蘭西急欲罷士郎罵達剌沙姑路庇令罵勒格新嘉坡等處皆

英吉利所屬所經他國均難指實或船上淡水乏食遇
洋面附近之山即以小船攏岸取水其地名未能細辨
至克食米爾乃孟加剌所屬孟加剌又英吉利所屬英
船止到加剌吉達其地小河可通克食米爾亦有陸路
距加剌吉達約千里復有陸路通魯慎大呂宋佛蘭機
等處此次來浙均該國王所調英吉利兵其呂宋孟加
剌雙鷹國人不能當兵所同來之各國洋人乃船長僱
來辦事及充水手該國女主乃因前國王無子立其姪
女名域多喇贅英吉利所屬渣罵剌國王之子名鼻達
士阿剌拔國人稱爲法是滿乃該國第一等官職不預
國事至欽差提督等名從未聽聞非女主所授想皆私

立名色至犯浙一切事件從前則占那麗架蘭頓調度死在定海後則占那哥付調度其人向在甯波厦門定海等處占那哥付乃罵達剌沙之句連那官卽陸路兵頭也義律去年由廣東回國其有無音信來浙均未能知鴉片煙土乃孟加剌米鄉所出就深山僻處秘造卽其本國苟非製造之人俱不准入觀蓋恐洩漏其術彼不得專其利英吉利及美利堅佛郎西大呂宋花旗雙鷹等國俱係赴孟加剌盆米各處販入內地祇圖貪利實無詭謀等云

夏四月英人犯乍浦副都統長喜同知韋逢甲以下死之

英人據甯波見我軍曠日持久欲乘勝逞志浙西偵知

尖山海口沙淤舟行多窒遂思北窺松江造小蛋船爲入淺河計索甯波紳士犒軍銀百二十萬員許退兵遂於三月二十六日去甯波而撥船專守招寶山要口是朔鎮海英船亦退去惟留四舟兵千餘守定海餘悉出大洋偵之初不知所往奕經遂以大兵收復甯波聞初九日突犯乍浦分泊西山嘴唐家灣先以船礮列陣與官兵相持而以小舟登岸攻東門不克轉攻南門漢奸縱火內應城遂陷副都統長喜禦之受重傷投水前鋒救出越日卒同知韋逢甲率義勇防堵海塘礮傷左脇亦越日死佐領隆福禦賊於天尊廟火起突圍出窮追者至隆福掣佩刀奮砍數人力竭自刎驍騎校該杭阿

守北門城陷有勸之走者叱去遂死之佐領果仁佈妻
塔塔拉氏城陷懼受辱有勸避去者氏曰若遇賊則求
死不得矣遂與二女投井死生員劉楙松城陷出走遇
英兵逼書偽示不從被戕傭工陸貴遇英兵令抬礮不
從被槍死木工徐元業英兵逼之導搜婦女不從以刃
自刺庠生劉東藩女年二十二未嫁賊以刃脅東藩女
懼辱投井死劉進女鳳姑年十九聞城陷出避遇英兵
復返英兵尾之急遂痛詈被戕凡官弁兵民婦女殉難
者七百餘人兵備道宋國經退守嘉興

臣按英兵自入浙以來所過城邑民人皆先走避惟
乍浦濱於大洋出其不意豕突而來罹禍最酷然下

至兵民婦女無靦顏求活者具見　國家養士之隆
食士之報皆知以忠義相激勸可謂難矣

伊里布釋英俘於獄英兵退

時耆英伊里布先後來浙劉韻珂旣續奉相機籌辦之
密諭遂與奕經趣伊里布至乍浦有　旨授伊里布
乍浦副都統英人踞乍浦數日揚言進攻嘉興伊里布
至仍遣家人張喜見英酋郭士利告以撫事有成令先
退至大洋先是乍浦接仗我軍生擒英人十六名械送
嘉興獄郭士利索之急伊里布許俟船退卽遣還英人
如約遂以收復乍浦奏聞

修復虎門礮臺

時御史蘇廷魁奏言聞英人爲孟阿剌攻破該逆兵船紛紛遁回請乘機修築虎門礮臺及粵垣外燕塘墟大沙河龜岡各要隘以資防禦有　旨交靖逆將軍奕山等確訪仍相度機宜妥籌辦理奕山覆奏略云臣等伏查本年二月間風聞英逆所屬孟阿剌地方向有英國兵目領黑白番兵各數百駐守因黑番出兵多傷亡僅白番兵不敷駐守該兵目於去冬勒派土著商民充兵役因而搆怨羣起刺殺兵目並將白番兵數百焚斃殆盡嗣據香港探報英人前佔孟阿剌埠頭藉產鴉片厚利得充兵餉因被孟阿剌麽佬鬼子將八顛之弟殺死奪回鴉片埠以致兵餉不繼臣等以得自傳聞究無確

據曾於前摺內奏及是該御史所奏不爲無因惟該逆兵船是否因此遁回前飭查探其說如果屬實自不應復有兵船駛至乃現在英逆兵船火船又陸續駛到三十餘隻查探已有向東行駛者餘船或云留泊香港或云亦欲駛往江浙是番船駛回孟阿刺應援之說實未可信但近日又訪聞英國之東有恩田國（恩田國即緬甸國之音譌）相距約三月水程英人欲得其地被恩田國計誘於本年正月殺斃英兵萬餘名現在干戈未息又聞英逆先與喀布爾打仗現又與治拉拉拔打仗有地名古斯尼仍被治拉拉拔奪回該逆深恐喀布爾與治拉拉拔相和好又訪聞喀布爾與孟阿刺各處總名印度等語奴

才等竊思該逆在海外欺凌各國因而各國與之爲難
似係事所必有而現在查詢該國人衆所有孟阿剌恩
田國及喀布爾各情節或稱得自傳聞或稱並無其事
所言地名亦恐傳播語音不無譌錯一時殊難得實云

國朝柔遠記卷十

國朝柔遠記卷十一

臣彭玉麟恭定

臣王之春敬編

夏五月英俘喤噶等伏誅

先是淡水雞籠海口擒獲英人總兵達洪阿兵備道姚瑩將提郡查訊因嘉義匪徒滋事暫停及事平仍分起提解來郡委臺灣知府熊一本知縣閻炘帶習英語之宋廷桂何金逐一研訊將奏誅之復奏 上諭御史福珠隆阿奏請暫留罪夷以便解省訊究一摺臺灣擒獲逆夷多名如果尚未正法即著劉鴻翺飭令達洪阿等按照該御史摺內所陳千里鏡一節毋庸查究外其

餘逐層究詰明白曉諭務得實情密籌辦理冀有裨益
於攻勦機宜姚瑩覆奏畧云臣等欽奉　諭旨後復加
研訊據黑番頭目咀莉啶等供稱伊等均紅毛望結仔
吽勝油各島人駕夾板洋船向屬英人管轄每年俱納
鴉片煙土爲貢稅前年中國查禁煙土無從銷售英王
遂索納金銀各島亦因煙土難銷無金銀供應仍求收
納煙土英王即於檳榔嶼望結仔實力等處雇調兵船
七十餘隻在孟加剌會齊大船用八九百人小船五六
百人每人月給番銀四五圓至十餘圓不等又漢奸數
人沿途賣貨買物供用令大頭目帶各船至中國與領
事義律求通商因中國嚴禁如初即帶各船至虎門舟

山厦門等處滋擾去年英王撤回義律另以璞鼎查為
領事大頭目隨派三十餘船攻厦門續派二十餘船再
攻浙江又派伊等三桅船三隻來臺窺伺伊等船於八
月十二日晚先到雞籠外洋其同來二船不知何處阻
停伊等遂於十六日駛入雞籠口與官兵開礮相攻被
岸上礮擊倒大桅伊船立破船中番官三人一名可失
萬一名巴剌不一名龍不彜見勢危急一於拜天後跳
海一傷目其一同白番數十黑番三百餘及漢奸數十
分駕杉板船四隻逃走官兵乘船追至諸夷或投海死
或被殺死伊等均被生擒船上大小礮三十餘門及藥
彈金銀器物俱各散失此該夷船聽從英逆各處滋擾

來臺被擒原委也詰以漢奸姓名里籍據稱漢奸俱粵人前英人在廣通商與管事白番相識是以雇在各船照料伊等實不知其姓名詰以製藥製礮該逆能否造辦據稱火藥船隻俱在本國及息辣製造礮用銅鑄伊等但能用藥點放不能造辦詰以硝磺米石由何處偷漏所需內地何物接濟畏懼中國何項兵法據稱硝磺米石俱由息辣孟加剌等處運來或各處漢奸接濟船中所帶乾麪粉餅極多非必需內地之物至在中國打仗最怕擱淺是以到一海口必量深淺最怕火攻是以船之兩舷皆用夾木中層注水以防礮火等語臣等復詰以檳榔嶼望結仔息辣孟加剌實力等處是否國名

所獲圖冊番書是何奸計據稱孟加剌實力是英國屬
島檳榔嶼望結仔息辣三處是英國大碼頭在葛剌巴
一帶順風亦須四五月方到中國至所帶圖冊是沿途
各島及中國地圖番書是管船白番甲畢丹之物伊等
黑番俱不識字莫能解說等供再三嚴詰矢口不移臣
等查該逆番等因天朝不准販賣煙土輒聽英人調派
分至各省滋擾實屬罪大惡極若如該御史所奏解省
審辦非惟現乏文武官兵護解過海且此項黑番俱各
島烏合愚蠢之人問以秘要情形不能明晰且恐洋面
番船聞而截奪應否仍照臣等原議即在臺正法以彰
國憲而快人心抑如該御史所奏暫緩正法之處臣

等未敢擅便尋奉　旨將頭目監禁留存聽候諭旨其餘概行正法於是將雞籠擒黑番一百二十三名除受傷在途在監身斃外又留存頭目唱莉啌哈吻叻嘛二人其餘望葛等一百十七名斬決又將大安生擒紅白黑番四十九名解郡訊供後亦留存紅番頭目顛林大夥長律比二夥長吧底時三夥長科因諫呢副頭目怒文白番頭目伊些駱黑番頭忍滿七人其餘紅番肮哩等三名白夷窑林等十名黑番伊騷等二十九名悉誅之

英人陷寶山縣江南提督陳化成死之

寶山城東南爲吳淞黃埔交匯入海之口實爲上海崇

明管鑰洋面寥闊不如口內之東溝江灣可設伏火攻
惟東西礮臺有礮三百餘又海塘高厚礮不能透塘上
土堆如雉堞可蔽身小沙背則塗灘峭岸險亦足恃江
南提督駐松江府陳化成蒞任六日而定海警報至遂
馳赴吳淞口相度形勢建營於海塘高岸激厲將士拊
循軍民冬則踏雪巡營夏則海潮盛時水深及尺未嘗
移營及乍浦失守江浙騷動總督牛鑑駐師上海有兵
三千籐牌八百化成特以無恐是月三日英火輪船四
由外洋探水入輪煙蔽天鑑驚疑束手適奕經檄令權
宜設法羈縻之遂遣弁齎禮物赴英船不答初八日英
船開礮化成亟麾令然礮沉其二艘又折其二艘之桅

斃英兵三百餘人鑑聞之喜出寶山南門登塘觀戰適爲一飛礮驚退滁州兵在後者走河南徐州兵皆潰總兵王志元亦走英兵遂由小沙背登岸化成前後受敵中礮死東溝江灣之兵同潰英兵遂入寶山牛鑑走嘉定自丹陽句容回江甯武進士劉國標負化成尸匿蘆葦中越十日嘉定知縣練廷璜求得之殯於疁城民爭詣哭奠繪像祀之事聞　賜謚忠愍時江浙士民謠曰一戰甬江口督臣死提臣走再戰吳淞口提臣死督臣走同化成殉難者守備韋印福千總錢金玉許林許攀桂把總龔齡增外委徐大華姚雁宇等七人

英人陷上海典史楊慶恩死之

上海距寶山八十里居民聞警即遷徙文武各官買舟將遁典史楊慶恩聞之求見上官言事不得而返比吳淞失守參將繼倫率兵棄城去兵備道巫宜禊知縣劉光斗先後走松江所募福建水勇乘機焚掠慶恩頓足長歎作牘呈上官竟投筆曰吾亦從此逝矣倉皇出小東門呼扁舟渡春申浦探囊得百錢與舟子其僕意其避去從之舟至中流慶恩突躍入水僕號呼曰此我主上海捕廳也舟子不顧急搖槳去僕求救不得亦走十一日英船駛至上海城已空無人比英兵退慶恩家人求之於周家渡蘆叢中見番尸十餘中有漢衣冠者則慶恩也乃斂以歸事聞奉 旨優卹

英人犯松江府壽春鎭總兵尤渤禦卻之

英人既入上海十三日復以火輪杉板駛至松江時尤渤統壽春鎭兵二千調守松江整陣以待英師開礮渤令我兵皆伏避之礮過而起則我礮齊發相持半日而退次日復至亦如之英人不得逞而返英人又將窺蘇州以火輪船探水至泖湖輪膠於水草乃還遂於二十日退出吳淞口

夏六月英人陷鎭江副都統海齡闔門死之

英人又以杉板小舟擾及無錫界並崇明靖江江陰境鄉民聚衆逐之不勝去遂自福山放洋游弋圖入長江而未測江水淺深沙綫曲折及內地虛實乃劫沙船導

火輪船駛探知各險要皆無備沙港荻洲皆無伏乃決意深入先是有鎮江紳士請於常鎮通海道周頊以圖山關江流狹隘可兩岸設防且備火攻頊乃親往相度形勢紳士爲指陳堵截守禦事宜頊笑曰鋌而走險彼必不來來則俟其擱淺而圖之若先糜數萬金以設萬一之防誰其任之遂不設備初八日英船乘風潮直入進薄瓜洲城兵民已逃盡轉窺鎮江參贊大臣齊慎湖北提督劉允孝督兵禦於城外相持三日勢不支退守新豐距郡城四十五里城中守具不備又未團練民勇相助惟駐防兵千餘綠營兵六百副都統海齡率之以守初攻不克英人乃佯攻北門而潛師自西南以火箭

射入城延燒房屋乘間梯城入守兵皆潰居民紛紛逃出乃焚滿營海齡爲所殺闔戸盡焉項及鎮江知府祥麟丹徒知縣錢燕桂等先後棄城走鎮江素繁富英人積憾駐防焚殺擄掠慘甚甯波寶山

淮揚鹽商賂英師

京口既失英船礮聲震江岸瓜洲儀徵之鹽船估舶焚燬殆盡梟匪乘間劫掠火光百餘里揚州爲鹽漕交滙自京口逾江泝流止半日程淮南北場運商人惴甚時漢奸諜者揚言英人戒師期將因糧於揚以規取江甯非速備贖城費以求免禍且旦夕至贖城者英人挾兵索賂之口號也商人聞警將盡室行有江壽民素善淮

商門客自請往詗之諜者以告馬利遜呼之入索賂款六十萬壽民請減其半英酋方欲疾趨江甯意不在揚許之時淮商皆中落咄嗟莫辦具白於運使但明倫不可商人曰納賂以行成不猶愈於齎糧而藉寇乎明倫嘁唶無以應乃作商人提借之款飭總商具領事後歸償即日交壽民致送鎮江英船遂於二十八日進逼江甯東南大震

秋七月英人犯江甯耆英伊里布牛鑑與英人成和

英火輪兵船八十餘艘連檣溯江而上自觀音門至下關（在江甯北河外）烽火照徹城中時牛鑑自吳淞敗還沿江警報日亟而不謀守禦　朝廷方廑慮漕運咽喉與沿海

之民已　敕耆英便宜從事羈縻之又英酋已先奉其國王諭但得他省通商不必更索兵費煙價即鴉片亦不再販故在乍浦亦有前往天津求和遵國王所諭之言而耆英方自浙啟行伊里布亦奉　詔自浙馳至未敢自專故鑑惟日促耆英之至而飛書照會英酋以欽差大臣已奉　諭旨允定和好不日可到以緩兵是月初三日伊里布亦遣家人張喜偕揚商黟詣英船羈縻之其酋璞鼎查謾語曰耆將軍未知何日到我軍數萬遠來轉輸難繼方謀就食城中若欲俟耆將軍速爲我辦餉糈三百萬治邸舍城中入而徐議可也二人歸告時壽春鎮兵已抵城下將校陳平川等皆憤怒請決

一戰鑑不許曰然則請閉城登陴而守鑑遽拂衣起駐
防將軍德珠布在座亦拂衣起江甯故南都城守嚴重
將軍錄牡鑰督府有急事亦需將軍令箭然後啟英船
初至德珠布亟傳令閉諸門時居民戒京口焚掠之慘
方遷避去猝聞重閉之令有路藉死及委殯去者鑑與
德珠布交疏相劾伊里布調停其間約以巳啟申閉及
敵情叵測鑑猶恐誤撫局不設備德珠布怒即閉內城
授兵登陴居民益恐時張喜復至英船英人要求各款
一索煙價商欠兵費銀二千一百萬一索香港為市埠
並通商於廣州福州厦門甯波上海五港口一英官與
中國官用敵體禮餘則劃抵關稅釋放漢奸等款未請

鈴用　國寶喜言煙價兵餉廣東已給過六百萬今索價更奢索埠更多若何馬秋遜言此我國所索豈卽中國所許此次通商爲主不重在銀錢但得二三港貿易餘則中國裁酌可也而諸大吏未卽覆初六日耆英入城按各款稍駁詰之適英酋鬨增調壽春兵至謂我借款緩師初八日突張紅旂揚言今日如不定議者詰朝攻城意蓋欲款局速成非望所求盡允而諸帥卽夜覆書一如所言亦絕不及鴉片煙禁翼日遣侍衞咸齡布政司黃恩彤甯紹台道鹿澤長往告各款已代請俟批回卽可定約遂急驛馳奏且謂敵設礮鍾山之巔全城性命在呼吸實則山頂極峻礮無由上且距英船數

十里又謂乾隆時征緬棄銅壁關外五千里云云
上覽之憤甚時軍機大臣謂兵興三載糜饟勞師曾無
寸功靖難息民撫之便遂許之惟福州省會飭以泉州
換給所請鈐用　國寶著易以該大臣關防時三帥以
將修好遣喜等約期相見馬利遜英官名其人能爲漢語謂喜曰
我洋人不諳中國禮節欽使制府必欲來者請以本國
平行禮見蓋惟舉手加額而已十五日耆英等暨侍衞
司道詣英舟與璞鼎查等四人相見卽用其禮議訂盟
約十七日復親具牛酒犒師英酋忽辭不見亟遣喜往
問故馬利遜曰前議款無可更易有一不從則請相見
以兵耳諸帥奉　批旨懼撫事中沮祕不聞惟奏乞俯

如前請又稱鈐用　國寶乃該國王所藉覘向背從違者否則各議條皆不行　上雖知諸臣危言要挾而度其終不能戰也遂許之而耆英等果於覆奏後即已一如所請十九日率僚屬赴靜海寺在儀鳳門外璞鼎查兵衞導從入寺相見將議款各畫諾二十一日璞鼎查偕馬利遜入城至上江考棚答謁大吏集隊仗鼓吹聲礮迎入璞鼎查雖兵頭而馬利遜辯給多智酒酣馬利遜言我兵本不敢輕入內江緣七次遣人沿江探水至蕪湖遇險狹處周視蘆葦間不見一兵然後敢入若和議不成長江天塹固將一決勝負也耆英詫甚謂彼何以識長江天塹之語故有傳其爲漢奸仕英者初英船抵

下關嘗由陸分擾及句容鄉鎮又漢奸所在充斥恩彤令城內挨戶行保甲法立柵給牌嚴啟閉以防內奸民甚德之自張喜通撫事恩彤與英酋往還日密人以是譏之又英人自以異言異服初未敢輕出至是侈甚恣意游覽有英人見婦女之皙者執手調謔居民憤甚羣捽而毆之其酋怒將趣衆赴鬬恩彤亟往謝而酋必欲按問乃枷鎖軍犯數人詣謝旋諭軍民謂外洋重女輕男執手是其本俗居民慎勿滋事端遂傳爲口實

法蘭西人來江甯

法蘭西及美利堅與英吉利皆世仇英人入犯并阻諸國貿易諸國欲各調兵船來粵與之理論林則徐曾兩

劾奏及以琦善一意主和而止琦善甫褫逮美利堅酋卽出調停故有但許通商不索一切之請乃廣東誤攻殺美利堅數人故不肯復盡力而法蘭西酋於英人再敗盟後卽來兵船二兵帥一并請代造二船曰水底鴉能伏水中攻船底否則請火藥及兵餉銀數萬代攻虎門香港之英船又請以船礮驚中國而教我兵駕駛運用之法可倣造十船分布各海口俾英不敢逞奕山祁墳皆遲疑莫之應其酋又請赴浙江代爲議款使英人不敢爲無厭之求否則藉與爲難奕山亦不肯奏及怡良以聞又恐其情叵測坐視遲延半載至是月馳赴吳淞則英人已深入法人因請我船導之入江而官吏申

請稽時比至江甯則款議已成數日璞鼎查懼其搖撼
撫事遣舟迓之問勞有加法兵頭猶謂戰則求援和則
不告數誚讓之而英人待之益恭法兵頭懊喪而返於
是分提藩運各庫銀給付本年六百萬議款二千一百萬本年交六百萬餘分作三年完結至八月杪英船出江九月始盡回東海其鼓
浪嶼及定海則俟三年銀數交後始撤

劉韻珂致書耆英伊里布牛鑑

江甯撫議定浙撫劉韻珂恐人議其奏起伊里布爲請
撫之地以解浙危又見所允款議多礙大局遂致書耆
英等畧云聞撫局已定念計出萬全自當預防後患而
鄙人不無鰓鰓過慮者查英船散處閩粵浙蘇較多其

中稱有他國糾約前來者又聞粵東新到洋船十隻倘該逆退兵後或他國出而效尤或即英人託名復出別肆要求我未能深悉夷情安能盡服醜類此宜慮者一該逆曾在粵就撫迫給銀仍復滋擾前車可鑒此次議定後或又稱國主謂今酋目等辦理不善撤回別生枝節此宜慮者二該逆屢有前赴天津之言去年投書之某今年所獲之陳祿皆云雖給銀割地決不肯不往天津而現索通市碼頭又不及天津殊爲可疑此宜慮者三通商必明立章程各有關口應輸稅課倘仍阻商抗課勢必難聽一經禁止必啟事端此宜慮者四通商之後民人與該國獄訟應聽有司訊斷倘此後各省案涉

夷人彼乃抗不交犯如粵東林維美之案何以戢暴而服民此宜慮者五罷兵後各海口仍需設防如修造礮臺戰船添設兵伍營卡本以防海倘該逆猜疑阻撓致海防不能整頓此宜慮者六通商須治奸民今內地漢奸現投該處者應令全數交出聽候安插否則勢必恃夷犯法不逞之徒將陸續往投以害良民倘該逆庇護官法難施必尋釁隙此宜慮者七旣定碼頭則除通商地面餘皆不容泊岸倘任意闖入致民眾驚惶或掠取婦女牲畜民人糾合抗拒彼必歸咎於官興兵搆怨此宜慮者八通商原非割地而現已毀定海城垣造洋樓亘數里洋兵挈眷以居有據地之意倘各省均如定海

舉腹內之地畀人轉瞬卽非我有此宜慮者九中國凋敝之故由於漏銀出洋今各省洋船漏銀更甚利源勢將立竭會子交子之弊政行國用民用之生計已絕嗣後雖准以貨易貨更須嚴禁漏銀出洋而舞隙卽開於此此宜慮者十至議給之款各省分撥承示須勸紳富捐輸歸款浙省自軍興以來商民捐助餉需爲數已鉅甯郡爲全省菁華又爲洋人搜括一空去歲復遭災歉各屬飢民滋事業經勸捐賑濟實已竭蹷從事若責以賂夷之款勢必不應若如川省之議增糧賦江浙萬不能行必至忠義之心漸成怨毒之氣故勦夷之銀可勸捐而賂夷之銀不可勸捐他省完善之地或有可勸捐

浙省凋敝之區萬難勸捐惟諒察之又云成敗安危之機自此而定如病證本合用大黃芒硝忽爾瞑眩一醫遽易以參朮後醫知其誤仍用硝黃而配方雜亂佐使無等屢試益劇於是庸醫羣以爲硝黃不可用再投參朮不復瞑眩而痼疾遂成矣就今大勢而論文官愛錢又惜死武官惜死又愛錢加以兵無鬬志民有亂心帑藏空虛脂膏竭盡戰亦敗和亦敗然戰之敗敗於無人和之敗敗於失策英人反覆姑不具論卽善後事宜而論已僥焉如不終日導之爲逆者漢奸也其爲逆主謀及荷戈相從受其雇役者何止萬人英雖戢兵若輩肯散歸田里乎如仍混迹於英藉勢作奸犯科官不能詰

吏不能捕況英既以兵脅和固已夜郎自大邇商碼頭淸道而來文武官吏皆將趨避取人財貨掠人妻女又敢問乎一也名曰四處碼頭實則隨地可到假令深入漸進遨遊各城市孰能禦之二也不軌之徒干犯國紀竄身夷館即屬長城三也民犯夷則惟恐縱民以怒夷夷犯民又將執民以媚夷地方官祇知有夷不知有民四也水師將弁本皆懦法洋盜出沒伺劫祇須懸一英旗我兵便已膽落五也挾兵通商自必免稅沿海諸國大率爲英人脅服此後貨船皆附入英人我設關而彼收稅六也黃巖一縣無不吸鴉片煙晝眠夜起杲杲白日闃其無人月白鐙紅乃開鬼市煙禁大開鬼世將成

七也兩年來干戈擾攘專爲禁煙專爲漏銀今煙禁仍開銀盡可待八也夫國家所恃以治天下者法也民所恃以納稅課通貨物者銀也今法窮於夷銀盡於夷雖欲戢兵其將能乎然大局既壞攻補兩難而徒責今日之庸醫殺人則亦未爲平允耳

臣按韻珂此書指陳後患深切著明而法窮銀盡二語尤足賅通商後一切弊端而論者每惜其言行之不符蓋江甯之撫雖耆伊二相成之而二相之來江甯實韻珂使之但韻珂用意深巧既幸紓目前之難又自惜身後之名撫局既定恐貽天下後世口實特爲此書以貽三帥覽者見其置身局外反覆千言必

謂當日撫局顗珂未嘗與聞殊不知薦起伊里布疏中雖不及一撫字而該逆感戴傾服等語早已失言至是又倡爲攻補兩難和戰俱敗之説以自諉顗珂其黠矣哉故統觀其前後奏詞謂顗珂未與撫議恐百喙不能辯矣

冬十二月逮治沿海失事文武官論罪有差

撫議既成洋船盡退廷臣交章論劾有謂竭千萬民庶之脂膏保二三庸臣之軀命者　上亦念誓師命將戰既無人和眞失策追論前事　詔以不守長江險隘逮治牛鑑以耆英代之又褫逮領兵將帥奕山奕經文蔚余步雲等交刑部治罪按律問擬斬監候有差惟余

步雲以裕謙家人控於都察院奏聞　上以其情罪最重卽行正法其餘沿海失守城池之道府縣及領兵官失事逃走者懲處有差

以伊里布爲欽差大臣赴廣東督辦通商事

蠲免沿海被寇地方錢糧

罷臺灣鎮總兵達洪阿兵備道姚瑩

江甯議款成約各歸還俘獲而臺灣先後英俘百六十五人已於五月奉　旨伏誅惟以白酋還之璞鼎查抵厦門積懷慚恨遂訐臺灣鎮達洪阿兵備道姚瑩冒功貪賞擄殺其遭風逃難商民幷張僞示思與臺灣搆怨而主款官吏及失守文武亦忌之肆爲蜚語瑩等申奏

云臣等遵　旨釋還英俘及此次遭風英人業將兩次
委員護送並厦門英官來臺灣情形具奏茲據各稟委
員張肇鑾護送此次遭風洋人二十五名已於十月初
八日交訖其委員盧繼祖梁鴻寶護送釋回頭目顛林
等九十名因風於十月二十一日始到厦門先有洋船
在港口守候卽將顛林等攔去鼓浪嶼尚未給回照風
聞璞鼎查已到厦門與鼓浪嶼夷酋札士必作何忽生
異議以爲臺灣正法之洋人皆係遭風洋商不應正法
等語臣等不勝駭異查臺灣洋面自上年八月初一後
卽有洋船南北遊奕並無風暴初九日始有颶風至十
二日申刻卽止該洋船係十三日申刻泊雞籠外洋十

五日辰刻移泊近口之萬人堆十六日卯刻駛進口門對三沙灣礮臺連發兩礮打壞兵房我兵卽放礮回擊見其桅折繩斷船卽退出口外衝礁擊碎該船來臺遊奕在未起颶風之先及到雞籠洋已在風息之後且先泊外洋後進口門中歷三日之久何得謂之遭風如係商船爲何開礮攻我礮臺且尚有所獲洋人大小礮位多門及戰甲可證及九月初五日又有三桅洋船至雞籠攻我礮臺石壁燒我哨船一隻因上岸洋人爲我兵礮斃始退似此攻戰交鋒何竟不言而以遭風藉口本年正月大安之役先有三桅洋船三隻在彰化五汊港外洋臣等設伏定計密遣漁船誘其擱淺擊破除殺溺

外生擒顛林等四十九人及廣東奸民鄭阿二黃舟等五人起獲礮械內多甯波鎮海各營軍器鐫有字號並起獲浙江提督水師號衣旗幟各二署溫州鎮左營守備本汛水陸程途山水形勢冊一浙江巡撫札溫州左營包游擊捕盜又札包游擊查獲販買鴉片之犯各二弁潁州營左軍葛守備札辭外委查守兵陳廷儉各印文現俱存庫可驗若係商船何有此物其爲在浙騷擾之兵船無疑且據該夷目及奸民鄭阿二等供稱係璞鼎查自定海遣來持書尋臺灣逃軍張從等內應而張從已於上年由臺被獲正法果有其人似此供證確鑿乃捏稱遭風商船以飾其在臺挫衄之恥夷情狡詐一

至如此且事在和議未定薄海同仇卽使洋船實係遭
風亦當乘勢攻擊方爲不失兵機豈有釋而不擊禽而
不殺之理況洋人夾板雖多中多派用商船打仗勝則
稱爲兵船以耀其武敗則指爲商船以諱其短此無足
怪乃於和議已成之後追尋前事謂臺灣不當以其人
正法成何理耶臣等幸逢　聖明在上此等無理之
言本不足上瀆　宸聰但夷情難定其在臺者已感
激恭順於先而在廈者忽爲此飾情翻異之説誠恐訛
言易滋於大局甚有關係現在來臺洋人雖已悅服但
江浙大幫洋船尚未南歸不可不防患於意外今既有
所聞不敢不據實上陳　聖鑒又奏云前此僥倖成

功實由仰承　聖訓先事指示機宜又得文武員弁
紳士義民人思敵愾憤切同仇且督撫臣深悉海外情
形屢次令臣等便宜行事不爲遥制是以臣等不避嫌
疑遇事徑行具奏故能不失機要境土安全即正法之
夷自上年八月及本年正月俘獲皆羈留久之廹該逆
連犯乍浦吳淞始奉　旨正法誠以海外奸民屢次句
通滋事衆至百數十人久恐生變彼時尚未就撫不得
不除內患仍留其頭目未肯全誅臣等仰體　皇上
格外之仁安敢濫殺敵未就撫兵商皆我仇讎況騷擾
有據前後奏牘具在祇以上崇　國體下固人心張我
軍威作我士氣乃蒙　聖主俯鑒海外孤危內安外

攘之難十倍内地不惟臣等及全臺文武屢邀　寵
恩迥逾常典並以臺地人心浮動之區紳士義民能知
大義每於　賞勸獎勵之中特加優異　聖謨廣遠
燭照遐方所以鼓士氣而勵戎行迥非臣下所能企及
臣等力小任重本深以爲懼臺灣之賞愈厚則英人之
忌愈深觀該酋示中有云中華之辱莫甚於此其情亦
可見矣厦門與臺灣對峙洋人在厦設立碼頭商船往
來貿易臣等在臺實犯彼之大忌今僞示稱請大臣代
奏伸寃諒此虺蜮之情斷不能逃　聖鑒而臣等密
邇仇讎彼必藉口而來滋擾縱使防禦周詳人心鞏固
第方今受撫之初豈可以一隅致礙大局伏乞　皇

上天恩將臣等開缺卽日撤回聽候　欽派大臣到
臺查辦俾臺灣免生兵釁至臺灣各口要隘設防兵勇
前已酌量抽減以節經費今夷旣與臺灣爲難不得不
仍行嚴備並求　迅賜簡放鎭道以重地方而專職守
時諸大吏慮兵端再啟各據洋人遞詞入奏者英竟劾
臺灣鎭道冒功逹洪阿姚瑩遂罷

國朝柔遠記卷十一

國朝柔遠記卷十二

臣彭玉麟恭定
臣王之春敬編

癸卯道光二十三年

春正月　詔怡良讞臺灣獄

時英酋流言四布欲罪臺灣鎮道以雪憤詔閩浙總督怡良渡臺查辦並奉　廷寄儻此案稍有隱飾不肯破除情面以致朕賞罰不公不明又誤撫夷之局將來朕別經察出試問怡良當得何罪凜之愼之怡良旣渡臺卽欲傳　旨逮問而臺郡兵民望其騶從相與喧譟不已達洪阿亟諭解之次日又持香炬赴愬行營復經鎮

道撫循遺散而全臺士民遠近奔赴合詞申理怡良懼
激變受其詞慰而遣之然旣奏　明諭不欲誤和撫之
局思從權完案至是宣傳　上意迫鎭道具供以兩
次洋船之破一係遭風擊碎一係遭風擱淺實無兵勇
接仗之事據奏又稱此事在未經就撫以前各視其力
所能爲該鎭道志切同仇理直氣壯卽辦理過當尙屬
激於義憤惟一意鋪張致爲藉口指摘咎有應得達洪
阿姚瑩遂不敢堅執前情求奏請治罪
夏五月逮臺灣鎭總兵達洪阿臺灣道姚瑩入都
怡良等奏上有　旨逮達洪阿姚瑩入都交刑部會同
軍機大臣訊結議上奉　上諭該革員等呈遞親供

朕詳加披閱達洪阿等原奏僅據各屬文武士民稟報並未親自訪查率行入奏有應得之罪姑念在臺有年於該處南北兩路匪徒疊次滋擾均迅速蕆事不煩內地兵丁尚有微勞足錄達洪阿姚瑩著加恩免其治罪業已革職應毋庸議初姚瑩就逮時上浙撫劉韻珂書云瑩與達鎮軍以擒斬夷俘為夷目譎愬大帥相繼糾彈更有摭拾浮言為彼之助者致干　震怒逮問入都既負　聖明特賁之恩又孤上台知薦之德惶悚難言即當赴省候文就道不得面辭承明諭原奏未嘗不是惟斬俘太急再逾兩月則撫議成而事可免又謂鎮道此行非辱甚矣大君子持論之允也顧尚有未白於

左右者今局外浮言不察情事言鎮道冒功上干
天聽夫冒功者必掩人之善以爲己美未有稱舉衆善
而以爲冒功者也雞籠距郡程十日大安稍近程亦五
日皆在臺之北境兩次擒夷均非鎮道身在行間惟據
文武士民稟報之詞耳自古軍中驗功皆憑俘馘旂幟
鎧仗有則行賞故人人用命是以周師耀武史有漂杵
之文項羽自刎漢有五侯之賞所謂兵貴虛聲寬則得
衆也雞籠之破洋舟雖以衝礁大安之破洋舟雖云擱
淺然擐甲之士不懈於登陴好義之民咸奮於殺敵乘
危取亂未失機宜洋舟前後五犯臺洋草嶼賊船句結
於外逆匪巨盜乘機散亂於內卒得保守巖疆危而復

安未煩內地一兵一矢者皆賴文武士民之力也第無以鼓舞而驅策之焉能致此況當時各路稟報皆稱接仗計誘所獻夷因礟械衣甲圖書旣驗屬實復有綠營旂幟軍衣刀仗與浙江巡撫營官印文火藥道里數冊確係騷擾內地之兵船其時敵焰方張蹂躪數省荼毒我民人戕害我大將　朝廷屢有專征之命閫外曾無告捷之師　宵旰憂勤忠良切齒郡中得破舟擒夷之報咸額首稱慶謂海若効靈助我文武士民殲此醜類亟當飛章入告上慰　九重焦憤之懷且以張我三軍挫敵銳氣在事文武方賞勞之不暇豈爲鎭道不在行間功不出已遂貶損其辭哉鎭道原奏皆據衆報

彙敘未言鎮道自爲節文武稟報亦未沒士民所獲土民亦未有控文武攘其功者怡憲渡臺逮問鎮道成算早定一時郡兵不服其勢洶洶鎮軍懼變親自拊循慰諭乃散翌日衆兵猶人持香一炷赴　欽使行署泣愬而全臺士民遠近奔赴具呈爲鎮道申理者甚衆皆未邀臺案議敘之人也雖憲批不准然皆已受其辭有案可稽則鎮道非有冒功之心明矣雞籠洋舟到口三日後乃開礮我兵亦開礮相持大安洋舟實爲漁人所誤擱淺兵民因以乘之當時陳辭初非臆造詎料就撫後追憾臺灣擒斬其人徧張僞示以爲中華之辱莫甚於此計逐鎮道以快其私大帥相繼糾參而臺灣冒功

之獄成矣在諸公創鉅痛深以爲甫得休息深懼再啟
兵戎謀　國之意夫豈有他正月二十五日怡憲抵臺
次日傳　旨逮問以所訪聞令鎭道具辯瑩與鎭軍熟
計英人强梁反覆今一切已權宜區處膚愬之辭非口
舌所能折辯鎭道不去而英或至必不能聽其所爲英
或別有要求又煩　聖廑大局誠不可不顧且愬出
英人若以爲誣英必不肯服鎭道　天朝大臣不能
與夷對質辱　國諸文武即不以爲功豈可更使獲咎
失忠義之心惟有鎭道引咎而已蓋英未撫以前道在
揚威厲士既撫以後道在息事安民鎭道受　恩深重
事有乖違無所逃罪理則然也且上年十二月初三日

鎮道見英僞示卽照錄具奏自請撤回查辦其摺在口守風聞怡憲已奉旨渡臺乃追回鈔呈怡憲舟次繕摺猶存今以罪去誠乃本懷將來入都亦必如前請罪以完此案夫世俗紛紛皆由富貴功名之念重君臣道義之念輕耳苟利社稷卽身家在所不計古有殺身成仁毁家紓難者彼何人哉怡憲不諒志士立身以爲及此尚形强矯頗相詰責不能辯也至臺灣鎮道奏事乃

國制也隔海文書往復不能刻期軍中朝夕百變若事事請命則貽誤多矣惟念大君子有知己之感區區微忱幸亮察之又與方植之書云年前接讀手書及論洋務文深爲嘆息所論何嘗不中無如任事人少畏葸

者多必舍身家性命於度外眞能得兵民心審事局之全察時勢之變復有強毅果敢之力乃可言之此非鹵莽輕躁所能濟事也雖有善策無幹濟之人奈之何哉今世所稱賢能矯矯者非書生則獄吏但可以治太平之民耳曉暢兵機才堪將帥目中未見其選也況局勢已成挽回更難爲力耶瑩五載臺灣枕戈籌餉練勇設防心殫力竭甫能保守危疆未至僨敗然舉世獲罪獨臺灣屢邀上賞已犯獨醒之戒鎮道受賞督撫無功又有以小加大之嫌況以英人之強黠不能得志於臺灣更爲膚愬之辭恫喝諸帥逐鎮道以逞所欲江南閩中彈章相繼大府銜　命渡臺逮問成見早定不容剖陳

當此之時英爲原告大臣靡然從風斷非口舌能爭之事鎮道身爲大員斷無嘵嘵申辯之理自當委曲以全大局至於臺之兵民向所恃者鎮道在也鎮道得罪誰敢上控大府外結怨於兇酋乎委員迫取結狀多方恐嚇不得不遵於是鎮道冒功之案成矣然臺之人固不謂然也迨見鎮道逮問精兵千人攘臂呶呼其勢洶洶達鎮軍懼激變親自拊循婉曲開譬衆兵乃痛哭投戈而罷士民復千百爲羣日匍伏於大府行署紛紛僉呈申訴者凡數十起亦足見直道自在人間也覆奏已上

天子聖明令解内審訊尋繹　諭辭嚴厲中似猶有矜全之意或可邀末減也委員護解啟程當在五月

中甸大局已壞鎮道又何足言但願委身法吏從此永靖兵革以安吾民則大幸耳夫君子之心當爲　國家宣力分憂保疆土而安黎庶不在一身之榮辱也是非之辨何益於事古有毀家紓難殺身成仁者彼獨非丈夫哉區區私衷惟鑒察焉倘追林鄧二公相聚西域亦不寂寞或可乘暇讀書補身心未了之事豈不美哉

以兩江總督耆英赴粵督辦各國商事

江甯和議亟成法蘭西美利堅人先屢居間議款皆不得與頗有違言其年冬伊里布以欽差大臣至粵東議互市章程英人欲各國皆就彼挂號始輸稅當事每曲徇英人意於是法人美人皆憤言我非英屬國且從未

猾夏憑陵何反厚彼而薄我不肯從又英酋先受困三元里不敢復市廣州及議款成許以廣州貿易而粵民羣起拒之聚衆數萬殺英人於市又殺英官於澳海焚其館而掠其貲督撫再三諭散之璞鼎查時在粵不敢報復而歸咎於官吏伊里布旣以始終附成和議爲時指摘又見粵事多棘手至是以憂卒　詔耆英往接辦遂許法美二國互市皆如英例不用洋商任往各海口與官吏平行英人反以此市德於各國而各國之從以合

甲辰道光二十四年

英人築福州烏石山

時劉韻珂任閩浙總督英領事官李某以有事請見韻珂不得已許之及見則請立通商碼頭欲於會城內外自南臺至烏石山造洋樓南臺在福州城外烏石山則城內形勝之地韻珂難之紳士許有年等亦聯名稟阻且以上年粵東阻止入城爲言領事怒訴於兩廣總督耆英謂二十三年粵人阻止入城之議係督撫藉端推諉今閩人又將效尤請飭照會閩浙總督加意彈壓耆英言和約第二條所載領事官住五處地邑並非專指城內而言今百姓同聲疑阻豈能遽治以違抗之罪至十一條內聲明兩國屬員往來平行照會此乃文書往來非指住處而言未可牽引比附然值交還欠款照江

甯約已付甲辰年銀二百五十萬應將舟山鼓浪嶼退還中國於是英公使在粵言該國領事在閩應將原約准在福州城內建樓今旣不許恐交還鼓浪嶼之約亦將背盟閩粵兩督與之往復辯論英公使乃請以二日退還鼓浪嶼但退還後仍請在彼處建屋以居耆英言約內但有五口居住之說是福州廈門可造房屋鼓浪嶼不得造房屋然英人執之如左券矣

臣按李領事初欲在白塔寺賃屋居住居民沮之卒援福州建造房屋之議擅入城中佔居烏石山閩人知爲虎頭生角形家所忌而不能阻始歸咎於當事之不善處分而韻珂遂因此被劾去

乙巳道光二十五年

俄羅斯國進呈書籍三百餘種

耆英奏准設天主堂

直省開堂傳教自昔例禁綦嚴至五口通商亦無許其增設教堂聚徒講教而江甯議款定自英人法蘭西美利堅皆不與又法蘭西貨船至中國者少而私赴各省傳教者爲多殊不便於中國之禁於是二國相繼詣粤督呈稱天主教勸人爲善並非邪教請弛習天主教之禁耆英據奏部議准於海口設天主教堂惟不許奸誘婦女及誑騙病人眼睛違者仍治罪自是西洋人寄居五口者皆設天主教堂按房虛昴星値日之期七日一

宣教法洋商是日停止貿易入廟禮拜謂之安息日歲以爲常然人民不服其教者亦以此屢起衅端官吏調停其間而已

冬十二月英人入廣州城義民禁之

英人既於福州烏石山建樓居大僚與修往來晉接之儀英人因是冀入居廣州城粤民謂洋人向不准入城爲

天朝二百年來例禁況五口通商粤東但有澳門不聞廣州也合詞愬於耆英請申禁不省乃大集南海番禺紳耆傳遞義民公檄議令富者助餉貧者出力舉行團練按戶抽丁除老弱殘廢及單丁不計外每戶三丁抽一以百人爲一甲八甲爲一總八總爲一社八

社爲一大總旬日間城鄉鎮市鐙旗相望衆議洶洶不藉官餉亦不受官約束良莠錯雜浸浸與官爲仇矣英酋璞鼎查之返粵粵民卽禁其入城酋方逞志於江甯懼見挫遂逡巡去嗣有洋艘至請入見耆英難之至是其酋復以事請面商耆英乃遣廣州知府劉潯赴英舟謂將曉諭軍民訂期相見粵人偵知之於城廟徧張揭帖約以英酋入城日閉城起事適潯自英船歸民有擔油者犯其前導隸捽而笞之市人譁曰官方清道以迎洋鬼其以吾民爲魚肉也一時烏合乘釁而起隨潯噪入府署聚至數千人闖入內宅取潯衣笥搜其冠服焚之堂下曰彼將事夷不復爲　大清官矣潯踰垣奔

訴督撫懼激變亟出示安撫之乃散又揭帖議刼十三洋行英酋遂逸去自是廣州民遇英人登岸輒多方窘辱之英人不堪反以爲大吏指使也數貽書責讓耆英不能辯而懼敗撫局無計以弭之謀於粵紳則曰此衆怒不可與爭也又曰吾鄉之民能爲　國家効力勦賊不願從撫也若督撫將軍一朝下令示以能執干戈禦外侮者受上賞某雖不武亦願備前驅耆英無以答也時番禺紳士潘士誠發憤捐貲延法人雷壬士於家造船礮水雷演試如法先後奏聞進呈　詔廣東新造戰艦交其承辦毋令官吏侵蝕於是粵民乘間以翻撫局英人入城之議不果行

丙午道光二十六年

黃恩彤免

初黃恩彤爲江甯布政司助成和議撫局已定升授廣東巡撫至是被劾罷歸

以徐廣縉爲廣東巡撫

冬十月以葉名琛爲廣東布政司

丁未道光二十七年

春二月與瑞典及哪威國訂通商約

哪威本名挪耳瓦在瑞典西境負大山之背地形長狹如帶北抵冰海西抵大西洋南與嗹鄰其境稍沃夏日長九時冬夜長九時極北冬有夜無晝夏有晝無夜地既荒

寒不毛居民身不逾四尺以魚爲糧本嗹屬國嘉慶中
各國公使會議於維也納以瑞地近嗹者歸嗹而以哪
威屬瑞瑞自雍正間來粤商船亦歲至粤人呼爲藍旂
國時法美諸大國通商俱得倣英和約條款而瑞本小
國不能盡循因請並訂通商條款耆英雖督兩廣實兼
總理五口通商善後事宜辦理外國事奏請許之遂與
瑞公使李利華訂約三十三條而耆英旋内召矣
以徐廣縉爲兩廣總督葉名琛爲廣東巡撫
夏五月耆英赴召至江蘇讞獄與英人成和
時五口通商上海最盛洋人暇日輒駕杉板船四出游
覽而英人尤横有麥伯思舟泊靑浦境與居民鬭爭適

有縣之糧艘集舵工水手等助居民相掊擊英衆多傷
幷毀其船滬領事聞之詰上海兵備道某請按問主者
窮治首從兵備道亦素惡其橫又以事關地方不應越
訴乃謾語以鬬毆細故不足深詰領事怒語侵之兵備
道拂衣入謂上海知縣曰番漢雜處平民鬬毆此犬兔
之逐耳執民以媚夷吾不爲也英人求直不得乃遣副
領事羅伯孫等以小火輪至江甯陳訴時李星沅新任
總督適閱綠營兵聞之亟遣員弁馳詰下關偵之領事
求入城見總督面訴星沅欲援舊檔止之不可乃進前
此英酋與耆英等相見於上江考棚用平行儀節越日
遂遣員弁導之入城江甯民以壬寅報恩寺之怨相與

喧噪英兵呵逐之居民競投磚石擲其酋導行之員弁委曲調護始得入考棚因訴青浦被毆劫毀船貨值若干萬及上海道不爲申理星沅權詞撫之令回上海聽候奏請查辦英舟乃起椗去星沅方奏委布政司赴上海適耆英自粵東内召過江蘇遂奉　旨讞其獄耆英恐失英人懽於緝治青浦水手外又以賂款作賠款而置兵備道於劾典星沅以此不懌踰年遂以疾乞養歸

戊申　道光二十八年

俄羅斯商船來上海求互市不許

初嘉慶間俄羅斯由黑海沿裏海南侵游牧各回部英吉利旣據東南兩印度漸拓及温都斯坦（即中印度）而北於

是葱嶺西自布哈爾愛烏罕（即阿富汗）數大國外凡韃韃里（一作韃靼）皆幷於俄夾恆河城郭回國半屬於英道光十九年愛烏罕與沙蘇野相攻沙酋求救於英印度兵頭愛酋亦走愬於俄俄起兵南攻巴社（即古波斯國）取機洼木哈臘（即布哈爾）欲復還故地以窺印度思奪英鴉片稅餉之利英亦嚴兵爲備於是英俄邊界僅隔印度歌士一大山爭戰不休英亦思自息搆爭議未定而粵東罷英互市聲其罪讐英者咸快之俄亦思結援中國遣使自比革爾起程來華約中國以兵二萬由緬甸西藏夾攻印度事雖未行而英惴甚或欲乘俄未至速入寇或料中國未必遽信俄言而防守中印度綦嚴英旋助土耳其（即都

魯機與俄血戰數年始講和而罷逮江甯撫議定法蘭西美利堅未與議者旋亦照英例並在五口通商而俄人自嘉慶十一年貨船來粵駁回後至是有一船亦來上海求市經大吏奏明駁回蓋其商船偶隨諸國私來非奉其國命故即回帆去又俄皮貨珍貴如貂狐海龍駝絨灰鼠之類專售中國若由海船而經炎方鮮不蛀朽故通市之在恰克圖而不由海道以此然俄恃其强亦常至各口後遂有四國聯盟合從稱兵事

己酉道光二十九年

兩廣總督徐廣縉廣東巡撫葉名琛進爵有差

先是耆英奏　召將去粵英人以其管轄五口又原議

撫事大臣堅執江甯前約請定入城之議耆英以粵民爲詞請徐圖之期以二年後當踐約英酋復要其入告許之耆英既去英人益桀驁視後至蔑如也又以往時預撫局者先後去粵更多所要求遂復以入城照會總督徐廣縉粵紳乘間說廣縉曰彼求無厭公能盡厭其求乎否則需者事之賊也今吾粵民眈眈者皆在英矣若公投袂一呼則負杖入保者皆至何憂不克至是英酋文翰堅請入城與總督議事廣縉辭之而自出虎門詣英舟文翰出所求通商各款並申二年入城之約廣縉不荅歸與巡撫葉名琛畫戰守策時南海番禺各鄉團練之師先後並集紳士請師期廣縉告曰洋人志期

入城不許則必挾兵以要我當先守俟其動而後戰則曲在彼矣越日英舟闖入省河連檣相接輪煙蔽天廣縉復單舸前往諭以衆怒不可犯文翰謀質廣縉舟中以要請俄而省河兩岸義勇呼聲震天文翰大懼乃請罷兵修好不復言入城事廣縉徐以温言撫之遂開艙互市如初奏入　上方悟粵民之可用而前此諸臣皆以畏葸故失之覽奏大悅　諭曰夷務之興將十年矣沿海擾累糜餉勞師近年雖畧臻靜謐而馭之之法剛柔不得其平流弊以漸而出朕深恐沿海居民蹂躪故一切隱忍待之蓋小屈必有大伸理固然也昨因英夷復申粵東入城之請督臣徐廣縉等迭次奏報辦理

悉合機宜本日又由驛馳奏該處商民深明大義捐貲
禦侮紳士實力匡勷入城之議已寢該夷照舊通商中
外綏靖不折一兵不發一矢該督撫安民撫夷處處皆
抉摘根源令該夷馴服無絲毫勉强可以歷久相安朕
嘉悅之忱難以盡述允宜懋賞以奬殊勛徐廣縉著加
恩賞給子爵准其世襲並賞戴雙眼花翎葉名琛著加
恩賞給男爵准其世襲並賞戴花翎以昭優眷發去花
翎二枝著即分別祗領穆特恩烏蘭泰等合力同心各
盡厥職均著加恩照軍功例交部從優議敘候補道許
祥光候補郎中伍崇曜著加恩以道員儘先選用並賞
給三品頂戴至我粵東百姓素稱驍勇乃近年深明大

義有勇知方固由化導之神亦其天性之厚難得十萬之眾利不奪而勢不移朕念其翊戴之功能無惻然有動於中者乎著徐廣縉葉名琛宣布朕言俾家喻戶曉益勵急公親上之心共享樂業安居之福其應如何獎勵及給予扁額之處著該督撫等獎其勞勩錫以光榮毋稍屯恩膏以慰朕意餘均著照所議辦理時粵東好事者倡言將欲乘勝沮其通商文翰聞之而懼貽書廣縉請重定粵東華洋通商之約於是粵紳言於廣縉曰洋人覬覦入城誤自江甯之約未經顯揭耳今必欲以粵東專約請者須首嚴洋商入城之禁明載約中以杜其後文翰見眾怒洶洶不敢堅執遂莅盟粵人又要以

出示曉諭洋商恪遵新約亦許之廣縉以聞登入檔案

自是英人在粤稍斂戢矣

國朝柔遠記卷十二

國朝柔遠記卷十三

臣彭玉麟恭定
臣王之春敬編

辛亥咸豐元年

耆英免

時　上初嗣位英人以火輪船駛赴天津稱來弔
大皇帝喪直隸總督以聞　上召問大學士穆
彰阿耆英以請助執紼出自外洋修好之忱對意在許
之　上知其情叵測一旦假以辭色必有覬覦非分
之求與其卻之於後不如拒之於前　命直隸總督諭
遣之英人亦遂起碇去　上見其情恭順始悟前此

逞志邊疆實自議撫諸臣未戰而先示之以弱故洋艘既退即分別譴責以耆英爲首罪先罷斥並　特頒詔諭爲當年主戰得罪諸臣昭雪

詔雪達洪阿姚瑩冤

初　上在潛邸即深知達洪阿姚瑩之冤至是　詔告天下有曰當時政府力排異己如達洪阿姚瑩之盡忠盡力有礙於己必欲陷之於是臺灣之獄大白姚瑩等尋起用

秋八月與俄羅斯定伊犁塔爾巴哈臺互市

中國與俄羅斯初止在恰克圖通商掌以部員仍總於庫倫辦事大臣至是俄人請增伊犁塔爾巴哈臺互市

由伊犂將軍奕山參贊大臣與之定約奏准通商章程
十七條

癸丑咸豐三年

春二月廣西賊洪秀全陷江甯洋人助逆

廣西金田賊洪秀全初亦以習天主教糾眾煽亂去年冬由湘陷漢陽武昌是年正月東竄陷沿江各城是月進陷江甯未幾有洋人自上海以火輪船泊下關與之句通先是賊攻長沙兩江總督陸建瀛請閱兵九江察看沿江要隘時有獻守江之議者謂洋人自就撫通商以來甯波上海各口均有舟師若遣員赴彼賂其領事兵頭等俾以火輪入江助勦足備不虞事不果行及賊

犯江甯時湖南提督向榮奉　命爲欽差大臣以長江無備檄蘇松太道吳健彰與洋人議商而領事兵頭等答以不助官亦不助賊健彰知不可另募紅單夾板船以應及洋船突抵下關賊初疑爲官兵之借助也將拒之其人曰爾無我虞此來爲通市耳乃徐出其槍械火藥示賊軍賊大喜鼓吹迎其酋入城與之聯敎通欵俾常接濟軍火由是其酋來往賊營蹤迹詭祕雖江甯人不知其助官助逆也時賊營括掠沿江大小城邑財寶山積洋人大獲其利

秋八月廣東人劉麗川作亂陷上海知縣袁祖惠死之

香山人劉麗川初與上海兵備道吳健彰有舊欲藉此

貪緣出入健彰聞其在滬多不法又以身居監司不復與通麗川遂生觖望窺道庫關餉甚饒乃糾集在滬粤人及福建之青巾江右南贛之編錢會黨數日間得二千人闖入上海縣城首戕知縣袁祖惠遂入道署以兵脅健彰突有洋館頭目格叱之挈健彰去逆黨乃刼庫餉據城張僞示蓋以洋行公司鈐記所刼餉銀鎔爲番錢益招致亡命寇掠旁縣將句粤逆進寇蘇杭閩洋館領事溫那治曾在江甯與粤逆通麗川求代爲納款許之乃託貿易遣火輪船二駛赴江甯時鎮江各大營巡船見火輪船游弋江上形迹可疑水勇徑登其舟拏獲槍械火藥及洋人二名并僞函僞摺函卽溫那治寄與

賊目書稱前在南京蒙相待優厚并爲照顧貿易之事我等同教中人決不助官與衆兄弟爲仇今寄來火器火藥各若干祈早爲售脫搢卽麗川稱臣於秀全求援應者并獻倭刀一柄時兩江總督怡良駐常州親訊不諱遂咨粵督欲聲洋人助逆罪終以内患方殷恐誤撫局不遑究詰健彰以通番養賊革職尋起用

乙卯咸豐五年

春正月江蘇巡撫吉爾杭阿復上海擒劉麗川誅之

劉麗川陷上海後連陷川沙青浦南匯及嘉定寶山諸廳縣聲勢響應各土匪附之官兵屢進攻不克巡撫吉爾杭阿謀設長圍斷其援而上海北門外洋涇濱爲洋

人租界四周築牆樹柵官兵不得立營壘而賊轉於洋行南首據陳家木橋堅壁以通軍火饋餉官兵束手時賊勢日熾商賈裹足各國貿易亦衰於是吉爾杭阿乃謀之各國法蘭西提督辣吡爾首請助順復與英吉利領事阿利國商暫讓南首馬路聽官兵築營壘而美利堅人懼毀其牆外房屋有難色乃許以估價贖回議既定遂於先冬首擊退扼橋之賊漸移營而前距堙而攻之官兵水陸攻圍六門約期皆備雲梯而賊自城上槍礮火包雨下兵勇不得上時北門附郭有高屋一區官兵得而據之俯瞰城中礮斃紅衣賊目數人日有斬獲二十七日賊來撲橋聲言掠洋涇濱各商亦勒兵嚴防

與官兵并力拒擊賊又鈔襲橋營後皆擊退之追至城濠擒斬偽將軍林阿朋歲除日官兵攻城失利傷亡百數十人正月朔旦吉爾杭阿巡壘見城賊僅放鳥槍無大礮知其藥彈將罄乃密期諸營夜發是夕賊見官軍失利又以歲首開筵盡醉有百姓偵得之以告遂導官兵由東南梯而入賊衆倉卒覓槍械不得驚潰麗川率百餘賊縱火由西南門縋城走總兵虎嵩林督兵追至虹橋廣西兵復邀截之生擒麗川斬之時官兵攻東南法兵備西北又派營將以拖罾船截其由江入海之路遂獲全勝復上海及旁縣

臣按滬郡治始則助賊攻而終則乘其敝所謂利盡

而交疏也若賊勢不衰則且益助之爲暴患有不可勝道者有謂洋人之情扶强而抑弱豈虛語哉

丙辰咸豐六年

秋九月英人犯廣州大學士總督葉名琛督義勇拒之中西前約載凡有不法華民逃至香港或在英船潛匿者英官查交華官若華官探聞在先亦准照會英官移取其英人犯法逃華者亦如之是月初十日有洋艇張俄羅斯國旗來粤河水師弁兵見所載皆華民將罪之通番遂械舟子十二人送省船主以愬領事巴夏里至舟查勘營弁不爲禮巴夏里怫然乃照會粤督以營弁不應擅執且明舟子無罪請釋之總督葉名琛不許又

因包公使以請許之英水師提督西某欲尋衅名琛遣送舟子於領事廳而領事以事關水師弗受二十六日英水師遂攻我黃埔礮臺名琛遣雷州知府蔣某至領事廳詰其由時西提督亦在焉同答曰傳言誤聽屢乖二國之好歸語總督當入城面議之葢意不在舟子欲藉面議爲入城計也名琛以道光戊申己酉間已與英人重定粵東之約辭之而粵人亦執前約及英人示諭洋商不准入城載入新聞紙者上書爭之時名琛已奉

頒欽差大臣關防督辦洋務巴夏里遂屢致書名琛謂壬寅請款凡領事官相商事件得於地方官衙署相見自粵東禁入城以來傳言誤聽壅閼不通請仍循江

甯舊約以通中外之好不省於是英人興師攻粵城粵民率團練義勇入保英人遂不克逞復請釋甲入見亦不許

冬十月廣州義勇禦英人屢卻之

英人既積憤是月英水師遂攻我虎門橫檔各礮臺越日又毀我大角頭礮臺及亞西娘二礮臺時沿河礮臺皆有官兵義勇協防凡英艇經其側卽開礮相持無虛日十七日有花旗（美利堅旗號）船自澳門入經沿河礮臺兵勇不辨誤擊其貨船二彌領事致書粵督亦不省因與美人有隙已而英人又移兵攻近城礮臺粵民城守者見英人猖獗咸思洩憤於是積薪灌油燬英人洋行六

時洋艘至粵者爲義勇沿河截擊人船多傷官不能禁
有英火輪船尾繫划艇載燼餘珍玩自省河至虎門夜
半突有華艇蟻集開礮轟擊輪船亟棄划艇而遁

丁巳咸豐七年

冬十二月英人法人連兵陷廣州城

先是英人攻廣州不克馳告其國主集上下院議之（英制上院爲大臣下院爲紳士）其相臣巴米頓力主稱兵而紳士不從存
謂宜先遣公使至中土請重定盟約不許而後稱兵我
有辭矣於是簡其伯爵額爾金來華擬由粵入都先將
火輪兵船分泊澳門香港以俟又遣人約法蘭西連兵
法人聽命額爾金至粵初謀入城不可與水師提督領

事等議款照會粵中官吏俟其復書定進止名琛以其書語多狂悖置不答亦不備英人遂糾合法蘭西彌利堅俄羅斯合從稱兵適法兵船來粵遂合攻城城陷執名琛歸於其國將軍穆克德訥巡撫柏貴以聞奉

上諭葉名琛以欽差大臣辦理夷務如該夷等非禮妄求不能允准自當設法開導一面會同將軍巡撫等妥籌撫馭之方乃該夷兩次投遞將軍巡撫副都統等照會並不會商辦理即照會中情節亦祕不宣示遷延日久以致夷人忿激突入省城實屬剛愎自用辦理乖謬大負委任葉名琛著卽革職

大學士裕誠覆英俄法美書

英人踞粵後自知背約因效義律赴天津往事歸罪粵
中官吏以自說乃與法美俄三國議各遣屬官赴江蘇
見兩江總督以書求轉達　中朝宰相俟照覆於是四
國各遣屬官由上海至蘇州時兩江總督何桂清駐常
州趙德轍任江蘇巡撫見之以遞書告德轍乃咨送桂
清以聞大學士裕誠既得各國書旋覆英國云爾英國
在廣東舉事皆由葉總督辦理不善我　皇上已將
伊革職並著黃宗漢赴廣辦理外國事務爾英國差官
欲修和好可速赴廣東與黃宗漢會晤本大臣參謀內
政未便預聞外國之事故特札江蘇督撫轉諭覆法國
書略同覆美國云英法二國連合起兵爾花旗不預獨

能修好排解我　皇上實嘉賴之但英法起兵實因
葉總督辦理不善我　皇上將伊革職著黃宗漢赴
廣辦理外國事務爾花旗國官果能從中排解可速赴
廣東會晤其覆俄羅斯書則云爾俄羅斯與　大清
向有私約廣東稱兵爾國亦不預惟爾國向在黑龍江
貿易並無立馬頭通商之說如有相爭事件可速赴黑
龍江我國自有　欽差大臣在彼可以面議勿庸與本
大臣議事

戊午咸豐八年

春三月粵紳侍郎羅惇衍翰林院編修龍元僖給事中蘇
廷魁設團防局

時英法踞廣州民多不附而北門外九十六鄉素與洋人爲仇謀保衛計佛山鎭紳士倡設團防局首嚴清野禁絕漢奸相約洋人入其界者登時格殺侍郎羅惇衍等親赴各鄉團練得數萬人揚言戒期攻城英法聞之而懼是時將軍副都統皆在城中英人防其內應悉收駐防兵械脅降旗民司道聞佛山起義間行出城惟巡撫以英法防守不得出初中西釁起地方官嚴禁華人受外洋雇役省城旣陷英人逼令巡撫示諭以中外講和不日罷兵通商爾等凡在麥高香港等處（麥高與香港對洋香港在珠江口北麥高在南其民多仰食於外洋）爲英法署中辦理文案及受雇役人等前遵示辭退者仍速回原署照舊辦理毋得觀

望不前團防紳士聞之謂中西釁啟漢奸向來違抗封
艙之案必先撤其沙文沙文即華民受洋人雇役者使之供應窘絕
遂出示令粵中各府縣鄉村耆老首事通飭民間男女
有在香港麥高等處爲外洋人教書辦文及効力雇役
人等統限一月内回家違者收其家屬或繫其親族於
是漢奸歸者二萬餘人洋人身司炊爨不堪其苦以告
領事巴夏里僞諭華民言現今公使水師提督在天津
與　大清議和不日即可通商爾等仍各還原業即
地方官亦應仰體　皇上之意毋再阻撓致激他釁
因遣火輪船一往新安張示鄉勇突發殺傷數洋人並
殺其帖示之士民麥高之示亦得不懸英法在省垣者

聞之旋起兵攻陷新安

臣按佛山之局紳民同心聲勢響應惜不能成紀律之師故築室多謀而攻城鮮效繼以天津之役滬上之行執政主和疆臣觀望紳民之掣肘愈甚義氣爲之不伸是以卒鮮成效君子惜之

夏四月英人法人連兵犯大沽游擊沙春元陳毅死之

先是大學士裕誠覆英法美俄四國書令其分別在廣東及黑龍江候查辦時四國人已至上海而英領爾金及水師提督並法兵船踵至阻之不可遂由海道徑窺天津三月四國舟泊海口遣人前赴大沽港口投書照會直隸總督請轉達入都總督譚廷襄以聞 上命

戶部侍郎崇綸內閣學士禮部侍郎烏爾棍泰馳赴天津與廷襄商辦夷務直沽去海口二百里一日大沽港南北岸均設礮臺為天津門戶港外沙磧一道凡海船入口所必經稍不習輒虞擱淺四國投書時廷襄先遣人以小舟導之行自此洋人數以小船探水廷襄以時方議款弗之禁亦不設備遷延二旬洋艘漸習又以遠鏡窺礮臺虛實時美俄請款船泊口內英法不俟命是月初八日以小輪船及杉板數十闖入大沽口官兵開礮相持不克前路礮臺陷游擊沙春元署游擊陳毅皆死之同殉者陳榮台振岡全布增錦蔡昌年恩榮季榮長富廣均劉英魁諸人副都統富勒登太營北岸守後

路猝聞前軍失利兵皆驚潰後路礮臺亦陷京營礮械俱失

罷直隸提督張殿先天津鎮總兵達年大沽協副將德奎

廣東義勇謀討洋人

時英人在廣州聞城外白雲山有鄉勇屯防以兵百餘人往及見鄉勇人衆懼不敵次日復調兵千人偕進而鄉勇已去英兵追至數里外欲返其酋怒追至日中戰傷者五人暍死者六十餘人其醫生（外國出兵皆有醫生隨後）亦爲鄉團擒殺時義勇聞洋船北犯天津心愈忿膽益壯不時潛燒其居又殺法美及印度兵數人且有潛置毒飯中爲法人所覺故亦不願居粵城

奕山以松花江左岸地與俄羅斯

中俄自康熙雍正間曾再定邊界至是乘我粵寇方棘與英法美合以圖我然三國志在邀利俄則欲蠶食我邊地雖不與英法攻擊大沽而以邊地爲請　朝廷命往與黑龍江將軍議於是將軍奕山以是月十六日會俄國東悉畢爾將軍岳福在愛琿城議定和約先劃分中俄東界將黑龍江松花江左岸由額爾古訥河至松花江海口爲俄羅斯屬地右岸順江流至烏蘇里河爲

大清國屬地由烏蘇里河至海之地如接連兩國交界之間爲兩國共管其黑龍江松花江烏蘇里河此後止准中國俄國行船他國船不准由此行走其黑龍

江左岸由精奇里河南至豁爾莫勒津屯凡滿洲人原住之屯及所佔漁獵之地永遠居住仍歸黑龍江將軍副都統管理俄羅斯人等不得更相侵犯於是繪圖作記以滿漢俄羅斯三體字刊立界碑

欽差大臣科爾沁親王僧格林沁率師赴天津防勦京師

立團營

時京師戒嚴五城皆設團防局以惠親王綿愉主之

起用耆英

英吉利兵頭及公使率以五等伯爵充之畀以全權職銜示將在外不受中制之義時 朝命侍郎崇綸烏爾棍泰至天津英人以從前議款皆以相臣總其事崇綸

等不足當全權之任辭不見惟得與美俄二國使臣往來而已二國復以撫事請　上命大學士桂良吏部尚書花沙納馳赴天津查辦惠親王綿愉宗室尚書端華大學士彭蘊章會奏已革大學士耆英熟悉夷情請起用　上召對密幄即日　賞侍郎銜偕赴天津並諭自展謨謀不必附合拘泥時直隸總督譚廷襄已照會美俄使臣至天津商辦二使臣遂偕來與桂良花沙納相見

五月　賜耆英自盡

耆英抵津往謁英使不得見有言英人與耆英有隙者蓋耆英內召時英人以其通商原議大臣請照江甯約

定入城議耆英許奏請而未敢以聞故英人以此懷恨
桂良聞之懼阻撫事請　召回耆英　上不悅耆英
即回抵通州　廷寄令仍留天津自行酌辦耆英徑由
通入都告僧格林沁以初五日可抵軍營時綿愉方自
僧營歸途接僧營遞致耆英函乃與巡防處宗室大臣
議謂洋人叵測耆英並未辦有頭緒輒藉詞卸肩且未
奉　特旨擅自回京因請　飭下僧格林沁將耆英即
在軍前正法奏　上諭耆英畏葸無能大局未定不
候特旨擅自回京不惟辜負朕恩亦何顏以對天下是
屬自速其死著僧格杯沁派員即將耆英鎖杻押解來
京交巡防王大臣軍機大臣會同宗人府刑部嚴訊比

奏覆　上謂耆英擅離差次之罪輕而諉過卸肩之罪大乃　賜自盡

廷臣請罷撫議

初桂良等至天津紳民遮謁道左請率團練助官兵防勦桂良撫而遣之英有里國太本嘉應州人世仰食於外洋隨英公使額羅金以行營參贊爲謀主聞桂良至卽持所定新議五十六條自海口至要桂良允准桂良辭之適津民與洋人鬨鬭里國太在焉衆憤起擒之謀殺之桂良譚廷襄聞之恐誤撫局亟遣員弁解散釋里國太送回舟時　廷臣僉謂洋人叵測喜怒不常非大彰撻伐不足以振　國威於是部寺臺諫聯章請罷撫

議侍講殷兆鏞一疏尤切著其略云洋人犯順以來無識庸臣但求速和了事　社稷隱憂不遑復顧琦善耆英伊里布等旣誤之於前致貽今日天津之患今之執政者誤之於後貽禍更有甚焉者矣近聞和議垂成爲賠償兵費等款以堂堂大一統之中國爲數千洋人所制輸地輸銀惟命是聽而禍之尤烈者莫若京城設館內江通商各省傳教三條聞者椎心雖婦孺咸知不可古語云毋滋他族實逼處此宋太祖云臥榻之旁豈容他人鼾睡京師重地外夷朝貢猶且禁其出入防其交接禮畢遄返毋許逗留安有强敵世仇而聽該酋置館雜居齊齒胡越橫行輦轂羌逆布滿街衢自古及今

實所未聞近惟琉球國都英人盤踞滋擾甚至闖入王宮莫敢攔阻此其患無俟臣縷述也長江自吳泝蜀中貫天下之半與海口情形不同海口通商已爲失計然譬之人身猶四肢癱瘓之疾也內江華洋雜處則疾中心腹矣東南漕運非海即河大江爲出入所必經設一旦江海並梗何由而達仕宦商賈之往來章疏文報之馳遞海非要道河實通衢洋人但以數船橫截江路則南北將成兩界維揚漢口鹺綱疲敝梟販競作再得逆人爲逋逃主鹽利勢必盡歸彼有而官鹽將廢不但此也所佔口岸太多聲勢愈大與漢民交接事件愈煩釁端亦易於起地方官袒夷則民拂袒民則夷拂彼覘虜

一總督宰相如縛犬豕其包藏禍心無所不至譬猶養虎在檻養盜在家隨時可以猝發此議若成大事便去欲求爲東晉南宋之偏安豈可得哉至於傳教一節臣不知其所謂天主者何人大率惑世誣民隱蓄異志不然彼國尊天主自行其教可耳何必游歷各省僕僕不憚煩苦若是近日之長髮賊亦奉天主教者也其煽惑句結已可概見矣彼知輿地廣輪之數山川阨塞之形兵衞之强弱壤地之肥瘠到處交結豪俠賑恤貧窮爲收拾人心計該逆蠶食海外小國皆用此法有明徵也謀國者曰通商傳教此時姑先許之俟各省軍務完竣然後舉行夫民困於鋒鏑久矣賊燄雖熾人心未渙猶

冀重享　昇平若去一寇復招一寇天下何望將吏士民無不解體而散心或曰屆時徐議所以拒之之策臣恐積弱之餘萬難發憤現値兵臨城下大臣猶曰釁不可自我開相率靦顔忍恥況許於前而拒於後則直在彼而曲在我誰肯爲　國家出力耶或藉有要約不待賊平遽入内地佈置周密與長髮賊隱爲犄角否則擊賊自効别有要求否則奪賊之城邑而有之以爲非取諸我也種種棘手謀國者曰不和則戰戰果有把握耶臣請詰之曰然則和果有把握耶夫和果有把握從前反覆姑勿追論第自今歲北竄以來我之委曲順從不爲不至何以猖獗日甚可見諱戰求和和愈難成成

則禍且不測謂戰必無把握何以前年李開芳林鳳翔等北犯凶燄數倍於番卒至片甲不返此無他當時一意於戰故有進無退今則一意於和故反勇爲怯也現在僧格林沁兵威已壯講求戰守振刷精神該逆頗知畏懼近日天津人民爭鬬之事該逆亦避其鋒鹽梟海盜有欲焚搶洋船者有跪求　欽差總督願糾衆打仗者　欽差總督不許故未敢擅動耳不得以偶經小挫遂謂津民不足用也試　飭桂良譚廷襄等鼓勵兵民於文武屬吏紳士中得如謝子澄者統率之懸購重賞隨宜施設並令附近州邑廣募壯勇聽候調遣一面明降　諭旨大張撻伐順天直隸京官有願回籍團練者

命設法辦理如此多方准備一旦狡焉思逞僧格林沁
大兵扼之於前各路鄉勇躡之於後加以洩水塞土諸
法洋船欲進不能欲退不得而謂不足制其命者臣不
信也聞廣東九十六鄉民風驍勇前年平紅頭賊皆賴
其力洋人往搜軍器受傷而回又糾南海番禺兩縣令
鄉民聲言洋人入我界者不論何人登時殺死遂不敢
入三月羅惇衍龍元僖蘇廷魁到處團練已有數萬人
至今曾否打仗無有捷報意者　朝廷未與主張耳抑
羅惇衍等恐如黃琮竇垿之獲咎耶擬請　優旨作其
銳氣刻日大舉惟黃宗漢稟承執政主和之議繞道遷
延請　飭速往會勦勿再徘徊觀望轉掣紳民之肘務

使同心協力迅奏膚功天津洋船聞之必有折回自救者而我截其海口歸路雖未必聚而殲旃要非孟浪以僥倖也謀國者曰一戰不勝奈何曰請添兵再戰戰有勝有敗和則有敗無勝矣曰勝之於此報復於他處奈何勝之於今報復於後日奈何曰始終不忘戰而已矣犬羊之性但經懲創往往不敢報復觀於道光年間臺灣失利惟有藉手耆英以報達洪阿等而至今不敢垂涎臺灣其無能亦可見矣自古兵凶戰危原非得已盡人事以待天成敗利鈍雖諸葛亮不能逆覩謀國者動以事無把握搖惑　聖斷箝制人口沮喪士氣坐失事機其意直以望風乞降爲快抑又何也比年各省用

兵勝負無常得失互見諸臣何不以事無把握爲慮而
亟欲櫜弓戢矢耶伏願　皇上通籌大局深顧後患
知敵欲之難期饜足念事勢之尚可挽回左右親貴之
言未必盡是大小臣工之策非盡無稽執政諸臣請放
洋船内駛者何人請允酋目要脅者何人淸夜思維或
亦自知狂謬祇緣畏罪怙非陽作執迷不悟　皇上
不忍遽誅應請面加　訓示俾各改心易慮收效桑榆
否則難逃常憲　嚴諭譚廷襄等非分要求不得妄奏
事至則戰無所依違他如奕山之以黑龍江外五千餘
里藉稱閒曠不候　諭旨拱手授人此尤寸磔不容蔽
辜臣知　皇上之必有以處之也　訏謨既定　渙

汗斯頒薄海懔然咸知　上意所在庶臣民之志固而蠻夷之風懾　天討聿新操縱在我或遂戰之或終撫之再行臨機應變臣非不知今日所言者　皇上已厭聞之特以事屬憂危情深迫切濡淚瀆陳伏乞

聖明洞鑒

欽差東閣大學士吏部尚書花沙納與俄人美人及英人法人定和款

英人法人攻大沽礮臺時俄美二國不與其船仍泊海口　上頗嘉之遂准俄人黑龍江邊界議以桂良花沙納充全權大臣於是月初三日先與俄使公普在天津議定和約十二款初八日又與美使列衞廉議定和

約三十款俄美又爲英法居間十六日桂良等遂與英使額爾金議定和約五十六款專條一款又與法使若翰保悌斯大陸義噶羅議定和約四十二款補遺六款時疆事孔棘桂良等曲意從之

國朝柔遠記卷十三

國朝柔遠記卷十四

彭玉麟恭定
王之春敬編

六月遣桂良花沙納巡視江蘇

先是大沽礮臺未修海防戰守多棘手　上甚憂之及桂良罷兵議撫之奏至並呈天津和議各款　上謂稅則事必須親歷海口相度地宜　特旨飭洋艘先回上海而派欽差馳赴江蘇是月初六日　命桂良爲欽差大臣須發關防偕花沙納基溥明善往上海並同兩江總督何桂清籌議諸國通商稅則條約

廣州義勇復省城不克

總督黃宗漢初莅任卽獎諭粵東人民畧云道光二十年間予以道銜奉　命來粵歷四年逮署臬司曾目擊英人屢欲入城皆爲爾等攔阻時予愛爾等民人及民人敬予有如父子兄弟後升山東臬司及陝西藩司雖去粵邦數年未嘗一日忘爾等人民之忠勇也今予奉命來粵不啻舊邦爾等民人亦如見舊主但惜粵東河山風景如昨而變故多端更異往昔卽如梧州肇慶俱有匪徒吾民之苦亦已極矣今又加之以外禍其何以堪竊思洋人本以通商爲事今乃不務本業日事攻戰查彼國人現居省城者不過數千離本國甚遠豈能舉傾國之師而來我中土廣省地方一朝號召雖數萬

人不難一呼立至此固明知之目下城廂內外民房半爲英法所據商賈遷徙民人離散彼亦情知廣人憤怒實深是以在城斂迹不敢外出日夕防守寢食不安且英人量已之力不能取勝而求其舊仇之法人以助之予恐數年後法人亦必受其欺焉花旂在粵通商多年謹守前約不務攻戰予實嘉之現英人聞我 皇上調集大兵不日可至儻能洗心悔罪我 皇上必寛宥之不然則是冥頑自取罪戾必盡殲之無赦爾軍民有能出資助餉恢復城池者定當一一保奏是月十四夜四更義勇七千人潛來襲城圍其三門梯城將登門外有英人巡夜局藏積火藥義勇爇之轟發地震數里

而未傷及英人英兵迎擊義勇敗績微有死傷

秋八月撤廣東團防局

初天津議撫咨會粤督值英人攻陷新安姑戢兵以俟粤民聞撫事已定而會城未返無不決眦指髮侍郎羅惇衍知番情狡詐不能帖然就撫乃託巡緝土匪請緩撤佛山團練局粤督以聞洋人難端果復起欽差大臣桂良到滬即照會四國訂期商定稅則事英法言粤督黃宗漢暨紳士羅惇衍龍元僖蘇廷魁於天津定和後仍行招勇且偏出賞格謂有能送領事巴夏里首者賞銀叄萬兩甚至開礮傷斃我兵致不得已攻陷新安請問是何意見桂良懼撫事中阻答以彼時粤中因江西

南贛等處均有賊蹤道途梗塞天津咨會未到所致英人乃云必欲刻期商定稅則先須罷黃總督及粵紳團練之兵許之

冬十月定英法美通商稅則

欽差大臣大學士桂良尚書花沙納兩江總督何桂清等及法美使臣皆先後來滬惟俄以陸路通商不與英使額爾金往東洋遣領事三人來會議所定各款三國畧同凡通商稅則一冊善後條約十款（按美人和約初稱合衆國此約稱亞美利駕後祇稱美國）彼此畫押各國由使臣齎回候其國王覆書來天津呈請換約桂良等奏入奉　旨依議時英人以條約准增設長江海口貿易馬頭欲先察看沿江形

勢定約後卽遣水師領事以輪船入江溯流至漢口踰月而返法國傳敎人亦紛紛赴各省請設天主敎堂賃小船入內河地方官不復詰是年冬法敎士至浙垣留數月始去

西班牙葡萄牙二國請立約

西班牙卽大呂宋一名干絲臘一作以西把尼亞又作是班牙卽中西和約中日斯巴尼亞今止稱日國東界法蘭西西南距地中海西界葡萄牙北距大西海北極度自三十六至四十三英綫偏東自一度至十三境有大山數疊劃分三土中土爲歐洲最高地天時燥熱產五金珍寶果實牲畜漢爲意大里西境晉以降迭爲北狄回部所據後亦分散明成化中諸部復合

一爲始建國有女王疑大海西復有國土宏治初遣其臣哥倫一作閣龍駕巨艦西尋得亞墨利加洲南土驅土番以國人實之墨西哥祕魯智利諸國皆爲所屬大獲銀鑛之利嘉靖初復遣其臣墨瓦蘭航海而南轉東至亞細亞洲南洋之蠻里喇據其地建埔是爲小呂宋檣帆遂達粵東故粵東所用洋銀昔皆呂宋番餅恃富不修政遂至衰亂康熙中王殁無子奧地利與法蘭西王爭所立卒立法王之孫乾隆末與法共攻英吉利爲所破嘉慶中法王拏破侖廢西王而自立其弟爲王西與英共攻法得復國然國勢衰弱亞墨利加藩國多叛僅存古巴及小呂宋而已及中西五口通商西班牙與其鄰

國葡萄牙嚮在粵東貿易至是皆來上海見英法俄美皆立條約遂並呈請謂 天朝通商二百餘年於我大西洋各國一視同仁今英法等國已奉 大皇帝恩准立約我等各國事同一律若但准通商不准立約不但來往無憑且恐受有約之國藉詞脅制桂良初堅拒之復諭滬商詢之英法諸國皆云大西洋各國向無統屬未便阻之桂良據奏 朝議未許

桂良致書英法美使臣議通商善後事

時通商諸國紛集領事以下弊端難稽桂良思稍爲之防因照會英法美各公使畧云天津和約載貴國人民若有蓋印執照准聽前往內地各處惟此項印照務由

各領事察看請領之人實係體面自愛者方准塡發不可誤給有關緊要是以照會貴大臣等商酌究應如何妥辦方免滋事希詳細示覆其無和約之國本不應與有約之國視同一律祇以本大臣等未悉外國情形不肯遽行立法防弊合先奉商查貴國商民如或犯案可交領事懲辦此外各國領事皆係商人本是無權管束且已亦走私作弊豈惟不能服衆反使衆商效尤本大臣等商議如各國欲設領事必須各國特放一員方准管事不得以商人充領事致有名無實至貴國新開通商口岸自須每口設一領事官俾得妥爲管束但領事官尚有數事蓋向來領事官屢於關礙和好事不稟本

國上司無情無理恃强妄爲實於和好大有窒礙應特請貴大臣轉飭各領事嗣後有與地方官意見不合彼此辯論之事各稟大憲請示遵行不得仍前由領事官自出主見務使恪遵條約永敦友誼又如中國官憲本未輕慢領事而領事每指爲輕慢則品級先當明定章程以杜爭論查三國條約領事官與中國道臺同品又查法國條約大憲與中國京外大憲俱用照會二等官員與中國省中大憲公文往來用申陳中國大憲用劄行兩國平等官照相並之禮等語援照此意領事官既與道臺同品總領事應與藩臬同品如此定明方免爭端又查上海近有中國船戶由各國領事給發旗號計

船三十餘隻日漸增添殊多不便此等船戶向不安分然無外國旗號猶不敢玩法爲匪今恃旗號爲護符地方官因有外國旗號欲加之罪諸多掣肘遂致無所不爲犯案纍纍上海如此各口可知尤慮煽成巨禍致啟中外爭端萬不能不立法禁絕擬請貴大臣即飭各口領事官嗣後永不准以貴國旗號發給中國船戶前已給者撤銷本大臣仍示諭如中國人有擅領外國旗號者嚴究俾知警戒凡此均爲永全和好度兩國有益無弊英公使額羅金復云前准貴大臣等來文請本大臣將中外交涉之件公同法美兩國各大臣會議其中諸節實屬緊要俱當熟商未及率覆惟再四虛心籌酌外

亦同法美兩國各大臣會議若以本國官民而論來文所敘礙難各端本大臣則係毫無過慮一則天津條約定准英民入內地通商遊行之議本國切願盡心勸辦防其借此美舉反致妄行定必嚴飭各領事官凡非體面和厚之人萬不許給照一則英國旗號其例甚嚴任載噸數必滿定額有英人或爲貲主或爲船主方給旗號如貴國船艇未遵例擅敢升豎英旗須直行知會領事官必能設法懲究杜絕此弊一則所稱領事官數事凡本國派員出境已到各邦當待官民必以公平和洽爲準倘貴國官員恆同此心一體行辦則彼此官員和誼自必永存勿絕偶有不合意見之處卽各宜早報上

憲此法實爲妥協爾國大憲往來密邇則有事直捷奏
聞致免兩邦爭執肇釁興戎至于未立條約各國民
人貴大臣詢以作何辦理本大臣似難置答何則因有
不歸本國所屬民人諸凡作爲本國不任其責除將茲
款轉報秉政各大臣奏候御覽外合先奉一詞果在各
口海關派曉暢練習著名誠實之員徵餉皆從一律辦
理相待商民毫無偏袒諒貴大臣所指情弊必大半消
除至來文所稱因貴大臣等不明外國情節是以詢訪
思貴國原爲大邦貴大臣職推大員本大臣敢敬問中
土大員何必措不明外事之詞泰西各邦並無難達祕
密之境各國都城人皆可履其地若蒙遇 大皇帝

特派稱任大員前往西土　命以凡有益於國體保其
無礙應知之學必得明了本大臣不論別國而本國則
必以實心友誼接待如有意博訪審察名節任便咨詢
通徹由此兩邦永存和好之據日見增廣保全周妥無弊
法公使噶囉覆云前准照會奈忙不得覆所以遲延至
今現本大臣奉本京都來文云和約條款甚屬得當本
大臣諒本國同英國諸件俱要速商以求完結但本京
都發此文時仍知廣東兇惡之事日日加增嗣後有文
行至本京都者尚未接回文本大臣諒回廣東至香港
時或能接到如不到本大臣亦必於回本國之前知會
全權大臣布會同英國欽差並中國官員商量一並辦

妥又本大臣不數日即欲起程蒙貴大臣諸般厚情所辦諸事悉皆允和以後中國與法國各遵和約一切有礙之事盡行消除貴國諒信法國眞無二意可永結同心之好矣又美公使列衞廉覆云准貴大臣來文本大臣細心察閱其中所問所論俱屬歷練爲友好起見本國向與中華和睦今仍此心詳覆於後一美國商民之進內地也按天津條約有云中國有何利益施及他國准美國一體均沾是則美國人之進內地既同他國所有請執照等情均應准行當如英法兩國一般俟大伯理璽天德既得國會紳耆議允批准和約後必明立律例交領事官禁止不請執照或強請執照等事本大臣

亦當呈明國家設立章程致免美國商民違犯貴國憲
典可也一整理有約無約各國之法也本大臣身爲和
好大國奉使之員向知此事自應變通然稍有難行今
請將中國所能行者畧爲陳列首應與討問欲立約之
國定立條約也前西班牙國來求立約而中國不允今
葡萄雅爾（雅爾即亞字長言之音亞一作牙）亦求取矣使中國肯同定
約自當稍減無約之國今姑無論即任其仍前如是本
大臣尚有一法可稍通融按泰西各國公使凡此國領
事奉遣至別國者若不得所往之國準信延接即不得
赴任今凡有稱領事而中華　國家或省憲地方官不
肯明作準信延接者彼即無權辦事是則中國於此等

兼攝領事卽可推辭不接已延接者亦可刻卽聲明不
與交往設有美國人兼攝無約領事藉此作護身符以
圖己益者地方官可以直卻不與延款遇有事故著彼
投明美國領事自應隨時辦理間或美國人兼攝領事
而代無約商民求地方官幫助申理地方官礙情代爲
辦理者亦可對彼說明並非職守當然祇由於情面而
已又若此等自稱領事有與海關辦理船隻餉項事宜
者地方官可卻以必須按照條約遵行儻彼固執己見
干犯制例者中國地方官自應用強禁阻前在天津時
本大臣照會桂中堂花冢宰以中國必須購造外國戰
艦火輪船者特爲此故足徵所言非謬也一領事不得

于預貿易也現美國定制凡干涉買賣者不得派作領事官一領事與地方官爭論也前此動多牴牾本大臣深爲怨憤亦與貴大臣同心今旣奉本國大伯理璽天德命飭爲使臣業經設法將一切事宜妥爲辦正嗣後果有仍前事款請照知本大臣定當修正若領事官有何不合之處地方官按理據實直斥其非不與共事本國國家並使臣斷無可控之端但最善之法地方官將己職守攸關並合理之處照尊國之法據直論列自可申理矣一按定品級總領事之說也總領事之設美國奉使駐紮中華者從無此制一發給旗號也本大臣曾面詢領事官據稱從無給發細查底册亦向無此事本

大臣復嚴諭領事嗣後無致有此也以上業已據問直
達猶有管見須照知者以本大臣之意貴大臣似宜上
奏　大皇帝定立　國家旗號各省咸皆遵守俾中
國公私船盡行升用蓋美國制度凡本國之人必用本
國旗號泰西各國莫不皆然今中華貿易之盛而無旗
號以保護何不亦如他國之法使商船與盜賊有所區
別而免商民之借用與假冒外國旗號哉茲本大臣現
已將奉使職守之事全行妥辦一俟護理有人再行照
知卽當起程返國惟願貴大臣諸事順適咸宜至天津
約內所云永久和好及遇有要事襄助之語美國固以
友好為心中華有何需用美國之處美國定當以和厚

之法竭力襄辦但請貴國亦謹守約款所載及訂定各事務使一言一字不脫漏是本大臣與美國之厚望也桂良據奏厥後中國造輪船購戰艦用龍旂亦多采其議

臣按英人詞意始則諉卸末寓譏彈中則似謂天津所定條約皆可一律准行其居心殊不可問實里國太主之也美人雖稍恭順然措詞大意似謂中國欲定章程須分別有約無約之國又謂中國不允呂宋立約而葡萄亞今已取求又似欽使等已有所允意葢澳番寄居中國盤踞已久美人因得窺其淺深假使西班牙葡萄亞來請立約時曉之以理感之以情

懷之以恩怵之以威雖犬羊之性難馴蛇豕之心必
戢計不出此竟思以毒制毒徒貽魍魅之訕笑莫禁
島族之效尤縱虎入林開門揖盜固非一朝一夕之
故而當時執事之人責亦有所難辭矣

己未咸豐九年

夏五月欽差大臣僧格林沁敗英人於大沽口
時各國來天津換約尋桂良上海原議告以天津大沽
港口現在設防令各國換約之舟改由北塘（在大沽口北十餘里）
海口入皆唯唯惟命惟英船先抵天津海口俄羅斯繼
之突背前約闖入大沽口直隸總督恒福遣員持約前
往輒令改道不聽二十四日英船駛至灘心將鐵鏁用

炮炸裂時僧格林沁已飭官兵嚴防俟其進口擊之越
日有小火輪杉板十三艘皆豎紅旗挑戰復將港口鐵
鏁鐵椿拉倒遂逼礮臺開礮轟擊我兵放礮相持沈燬
其數船餘船亦中礮不能行駛逃出攔江沙外者一艘
而已英人見舟師失利復以步隊接戰我軍又大敗之
轟斃數百生擒二人里國太亦受傷我提督史榮椿副
將龍汝元都司齊蓮布護軍校塔克愼千總王世燚把
總張文炳陣亡奉　上諭此次夷人受大創全軍覆
沒我軍士奮勇異常遂操全勝之算著僧格林沁先在
捐輸項下提銀五千兩分別獎賞所有在事文武員弁
另行查明保奏直隸提督史榮椿大沽協副將龍汝元

身先督戰奮不顧身致被礮傷殞命實堪痛惜著交部從優議卹並於直隸天津及各該原籍建立專祠其同時陣亡之海口營都司齊連布等均著照例分別議卹以慰忠魂

與美利堅換約

大沽之役美利堅之舟後至恪遵滬約改道北塘呈遞國書直隸總督具奏　上諭英法俄羅斯到津不遵桂良等原約闖入大沽口內以致挫敗實由自取並非中國失信其時美利堅使臣華若翰仍依桂良等原約駛至北塘海口求請進京呈遞國書經恒福等具奏該國照會情詞恭順是以朕准令來京呈遞國書本日據

桂良等將該國使臣華若翰照會該大臣等公文呈閱見其詞意恭敬出於至誠所有該國使臣齎來國書准其呈遞即派桂良等接收至換約一節本應回至上海互換朕念其跋涉遠來特准將和約用寶鈐印交恒福前至北塘海口與該國使臣互換換約之後永遠和好以示朕懷柔遠人惇崇信義至意

臣按美人初亦與英法合從內犯特其國在外大西洋距中國迥遠且建國未久猶遵循華盛頓遺規不敢輕動凡遇兩國相爭必調停其間以聯交故其國亦以近少戰爭馴致富庶合其全部得儕於數大國之列當其來請換約非不欲效英俄之肆志並可聯

絡英俄及見英俄已受大創諸欲皆不得逞即思居
閒排解而勢已決裂不可挽回故特卑詞陳請易倨
爲恭　上念禍亂方深固結其心或可攜貳其黨
是以但示賞罰之公不存逆億之見其後同治十一
年藩籬頗能自固遂自恃其強悍突以兵船至朝鮮
意圖搆釁吞併其國並先行文照會欲朝鮮國王與
該國公使面議朝鮮覆書云我國雖小爾國雖大斷
不能與爾國之臣會話又云我國以四千年文章禮
義之邦三千里峻險膏腴之地斷不能一旦輕棄並
將照會擲還美人嬲之不已朝鮮出兵驅逐美兵登
岸肆擾及一千三百里互有斬獲傷朝鮮帶兵官一

員旋以受傷兵十一人醫愈送歸欲易其被擒者朝鮮拒之致書云我國之人旣已被擒無論死活其權卽操於爾國不復過問所云爾國之人有被擒者屬其送還其權亦操之於我國不能送還也美人技無所施引兵而退朝鮮卽收其國之習天主敎者凡四千餘人盡誅之聞朝鮮所用盔甲重四十觔內布外包銅鐵又竹盔約重十餘觔兵器悉遵古制頗不利戰而以口舌折衝竟使强鄰不敢輕萌窺伺毋亦上下同心有非我族類必鋤而去之之意地利不如人和詎繫夫大小强弱哉

庚申咸豐十年

夏六月英人法人復寇天津直隸提督樂善死之

英人既敗於天津復自粵東募潮勇數千人圖報復是月英人法人以兵輪船再泊天津海口時　上命僧格林沁嚴防大沽南北兩岸及海口報至僧格林沁度其仍取道大沽或徑由北塘襲大沽後路乃以重兵守大沽南岸而預伏地雷火礮於北塘兩岸以俟英人懲大沽之創而窺北塘礮臺未設守兵乘之入口初未敢登岸及駐北塘連旬乃潛通內地奸匪盡得我虛實挖去地雷長驅而入副都統德興阿以兩營守新河拒戰而敗英人據新河復進據唐兒沽而以小火輪舢板分由大沽口入膠淺不得進懼我軍乘之乃張白旂請款

僧格林沁欲爲致人之計令官兵靜以待之二十六日英舟忽得水轉動闖入大沽口其由唐兒沽撲入者逕襲北岸礮臺直隸提督樂善督兵拒戰中礮死時僧格林沁尚守南岸礮臺屹然不動英人未敢驟犯 上聞英兵已登岸 命大學士瑞麟帶京營兵一萬赴通州扼守

秋七月僧格林沁奏 詔班師至張家灣天津遂陷時執政有奏請罷兵議撫並 召回僧格林沁以敱英兵僧格林沁謂我退一步英必進一步北岸礮臺雖小挫然得此軍扼此要地猶足捍衛畿輔今自撤藩籬如津門何如京師何爲憤惋泣下乃自天津退軍張家灣

距通州五里初七日英人遂陷天津

臣按是時大沽北岸礮臺雖失而僧王一軍尚據南岸彼猶有所憚也王既率師內衛英遂乘勢直驅聞洋船泊津守者僅千數百人每夜各船四面然鐙以爲疑兵其登岸踞廟寺者人更無多時以數人持槍巡邏廟外以防警津民有議焚其舟殲其人截其歸路者當事恐礙撫局弗許惜哉

復遣僧格林沁進軍通州

先是　上命侍郎文俊前粵海關監督恆祺來天津議撫洋人以其官卑不足當全權之任弗見也尋　命大學士桂良往是月十五日桂良抵津照會洋人商和

局英公使額羅金參贊巴夏里請增軍費及准在天津
通商並請各國公使酌帶散兵數千人入京換約桂良
以聞　上大怒嚴　旨拒絕　飭僧格林沁瑞麟仍
進守通州防内犯
副都統勝保率師入援通州
英法見和議不就於津城均張白旂僞求款而以所募
潮勇及所部兵二萬餘北上募勇無紀律不能約束初
懼有伏兵未敢深入繼知無備沿河戒行擾及河西務
廷臣復有以撫事請者輒張皇寇勢且以　上駐蹕
海淀非所以備不虞請即日　移入大内及洋氛内犯
左右又歷贊巡幸二十四日　硃諭内廷王大臣等入

朝待　命遂有坐鎭京北之　旨又云將以巡幸之
備爲親征之舉於是亟　召副都統勝保刻日會貝子
綿勳調八旂禁兵萬人赴通州助勦勝保聞寇氛甚逼
上疏力諫謂不可爲一二奸佞所誤　上意稍安

八月英人犯通州

英兵自河西務薄張家灣遂犯通州　上命怡親王
載垣赴通議欵時桂良及軍機大臣穆蔭皆在英使額
羅金遣其參贊巴夏里入城議和請循天津原議並約
法使會商翼日宴於東嶽廟法使無詞巴夏里起曰今
日之約須面見　大皇帝以昭誠信又曰遠方慕義
欲觀光上國久矣請以軍容入王見其語不遜答以須

請　旨定奪久之巴出王密會僧格林沁計擒巴夏里
送京師以法使尙恭順仍禮遣之兵端復作時　上
適秋獮自　行在詔以恭親王奕訢爲全權大臣守京
師豫親王義道吏部尙書全慶宿衞紫禁城大學士周
祖培守外城大學士桂良駐城外防勦

詔南軍入援

勝保旣敗遂急驛奏　行在請亟　召南軍入援謂
用兵之道全貴以長擊短西逆專以火器見長若我軍
能奮身撲進兵刃相接賊之槍礮近無可施必能大捷
蒙古京旂兵丁不能奮身擊刺惟川楚健勇能俯身猱
進與賊相搏西逆自必大受懲創請　飭下曾國藩袁

甲三等於川楚勇中挑選若干名派員管帶即日起程赴京以解危急即日奉　諭逆夷犯順撫議未成現在外軍營川楚各勇均甚得力著曾國藩袁甲三各挑選川楚精勇二三千名即令鮑超張得勝管帶並著慶廉於新募彝勇及各起川楚勇中挑選得力數千名即派副將黄得魁游擊趙喜義管帶安徽苗練向稱勇敢著翁同書傳振邦飭令苗沛霖遴選練丁數千名派委妥員管帶均著兼程前進刻日赴京交勝保調遣勿得藉詞延宕坐視君國之急惟有殷盼大兵雲集迅掃逆氛同膺懋賞是爲至要將此由六百里加緊各諭令知之

釋英人巴夏里

時團防大臣大學士周祖培尚書陳孚恩等集議中州會館籌辦團練城守事恭親王桂良皆駐城外英人索巴夏里恒祺請釋之勝保不可黄宗漢請殺之議未定英酋請開安定門入與恭王面定議和王見都城内外係一身安危因遷居廣甯門外瑞麟文祥從焉祖培倡言於廷曰撫議已成彼攻我拒均之失信不如納之乃約以次日定和議而釋巴夏里於獄遣恒祺送歸巴夏里等來訂換約之期

九月和議成

和議既定是月十一日與英人交換前約並續增新約恭親王具護衛儀仗入城偕大學士賈楨周祖培尚書

趙光陳孚恩侍郎潘曾瑩宋晉等宴英酋額爾金於禮部大堂分左右列坐通事往反傳命宴畢換約續增條約九款翼日與法人換約亦宴法使噶羅於禮部大堂續增條約十款和議既成英法使臣請將前後條約頒行各省大吏按照辦理恭親王據奏奉　上諭恭親王奕訢等奏互換和約一摺本月十一十二兩日業經恭親王將八年所定和約及本年續約與英法兩國互換所有和約內所定條款均著逐款允准行諸久遠從此永息干戈共敦和好彼此相安以信各無猜疑其約內應行各事宜卽著通行各省督撫大吏一體按照辦理旋與俄人換約俄使臣伊格那替業幅與王大臣等

相見續訂和約十五款此後通商不論恰克圖及現准英法二國通商各海口分別酌議另立通商稅則條款大半與英法同惟續增條約大意在申定兩國邊界凡黑龍江及西疆交界之處應各派大臣秉公查勘以防異日爭端許之

臣按和議既成論者每歸咎當時王大臣不肯力爭任洋人之予取予求致臥榻之側爲他人所鼾睡不知當時京兵新敗於内援師遠竄於外其平日矢口以忠憤陳說者挼手咋舌不能發一策出一謀甚或逃匿之不暇恭親王以天潢之胄躬捍大難屹然不搖雖迭蒙　行在密旨趣其扈蹕而以社稷爲重

不動聲色力持大體旣杜其無饜之要求卒能委曲
成和此其所保全者大而其所設施者遠也執事後
之議論以訾局中之艱危烏乎可哉

詔止勤王之師

時兩江總督曾國藩湖北巡撫胡林翼聞洋氛犯闕
鑾輿北狩熱河京師戒嚴未奉入援之　詔卽往復
籌商作北援議入條疏請帶兵入衞畧云臣自恨軍威
不振甫接皖南防務旬日之間徽甯失陷又聞夷氛內
犯憑陵郊甸東望吳越莫分　聖主累歲之憂北望
灤陽驚聞　君父非常之變且愧且憤涕零如雨應
懇　天恩於臣與胡林翼二人中　飭派一人帶兵

北上冀効尺寸之勞稍雪敷天之恨尋以和議既成奉
上諭皖南北均當喫緊之時該大臣等一經北上
難保逆匪不乘虛思竄擾及完善之區江南湖北均爲
可慮曾國藩胡林翼均著毋庸來京
臣按英人連兵各國乘虛内犯原恃我東南未靖故
敢妄肆披猖當時若陽以和議與之羈縻而徐待外
省援師戮力殲勦　翠華北狩狐鼠無城社之憑
義旅南來虎狼入圈阱之内縱不聚而殲旃其能不
俯首帖耳以聽命於我哉　上欲以誠信待外洋
且不忍生民之塗炭既允和議即止援兵區足以昭
覆載之仁毋亦運會所開欲使中外一家以關

數千載未有之創局耶

法人請助剿粤逆卻之

時粤逆洪秀全久踞江甯侵擾數省勢益猖獗法使噶
囉意在修好且欲獲漁人之利因誇其船礮堅利謂大
國如有所需聽其銷售若仿式製造則派匠役前來敎
習操演又請於海口助中國勦賊所有該國停泊各口
兵船悉聽調遣王大臣等先後奏聞　行在　上
不許

以廣東九龍司地與英人

九龍司巡檢屬新安縣地鄰香港總督勞崇光先租與
英使巴夏里至是續定和約即將其地付英人管轄與

香港並爲英屬地而徙其民

國朝柔遠記卷十四

國朝柔遠記卷十五

臣彭玉麟恭定
臣王之春敬編

庚申咸豐十年

冬十月建總理各國通商事務衙門

時各國交涉紛煩軍機處難以兼理因議建總理衙門奉　上諭恭親王等奏辦理通商善後章程一摺均係實在情形即照原議辦理京師設立總理各國通商事務衙門著即派恭親王奕訢大學士桂良戶部左侍郎文祥管理並著禮部頒給欽命總理各國通商事務關防應設司員即於內閣部院軍機處各司員內滿漢

挑取八員卽作爲定額毋庸再兼軍機處行走輪班辦事侍郎銜候補京堂崇厚著作爲辦理三口通商大臣駐紮天津管理牛莊天津登州三口通商事務會同各該將軍督撫府尹辦理並頒給辦理三口通商大臣關防其廣州福州廈門甯波上海及內江三口潮州瓊州臺灣淡水各口通商事務著江蘇巡撫薛煥辦理新立口岸惟牛莊一口歸山海關監督經管其餘登州各口著該督撫會同崇厚薛煥派員管理所有各國照會隨時奏報並將原照一併呈覽一面咨禮部轉咨總理衙門並著各該將軍督撫互相知照其吉林黑龍江中外邊界事件並著該將軍等據實奏報不准稍有隱飾

俄人請助剿代運不許

俄人換約之後亦有助兵剿賊代運南漕之請王大臣等以聞奉　行在諭本年秋間英法兩國帶兵撲犯都城業經換約退兵俄羅斯使臣伊格那替業幅亦即隨後換約該酋見恭親王等面稱髮逆在江南等處橫行請令中國官兵於陸路統重兵進剿該國撥兵三四百名在水路會擊必可得手又稱明年南漕運京恐沿途或有阻礙伊在上海時有美國商人及中國粵商情願領價採辦台米洋米運京如令伊寄信上海領事官將來洋船沙船均可裝載用俄美旗幟即係無虞等因中國剿賊運漕斷無借資外國之理惟恐江浙地方糜爛

兵力不敷剿辦如借俄兵之力幫同辦理逆賊若能早平我之元氣亦可漸復但恐該國所貪在利藉口協同剿賊或格外再有要求不可不思患預防法郞西在京時亦有此請著曾國藩等公同悉心體察如利多害少尙可爲救急之方卽日迅速奏明候　旨定奪至代運南漕一節江浙地方淪陷明年能否辦理新漕尙無定議然漕糧爲天庾正供自不可缺該商所稱采辦運津是否可行應如何妥議章程辦理之處並著曾國藩袁甲三薛煥王有齡酌量情形迅速具奏嗣經袁甲三奏覆略云我軍剿賊向來水陸兼籌並非專恃陸路長江上下均有水師本與旱隊互相策應如艇船紅單長龍

舢板拖罾等船不下數百號所招廣楚各勇器械精良遞著戰功果能統率得人妥為駕馭不難得其死力非中國無水兵也亦非中國水兵不如外國也今該夷請我軍由陸路進剿該國撥兵三四百名在水路會擊以每船數十人計之夷船不過數號而謂必可得手臣愚未敢遽信也且我軍廣楚各勇係內地民人尚有因糧餉不足延不起碇並結黨肆搶情事矧外夷之人祗能將就牢籠而不能服我節制者乎此時協同剿賊卽謂自備口糧而我之隨時犒賞必不可少幸而戰勝則矜功要挾所求無厭豈能滿其所欲不幸偶有小挫或船隻損壞或兵丁傷亡勒索賠償又將有詞可藉誠如

聖諭該國所貪在利格外要求不可不思患預防也
不但此此也我軍水師廣勇居多該夷之與我爲難亦多
挾廣勇而來萬一私相句結其禍更烈卽令杜其句結
而以桀驁不馴之徒兩相猜忌則爭端競起必至枝節
橫生況夷人素習天主教本年六月卽有壘利加國借
英夷船駛赴金陵傳敎之事髮逆之煽惑人心亦藉天
主教爲名與該夷所習相同難保無暗中句通情弊一
旦奉　命而來久居內地引虎入室並且爲虎添翼恐
此時招之使來他日不能麾之卽去也體察情形熟思
審處非特利少而害多實覺有害而無利區區愚衷竊
以爲必不可行惟求　皇上乾綱獨斷計出萬全與

其悔之於後不如愼之於初也抑臣更有請者夷人名
爲就撫實則包藏禍心若眞有利於我該夷亦必不肯
爲我謀上年俄夷進火器一萬件彼時外間聞之均以
兩國相爭斷未有肯以火器予人者該夷必別有詭謀
繼果藉詞遷延遲其愚弄之計本年各夷犯順安知非
俄夷唆使耶且俄夷向於內城設館人地最爲熟悉本
年聞在天津議事者卽前住俄館之人都人尙能識之
該夷距我甚近水陸兼通尤不可不加意嚴防也至交
商買米借用俄美旗幟保護運津一節以現在夷情揣
之其氣甚驕其心愈侈萬一發價之後事有變遷恐更
無計可施都中需米甚殷臣於海運事宜未能深悉應

如何設法轉輸曾國藩等自能遵　旨妥辦另候
聖裁國藩煥有齡等覆奏尋至旋奉　上諭恭親王
奕訢等議曾國藩袁甲三薛煥瑞昌王有齡等各摺片
稱江南官軍尚未能進剿金陵即令夷船駛往非但不
能收夾擊之效並恐與賊相持如薛煥所慮句結生變
尤宜預防該撫所擬令夷兵由陸路進剿非獨經過地
方驚擾即支應一節諸多窒礙夷性貪婪一經允許必
至索請多端經費任其開銷地方任其蹂躪等語並於
英酋威妥瑪來見與之談論終日該酋已吐實語謂剿
賊本中國應辦之事若借助他人不占地方於彼何益
非但俄法克復城池不肯讓出即英國得之亦不敢謂

必不據爲己有因舉該夷攻奪印度之事爲證借夷剿賊流弊滋多不可因目前之利而貽無窮之患惟此時初與換約拒絕過甚又恐夷性猜疑轉生叵測惟告以中國之兵力足敷剿辦將來如有相資之處再當借助以示羈縻並設法牢籠誘以小利法夷貪利最甚或籌款銷其槍礮船隻使其有利可圖卽可冀其踴就以爲我用儻上海夷人諄請助兵剿賊著曾國藩薛煥量爲獎勉續有兵船駛入內地案照條例攔阻並著該大臣等就現在兵力設法攻剿逆賊毋再觀望至法夷槍礮旣肯售賣並肯派匠役教習演造亦令曾國藩等酌量辦理卽外洋師船現雖不暇添製或仿夷船製造或將

彼船擬用誘之以利以結其心而我得收實濟其受雇助剿祇可令華夷自行辦理二語係硃筆點改於大局或有裨益仍即在於通商稅內籌辦至代運一節由薛煥招商運津無論華夷一體販運無須與該夷預行會商美性較純與英法不同其應如何駕馭俾其感順以杜俄夷市德於彼之心亦著曾國藩等妥爲辦理於是助剿代運之議遂寢

辛酉咸豐十一年

春正月考取滿漢軍機章京入總理衙門辦事

江西布政使張集馨赴九江辦理開市事宜

初英酋卜魯士照會同時換約之王大臣稱現行天津

新議第十款所載長江一帶各口英商船隻俱可通商
本國現擬於漢口九江兩處先行開商惟現江西尚未
安靖所有兩口通商之處照後開章程暫行辦理凡有
英船上下大江裝載貨物無論進口出口應納稅餉均
在上海或鎮江各關按照新章納稅各關監督皆宜妥
爲設法務使各船遵行再英船欲上大江當向海關先
行報明所存保護船隻之兵器火藥鉛彈若干請給照
單該關口查明所報軍器數目如在情理之中卽應注
明給發儻查有額外軍器或並無照單私行售賣軍器
藥彈等物卽將該船所載貨物全行入官並驅逐該船
出口不准在江面貿易以上各節應請查照並咨湖北

江西各大吏一體遵辦總理通商衙門據奏允准覆以南省軍務尚未肅清長江道路是否疏通應由貴大臣斟酌辦理時江西巡撫毓科奏九江通商事屬創始關係甚巨恐非九江關監督一人所能辦理擬請遴委藩司大員赴潯會同籌辦現藩司張集馨詳稱徽地巨寇分股竄陷東流建德上犯湖口彭澤勢甚披猖潯郡一帶商賈屏跡此時遽往商辦不但交易無人尤恐逆氛肆擾有礙外國舟行應請展緩赴潯因亟飛章　行在而英水師兵頭霍某遽以小火輪兵船五載兵八百偕洋商於初二日自吳淞口起碇駛赴長江初十日抵鎮江於雲台山在鎮江城西門外規造公署商棧其水師提督和

普赴江甯上游參贊巴夏里亦相繼赴九江漢口皆沿江探水登岸測驗形勢商民不知所爲所至震駭文報沓至南昌毓科亟飭集馨帶員遄赴九江辦理建立通商馬頭之事

二月英人始立漢口市埠

前月二十六日英國火輪船一抵漢口其酋威司利行商韋伯通事楊光讓等渡江至武昌見大學士總督官文後遂覓棧房一所議歲給房租銀四百兩畱楊光讓住漢是月朔巴夏里續以小火輪兵船四載兵數百至漢偕屬官往見官文亦稱查辦九江漢口開港事以九江諸事未定先來漢勘地建棧通商其水師提督賀布

亦次日率屬官二十人來言將往上游探水非有他意官文遂飭於所經地方文武沿途迎護巴夏里因於楊林口（在漢口鎮下街尾）定基橫闊二百五十丈縱長百一十丈府縣會勘立界藩署給丈量地基租約鈐印交在漢領事同地方官集居民議價立劵照給畢聽英商興築棧房應納丁漕歲由英商赴縣清完其他國來漢立埠須在英行以下擇地蓋棧不得上占正街議甫定賀布自上游返旋與巴夏里先後東行留夏某以小火輪船一碇泊漢口是爲英人立漢口市埠之始

英人始立九江市埠

江西布政司張集馨赴九江途接廣饒九南道文恆署

九江知府程元瑞函報適抵九江未幾巴夏里自漢口至與會商租地立市事而巴夏里欲先察上下游地勢始定議十三日遂偕往湖口諸酋僉以湖口地扼鄱陽總滙爲江西門戶欲在彼立市委員馬長康告以湖口城內多亂石城外俱沙土難建樓棧且峭岸急湍風濤險惡商船難泊必多裹足又地接建德東流時虞賊擾水陸防軍雜處易啟衅端不如九江且符原議巴夏里始與諸酋以遠鏡四覘以盤盛水銀測驗地底果皆沙石遂允回九江十五日於龍開河在九江府城西門外東量地橫闊一百五十丈縱長五十丈巴夏里謂弓步未準再按指南鍼以繩較準得縱長六十丈內民居三百餘戶巴

夏里議給每畝錢五十千不願者地方官酌提公費津貼遂依議立永租地基約以一百五十畝科算丁米正耗銀數按年由領事清交德化縣歸入編糧項下集馨遂與巴夏里聯銜畫押各執一紙是爲英人立九江市埠之始

夏四月美人始立九江市埠

先是三月美國水師總領施碟烈倫以火輪船至九江尋去是月美商金甯謙及瓊記旗昌行商等由漢回泊九江擇地勘定琵琶亭（在九江府城西門外）空地三十畝以地勢低窪遽興工塡墊布政司張集馨遣人往詢荅云我國在此貿易不大擬不設領事通商事均商人自主惟租

地換約須俟領事至時會辦集馨因彼國與俄國領事
皆無消息遂請回省値粵匪上竄黃梅洋商疑其間警
潛回傳入總理衙門再被劾罷歸後美領事別列子至
集馨已罷通商事悉以九江關監督經理別列子不往
會商而洋商輒集工匠就前勘地砌牆築垣居民以未
給價阻之別列子始赴道署止許照英國價例給發監
督以紳民所稱此雖濂溪書院空址然在大街繁盛之
區與龍開河偏僻有水者不同駁詰之別列子悻悻去
監督因照會駐漢口總領事始准依民間買賣然較前
所勘定之界亦增索至五十畝又以地在龍開河西與
英界事同一律監督遂飭地方官會同劃界其價較英

商稍增是爲美人立九江市埠之始

初購外洋船礮

時粵逆狓猖恭親王奏請購買外洋船礮謂粵逆蔓延七八省滋擾十數年原其故由於道光間沿海不靖其時散遣之潮勇從逆之漢奸窺見　國家兵力不足遂句結煽惑乘閒抵隙一發而不可驟制迨用兵既久財用漸匱外國從而生心得步進步要求無已内憂外患其事不相屬而其害實相因臣等現辦理外國各事期於拔本塞源是以上年曾奏請　飭下曾國藩等購買外洋船礮並請　派大員訓練京兵無非爲自強之計不使受制於人然購買船礮未知曾國藩等是否辦理

而時事孔急未便再事因循自英法住京後臣等遞次
接晤窺知各國心志不齊互相疑貳是以彼此牽制未
敢逞志卽如俄羅斯侵占吉林等處邊界英法兩國均
以爲非盎其意恐俄國日益强大不獨爲中國之患卽
伊等亦不能不暗爲之防是其猜忌之情可以想見臣
等探聞英國本有與粵逆兩不相犯之約法國雖欲剿
賊以誇其勇而爲英國之所制亦不敢自主迨本年三
月間巴夏里自長江來歷言賊情斷無成事之理而江
楚各軍紀律嚴明惟餉項不足船礮不甚堅利恐難滅
賊等語臣等自籠絡英法以來目前尚稱安靜似可䁱
而就我若乘此機會中外同心以滅賊爲志不難漸次

掃蕩惟大江上下游均有水師中間並無堵勦之船非獨無以斷賊接濟且恐由蘇常進勦則北路必受其衝是以上年曾國藩奏陳攻取蘇常金陵須有三支水師其一則由江北造船但造船必須設廠購料興工非年餘不成自不如用火輪船勦辦更爲得力南省雖舊有二隻並非打仗之船且已有一隻敗壞臣等詢之赫德據稱外洋火輪船大者每隻數十萬兩上可載數百人小者每隻數萬兩可載百數十人船在内地不利行駛若用小火輪船十餘號益以精利槍礮其費不過數十萬至駕駛之法廣東上海等處多有能之者可雇内地人隨時學習用以入江必可奏效若内地人一時不能

盡習亦可雇用外國人兩三名令其司柁司礮而中國雇用外國人英法亦不得攔阻如欲購買其價值先領一半俟購齊驗收後再行全給此等款項據赫德單稱征收洋藥正子稅外一經進口無論販至何處銷售再由各該地方官給與印票仍照牙行納帖之例每帖輸銀若干如辦理得宜除華洋各稅外歲可增數十萬可作為購買船礮之用臣等令其將船礮洋槍價值分晰開單先行呈送如蒙 俞允擬將價值奏明後即請於上海廣東各關稅內先行籌款購買並給赫德札文令其購買運到時交廣東江蘇各督撫雇內地人學習俟駕駛得法再入大江應請 飭下曾國藩等熟計遵行

至法國歌士耆來見亦稱現欲回國請給令其購買船
礟札文伊即禀請該國王代為購買俟將來稅項收有
成數再行扣還等語臣等以英法事同一律未便意存
軒輊如伊必欲請辦亦應照赫德開明價值先給一半
似於事亦無所損有　旨交曾國藩等籌辦而南北洋
購置外洋船礟由此起矣

秋七月俄人美人設領事於漢陽

先是湖廣總督官文咨總理衙門稱英國領事官及俄
美二國貨船已陸續抵漢而俄美並無領事官任意裝
載往來漫無稽攷請妥議遵辦總理衙門尋訂定章程
凡各國商船往各通商口岸必須設有領事官管理方

准貿易如該國無領事官准託別國領事官代理亦須別國領事官允管方許該商開艙貿易否則任意前往不惟不准貿易卽該國人有被人凌害情事地方官一槪不理江蘇巡撫薛煥因飭上海道傳諭美國在滬領事美領事覆稱漢口通商已另派西地惠林士爲領事此時想當任事辦理三口通商大臣亦傳諭俄國領事孟第孟第言該國並未另設領事官亦無船隻前往漢口貿易恐係別國假冒或該處官吏查報未實後江蘇海關道忽接俄國領事夏德爾覆稱現奉本國駐京欽差委本領事兼理鎭江九江漢口等處本領事因轉請美國駐漢領事惠林士代理本國漢口通商事務云

臣按俄人貪狡與英無異其不敢如巴夏里之顯肆奸猾者蓋幅員雖闊於諸國而多荒寒曠廢之土國主類好大喜功民多不從其所欲往往掣肘歷代罕通中國元太祖滅之以封長子朮赤元衰始漸恢復疆宇日以强大我　朝定鼎聲威遠震重譯莫不梯航俄亦遣侍子入學成中外大一統之盛顧彼族貪惏成性不知感　列聖懷柔之德乘我多難未平合縱外洋要挾百端狡焉思啟我　顯廟度量如天念其輸情內向已二百餘年故可以包容者終不欲邊釁自我而開乃彼妄思逞蛇豕之情得步進步反覆無常卽領事之設彼若無船貨至漢何必

託他國代理孟第所言率憑臆對而彼國之觀望徘徊形迹詭祕亦可概見矣

與布路斯及德意志諸國立約

布路斯（一作破魯斯）即普魯社國（一作埔魯寫）在歐羅巴中央東界俄羅斯南界墺地利亞西南界日耳曼北抵洲中海（即波羅的海）首部曰伯靈爾西部雜於日耳曼者則與法蘭西荷蘭比利時鄰北極度自四十九至五十六偏東自六度至二十東西二千餘里南北千餘里土產五金硝礦五穀果牲畜俱備舊屬日耳曼康熙中乃自立國嘉慶初奪歐塞特里及波蘭屬部旋為法蘭西所敗割其地大半及法王為俄人敗退布人遂聯諸國攻之入法

都恢其故土加益焉迺增修國政勸農工講軍實利器用遂爲西土顯國向來粵港通商人以其旗識之稱單鷹國五口既開旋來上海比見英法等國換約亦呈請照辦江蘇巡撫薛煥不可其使臣斐悌理阿里丕艾赴天津呈三口通商大臣請立條約總理通商衙門欲令法公使阻之法使言布路斯爲我與國德意志公會各國又布路斯與國也彼國亦久商粵中今求立約請照我國條款有減無增王大臣以　聞有　旨令布使在天津守候　命總理各國事務倉場總督崇綸充全權大臣赴天津會崇厚酌辦布使呈條約四十二款附款一條通商章程十款另款一條稅則一冊所代呈德意

志公會各國部名均照該國條約辦理惟准布國以五年後許派秉權大臣一員駐京兼辦各國事餘與法國條約略同遂以是月二十八日定約德意志者日耳曼列國總部名舊名邪馬尼居歐洲中原縱横數千里爲古大國明代盛强奥地利布路斯皆其屬部康熙中奥布强大皆自立國日耳曼散爲三十六國大者千餘里小者百數十里稱王者四如古五等諸侯各君其國嘉慶中爲法蘭西脅降法王旋喪敗各部始復爵土二十年歐洲各國公使會議維也納奥地利國都以奥布本日耳曼所分而嗹與荷蘭壤地交錯遂合稱同盟四十國有大事會議道光二年公會議兵制同盟仍三十六國中西

和約所列各國部名　邦晏　撒遜　漢諾威　威而顛白而額　巴敦　黑辛加習利　黑星達而未司大　布倫師額　阿爾敦布爾額　魯生布而額　撒遜外抹艾生納　撒遜麥甯恩　撒遜阿里廷部而額　撒遜各部而額　大挐掃　安阿而得疊掃郭定　安阿而得比爾你布而額　立貝　實瓦字部而魯德司答　實瓦字部而孫德而士好遜　大支派之各洛以斯　小支派之各洛以斯郎格缶　而德昂布而士以上二十五國　模令布而額水林　模令布而額錫特利子以上二邦　律百克　伯磊門　昂布爾以上三漢謝城惟漢諾威四國同治五年爲布國所併國人多聰明闊達西土以爲貴種英法立國之祖皆其國人故視爲宗國布路斯東西八部入日耳曼公會者六各國商船亦時來粵故布人代爲之定議立約俾事同一例焉同治十年布國亦改爲德意志故今祇稱德國

八月增設長江洋關

初議洋商入長江進口出口正稅均在上海鎭江關交納九江漢口無征收故原訂章程第七款有沿途任便起貨下貨不用請給憑單不用隨納稅餉之語江蘇巡撫薛煥謂如此則毫無稽攷應飭令洋商將運進長江之貨除完海關正稅不計外其應完內地半稅先在上海完者由上海給憑單上駛出口貨物如在漢口及九江出口者先在漢口九江完稅由該關給憑單下駛似此上下稽核始無偷漏之弊大學士湖廣總督官文因奏請增設漢口洋關謂今春髮逆上犯漢口互商大賈遷徙一空所到洋貨皆於各行以貨易貨暗運而去不交進口貨單亦不報出口貨目以致毫無稽查其應完

子口稅雖有上海來文而領事等則云先完正稅當後完子口稅於條約所當查辦者反置不理其應完出口貨稅則英使謂當仍至海關交收及司道傳詢領事等則稱漢口無關亦無監督稅事司員憑何稽納此皆意存欺蔽也若竟聽其往來自便則長江數千里隨處可載貨卸貨將沿江上下之利盡歸外洋而中原脂膏將竭且有內地奸商船插洋旗藉此私售私買甚至將米糧銅鉛禁運之物運出難免不銷售賊中關礙大局實多非獨偷漏稅課已也至釐金原濟軍餉而洋商執一稅不二稅之說未允抽釐不思納稅出自洋商收釐取之華商兩不相涉又內地商人現赴湖南北產茶處購

買動謂英商雇夥違抗釐金似此情形則內地商人皆可稱洋行雇夥內地貨物皆可指洋商採辦山鄉市鎮皆可作通商口岸將條約所稱不逾三口之文祇成虛設皆由無憑稽查故也惟有於漢口設洋關收稅照海關明定章程並設官行盤驗入口出口在地收票發票並禁華洋雇夥往各埠采辦悉由商販自運到漢入行售賣庶可杜絕弊源亦與前議條約相符現飭漢陽府勘擇地基設立關卡並請添設監督一員督辦關稅事務以專責成報可於是九江亦循照漢口辦理先後均設洋關

九月與英人訂長江通商章程

時漢口九江均設洋關而章程未立總理各國事務衙門因與英使卜魯士議暫訂長江通商章程十二款納稅章程五款即各口通共章程由是各國貨船出入始有可稽

國朝柔遠記卷十五

國朝柔遠記卷十六

臣彭玉麟恭定
臣王之春敬編

壬戌同治元年

選募洋將授美英法人等官

粵賊淪陷蘇松常太各城上海以各國通商所在賊未遽擾然勢漸危逼蘇松太道吳煦及前蘇松糧道楊坊初雇印度人充伍又欲增募呂宋人爲兵蘇州人王韜獻策曰招募洋兵人少餉費不如募壯勇而雇洋人領隊平日以洋法敎演火器務令精練當可收效從之美國人華爾來華煦初雇令管帶印度兵旋有 旨撤印

度兵華爾願隸籍中國煦留令管帶常勝軍協守松江
時滬上通商諸國亦慮賊擾亂商務阻礙貿易雖英人
曾與粤賊有兩不相犯之約至是亦謀自衞於是英水
師提督何伯法水師提督卜羅德並率船礮列守禦備
攻剿有 旨英法兩國自換約後彼此均以誠信相孚
此次上海幫同剿賊具見眞意爲好克盡友邦之誼著
傳 旨嘉奬並嗣後如有外國協同助剿之處著薛煥
隨時迅速具奏以彰中外和好同心協助之意薛煥督
華爾等首破賊於松江之迎禧濱天馬山賊別據高橋
華爾偕美人白齊文邀同英法兵弁攻其右參將李恒
嵩擊其左大破之奉 旨華爾白齊文均 賞四品翎

頂旋以攻燬萬唐周浦各賊壘并加三品頂戴華爾以副將補用及收復松江甯波鎮海慈谿各城何伯卜羅德均以在事出力蒙　嘉獎於是洋弁咸願爲中國效用矣

優卹陣亡諸洋將

初華爾帶印度兵隨攻嘉定大倉再克松江屢攻青浦遞受重傷至是賊復窺甯波陷慈谿華爾攻克慈谿城中槍洞胸回甯波死江蘇巡撫李鴻章飭以中國冠服斂葬有　旨嘉憫從優賜卹仍於松江甯波建立專祠他如法國兵官勒伯勒東助官兵克復甯波慈谿餘姚權授總兵克上虞進攻紹興親然巨礮炸傷頭頂而殞

同時傷亡者有兵頭范夫哈格齡二員其接帶之法弁達爾第福先領洋槍隊隨官軍攻剿回滬管帶法國教練勇權受江蘇副將法提督令赴甯領勒伯勒東所部亦以急攻紹城中槍殞又法提督卜羅德亦在南橋督戰陣亡先後均獲優卹

春二月與俄人訂陸路通商章程

俄人先止在陸路通商故定約於陸路綦詳至是通商陸路更增總理各國事務王大臣與俄之把公使在京議定陸路通商章程二十一款於天津續增稅則一冊

秋八月暫波里國吶哈國來營口互市卻之

通商各海口既增外洋素不著聞之小國亦多聞風來

華有暫波里國商人德勒邪領法國執照來營口租房設行又有啼唅國商人阿文亦來營口將設行而無執照盛京將軍咨總理通商衙門轉詢法公使哥士耆亦云暫波里國名未經列入布國和約不知係何國所屬之國惟本國領事並未呈請批准濫爲別國商人代發執照自當嚴飭遂函致英國牛莊領事請卽行阻止將法執照掣回兩國商人遂逡巡去

九月與英人續訂長江通商章程

長江旣設洋關去年總理各國事務衙門與英使卜魯士所訂長江試辦章程及納稅各款尚未畫一至是復與之續訂長江通商統共章程七條

癸亥同治二年

浙江巡撫左宗棠禽白齊文

初華爾戰歿白齊文統全隊索餉數十萬未應遂劫餉銀潛投僞忠王李秀成爲之謀主勸秀成盡棄江浙兩省地斬伐茶桑焚燬廬舍然後并合大隊轉戰直趨北方據秦晉齊豫上游中原之形勢以控東南其地爲水師力所不至乃可以逞秀成弗聽齊文旋爲大兵所擒以條約無專治洋人之款致之美領事領事遣之約毋再入中國白齊文復由日本潛至漳州助賊

臣案白齊文美之無賴子也始助官兵繼助賊反覆無常狠子野性惟利是趨袁甲三云外洋協同剿賊

幸而戰勝則矜功要挾所求無厭可稱先見之明此時川廣湘淮諸軍將皆貔虎士盡熊羆克復城池業已大半豈上海賊壘不能埽除英法美見賊勢已蹙堅請助剿意欲邀功我

皇上不忍拒絕過甚恐啟猜疑轉生叵測偶爾借助以示羈縻乃因未遂所欲遽投賊營甘爲效死其不敢顯與我爲難者並非因新約初定恐失信於

天朝實見我軍威大震不敢抗衡也孰知天道惡盈天心悔禍賊固殄滅彼亦就擒自作孽不可逭其白齊文之謂乎

夏五月與丹國立約

丹國即嗹馬（一名嗹國 一名大尼）在歐羅巴洲西北地隘合羣島

始成國東界波羅的海即地中海南界日耳曼西界大西海北隔海與那威鄰北極度自五十三至五十七英綫偏東度自五至十一國都在西蘭島有加的牙港扼波羅海數千里咽喉設關榷稅土惟產五穀牲畜往時民以捕魚操舟劫掠沿海後有賢主修政曾滅那威服瑞典明初猶强後乃衰弱嘉慶中與法蘭西和約同襲英吉利英人先舉兵圍其都城乃乞盟其來市粵東也以雍正時粵人稱爲黃旗國至是遣其使臣拉斯勒福窪地瑪羅多羅福等來華抵天津徑赴京師署三口通商大臣董恂以該使並未知照無故來京亟函知總理衙門飭城門阻之而英使言丹國來人乃僦館賓客請勿阻

總理衙門以丹使此來無非恃有奧援儻力阻其入則英人必起難端遂置不問英威妥瑪復代請立約恭親王告以丹使初到中華不循中國定章擅越天津來京議約輕視我中國中國不卽驅逐已爲懷柔之至萬難允其立約威妥瑪乃言丹與英爲姻婭之國並援法使爲布路斯葡萄亞代請換約之例固請王大臣等欲行拒絕恐厚彼薄此貽英人以口實許之太易又恐紛紛效尤因語以丹使如欲中國允行必須循中國章程仍回天津照會三口通商大臣懇請據情奏明　特派大臣赴津會同三口通商大臣方可立約否則不能威妥瑪詞屈請嗣後外國使臣到津應令天津領事告知中

國常例又爲函致三口大臣代爲之謝大臣等以聞有
旨交總理各國事務衙門核議尋議定丹國和約五
十五款通商條約九款稅則一冊大略與英國同

秋八月與和國立約

和國卽荷蘭康熙中曾以夾板船助剿臺灣鄭氏故與
中國通商最早至是見西洋諸國踵至亦來天津援例
呈請立約三口通商大臣以　聞朝議許之卽由三口
通商大臣在津與其使臣訂和約十六款另款一條

甲子同治三年

遣人出洋採辦機器

西洋諸國製造船礮皆以機器爲之用力少而成功多

曾國藩因廷臣有採買外洋船礮之議謂上海已設製造局不如購其機器自行製造經費較省新舊懸殊於是遣粵人運同銜容閎出洋採辦各機器

夏五月優獎洋將戈登及出力各員弁　頒賞有差

英人戈登見中國優待外人遂投李鴻章麾下二年春接帶常勝軍權授江蘇總兵同官軍攻克福山及太倉崑山各州縣嗣蘇常省府城肅清將常勝軍遣撤鴻章奏請加提督銜　賞花翎黃馬褂　賜提督章服四襲并表功旗幟功牌其繙譯軍火局礮隊兵官及打仗隨營各洋弁由英公使總稅務司查開請獎凡一等二十八人阿里查等六名各給一兩四錢金寶星摩爾安德

二十二名各給一兩二錢金寶星二等滿士費滿三德二十四人各給一兩金寶星三等愛林十二人各給銀牌由蘇松太道仿造交各領事分給佩帶陸續資遣莫不懽忭以去他如日意格德克碑投左宗棠麾下者宗棠因材器使厚糈以縻之官階以勵之故咸樂盡其力焉

秋九月與日斯巴尼亞立約

日斯巴尼亞此從和約所自稱又止稱日國即西班牙咸豐季年曾與葡萄牙求立約不得請而去至是援西洋諸小國皆得立約之例復來天津呈請 朝議許之 命總理各國事務大臣同三口通商大臣與其使臣依撒別拉嘎多

利嘎瑪議定和約五十二款專條一款同治六年崇厚復與日使瑪斯公立文憑一件

乙丑同治四年

以兩江總督兼理南洋大臣

南洋自五口通商外洋麕集換條約諸事交涉紛繁咸豐八年曾頒　欽差大臣關防或歸兩廣總督或歸兩江江蘇督撫兼管是年始定歸兩江總督專責於是有南洋大臣之稱每年額撥南洋經費洋稅項下江海關二成粵海山海浙海閩海滬尾打狗二口二口在臺灣各關四成華稅項下分解一半照四成例算並派各省釐金項下江蘇浙江各二十萬湖北廣東福建江西各十

五萬協濟南洋籌辦海防及添製船礮軍械之需

夏五月左宗棠再禽西洋叛將白齊文及助賊洋人克令細仔誅之

白齊文初爲官軍所擒以和約無專治洋人之條致之美領事領事遣之約毋再入中國白齊文復由日本潛至漳州與英人克令細仔投賊并爲左宗棠軍所獲福州美領事慶樂請令歸國正法宗棠以其罪大不許委弁自閩解蘇審辦道經浙江蘭谿匯頭灘舟覆解弁及白齊文三犯皆溺死

秋九月與比利時國立約

比利時舊名彌爾尼壬一名北義歐羅巴小國也北界荷蘭

東界普魯社西部西南俱界法蘭西西北界大海北極自四十九至五十一度英綫初度至三度地溫土腴物產繁庶製造精良本荷蘭南部明初荷蘭王查理好兵喜誅戮南部叛之附入西班牙康熙中歸奧地利爲藩屬嘉慶初法蘭西王拏破侖兼幷諸國南部及荷蘭先爲所奪及法王敗荷蘭復立國南部復與之合然南部仍天主舊教荷蘭尚耶穌新教輕視之道光十一年南部遂別立日耳曼小矦爲王稱比利時國以兵拒荷蘭而法人助之荷蘭絕其港口乃造鐵路火車轉運達海其國商船　國初曾來粵東後久絕迹道光季年法人復爲請通市而貨舟不至及五口通商亦赴上海呈請

立約巡撫辥煥以布路斯使臣不遵理諭徑赴天津此時續至之國若再嚴拒必至效尤前往且比利時在各口通商素稱安靜此次來滬亦無從中指使具奏至是因西洋諸小國既皆得立約遂　簡欽差總理各國事務大臣董恂會三口通商大臣崇厚酌議與其使臣金德俄固斯德訂定和約四十七款通商章程九款稅則一冊其使臣實兼帶法國和國西班牙寶星云

丙寅　同治五年

春正月與英人法人議定招工章程

時中外和好已大定諸色人等彼此皆得雇覓不相限制而尚未詳定章程總理各國事務王大臣遂與英法

二國公使各訂定招工章程二十二條又三節

秋九月與義國立約

義國卽意大里亞歐羅巴古一統之國卽後漢書大秦國其王常欲通漢爲安息卽波斯今巴社白頭回國遮遏不得通桓帝延熹九年其王安敦遣使自日南徼外獻象牙犀角玳瑁始得一通東晉時分東西王東王至明代爲土耳其所滅西王則都羅馬劉宋時峩特族滅之立國三百餘年法蘭西取之以都城奉天主敎皇後分合不一諸部時尋干戈嘉慶中法王拏破侖略定爲藩部及各國公使會議於維也納分其地爲九凡大部四小部五總爲意大里亞至是亦請立約　朝議許之由總理各國

事務大臣及三口通商大臣與之訂定和約五十五款
通商章程九款
冬十一月以沈葆楨總理福建船政
時講求海防力圖自强閩浙總督左宗棠因請創立船
政派重臣總理　上命沈葆楨總司其事專摺奏事
先刻木質關防印用一切事宜及需用經費均與英桂
吳棠徐宗幹等商辦時葆楨方丁憂在籍以材非其任
力辭不許
十二月採買外洋機器至
容閎自前往西洋至是採辦機器百數十種至上海交
製造局是爲鐵廠曾國藩言閎往返三載不避艱阻請

予獎勵有　旨議敘

丁卯同治六年

春三月設同文館於京師

天文算學中幾何一書原本西洋人歐里几得作其學有傳出自冉有後中國喪失流傳泰西彼土智士得而專精用以推步故　國初臺官參用西人時京師有洋館乃議設同文館並招集士子學習推算及泰西文字語言而雇西人教習廷臣諫疏皆留中御史張盛藻請毋庸招集正途　批諭以朝廷設同文館取用正途學習原以天文算學爲儒者所當知不得目爲機巧於讀書學道無所偏廢大學士倭仁因上疏云數爲六藝之

一誠如　聖諭爲儒者所當知非歧途可比惟以臣
所見天文算學爲益甚微西人教習正途所損甚大有
不可不深思而慮及之者請爲我　皇上陳之竊聞
立國之道尚禮義不尚權謀根本之圖在人心不在技
藝今求之一藝之末而又奉夷人爲師無論夷人詭譎
未必傳其精巧卽使教者誠教學者誠學所成就者不
過術數之士古今來未聞有恃術數而能起衰弱者也
天下之大不患無才如以天文算學必須講習博采旁
求必有精其術者何必夷人何必師事夷人且夷人吾
仇也咸豐十年稱兵犯順憑陵我畿甸震驚我
宗社焚燬我園囿戕害我臣民此我　朝二百年來未

有之辱學士大夫無不痛心疾首飲憾至今　朝廷亦
不得已而與之和耳能一日忘此仇恥哉議和以來耶
穌之教盛行無識愚民半爲煽惑所恃讀書之士講明
義禮或可維持人心今復舉聰明雋秀　國家所培養
而儲以有用者變而從夷正氣爲之不伸邪氣因而彌
熾數年以後不盡驅中國之衆咸歸於夷不止伏讀
聖祖仁皇帝御製文集諭大學士九卿科道云西
洋各國千百年後中國必受其累仰見　聖慮深
遠雖用其法實惡其人今天下已受其害矣復揚其波
而張其焰邪聞夷人傳教常以讀書人不肯習教爲恨
今令正途學習恐所習未必能精而讀書人已爲所惑

適墮其術中耳伏望　宸衷獨斷立罷前議以維大局而弭隱患天下幸甚疏入不報

夏四月籌造輪船經費

曾國藩奏目今添造輪船運河隄工皆萬不容緩之事查江海關洋稅一項自扣款結清以後提解四成另款存儲部庫本係奏定專撥之款不敢動用絲毫惟餉項萬緊仰懇　天恩俯准酌留二成以一成爲專造輪船之用以一成酌濟淮軍奉　旨俞允

六月沈葆楨入船政局任事

沈葆楨既力辭船政不許左宗棠奉　命西征復再三敦勸葆楨猶屢辭終莫獲請至是服闋不得已起任事

猶舉七難入告稱臣之材望迥非左宗棠比而所處之地又各不同洋人性善疑非其素所信服之人動生疑忌日意格德克碑久隸左宗棠麾下其公忠果毅親見之而習知之固宜爲之盡力臣於二將無一面之識其難一也輪船經費與別項軍需不同稍不應手便礙大局其難二也紳受治於官者也爲所治者忽然與之並列其勢必爭其難三也官之於民有分以相臨故威則知懲恩則知勸紳與士民等耳恩威俱窒其難四也欲速則不成惜費則不成其難五也外國可法之事無多而製器之工實臻神妙其人非有聰明絕異之質但此精益求精密益加密不以見難自阻不以小得自足此

意正自可師內地工匠專以偷工減料爲能用意卽已迴別故不患洋人敎導之不力而患內地工匠向學之不般非峻法以驅之重賞以誘之不足以破除痼習其難六也日意格德克碑功成之日旣獲厚利又得重名名利所歸妒之者衆求分其利求毀其名皆在意料之中稍涉游移則前功盡棄左宗棠威望足以鎭之非臣所能及其難七也具此七難何敢輕率從事惟念時事多艱　皇太后　皇上且旰食宵衣焦勞中夜若爲臣子者狃於避謗遠罪之私智何以上荅　君父而自立於天地之閒是以再四躊躇欲辭不敢計惟有毀譽聽之人禍福聽之天竭盡愚誠冀報　高厚鴻

慈於萬一臣所深恃者　諭旨諄切知自強之道斷自
宸衷以萬不得已之苦心創百世利賴之盛舉必
不爲浮說所搖但願共事者體　朝廷之心以爲心勿
以事屬創行而生畏難之見勿以議非己出而存隔膜
之思則大功之成拭目可俟矣

戊辰同治七年

夏四月南洋派輪船赴天津助防

曾國藩奏上海鐵廠製造火輪船及廣東艇船仍須酌
改營制略仿西洋之法時捻匪張總愚竄擾天津三口
通商大臣崇厚請派輪船赴津助防　上飭曾國藩
與巡撫丁日昌撥上海捕盜輪船至津巡查海口而上

海兩舊輪船方修整不能遠駛適福建新造華福寶輪
船購米上海國藩添給洋礮檄令北行
閏四月武英殿大學士兩江總督曾國藩閱洋礮輪船工
程
初國藩擬會同丁日昌履勘外海水師營伍核議章程
是月初十日國藩至上海駐鐵廠查閱洋礮輪船工程
洋人聞國藩將至遣巡捕呵禁行車清道以待既至諸
國領事皆來謁國藩嘉其意亦禮遇之
秋七月調曾國藩補直隸總督整頓練軍
六月遣使出洋與美國增定條約
時外洋諸國公使領事等交錯來華周知內地虛實而

中國於外洋情事僅得傳聞未親歷目覩有以彼能來我亦能往爲言者於是　特派欽差爲重任大臣二品頂戴志剛孫家穀均充辦理中外交涉事務大臣赴大東洋抵華盛頓美國都城名與美國總理各國事務大臣增訂條約八款

己巳同治八年

春三月與俄國續訂陸路通商條約

俄人陸路通商章程以元年所訂未備復商增改於是

命總理各國事務王大臣與其使臣續訂陸路條約二十二款

秋七月與奧斯馬加國立約

奥斯馬加此從和約所自稱或止稱奥國即奥地利亞一名歐塞特里阿亦歐羅巴大國東北界普魯社俄羅斯東南界土耳其抵亞得亞海及意大里西界瑞士日耳曼北極自四十二度至五十一經綫自東六度至二十四地高燥產金石宜人物氣序溫和唐時法蘭西取其地號奥斯的里元初日耳曼酋攻克之立爲王稱東國傳至阿爾麥配匈牙利一作寒牙里女主國合於奥遂爲大國明正德時國內亂迎西班牙查理第五爲日耳曼王破法蘭西其弟嗣位又臣服意大里諸部遂稱伯西土康熙三十九年日耳曼各部皆自立從此東國稱奥地利亞不復稱日耳曼後又侵得波蘭地幅幀日廣嘉慶中其國君進稱可汗

和約中稱大皇上法蘭西王拏破侖侵伐四鄰日耳曼列國皆
納款奧獨不爲之下及拏破侖喪敗歐羅巴諸國各遣
公使集議維也納（奧國都城名）返法所侵各國地以日耳曼
散弱難自立乃議立公會聯結爲與國以奧爲盟長日
耳曼近始別自爲德意志（或止稱德國）故論歐洲國勢以俄
英法奧爲稱海禁開時即互市廣東粵人以其旗識之
稱雙鷹國至是亦請立約　朝議許之由總理各國事
務大臣及三口通商大臣與其使臣訂定和約四十五
款通商章程九款稅則一冊

庚午　同治九年

夏五月天津民擊殺法國領事豐大業

初天津奸民張拴郭拐以妖術迷拐人口爲知府張光藻知縣劉傑擒獲伏誅桃花口民團復獲迷拐李所之武蘭珍送縣供稱受迷藥於教民王三於是民間喧傳天主教堂遣人迷拐幼孩挖眼剖心爲藥料又以義塚內屍骸暴露者皆教堂所棄人情洶洶三口通商大臣崇厚及天津道周家勳等往會法國領事豐大業帶蘭珍赴堂同訊鞫蘭珍語多支離與原供不符讞弗能定崇厚遂回署適士民觀者麕集偶與教堂人違言磚石相拋擊豐大業徑至崇厚署咆哮忿詈崇厚撫慰之不從以洋槍擊崇厚不中走出路遇傑復以槍擊之誤傷傑僕居民見者萬眥齊裂遂羣起毆斃豐大業鳴鑼集

衆焚燬教堂洋房數處教民及洋人死者數十人

命大學士直隸總督曾國藩赴津查辦教案

崇厚上疏自請議並請　飭大員來津查辦　上諭

崇厚奏津郡民人與天主教起衅現在設法彈壓請派

大員來津查辦一摺曾國藩病尚未痊本日已再行賞

假一月惟此案關繫緊要曾國藩精神如可支持著前

赴天津與崇厚會商辦理匪徒迷拐人口挖眼剖心實

屬罪無可逭既據供稱牽連教堂之人如查有實據自

應與洋人指證明確將匪徒按律懲辦以除地方之害

至百姓聚衆將該領事毆死並焚燬教堂折毀仁慈堂

等處此風亦不可長著將爲首滋事之人查拏懲辦俾

昭公允地方官如有辦理未協之處亦應一併查明毋稍迴護曾國藩務當體察情形迅速持平辦理以順輿情而維大局國藩覆陳據天津道來禀武蘭珍所供之王三業經弋獲必須訊取確供武蘭珍是否果爲王三所使王三是否果爲教堂所養挖眼剖心之說是否憑空謠傳抑係確有證據此兩者爲案中最要之關鍵從此兩層悉心研鞫力求平允乃可服中外之心　諭旨飭臣前往仍垂詢臣病臣之目疾係根本之病將來必須開缺調理不敢以病軀久居要職至眩暈新得之病現已十愈其八臣不敢因病推諉稍可支持即當前往一面先派道員博多宏武等迅速赴津會同天津道府

詳訊辦理

夏六月罷天津知府張光藻知縣劉傑

是月朔曾國藩復奏　上諭曾國藩奏所稱案中最要關鍵等語可謂切中事理要言不煩日內如可支持即著前赴天津會同崇厚悉心商辦國藩遂力疾啟行作遺書誡其二子云外國性情兇悍津民習氣浮囂俱難和協恐致激成大變余自咸豐三年募勇以來即自誓效命疆場今年老病軀危難之際斷不肯吝於一死以自負初心恐邂逅及難而爾等諸事無所禀承茲略示一二以備不虞所囑凡二千餘言比國藩行至任邱函致崇厚先將俄國誤傷之三人及英美兩國之講堂

速爲料理不與法國併議途次奉上諭此案起衅之由因迷拐幼孩而起總以有無確據爲最要關鍵必須切實根究曲直既明方可另籌辦法至洋人傷斃多名若不將倡首滋事之犯懲辦此事亦難了結初十日國藩至天津津舊有水火會皆諸俠少矜尚意氣不畏彊禦咸豐初粵賊北竄津郡士民倡團擊退之畿輔賴以保全自西洋通商民教時時相訌當事者委曲求全或未能持平津人怨民氣之不伸也冀國藩至力反所爲甫下車紛來進策或欲藉津人義憤之衆驅除洋人或欲聯俄英各國之交專攻法國或欲劾崇厚以伸士民之氣或欲調兵勇以爲應敵之師國藩以粵捻方平

西陲未靖海内凋瘵方資休息未可遽肇邊衅又接譯署函有鑒於旋戰旋和之失宜一意保全和局遂示諭士民宣布　聖主懷柔外國息事安民之意故致崇厚書則云禍則同當謗則同分報友人書則云盜可得罪於清議不敢貽憂於　君父及放告投訴數百人訊及挖眼剖心皆無事實惟拐匪案拏到教堂之王三安三等皆市井無賴供詞反覆狡展國藩令緩訊以爲洋人轉圜之地法公使羅叔亞來見以四事相要曰賠修教堂曰埋葬豐大業曰查辦地方官曰懲究凶手羅叔亞旋照會請將府縣官及提督陳國瑞抵命國藩拒之與崇厚會奏稱王三雖經供認授藥武蘭珍然且時

供時飜仁慈堂查出男女訊無被拐情事至挖眼剖心
則全係謠傳毫無實據此等謠傳不特天津有之各省
皆然以理決之必無是事至津民所以生憤則亦有故
教堂終年扃閉莫能窺測可疑者一　中國人民至仁慈
堂治病恆久留不出可疑者二仁慈堂死人有洗尸封
眼之事可疑者三仁慈堂所醫病人雖親屬在內不得
相見可疑者四堂中掩埋死人有一棺而兩三屍可疑
者五百姓積此五疑衆怒遂不可遏仰懇　明降諭旨
通飭各省俾知謠傳多係虛誣以雪洋人之冤以解士
民之惑已將道府縣三員均撤任聽候查辦尋奉
上諭曾國藩崇厚奏查明天津滋事大概情形又奏請

將天津府縣革職治罪等語已均照所請明降諭旨宣示矣此次陳奏各節固爲消弭釁端委曲求全起見惟洋人詭譎性成得步進步若事事遂其所求將來何所底止是欲弭釁而仍不免起釁也初國藩本不欲加罪府縣因叔亞要求不已崇厚又屢以爲言國藩以其久習洋務姑從之及劾疏甫上旋自悔憾內閣鈔發奏稿不全都人士見之謂國藩亦偏護洋人貽書相責國藩惟自引咎而已崇厚猶力主府縣議抵並盛言洋人兵彊礮利不許卽將發難國藩乃漫應曰彼以我爲無備而畏死乎吾已密調隊伍若干糧餉若干況我自募勇剿賊以來此身卽已許　國卒荷　聖祚綿長之庥賴

將帥用命之力轉戰數千里掃盡狂氛蕩平巨寇刻下舊勳名將雖止十存四五然如左宗棠李鴻章彭玉麟楊岳斌輩類皆念切時艱心存　君國且久經戰陣其才十倍於我我年逾花甲有渠等共匡　帝室何死之足畏崇厚嘿然退乃馳奏法國勢將決裂曾國藩病勢甚重請由京另派重臣來津辦理國藩見羅叔亞要求罔饜不復信崇厚言因　諭旨垂詢覆稱焚燬教堂之日衆目昭彰若有人眼人心等物豈崇厚一人所能消滅其爲謠傳已不待辨至迷拐人口實難保其必無臣前奏請　明諭力辨洋人之誣而於迷拐一節言之不實不盡誠恐有礙和局現在焚燬各處已委員與

修王三安三該使堅索已經釋放查拏凶犯一節已飭新任道府拏獲九名拷訊黨羽惟羅叔亞欲將三人議抵實難再允所求府縣本無大過送交刑部已屬情輕法重彼若不擬搆衅則我所斷不能允者當可徐徐自轉彼若立意決裂雖百請百從仍難保其無事　諭旨所示强衅仍以起衅確中事理且佩且悚外國論强弱不論是非若中國有備和議或稍易定竊臣自帶兵以來早矢効命疆埸之志今事雖急病雖深此心毫無顧畏不肯因外國要挾盡變常度抑臣更有請者時事雖極艱難謀畫必須決斷伏見道光庚子以後辦理洋務失在朝和夕戰無一定之至計遂使外患漸深不可收

拾　皇上登極以來外國彊盛如故惟賴守定和議絕無改更用能中外相安十年無事津郡此案愚民憤激生變初非臣僚有意挑衅儻從此用兵則今年即能倖勝明年彼必復來天津即可支持沿海勢難盡備朝廷昭示大信不開兵端實天下生民之福惟當隨時設備以爲立國之本二者不可偏廢臣以無備之故辦理過柔寸心抱疚而區區愚慮不敢不略陳所見疏上即日奉有張光藻劉傑交部治罪已屬過當若在津正法萬難允准之　諭

命大學士湖廣總督李鴻章督師入衛京畿兵部尚書毛昶熙赴天津會辦教案

崇厚既奏稱曾國藩病勢甚重請另派重臣來津辦理
教案奉　上諭此案關係頗大該督抱恙甚劇照料
或有未周已諭令丁日昌星速赴津幫同辦理但丁日
昌航海前來須在旬日以外先派毛昶熙前赴天津會
辦惟該國兵船業已到津意在開衅不可不預爲防範
已諭令李鴻章帶兵馳赴畿疆候旨調派
秋七月毛昶熙李鴻章丁日昌來天津保定
毛昶熙既奉　命以侍講吳元炳刑部員外郎劉錫鴻
總理衙門章京陳欽惲祖貽隨行是月初五日至津適
英國公使威妥瑪亦至毛昶熙約洋人會議既集欽按
理抗辯洋人不能詰羅叔亞固執前說徑行回京崇厚

適奉出使法國之　旨請入都　陛辭　上遂命昶
熙署理三口通商大臣國藩遂與會奏羅叔亞回京緣
由請中外一體堅持定見並將連日會議問荅情形具
報總理衙門又請將福建船局購辦京米截畱二萬石
儲津以備李鴻章軍餉時鴻章督辦陝西軍務奉帶兵
防衛畿疆之　命即日率師啟行星夜兼程至潼關馳
奏洋人照會內稱天津府縣幫同行兇主使動手等語
所聞得自何人所查得有何據必須將府縣如何幫同
主使證據交出由中外大員會同提集當堂質訊乃可
成信讞而服眾心丁日昌啟行時亦奏稱自古局外之
議論不諒局中之艱難然一唱百和亦足以熒聽而撓

大計卒之事勢決裂國家受無窮之累而局外不與其禍反得力持清議之名現在事機緊急守備則萬不可缺至於或戰或和應由 宸衷獨斷不可爲衆論所搖又稱百姓紛紛聚衆地方官不能認眞彈壓過誤似亦不輕奉 上諭該使臣非禮之求斷難遷就而於近情之請必當趕緊辦理以示誠信此時如將下手滋事之犯按律懲辦則洋人自不至節外生枝再歸咎於府縣二十五日日昌至天津卽日懸賞勒限緝拏兇犯

詔提督劉銘傳來直隸統率銘軍

時劉銘傳以病假在籍曾國藩謂欲保和局而安民之道在預備不虞以爲立國之本因請 旨檄催劉銘傳

赴直隸統帶銘軍並陳明江面水師與洋面不同彭玉麟楊岳斌現均在籍必思所以捍禦外侮徐圖自强之法奏　旨報可越日又　諭該督到津後統籌全局次第辦理其中委曲求全萬不得已之苦衷在稍達事理者自無不諒刻下府縣一層堅持定見當可就我範圍如能將爲首滋事及下手之人嚴拏務獲訊取確供按律議抵大局似可麤定近來內外臣工往往遇事初起時徒事張皇迨禍患略平則又泄沓成風爲目前苟安之計卽使創立戰守章程而在事諸臣奉行不力有名無實遂使　朝廷深謀遠慮均屬具文似此因循成習何時可冀自强何時可平外患宵旰焦憂無時或釋

八月調曾國藩補兩江總督以李鴻章爲直隸總督
總理衙門奏天津一案與洋人照會往來辯論情形奉
諭鈔寄令曾國藩迅速緝兇詳訊嚴辦催取府縣親
供及早結案適兩江總督馬新貽遇刺　上命國藩
仍督兩江李鴻章調補直隸總督國藩疏陳前在假期
內馳赴天津實因津事重大不敢推諉臣目病甚重江
南庶政繁殷若以病軀承乏貽誤必多目下津案未結
仍當暫留會辦一俟奏結卽請開缺調理奉　上諭
兩江事務殷繁職任綦重曾國藩老成宿望前在兩江
多年情形熟悉措置咸宜現雖目疾未痊但能坐鎮其
間諸事自可就理所請另簡賢能之處著毋庸議仍著

俟津案奏結卽前赴兩江之任毋再固辭時派陳欽劉錫鴻丁壽昌會訊天津府縣國藩與毛昶熙丁日昌親臨覆訊遂奏呈府縣親供奉　上諭天津教案尙未辦有端倪爲日已久若不趕緊辦結必致另生枝節著李鴻章馳赴天津會同曾國藩丁日昌督飭承審各員認眞研鞫及早擬結二十三日國藩等會奏審明津案兇犯分別定擬計供證確實者十一人無供而有確證者四人共計可正法者十五名擬軍流者四人擬徒者十七人報解送府及鈔呈陳國瑞供詞奉　諭陳國瑞旣與津案無干涉毋庸令總理衙門刑部覈辦惟報解府縣送部附片奏稱天津府縣本無大過張光藻尤著

循聲臣之初意豈肯加以重咎過聽浮議舉措失宜遽
奏交刑部此疏朝上夕已悔憾外間物議紛紛不平此
次該革員等入獄誠恐洋人執臣原奏欲得而甘心則
臣之負疚愈深請 敕刑部細核供詞從輕定議以平
天下吏民之情臣亦稍釋隱憾並申陳各省民教滋事
實情籌議預杜後患之法時大學士倭仁亦抗疏稱我
列祖列宗開國以來未嘗有枉罪臣子之事況
天津一案公論昭彰守令之辦理不善勢必處於無可
如何並非指使張守賢聲素著皆久在我 皇太
后 皇上洞鑒之中往者林則徐姚瑩達洪阿之獄
事情重大十倍於茲我 宣宗成皇帝曾爲息事

安民梢施薄譴旋以民望所歸復職大用我　文
宗顯皇帝登極硃諭猶謂忠臣盡忠宜力深責當時宰
相不能扶持今我　皇上亦欲息事安民亦斷無不
思　祖制罔顧憲章之理又云自古朝有忠臣仇
敵所忌善謀國者斷不肯喪國家忠臣之氣以遂仇敵
忮害之心漢殺鼂錯以悅吳楚究不能止吳楚之叛而
徒貽景帝以刻薄之名宋殺岳飛以悅金究不能禁金
人之欺而徒貽高宗以忘仇之罪我　皇上自必上
法　祖宗豈肯襲漢宋之誤今日重罪守令以謝
夷人將來此端一開何以立國惟有仰懇　天恩施
格外之仁以存正氣而培國脈於一時權宜之中仍為

百世不拔之計　上深納之

九月安置張光藻劉傑於黑龍江

初按察使錢鼎銘奏　諭仍將府縣解赴天津時府縣已請假他出奉　上諭軍機大臣呈遞直隸按察使錢鼎銘稟函不勝詫異張光藻劉傑以奉　旨治罪人員即使患病屬實亦應在天津聽候查辦乃該革員等一赴順德一赴密雲捏病遠避尙復成何事體　朝廷令該革員赴津實曲示保全之意乃皆不能體會置身事外曾國藩率行給假他出實屬不知緩急國藩因飛檄催光藻傑來津先後赴案遂奏該員自六月十六日撤任即行請假臣見其本無大過故允所請後奉到

諭旨卽飛檄催提目下均已到案惟法國照會總理衙門指稱該府縣主使證據應按照所指情節逐一質訊再取具親供錄送核辦至查拏兇犯現已獲三十七名仍飭盡數弋獲從嚴懲辦以杜外患後續獲犯八十餘名國藩委員質訊株累者分別開釋具奏並以辦理遲延自請嚴議將府縣交刑部於是讞詞畢具刑部奏獄上初六日遂奉　諭前因天津知府張光藻知縣劉傑於民教啟釁一案事前旣疏於防範事後又不能迅速獲犯當經降　旨革職交刑部治罪嗣經曾國藩等取具親供並將該革員等押解到部茲據刑部奏請按照刁民滋事地方文武不能彈壓撫綏革職例從重發往

軍臺効力並以案情重大應如何從重改發之處請
旨等語該府縣責任地方乃於津民滋事不能設法防
範致匪徒乘機戕害多命又未將兇犯趕緊拏獲情節
較重且該革員等於奉 旨交部治罪後張光藻竟敢
私往順德劉傑亦私往密雲任意逗留尤屬藐玩張光
藻劉傑均著從重改發黑龍江効力贖罪以示懲警至
津民因懷疑激忿不遵地方官彈壓輒敢逞兇殺害至
二十餘命之多且將其仁慈堂內貞女殺害尤爲兇殘
現經曾國藩等拏獲滋事人犯審明分別情節輕重將
馮瘸子等十五犯擬以正法小錐王五等二十一犯擬
以軍徒旣屬情眞罪重即照所擬將馮瘸子等即行處

浹小錐王五等分別發配安置經此次嚴辦之後各省
地方官務當曉諭居民安分守法毋任再生事端遇有
中外交涉事件按照條約持平妥辦務使中外商民彼
此相安以靖地方案始結

冬十月罷三口通商大臣

毛昶熙署理三口通商大臣自以爲虛糜　朝廷之祿
徒撓督臣之權即欲奏請裁撤因津案未結難於入告
至是始奏裁通商大臣幷歸直隸總督辦理以一事權
奉　旨交李鴻章議覆鴻章覆上請裁併後增設海關
道一員管理各國交涉事並議上新章十餘條均報可
譯署又議總督兼辦通商事務必近駐　天津方資鎮定

於是總督定以每年冰泮開河後駐天津以冰合封河後回保定

閏十月以直隸總督兼理北洋大臣

自咸豐十年專設北洋三口通商大臣於天津至是裁歸直隸總督兼管因有北洋大臣之稱　頒發關防

十一月以陳欽爲天津海關道

陳欽以部郎在總理衙門有年洞悉中西交涉情形以會議津案曾國藩曾奏欽辯才足以折服强悍誠心足以感動彼族請署理天津知府至是總督李鴻章請准增設天津海關道欽以記名道與選用道沈保靖同擬進奉　旨以欽補授

國朝柔遠記卷十六

國朝柔遠記卷十七

臣彭玉麟恭定
臣王之春敬編

辛未同治十年

秋七月募子弟出洋學藝

西洋工藝專精船礮堅利中國籌辦海防常雇洋匠教習至是曾國藩李鴻章會奏派委刑部主事陳蘭彬江蘇同知容閎選聰穎子弟赴泰西各國肄習技藝從前斌椿志剛孫家穀等奉命游歷海外親見各國軍政船政皆視爲身心性命之學中國當師倣其意藉通其法查照美國新立和約擬先赴美國學習計其程途由

東北太平洋（太平洋即大東洋亦即外大西洋）乘輪船徑達美都月餘可到已飭陳蘭彬等酌議章程所需經費請 飭下江海關於洋稅項下按年指撥勿使缺乏並請 飭下總理衙門將該員所議章程酌核奏 旨報可

與日本國立約

日本在明代藉市貢煽誘沿海奸民寇鈔海疆不已至我 朝始伏處東隅不敢動康熙以後雖通市而禁絕貢舟然亦惟我之估舶往而彼之商船不來及聞西洋諸國咸得在中華互市去年遣使來上海請通商立約並致書總理各國事務衙門略云日本國從三位外務卿清原宣嘉從四位外務大輔藤原宗則致書於 大

清國總理外國事務大憲臺下茲者我國往昔以降與
貴國往來交誼特深方今與西洋諸國定約貿易者或
謂我國未曾與貴國結盟竊思我國雖僻處海隅尚非
遠隔重洋貴國聲教仰慕久矣大西洋各國且荷一視
同仁不分畛域諒不肯令我國受西洋諸國脅制擬早
年遣使來修盟好祇以國家多故未果然此事終不可
久曠也今本省業經奏准權派從四位外務權大丞藤
原前光正七位外務權少丞藤原義質從七位文書權
正鄭永甯等命往貴國定其通信通商正約或駐劄京
師或往來各港等因該使臣等投至貴憲臺下則祈隨
時接待聽其陳述本國所望事件並求貴憲著實周旋

從善襄成本省特附此書致上謹言書末紀明治三年
歲次庚午七月總理衙門據奏議駁不許至是復遣使
來天津懇請通商立約時大學士直隸總督李鴻章兼
理北洋大臣閱其照會恭順又鑒於西洋諸國不遵理
諭徑赴京師若行嚴拒勢必效尤前往遂允代奏
上以聲教西被而不東漸非所以宏懷柔遠人之量
廷議允行　命鴻章照會日本使臣酌擬章程鴻章遂
與其全權大臣從二位大藏卿藤原宗臣伊達氏訂修好
條約十八款通商章程三十三款於二十九日畫押奏
　批准將約互換刊行各處使彼此官民咸知遵守
所設領事官在福州者兼管廈門臺灣淡水在上海者

兼管鎮江漢口九江甯波在香港者兼管廣州汕頭瓊州通商各事

壬申 同治十一年

春二月許美國領事官代辦瑞士國商務

瑞士國一名蘇益薩又稱綏沙蘭在日耳曼南輿地利西法蘭西東意大里北幅幀縱橫各數百里萬山疊峙中峰高入雲霄歐洲大河多源於此地產五穀藥材俗儉樸馴良少兵革稱西土樂郊古屬羅馬後屬日耳曼元代日耳曼王重斂苛虐瑞士人逐守吏推頭人據險拒之遂自立國分十三部皆擇鄉官理事不立王侯嘉慶初法蘭西攝王拏破侖以兵力強取之改十九部拏

破侖敗各國公使會議於維也納益以他國交錯之三部爲二十二部仍聽其自推鄉官諸大國不得箝制有瓦烏的部居民造時辰表歲獲銀數百萬其商船至中國以無約小國不設領事官至是請美領事代辦商務美公使照會稱遂次蘭國經總理各國通商衙門覆准此次美國領事代辦該國事務祇可照料不能兼攝至通商納稅等事仍照向來無約各國祇准在海口通商其內地口岸及內地游歷設局招工等事均不得一律均需美使照覆更正遂次蘭爲瑞士國美領事雖得照料瑞士國商務不得稱瑞士國領事官然是時上海通商如昂不爾瑞威敦各小國無論有約無約所設領事

頗多商人兼充此方官惟不與印文往來間用信函亦
不稱爲領事官云
冬設招商局
時八荒四極自古絕域不通之國咸來賓享互市各海
口李鴻章恐中國之利盡爲洋商所侵失業之民悉爲
洋人所誘因請設局招商自置輪船分運漕米兼攬商
貨冀稍收回厚利奏 旨報可於是除天津舊有局棧
外於上海設招商總局又於牛莊煙台福州廈門廣州
香港汕頭寗波鎭江九江漢口及外東洋之長崎橫濱
神戶西南洋之新加坡檳榔嶼安南呂宋等十九處各
設分局委道員朱其昂盛宣懷許鈐身唐廷樞徐潤葉

廷眷等先後入局專司其事

甲戌同治十三年

夏四月日本犯臺灣番社

先是日本有船在臺灣遭風破壞土人救出難民官爲護送交問上海領事是月初三日忽有日本船一號來後山沿海地備載糖酒嗶吱諸物云欲與生番聯和立馬頭通市續有劉穆齋等雇墨西哥國人嗶嚕之船亦來後山岐萊至花蓮港觸礁船破時有加禮宛及七交川等五社生番助之拖曳船人因以溼物分給各番且求寄住番莊嗣有成富清風及嗶嚕經頭圍詣縣丞鄒祖壽云此次失去洋銀千餘圓意藉向生番尋衅至是

突以兵船三路進攻番社一由風港一由石門一由四重溪路各五六百人生番紛紛逃竄牡丹高士佛加芝來竹仔各社咸被焚又聲言進攻龜仔甪社其時尚有兵輪船泊厦門於是臺灣戒嚴

命船政大臣沈葆楨渡臺灣設防

臺灣報至總理衙門王大臣請派大員查看情形

上以李鶴年事繁　命沈葆楨領輪船聲言巡閱臺灣相機籌辦葆楨遂密奏日本越境稱兵此其意有所圖尚何待問卽示以撻伐之威並不得謂釁開自我惟近來議洋務者非一意畏葸苟安目前不恤貽患將來則專務高談義憤快心不妨孤注一擲於　國家深遠之

計均何當焉臣夙夜思維謹以管見所及爲　皇上陳之一曰聯外交倭人狡譎非常其稱兵也西人曾斥其非我將情形照會各國領事請其公評曲直如其怵於公論斂兵而退上也否亦展轉時日我得集備設防其鬼蜮端倪亦可隨時探悉一曰儲利器日本之敢於鴟張者恃美國暗中資助又有鐵甲船二號雖非完璧而以推尋常輪船則綽綽有餘彼有而我無之水師氣爲之奪則兩號鐵甲船不容不購他如洋煤洋火合膛之開花彈以及火龍火箭之類尤須多辦明知所費不貲必有議其不量力者然備則或可不用不備則必啟戎心乘軍務未興之時尙可爲牖戶綢繆之計遲則無

及矣一曰儲人才此時欲消除萌櫱須得折衝樽俎之才黎兆棠膽識兼偉洞悉洋情臣請調之前來以期集思廣益毋失機宜一曰通消息臺洋之險甲諸海疆欲消息常通斷不可無電線由福州陸路至廈門由廈門水路至臺灣水路之費較多陸路之費較省合之不及造一輪船之費瞬息可通事至不慮倉卒矣

日本攻生番綱索加芝來等社

初日本有數兵船寄碇瑯璚是月二十日以一船載生番俘馘及傷亡兵回國餘船續赴廈門又以一船赴後山載兵百餘過噶瑪蘭入雞籠口買煤瑯璚遂無倭船其登岸之兵二千餘人分駐大浦瑯璚龜山時以輪船

運糧械濟軍又以財物誘降番社其牡丹各社已破者番衆逃匿絕巘遂移兵脅龜仔角社社番誓死不降網索等十一社社給一旗加芝來社番目人復導之攻磘社二十八日以二百人從石門入八十人從風港入破三社殺生番數人倭兵死者二十餘傷者五十餘人

命福建布政使潘霨赴臺灣會商設防

時　上屢慮臺疆　命福建布政使潘霨赴臺灣幫同沈葆楨籌畫並會商福州將軍文煜巡撫李鶴年提督羅大春等辦理　諭云現在日本兵船登岸各國船隻復駛往福建洋面較李鶴年所奏情形尤爲喫緊著沈葆楨遵前旨與潘霨愼密籌畫隨時會商文煜李

鶴年等悉心布置毋令日本侵越並預杜各國覬覦方爲妥善著文煜等將撥餉撥兵事宜妥速籌辦毋誤事機日本是否回兵臺灣鎮道如何與之理論即著據實奏聞

五月沈葆楨潘霨至臺灣

沈葆楨潘霨奏　命後均於是朔率洋將日意格斯恭塞格由馬尾啟程分乘安瀾伏波飛雲各輪船霨船直放大洋葆楨暨日意格等兩船沿各口查察抵南日山島名在興化海中海壇鎮總兵黃聯開巡洋亦至葆楨詢悉洋面情形越三日抵澎湖登勘礮臺形勢翼日抵安平霨已先二日至既接臺灣鎮道具悉日本侵擾情事遂奏稱

辰下所宜行者三曰理論曰設防曰開禁開禁非旦夕所能辦必外侮稍定乃可節次圖之理論一節則臣霨過滬時業與彼國公使柳原前光往復辯論該酋始則推諉繼忽自陳追悔爲西人所賣商允退兵有手書可據乃到臺後察其情狀恐未足信則設防萬不容緩臺地亘千餘里固防不勝防要以郡城爲根本城去海十里而近洋船礮力及之有餘海口安平沙水交錯望之坦然中一小阜突出俗呼紅毛臺葢明季荷蘭國揆一王踞臺灣時築也爲地震所圮而磚石堅厚遺址尚存礮亦鏽而不適用近日西洋礮火猛烈磚石礮臺雖堅不足恃臣擬仿西洋新法於是處築三合土大礮臺一

坐安放西洋巨礮使海口不得停泊兵船而後郡城可守又北路淡水噶瑪蘭雞籠一帶物產殷厚蘇澳民番關鍵尤他族所垂涎故日意格謂急須派兵船駐紮且去郡千里有事鞭長莫及臣等商派靖遠輪船迎提督羅大春鎮之並飭長勝輪船同通曉算法之藝生轉入山後周迴量水淺深探其形勢鎮道等添招勁勇著力訓練多籌子藥煤炭以備不虞又稱防務方始費用殷繁臣等既駐臺地時有動支若俟省城展轉撥解恐難應手致誤事機可否將臺灣鹽課關稅釐金等款應行解省者儘數截留歸臺灣道衙門支銷俾遇事得迅速舉行再有不足則由省城撥解而來以免支絀又稱臺

澎之用內地班兵也當時以新入版圖民情浮動若用在地之兵恐其聯爲一氣計弭內變非計禦外侮也積久生弊班兵視爲畏途往往雇倩而來伍籍且不符何有於技勇臣昨到澎湖踏勘陂陀周迴數十里無一山一田一樹爲向來未見之瘠壤然颱颶作時臺南數百里舍此更無泊船之處地則極要守則極難守將吳奇勳謂此地班兵七百餘人皆疲茶不可用該處不生五穀民以捕魚爲業自少至老袵席風濤誠招此輩以易班兵民間既開生途防務尤爲得力臣等商諸鎮道咸謂全臺均宜照此辦理否則弁兵缺額係內地募補而來動淹累月緩不應亟且臺地閩粵兩籍互相箝制可

無意外之虞卽使弊端踵生事平不難改歸舊制可否將臺澎班兵疲弱者先行撤之歸伍其曠餉招在地精壯充補以固邊防皆奉 旨允行

潘霨夏獻綸赴倭營

是月初八日潘霨偕臺灣兵備道夏獻綸隨員張斯桂洋將日意格斯恭塞格等乘輪船由安平冒風濤出海日昳抵瑯𤩝登岸宿車城詰朝抵倭營晤其中將西鄉從道以葆楨照會並柳原前光書函與之辯論及來報謁復逐條窮詰中將詞屈霨旋復造其營中將辭以病霨及獻綸遂遣人傳各社番目惟牡丹中社里乃三社以避倭不出至者凡十五社百五六十人服飾詭陋言

語喲啾通事譯傳大意皆謂日本欺凌懇求保護因諭令具狀均願遵約束不敢劫殺霨等宣示　國家德意加以賞犒番目等咸求設官經理永隸編氓遂歡欣鼓舞而去霨等因中將不出將還中將內慚復來謁仍堅以生番非中國版圖爲詞及示以臺灣府志所載生番歲輸番餉之數與各社所具結狀倭將羞憤霨等厲聲曉譬乃復婉謝以耗費無著爲言及復以理斥倭將請遣人附我輪船一至上海致書柳原前光一請廈門電報寄音回國暫止添兵霨等遂返而風潮愈厲輪船已退入澎湖改由番社陸行鳥道獸蹊蜿蜒如綫輿從飢憊止宿風港翼日抵枋藔始出番境及回府城往返凡

十日

日本與牡丹社番議和

日本逐牡丹社番遂踞其地旋有輪船二先後至一逕往後山射蔡港一載兵二百倭婦十餘泊射蔡港（在龜山下）攜食物什具農器及花果草木各種分植龜潭後灣為久居計復購土人約牡丹社番目於保力莊議和其北路王字番不肯和者成富清風請兵往攻蓋欲兼營南北兩路諸番也有倭兵數人在柴城挑一民婦其家人斥之為所戳傷鄉鄰一時憤集爭投以石倭兵被擊傷遁去思率黨尋仇其魁謂衆怒難犯且將與番社議和何可遽啟釁端力阻之蓋至是日本亦畏番之地險而

民悍矣

沈葆楨請派水師提督彭楚漢率師來臺灣

時日本見我嚴防番地皆登版籍番民久已歸化難盡誘又自知力不能敵詭謀已無所逞然猶虛聲恫喝冀倖有功適沈葆楨奏　諭云日本若能就我範圍斂兵回國自當消弭衅端儻再肆志妄爲卽當聲罪致討不得因循遷就轉誤事機沈葆楨與潘霨當相度機宜悉心籌辦應如何調撥之處著會同文煜李鶴年妥速佈置以維大局葆楨覆稱倭奴雖有悔心然窺我軍械不精兵力不厚貪鶩之念積久難消退兵不甘因求貼費貼費不允必求通商此皆有萬不可開之端不可勝窮

之弊非益嚴儆備斷難望轉圜倘特其款詞日延一日奸民乘隙搆煽必致事敗垂成班兵惰窳性成募勇訓練無素擬請於北洋大臣借撥久練洋槍隊三千於南洋大臣借撥久練洋槍隊二千如蒙　俯允請　飭其雇輪船來臺乃有勦敵之軍前接新任福建水師提督彭楚漢天津函云是月可以抵閩所有臣等請撥北洋洋槍隊三千人如該提督尚在津門應懇　飭令統帶來臺以資各營表率提督羅大春經臣鶴年奏留內地不能不從新改圖南路迫近倭營則以鎮臣張其光專其任該鎮原有部勇一營並內地調勦廖有富之兩營更增募五營以遏衝突臺北之要甚於臺南常有倭人

窺伺則以臺灣道夏獻綸專其任該道原有部勇一營擬添募一營以杜旁竄又據張其光稱前南澳鎮總兵吳光亮打仗勇敢夏獻綸稱浙江候補道劉璈甚有勇略各請奏調前來合無仰懇　飭兩廣總督浙江巡撫派令刻日東行俾收臂助臺民尚義而難持久且漳泉粵三籍氣類不同須得人聯絡前署臺灣鎮曾元福熟悉民情鄉評亦好臣等擬令其倡南北鄉團以資保固並分招後山鄉道諭致屯番生番各頭人與之要約此布置陸路諸軍情形也閩廠輪船除來往各口傳遞信件外不敷調遣擬於滬局添調數號由統領吳大廷督帶來臺彌補空隙此續籌布置水軍情形北洋畿輔重

地南洋財賦奧區所借洋槍隊倭兵退後卽令歸防彼時召募勇營亦當漸臻馴熟至倭情叵測更當隨時偵探一切防務宜更區畫者續當馳奏

與祕魯國立約

祕魯卽孛露一作北盧國在南墨利加洲北界可侖比亞東界巴西南界玻非利亞西距大東洋南極出地自三度至二十三偏西自六十九度至八十四境有安達斯大山高入雲霄東則沃野穀果草木皆美地產金銀惟不產鐵以攻銀鑛故農事皆荒恆苦饑饉古土番地明嘉靖中西班牙既得此洲新地於可侖比亞聞祕魯銀鑛尤旺遂懸軍深入番王懾於礮火不能抗遂為所據鎭

以大酋歲收金銀多於墨西哥國益以富故其俗亦奉西洋天主教　國朝嘉慶時西班牙爲法蘭西所困屬藩皆叛祕魯因與智利合兵逐其守者而自立國分七部道光初分東南高祕魯之地別立爲玻非利亞凡六部至是亦請立約　朝議許之由北洋大臣直隸總督李鴻章與其全權大臣總兵葛爾西耶訂定和約十九款專條一款

六月埤南番目陳安生買遠來歸化

埤南通牡丹社北路由海道繞山南而東輪船日半始至陸道由下淡水穿山百七十里可通其地西準鳳山膏腴遠勝瑯璚番社七十有二丁壯萬人倭久垂涎畏

其強悍不敢逼潛使人句引藉爲聲援潘霨在瑯𤩝已慮其煽誘埤南諸番曾面詰倭將至是諜知番目陳安生等將應之亟商夏獻綸令同知袁聞柝往招安生等番目五人立薙髮隨來叩謁葆楨分給銀牌衣服遣歸派弁兵送之令從山後探路出山前聞柝又招來番目買遠等五十六人葆楨均撫諭犒賞派船送歸番目等喜謂沐　皇上深恩小民得居山自食其力今日本肆虐心實不甘乞派兵防護葆楨嘉其誠懇令聞柝募土勇五百駐其地無事以之開路有事以之護番名綏靖營

日本移兵於風港三家厝

時山後有大鳥萬千仔帛二社爲倭脅誘倭旋增兵駐風港又遣諜至茄鹿塘離風港二十四里潛探沈葆楨以地近枋寮宜防急飭營將王開俊由東港進駐枋寮以戴德祥一營由鳳山駐東港爲後應倭知我有備相戒益嚴又由龜山分兵營於三家厝而以輕舠自風港沿岸至枋寮測水以輪船運衣糧接濟時葆楨遣驛夫齎文赴瑯璚至平埔倭兵阻之葆楨因移書詰其中將西鄉而倭人水野遵入豬勝索高士佛諸社聲言索前年琉球被戕人屍首攜遠鏡周覽各山又自後灣開道達龜山巔其風港之營又將分駐平埔爲援應因遣其通事彭城中平來探至瑯璚謁委員周有基訊以前日中國所

議柳原前光何以尙無覆書並問中國四處布兵何意有甚以巡查漫應之葆楨知其心已動其氣必餒因照會倭將勸令回兵否則大兵雲集必將不利於爾倭將志益阻退

以提督唐定奎統軍赴臺灣助防

時李鴻章亦深慮臺地兵單及沈葆楨請借撥洋槍隊卽奏以屯徐州之淮軍十三營令提督唐定奎統之至瓜洲以輪船分次赴臺葆楨遂奏稱澎湖爲臺廈命脈所關守備弱處臣等正四顧徬徨及連接李鴻章覆函如久旱得霖大喜過望臣等飛派輪船迎之兵力旣厚彼族詭謀或有所懾而中沮然東洋探報變態日增勿

恃其不來恃我有以備之但非大枝勁旅仍無以壯民氣而戢戎心惟懇　恩催其迅速前來臣等非敢貪功好戰但倭情如此不能不先事圖維仍請　旨飭彭楚漢速赴水師提督新任庶臺灣澎湖氣脈藉以靈通金厦諸防亦資鞏固奉　旨俞允又潘霨先募前煙臺稅務司博郞練洋槍隊而囑前署鎮曾元福爲招土著壯勇五百交博郞教習至是霨偕元福博郞等赴鳳山舊城募土勇并勵鄉團因親履海口之打鼓山大科園五塊處踏勘要隘建兵柵以待淮軍分駐

沈葆楨撫降生番

沈葆楨欲招撫臺南北路生番南路擬由下淡水開山

路通埤南遣人隨埤南番目從山後探路出山前旣知埤南番與西路各社番素隔絕葆楨恐入山愈深則用力愈難且慮有他虞首宜招徠及遣總兵張其光自鳳山往勘麟樂上元諸莊（在下淡水）詢之土人始知由潮州莊通埤南路直而坦時崑崙饒望祖力扶圳鹿坡角四社番聞總兵至來求見其光撫慰遣還抵下淡水有山豬毛社番總目求見且願出力其光駐騎待之又有扶里煙六社番目率百餘人迎謁其光分賞銀牌衣服諭以薙髮引路開山皆首肯歡呼云惟有番丁受賞歸途爲屯番伏槍傷斃一人都司丁汝霖以白其光其光不即往查遽回府城又不告知葆楨葆楨奏劾旋以無妨大

局仍留任俾訖其事此招撫臺南生番情形也北路自蘇澳至岐萊港水程百餘里懸流逆浪舟行甚險陸路二百餘里則懸崖峻峭古木老藤叢雜兵難大進於是擬開平路以寬一丈山蹊寬六尺爲準屬夏獻綸由旂後乘輪船往巡繞道澎湖紳耆言前有倭船駛近放礮居民驚駭獻綸諭令亟辦團練自衛以輪船添募水勇駐之於是淡水葛瑪蘭各廳屬皆設鄉團蘇澳地扼衝要民番雜處獻綸恐易啟衅遂躬駐其地葆楨慮蘇澳至岐萊水陸艱險路未開而獻綸以一營駐之力太單令增募士勇兩營有事則充伍無事則開山俟路成則分移岐萊諸處懇荒運火藥數萬磅給之獻綸遂開岐

萊新道節次設蔡駐勇復增募勇夫三百料匠二百同入山伐木不十日開路近千丈臺北生番自此多歸附矣

國朝柔遠記卷十七

國朝柔遠記卷十八

臣 彭玉麟 恭定
臣 王之春 敬編

秋七月哨弁李長興卻倭兵於茄鹿塘

時倭營在後灣風港者葢房堀濠豎竹圍日演槍礮又以酒食召居民而給以綾布氊扇諸物旋以輪船載兵六百並雇琉球工役百餘人軍糧槍械稱是於初三日乘昏夜至茄鹿塘向防營壘發槍礮以小船載兵將登岸哨弁李長興密令兵勇伏竹圍內誡無譁俟旣近起擊之倭見我軍寂然久之知有備遽斂隊退時美國人格塞爾在倭營來郡訪洋將斯恭塞格並探柳原前光

到京所議若何中國調兵何意斯恭塞格據公法答之且告以李讓禮爲廈門領事挐解往滬格塞爾意沮而去

籌造鐵甲船

初沈葆楨奏 命防臺即言鐵甲船當購電報當設遂招電線洋匠到臺擬從臺灣府城北至滬尾轉白沙渡海過萬安寨在福清縣登陸至馬尾在福州省城東先從陸路起工洋匠請回滬與外國電局商議洋將日意格以臺地與滬粵隔遠采購多艱因留斯恭塞格於臺自請歸滬另雇工匠購辦物料葆楨並諭其定買鐵甲船二旋雇來礮臺洋匠頭帛爾陀魯富二人槍礮洋教習都布阿拉

保德蛤利孟貝魯愛四人到臺令於安平海口相度要
隘繪圖以進葆楨旋疏陳防務略云臺地六七月間颶
颶時作琅璚浪湧難泊輪船龜山倭營又當風衝亦難
站脚倘我陸兵厚集乘此烈風暴雨併力合剿彼鐵甲
船不得近岸孤軍懸絕不難盡殲之海隅此等情形想
亦倭所深悉所以日來情狀倍見張皇若八九月風浪
漸平彼之輪船必麕集海岸互爲攻援我之防水較防
陸更亟此時非多備戰艦不爲功現在柳原至都款服
與否尚未可知臣等夙夜深籌既望淮軍即至又盼鐵
甲遄來蓋爲此耳又疏請併力防務以伐戎心閩李讓
禮爲厦門領事所擒又爲滬領事所釋雖信否未可知

究一李讓禮之去來何關大局我若可以自信彼亦無所能為淮軍計日可以到臺臣霨復於初四日馳赴鳳山飭將營棚薪米一切具備南路得此勁旅可壯聲威提臣羅大春已赴蘇澳揚武輪船往載其原部楚勇一營夏獻綸派朱名登所招楚勇聞亦成軍日內均可東渡北路亦足資捍禦澎湖守備素虛現借海關凌風輪船駐彼教習分鬮廠六船隨之合操陣法並兼顧地方惟安平之礮臺擬照西法興築所雇洋匠初至尚未施功而臺地自六月以來暴風猛雨迭作通計臺城二千七百餘丈倒塌千有餘丈折裂又三四百丈固由始基不慎亦緣臺地常震土弱沙鬆甎石難購所致見已發

銀由臺灣知府周懋琦轉飭紳士分段監修多加蜃炭
厚砌基址冀以外防衝突內固人心而役鉅工繁非一
時可畢電線已有成言近復翻異屢經日意格駁詰乃
欲以舊線搪塞臣等飭其不許遷就致重款虛縻然電
線尚可緩圖而鐵甲船必不容少臣等曩派船政總監
葉文瀾同日意格赴滬定買近據函稱所議英國之船
非英使周旋其間無從成購丹國一船合約垂定旋以
不肯擔承直駛入中國及換中國旗號復致中變日耳
曼一船有船無礮製成且逾十稔水缸只堪包用兩年
臣思 國家擲此巨款原爲利用起見倘費百餘萬帑
金易一朽爛之船將益爲外人所侮臣囑日意格勿憚

往復之勞務求堅緻之物倘議購不成不如鳩工自造
雖三年求艾要可計日成功南北撫番開路諸事勇夫
齊集畚鍤日興惟中路水沙連秀姑巒一帶爲全臺適
中之區腹背膏腴之壤故洋人在臺者每雇奸民帶往
煽惑番衆聞該處社寮竟有教堂數處深林叠嶂罪人
積匪往往逋匿其間如逆匪廖有富等即恃以藏身而
彰化之集集街近復有紮厝斃命之事安保日後不爲
倭族句通斷我南北之路臣等與營務處黎兆棠商令
募兵前往撫番搜匪並開路設防要之倭將非不知難
思退而其主因貪成虐不惜以數千兵民爲孤注之舉
謠言四布冀我受其恫喝遷就求和倘入其彀中必且

得步進步此皆屢試屢驗之覆轍早在　聖明洞鑒之中議者以爲臺地得淮軍得鐵甲船則戰事起臣等以爲得淮軍得鐵甲船而後撫局成夫費數百萬帑金殲此貪主所陷溺之數千兵民不特無以體　皇上徧覆之仁抑且不足示　天朝止戈之武臣等之汲汲於儆備非爲臺灣一戰計實爲海疆全局計願　國家勿惜目前之巨費以杜後患於未形彼見我無隙可乘自必帖耳而去但寬其稱兵既往之咎已足見　朝廷逾格之恩倘妄肆要求伏懇我　皇上堅持定見以卻之彼暴師於外怨讟繁興不待揮我　天戈而內亂將作倘議者徒急欲銷兵臣等恐轉成滋蔓矣

沈葆楨請獎稅務司好博遜

夏獻綸來蘇澳招撫岐萊生番首查倭人劉穆齊失銀社番有無盜劫以防倭人藉口滬尾稅務司好博遜習知倭情願相助許之令與委員偕至蘇澳集訊船戶卑魯等知日本人破船後銀物均搬至岸雇人守之惟欲從生番租地及許月給引線人辛資則給有洋銀其稱失銀千圓則均不知獻綸立飭㻶瑪蘭通判洪熙恬委員張斯桂與好博遜乘船往勘花蓮港倭人遭風破船處研訊其地要人李振發暨南日番目潤瀾加禮宛社番目八寶並居民曾生等其詞大略與卑魯同無劫掠事惟先後受雇傭工價銀百八十圓其租地銀則以番

目來益不受而止番目等隨繳出日本前給旂物及城
主靜兒玉利國上田新助三人合具原單成富清風題
扇又詢猴猴社番目籠父孝禮亦云五月間該船回泊
南風澳尚見內有三倭人所攜箱籠諸物具在獻綸遽
稟葆楨因奏稱查日本和約第三條禁商民不准誘惑
土人第十四條約沿海未經指定口岸概不准駛入第
二十七條約船隻如到不准通商口岸私作買賣准地
方官查拏今臺後岐萊地方中國所轄並非通商口岸
此次前赴岐萊之成富清風兒玉利國上田新助雖准
該國領事品川請給遊歷執照何得潛往句引土番種
種均違和約現已確查岐萊各社並無竊盜銀物應毋

庸議其繳出旗扇各件臣等當飭[illegible]交蘇松太道沈秉成轉給駐滬之日本領事收回將前次所給遊歷執照追銷惟前聞到岐萊者爲劉穆齋此次番目所供俱係成富清風據洋行呈出成富清風名紙背印字穆齋其爲一人無疑其違約妄爲之處應由該國自行查辦以後該領事請發執照應查明實在安分之人方許發給一面鈔錄城主靜等原單暨各民番供結咨呈總理衙門照會其外務省轉飭該國領事照章辦理以弭衅端至稅務司好博遜深明大義踴躍從公涉履危途弭我邊患除地方官及各委員俟彙案保奬外合無仰懇

天恩飭總理衙門先將好博遜酌議奬勵以荅其效

順之忱

提督唐定奎統軍駐鳳山

唐定奎統洋槍隊自徐州起程沈葆楨派輪船七號赴瓜洲迎載是月十二日均抵澎湖以小輪船陸續載至旂後登岸分駐要地定奎自駐鳳山縣城軍勢甚壯定奎往謁葆楨備籌攻戰方略葆楨深以爲然屬其蓄銳養精以俟　朝命定進止

秋八月日本遣人來軍致書

日本素惡天主教痛絕西洋人近見諸國縱橫海表與我立約通商遂復變易衣冠事事仿泰西亦欲稱雄東海屢爲諸國所愚比窺伺臺灣見我軍威甚振民志甚

固意頗悔然猶冀美國人援助不郎旋師至是其酋遣吉利用通等六人自瑯琦來致書一復葆楨責其傷我鄉民阻我驛書之事請以後公差給予執照一復勸其退兵謂當俟柳原前光及久大保商定彼兵進退應需主命葆楨恐倭情狡詐藉覘虛實亦密遣人往偵知倭人頭給附近奸民洋銀七百圓酬其招番及收前琉球死者顱骨之勞又給近番號旂布物惟疫瘴流行日有死亡其副都督川琦通事彭城中平管糧官富田等相繼染疫以重值所雇美人機慎爲入牡丹諸社繪圖亦病甚歸自是倭營已情見勢屈矣

提督羅大春同知袁聞柝剿撫臺灣叛番

羅大春在北路開山自東澳䢵鑿幽險至大南澳嶺嶺距東澳二十餘里有番賊伏叢莽伺我軍翼日踰嶺刊木兵役方瘁凶番數百突以刀標鳥槍從林薄來犯都司陳光華守備黃明厚千總王得凱等率勇迎拒傷斃數番始各駭散我兵亦傷五人進至大南澳平埔廣長數十里有竹園番四十餘社集衆數千將邀我軍架巨木爲臺憑高下瞰大春患其據險力拒猝難剿平遣人往撫其渠皆聽命因增募勇夫千人以助役蓧楨又調駐臺南東港總兵戴德祥前往而咨唐定奎分營駐東港爲枋寮後援南路則袁聞柝督人夫自赤山拔斬荊棘踰獅頭山入雞籠坑埤南番目陳安生等已率番衆循山闢路

出崑崙坳以迎我軍附近番社亦各繳倭旗歸化崑崙坳及內社番目率二百餘人請領開路器具為前導聞析各加賞犒旁有望祖力社番目武甲素仇埤南率眾伏箐林放槍邀截之埤南番格殺武甲等三人聞析馳諭望祖力社亦悔罪求撫葆楨恐聞析孤軍深入無後繼令副將李光進拖雙溪口游擊鄭榮進駐內埔為應援時淮軍均在鳳山張其光與南澳鎮總兵吳光亮所募粵勇二千亦至旂後軍聲愈壯

秋九月日本兵大疫多遁歸

時沈葆楨奏 上諭日本兵船在後灣風港一帶意圖招誘番眾恫喝村民日久相持情形漸怯現在防務

漸臻嚴密惟中路水沙連秀姑巒一帶地方最爲緊要刻下該處社寮竟有教堂數處並有逃匪逋匿其間難保倭族不暗爲句通肆其煽惑卽著迅速籌商妥爲調派一面撫綏番衆搜捕匪徒一面開路設防力求固守毋使倭族得售其奸安平礮臺著沈葆楨設法興築臺城倒塌見經發款興修著卽飭令周懋琦認眞經理鐵甲船必不可少沈葆楨等當切實籌辦力圖自强閩廠准其興造得力兵船以資利用續奉 諭云日本雖未啟兵端然日久相持終非了局現在淮軍續抵鳳山羅大春所調泉勇業抵蘇澳滬尾雞籠等口亦擬調募兵勇扼紮布置漸臻周密當隨時聯絡以壯聲威刺桐腳

莊民有何引倭兵往攻龜紋社之議當飭令王開俊迅傳該處民番解仇息事毋任別滋事端鐵甲船購買未成仍著沈葆楨妥速籌議以資得力修築礮臺勢不容緩著沈葆楨等迅速辦理毋失機宜羅大春招勇開通番社該處事務愈繁需餉愈鉅著文煜李鶴年王凱泰設法籌濟於是葆楨設防益嚴密唐定奎厲兵以待戰潘霨夏獻綸巡視諸軍稽核練丁清查番社戶口給印牌以固人心民番俱歡欣遵辦倭無間可乘續到輪船一載兵七百餘一載琉球工役二百餘皆多備藥彈及鍬鋤繩索器具將爲久駐之計者旋亦遣歸並載回受疫兵役千三百餘人後至遞信之船皆不復留泊惟初

七日倭忽移兵一棚至新街渡莊民將戶出壯丁二人設防守倭遽撤棚歸營翼日倭列飛輪大小銅礮於營外添兵巡邏爲衞旋張示云新兵之至乃替換舊兵非有他意各莊其安堵如故然營中疫死日多醫云水土不服所致皆涕泣思歸遁歸者日益衆倭將不能禁

築安平礮臺

張其光派員赴上海購大鐵礮十恐洋式礮臺遽難集事先以巨筐盛沙上小石堆垛爲蔽及雇來礮臺洋匠沈葆楨以候補知府凌定國與洋將勘定三鯤身基地（地濱海距安平及臺灣府城均七里有奇）先爲圖以進礮臺方式四向共寬百八十丈角爲凸形中爲凹形凸列大礮以利遠凹列

洋槍以防近亭丈六尺厚丈八尺有奇外周重濠寬丈注水深七尺臺容千五百人置大礮五小礮六兵二百七十二輔以洋槍隊資防守臺下爲避礮室以備更番休息後爲倉庫以儲軍糧藥彈其牆則三合土壘成層層撑以竹木以防敵礮外圍以甎其厚五尺以防久雨地震坍塌之慮計磚六百萬竹木灰石稱之惟臺基盡沙地運土須十餘里甎則由泉廈購運遂以定國董其役凡半載畢工而内地江海各要隘礮臺亦以次倣築

增臺灣各路番地防營

先是沈葆楨剿撫番地分三路開山黎兆棠領中路羅大春領北路袁聞柝領南路時兆棠雖招募成軍其地

途徑叢雜岩壑深阻水沙連等地久爲逋逃藪擬先搜積匪次撫生番新軍不敷分布請益兵葆楨令吳光亮率粵勇兩營自郡城赴之大春既至大南澳值大風雨棚帳皆飛兩溪盛漲決爲四渠工役停阻結筏以渡番賊從叢葦中狙擊守備黃明厚等各受鏢傷又犯蘇澳碉樓大隊追至始退散我軍復進至石屋平坡數十里菅茅深丈餘惟山水頗清腴前爲濁水溪（距石屋十餘里）路極險仄各社亦語言互異其通事嚮以欺番爲利號番割番無所訴則邀殺以洩憤故通事入番惴甚其絕深阻者亦不能詳故每進必留兵以防後路大春商於葆楨以輪船配兵械駐海口移戴德祥營益以新募勇分屯

蘇澳以壯聲援葆楨屬大春仍加意招徠許民番咸助開山聞柝在南路開闢已越崑崙坳近埤南界距崑崙坳八十餘里俯瞰臺東滄瀛在望惟入山愈深番社愈雜沿途留隊扼險兵漸單亦請增營爲後繼葆楨令張其光率粵勇兩營馳赴內埔調前路各軍以次進駐

冬十月日本遵約撤兵

初潘霨函致倭使柳原前光申前約及照覆以未得聯銜印文爲詞沈葆楨如請換給而柳原已由滬入都總理各國事務王大臣與之辯論其使臣雖詞屈而未能就緒是月初九日葆楨接總理各國事務衙門函稱倭事議定三條辦法已畫押互換大久保郎赴臺灣會同

其中將撤兵所有修道建房倭人所費不貲已許給銀四十萬兩撤兵後營房槪交付中國官收管當先派妥員馳赴倭營驗收卽派兵駐守以便籌辦善後事宜因附寄會議憑單並互換條約及給總稅務司赫德劄各一初十日倭領事福島九成偕通事吳碩謁葆楨云大久保已往琅璚特令面陳一切並開呈事宜五條一從今約五六日間儆國撥船必齊到琅璚載兵回國應請如期駕至該地與我西鄉中將會彼此料理交代事宜又貴國所派兵員現不過充交代之用彼此照應可不必多一從前兩國大臣來往公文彼此撤回註銷永為罷論其沈潘兩大臣與西鄉中將曩日一切來往公文

亦宜就琅琦交換一我國人民被生番殺死遺骸就當
時收埋舊址更建墓碑表之將來如有親戚朋友航海
就近港口之際藉便登岸掃祭者務望使伊卽日登岸
拜奠而歸一交代事訖卽望貴道飛劄及電報上海道
臺處轉申北京總理衙門查照一本國現在廈門派設
領事將來如在貴臺所轄之地有交涉敝國事件務望
貴道速卽照會敝領事以便照辦葆楨以撫局已成允
其所請惟於登岸祭掃一節飭臺灣道照覆約來時須
有領事官蓋印執照祭畢卽歸俾免生事派臺灣府周
懋琦領員弁於十三日赴琅琦并照會西鄉從道令按
照條約交代飭遊擊鄭榮率安撫軍一營由赤山拔隊

自陸會之大久保已於初八日抵瑯嶠次日倭兵束裝以牛車載槍礮器具登舟懋琦同委員陳謨都司沈國先於登岸時郎函知西鄉從道十四日西鄉遣通事吳碩請懋琦往交出葆楨前發照會五件懋琦亦將倭營前發照會兩件還之且索與民間交涉字據西鄉允諾因出酒果相款排槍隊送懋琦歸十五日領事福島九成送來本處人民租地合約七紙並告知先撤風港之兵懋琦派巡檢周有基及把總沈如生往十八日風港倭兵登舟復寄繳風港租約呈詞十一紙懋琦恐民間尚有遺字西鄉函復謂管內數員病故無從尋檢以後均為廢紙遺營房三十七間二十四日西鄉從道將龜

山營兵及夫役凡千餘人悉登舟遣人交草房百有二間板木千二百有五片懋琦復以有基偕千總郭占鼇照收西鄉船是夕去餘船次日盡去懋琦亦回郡而留鄭榮安撫軍分駐龜山風港資彈壓蓀楨遂將倭兵盡退各情形具奏

遣使駐外洋各國

初中西既成和諸國先後各設駐京公使一人加以全權之號名雖保護商民實覘中國動靜曾國藩李鴻章王凱泰均議奏請遣使外洋　上初以事屬創行未報臺灣事定鴻章再疏略云各國互市遣使所以聯外交而中國並其近者亦置之殊非長駕遠馭之道同治

十年日本初議條約臣與曾國藩均奏請於立約後中
國應派員駐紮日本管東我國商民藉可聯絡此舉未
可再緩擬請　飭下總理衙門王大臣遴選熟悉洋情
練達兵事之三四品京堂大員請　旨賞給崇銜往駐
日本聞橫濱長崎箱館各處中國商人約近萬人既經
立約不可置之度外俟公使到彼應再酌設總理事官
分駐口岸自理訟賦以維　國體不特此也泰西各國
亦當　特簡大臣輪往兼駐重其祿養定以年限以通
情款其在中國交涉事件有不能議詰或所立條約有
大不便者徑與往復辯論隨時設法商辦似於通商大
局有裨經總理衙門王大臣等議覆奉　旨報可

臣按通商各國在　京師設公使於行省設領事非必欲聯中國之交也葢欲備知中國情形乃彼來而我不往則彼於我不啻燭照數計而我於彼反如正牆面而窺暗室也自遣使分往絕域而後各國之地形物產風俗政令我亦可盡悉其離合轉變我亦可隨時偵探馳報見聞既確聲教自通不致情事隔閡我乃得以張弛駕馭其間聞中華人在外洋者暹羅約二十餘萬呂宋二三萬新加坡七八萬檳榔嶼五六萬新舊金山十餘萬長崎神戶橫濱等處亦各以萬計公使既出於是復分設領事大事由公使核辦而貿易訟獄之事則領事扶持調護之商之害官為

釐剔商之利官不與焉而後中國之人不致爲外邦所凌虐仍爲中國之民內地富商大賈知　朝廷設官外洋不棄我輩皆可廣爲招徠絲茶大宗亦可自爲運銷而中國之權既自操斯外國之利亦得分矣

國朝柔遠記卷十八

國朝柔遠記附編卷一

臣彭玉麟敬定
臣王之春恭譔

瀛海各國統考

昔吉甫著玁狁之功李牧樹匈奴之望漢繫單于之頸唐犂突厥之庭大丈夫手揮十萬橫磨劍縱橫邊外勒天山碑鐫燕然銘然後入玉門關封萬里侯誠得志於時者之所爲也然古之所謂立功塞外者不過如禹貢之荒服職方之蕃國與中國相距實不甚遠卽史傳所稱昆堅丁零黠戛斯大秦骨利幹諸國亦屬張皇王會之盛而偶通重譯耳若騶衍九州之說山海十洲之書尤爲傳聞髣髴渺

而無據地球九萬里誰能畫井計疆而學章亥之步也哉自有明中葉西班牙葡萄牙荷蘭航海西來中土始有西人之跡逮我　朝守在四夷而利瑪竇陽瑪諾湯若望南懷仁穆尼閣柰端輩接踵相望而後五大洲之國喁喁向化誠開虞夏商周漢晉唐宋元明四千餘年未有之局今試按其地而計之在東南曰亞細亞洲其地東距東洋中國在焉餘則有朝鮮日本琉球及俄羅斯東境南距印度海則爲越南南掌暹羅緬甸及南洋羣島西距紅海地中海黒海則有布哈爾愛烏罕波斯俾路芝西南則五印度阿剌伯及土耳其中東境西北則哈薩克諸部北距俄羅斯北境冰海此亞細亞洲之大略也在西北爲歐羅巴洲

烏拉嶺亞歐二洲東西分界及黑海界其東地中海横其南大西海浮其西黄海注其中都於黄海東岸之彼得羅堡者俄羅斯也都於西岸之斯德哥爾摩者瑞典也都於南岸之哥卑的給者丹國也迤東爲普魯士之東部其都曰伯靈瑞典之西爲瑙威其都曰格里士持阿拏丹國之南普魯士之西爲日耳曼實居歐羅巴洲之中普魯士之南日耳曼之東爲奥地利亞其都曰維也納奥地利亞之東南枕黑海接亞細亞界爲土耳其其都曰君士但丁土耳其之南爲希臘其都曰亞德納斯日耳曼之南爲瑞士瑞士之南斗入地中海爲意大里亞列國日耳曼之西北臨大西洋海爲荷蘭其都曰亞摩斯德耳登荷蘭之南爲比利時其

都曰不魯舍扯斯日耳曼之西比利時之東爲普魯士西部兩部夾日耳曼之左右益普魯士本日耳曼所分之國也比利時之南普魯士西部之東南瑞士之東爲法蘭西其都曰巴黎斯法蘭西之西南爲西班牙其都曰馬特西班牙之西臨大西洋海曰葡萄牙其都曰里斯波亞法蘭西之西北有倫敦蘇格蘭阿蘭爾三島鼎峙海中爲英吉利倫敦即英吉利之所都也此歐羅巴洲之大略也在西南爲阿非利加洲其地廣莫而荒昧僅東北一隅近印度海紅海地中海其國則有埃及一曰麥西努北阿阿北西尼亞等國在西爲亞墨利加洲分爲南北兩境南亞墨有巴西孛露魯即祕智利波非利亞金加西臘等國北亞墨之

大國爲米利堅小國爲墨西哥餘爲英俄法屬地此亞墨阿非兩洲之大略也又南洋之極東有大荒島曰澳大利亞又曰南亞細亞卽世所稱新金山也其地自爲一洲約二萬餘里荒曠無人近人比之亞細歐羅亞墨利加阿非稱爲五大洲而實英人之所闢卽英吉利遥領之屬地也故論五洲之土地亞細亞爲最大亞墨頗與之相埒阿非視亞細之半歐羅視阿非之半澳大僅甌脫耳而論各國之強弱阿非之埃及等國雖聲教稍通實受役於歐羅北亞墨之米利堅於乾隆四十年華盛頓奮其沈雄之才卓然崛起騷乎有若敖蚡冒以啟山林之勢與英吉利血戰八年遂割亞墨之南境而國以立地廣人衆通商最多勢與

歐羅諸大國抗衡風土略近中國流寓多華人而克累弗尼亞省尤衆世稱舊金山即其地也然自開創以來分國爲二十餘部不以位傳子孫而以伯里璽天德主之四歲一易退位者與齊民齒民無常主而百餘年恰無爭戰之事誠非好大喜功之國南亞墨之孛露邇歲始通中國而相去益遠地小而貧故談海防者不急於阿非亞墨澳大三洲而在於東西南三洋東洋即亞細之東境日本在焉自秦時立國西漢時即與中國通隋唐宋屢入貢元范文虎伐之無功明代復通貢然數犯邊稱倭寇焉　國初通國書定銅船采買之制同治中始立和約近日放法泰西而衣冠易唐制度禮樂非漢文章矣惟能禁鴉片煙天主

教不使之入境足以差强人意其地與高麗琉球相毗東與俄鄰既與高麗立約而於琉球則滅之識者已知其非無意於高麗也西洋即歐羅諸國以俄羅斯爲最大英吉利法蘭西普魯士皆强盛勢可相敵若土耳其若奥地利亞地土雖大而已日就頹弱其餘小國鱗次櫛比錯雜其間諸大國各肆其鯨吞蠶食之心互相兼并互相猜忌亦互相救援頗似春秋五伯爭雄之世而俄羅斯爲諸國所忌因忌生嫉合縱而連横又成戰國同謀抗秦之局俄之土地東有西伯利八部界中國之北面西連高加索五部南鄰印度遠包中國之西面迤北則波羅的海東五域三十七部再西則波蘭十四部又跨海逾墨領峽據北亞墨

利加之一隅曰監加札隸西伯利部康熙中擾我索倫立碑定界遂通商於車臣汗部之恰克圖其後日益南向道光中脅降西域回部布哈爾諸族通波斯以噬印度漸與後藏相鄰咸豐中兩次請地自黑龍江以東雅克薩尼布楚諸城烏魯木齊以西伊犂庫車阿克蘇諸城皆割而據之而喀什噶爾葉爾羌乘機竊據同治十三年以重兵降回部之基發通道於巴克達山至北印度之克什米爾幾有漢陽諸姬楚實盡之之患又東得日本薩莫蝦夷之地以科爾立十八島易之更跨東海繞出高麗之東開礦采煤鐵近又駐兵黑龍江界將營造火車路以通中國雖因通商日久歷二百年不敢開釁而其心未嘗不叵測也英

吉利倫敦五十二部蘇格蘭三十三部阿蘭爾三十二部三島地輿廣輪不過中國一省惟屬地爲最多西得北亞墨之北境東得五印度迤南得南洋羣島越海控馭皆在數萬里之外建藩部四曰孟加臘曰麻打拉薩曰孟買曰亞加拉孟加臘之東北緬甸之西北有阿薩密部本土夷崇佛教英人據爲別部東距騰越猓夷怒夷隔之南距前藏貉貐布魯克巴隔之去中國僅咫尺又南印度之南海中大島曰錫蘭古狼牙修地英人滅之循海而東阿克剌朗谷兩埠取之緬甸再東則有新嘉坡麻剌甲檳榔嶼三埠地近暹羅又得澳大全洲又有別島曰搿日倫敦爲亙古人迹不到之處又由倫敦至澳大所經之地有太平洋

之飛幾島亦稱屬焉又有獅山諸地在阿非之西界特墨拉拉諸地在南亞墨之南界遙領之國誠有更僕難數者但倫敦三島地本褊小山澤之利開采殆盡惟仗印度為外府兵餉皆取資焉近年英主稱徽號以印度綴國號之下其殆有平王東遷之志歟又聞謀開鐵路由印度以通雲南其殆有改趨西道之志歟未可知也法蘭西地方二千里建八十六部其人精於算學機器尤長於用兵號令如山萬足一步前者雖死後者不敢不進火器之利冠於泰西嘉慶時其王拏破崙第一百戰無前威行西土卒以弗戢自焚亦吳王夫差之流亞也同治中其王拏破崙第三與普國搆兵為普所虜其大臣踢矮士等復與普和改

用米利堅之俗不立君以首領統國政同治十年踢矮士任首領十二年麥馬韓代之麥馬韓者拏破崙第三之大臣兵敗不能死君亡不能救又從而代之而國人皆以爲賢賢者固如是乎前咸豐八年以兵船往越之南圻先後侵踞嘉定等省設西貢總督以治其地嗣復添造戰艦捉富良江踞順化佔海防河内處處偪緊雖黑旗黨之劉永福爲法所憚而孤掌難鳴莊不能測其所終近又營埠暹羅蕃意緬甸無非爲撤我藩籬之計也法誠無賴之尤者也普魯士東西二境共八部本日耳曼所分之國地小於法兵亦弱於法然其君臣勵精圖治卒能破法蘭西割其愛勒塞斯洛脫七城之地彷之樂毅破齊不是過焉誰謂

小國之不能勝大國也亦在人之自彊而已德意志本三十六列國奉之爲主雄視四方卽英俄亦憚其彊盛惟時天主敎盛行各國皆尊禮之而法蘭西爲尤甚獨德國大臣畢士麻克惡之盡奪敎主之權繩以官法故敎至德國而窮萬國公報云敎人猛如虎貪如狼德意志搏而縛之翦其爪牙又云敎人久持太阿德人奪其柄而擊之批其頰而扼其吭德之彊盛畢士之力居多故語其相業泰西之管夷吾也論其拒敎又泰西之西門豹也畢士亦人傑也哉意大里亞爲歐羅巴古一統之國漢書謂之大秦其後日益衰微嘗爲土法所併屢滅屢復如楚縣陳封陳之舉至嘉慶二十年各國仿葵邱衣裳之會尋宋虢弭兵之

盟大會於維也納各反侵地修好息兵遂定其國爲九大國有四曰羅馬教主踞之曰多斯加納曰薩爾的尼亞曰拉布勒士小國有五曰巴爾麻曰摩德那曰盧加曰摩納哥曰勝馬里虐道光二十八年薩爾的尼亞王威克多耳依馬努嗣位能中興其國咸豐十一年遂爲合衆國復故號取羅馬都之收教主之權而國稱彊國焉土耳其本回部崇瑪哈穆特之教與泰西殊趨其地分中東西三境東境五部中境六部在亞細亞洲内西土八部都城所在俗無彝倫政無綱紀屢爲俄人所侵陵同治十三年國主以荒淫被廢是又蹈陳靈公之覆轍也奥地利亞盛時日耳曼意大里皆其藩屬今則儕爲與國瑪加本其附庸近已

合爲一國疆域三千餘里亦大國也瑞士分二十二部不立王侯推鄉官理事近日交歡於德力黜教黨立爲合衆之國國勢方興未艾也希臘本古名邦今爲新造之國地分十部國小而治瑞國處窮髮之北瑞典二十四部挪耳瓦十七部北負冰海貧苦特甚丹馬國尤小地形從日耳曼北出如人舒臂與瑞國南境相迎距國分五部小而貧矣西班牙三十四十九部國弱於法而地相若明時航海得呂宋地遂成大國道光中女主依撒伯爾拉立屬地多叛同治中大臣廢女主而迎立意大里亞世子阿馬得牙在位二年其前王之從子登卡洛斯遥奉女主之子阿耳分所既而自立戰爭不休阿馬不安於位遜歸國人迎立

阿耳分所屬國復合而登卡洛斯則儼然敵國矣葡萄牙本小國處西海之濱附於西班牙地分六部明隆慶時航海至廣東乞租香山濠鏡隙地疆臣林富代請於朝許之因立埠於澳門實爲泰西通市之始荷蘭比利時本一國所分東十一部爲荷蘭西九部爲比利時比利時無足重輕荷蘭好勤遠略南洋島嶼占據最多但德國寖昌而又偪近肘腋荷蘭恐終爲德屬而南洋夙爲荷埠者若隸於德則東道關鍵德人握之是又爲英法所必爭也南洋諸島國臺灣之南爲呂宋再南爲西里百島西里百之東北爲摩鹿加再東爲巴布亞大島西里百之北爲蘇祿再西爲婆羅洲由厦門趨七州洋過昆侖而南爲噶𠺕巴再西

爲蘇門苔臘大小亞齊在焉巴蘇兩島相望海口之峽曰巽他卽舊港地爲歐羅巴西來要道蘇門苔臘之東北有大島爲新嘉坡麻喇甲稍西別一小島曰檳榔嶼明以前諸島國皆稱朝貢同列藩服迨歐羅巴人航海遠來其始以重幣購片土爲埠艤舟立市盤踞既久漸而劫其君奪其地百餘年間翦滅殆盡惟蘇祿以彈丸僅存邇年來呂宋亞齊之人逐西班牙荷蘭所置之吏復自立爲國於是南洋各島皆有勝廣求六國後之勢五印度在緬甸之西兩藏之西南地方數千里明時葡萄牙荷蘭經營其地立市通商　國初英人毆而奪之而南中諸部有爲英滅者有聽其置吏而空存守府之名者有受役爲藩國者僅廓

爾喀克什米爾新的亞信地等國尚能自存餘皆隸英籍矣蓋自同治以來法蘭西侵占安南之嘉定省英吉利侵占緬甸之朗谷俄羅斯踞我黑龍江日本滅我琉球國而且通商之埠日多交涉之事愈繁即所定約章亦多挾制要求必遂其欲而後已所以縱談時務者或投袂而起曰寇不可長也是宜戰或借箸而籌曰釁不可開也是宜和有老成持重者曰藩籬不可不固也是宜守而究之能守而後能戰能戰而後能和設我之防閑不密兵甲不堅彼將入我堂奧踞我臥榻欲與之和不可得矣如我之防維既嚴士卒思奮彼且因通商之故永訂盟好何敢踰滹溝半步哉故欲保中外之和局不得不防之於豫因就臆見

所及可以彊兵可以富國可以興利可以除害者著巵言十三篇明知管不可以窺天蠡不可以測海而有觸斯鳴其敢避夏蟲語冰之誚也乎

蠡測卮言十三篇

愼約議

成周之建封諸侯也其誓詞曰黃河如帶泰山如礪國以永甯爰及苗裔於是鐫玉版鏤金枝藏在盟府子子孫孫永保用享降及春秋互相雄長彊凌弱衆犯寡有能內尊外攘事大字小者則狎主齊盟以爲諸侯主故魯史一書大抵皆紀會盟之事也然昔之所重者在修好故珠槃玉敦昭皇天而告之則重誓詞今之所重者在通商故綱舉目張列條款而晰之則重約議所謂公法者即萬國之合約章程也然法既曰公自宜顧名而思義曩者中國與英法兩國立約時皆先兵戎而後玉帛被其迫脅兼受朦蔽

所定條款受損實多往往有出乎地球公法之外者厥後美德諸國及荷蘭諸小國相繼來華立約維時中國於洋務利弊未甚講求率將利益均霑一條刊入約內一國所得各國安坐而享之一國所求各國羣起而助之遂使泰西諸國協以謀我挾以要我幾幾有固結不解之勢同治十年日本遣使來求立約兩江督臣曾國藩直隸督臣李鴻章先後商訂始將均霑一條刪去約中並載明日本商民不准入內地販運貨物限制綦嚴節經該國屢次翻悔每每斥駁現聞各國駐京公使間有會商之事日本獨不得與其尚未聯爲一氣者未必不因約議之稍異也約議之不可不愼非明徵歟至若洋人居中國不歸中國官管

理試問華人之居外洋者何如外國人到中國不收身價試問中國人之到外洋者何如華人到美國每人每歲收稅銀一二元不等且中國所徵於各國商貨之入口者稅甚輕華船至外國納鈔之重數倍於他國即以鴉片論在孟米出口每箱徵銀六十磅中國稅銀僅十磅中國出口茶稅每箱僅徵每百元之七五不上一成至英國入口所徵不下四五成至於煙台之約且彊減中國稅則幾於諠賓而奪主合彼此而較之公於何有法於何有更有詞雖甚公而法甚不公者如十六款所書英民有犯事者皆由英國懲辦中國人欺凌擾害英民皆由中國地方官自行懲辦詞甚公矣不知中國之法重西國之法輕如華人與洋人同犯命案華法

必議抵西法僅罰鍰果孰利而孰害耶又如公法所書一千八百五十八年英法俄美四國與中國立約嗣後不得視中國在公法之外玩其詞意重視中國乎抑輕視中國乎親待中國乎抑疏待中國乎嘻異矣雖然往者不可諫來者猶可追條約非一成不變者也下届更修和約之日宜明告各國曰某約不便於吾國某法不便於吾民某稅不合於吾例須斟酌以協其平彼如不允則據理直爭百折不回彼亦無術以處之也且前之彼所挾而要求者以滇案未清耳今前案既結彼已無所藉口且英國於條約之內事尚未能盡行理已先絀茲復以理相折諒英有不得不允之勢英既允餘無慮矣即或各執一詞相持不決

則因此款於我稍有所損必取別款之稍有益於我者以抵之變通盡利亦不必過爲操切務使利害相權贏絀相當於是案中國律例合萬國公法別類分門折衷至當勒爲成書庶不至事事受制於人有太阿而倒以持之也善夫曾國藩與威妥瑪書曰他日換約去所不便擇其便者此誠不易之通論不然過爲優容遇事曲從將我之所謂懷柔彼之所謂尊奉也我之所謂含宏彼之所謂畏葸也物必自朽蠹始得而乘之氣必自餒人始得而侮之而可不嚴以辨之慎以將之哉

聯與國

秦之所以兼幷者遠交而近攻蜀之所以抗魏者聯吳而釋怨多助者彊寡助者弱其大較也　聖朝撫有函夏韋鞲毳幕之邦斂闕膺至亙古莫京猶復簡命重臣軺車相屬於道重之以盟誓申之以條約一視同仁言歸於好撫夷之道至矣盡矣然而各國之情僞不同彊弱互異有可爲我用者有不能爲我用者試得而約言之俄人狡詐彊悍歐洲之地蠶食殆盡其邊疆直接中國東西北三面延袤幾至二萬里其近邊如浩罕諸國哈薩克布魯特諸部落皆脅之以兵威實欲盡撤我藩籬若東三省近邊之地不獨庫頁島歸於俄即黑龍江綏芬河吉林等處所屬之

穹廬亦多爲所割據而且經營回疆侵占伊犂久覦我爲弱肉而不能爲我用者也日人短小精悍性情堅僻其主亦好大而喜功邇年來入臺灣議朝鮮廢琉球依附西人妄生覬覦駸駸乎有得步進步之勢此亦不能爲我用者也然日之不敢逞志於我者恐俄之乘其虛也俄之不敢逞志於我者恐德之躡其後也德人以兼幷坐大爲利二十年來敗丹敗奧敗法今猶增兵協餉如臨大敵者惟欲一挫俄人然後與民休息耳其與我通商之處爲數無多而情意尙屬密洽其前相蕭活曾游中土擩染我 朝教化實深景仰是德可爲我用者也美國志在通商且素暱於我其前總統格蘭忒感北洋大臣李鴻章接待之優曾

與日主爭及琉球曉之以順逆之理聳之以彊弱之勢夫意直我而曲日旋有瓜分琉球之議日主含糊其詞遂力斥其非是美亦爲我用矣法人自八十年前拏破崙兼并各國有囊括四海之勢厥後一就禽於英八年前其姪復就禽於德方今元氣初復執政紛更未暇遠略俄人常欲聯之法人因畏德不敢結俄而其心未嘗不嫉俄也雖前以傳教之故見惡於我近以安南之故有隙於我而欲牽制俄人不得不與之羈縻英人向以水師之彊器械之精稱雄長於亞細亞德與法皆不及其於俄人則鄙其武備之不精復忌其疆宇之日擴前既不許泊兵船於黑海後復不聽攘土地於天山是固俄人之所畏者也日人之於

英尤敬而信之邇來變制度更服色改正朔一一惟英法是崇是固以英爲護符而不敢出其範圍者也若英人之於中國前雖讎敵今則友邦其急急於通商者不過惟利是圖非欲擾我民人貪我土地也而且略知信義頗尚豪俠自立約以來於公法研之最熟其曰中國有事各國調停言雖不可恃而亦非全不可信也目今法國有創深痛鉅之情英國有脣亡齒寒之懼中國欲馭日人而制俄人首宜交德次宜交美以及瑞丹普日和比義奧諸小國皆宜聯絡輸誠結以信義非必藉爲外援而荷戈執殳供我驅策第使之不爲人助卽不啻爲我助以夷制夷所謂以毒攻毒也雖然各國宜交而俄倭與英法遂不必交乎而

非也彼以和來我以戰往不可也孤立無援與生釁同亦不可也是宜防患於未然弭變於無形可以信孚者以信孚之可以術馭者以術馭之内峻其防外弭其隙而緩急輕重之間是在能辨之者

廣學校

今之自命爲通儒者以洋務爲不屑鄙西學爲可恥有習其言語文字者從而腹誹之且從而唾罵之甚至屏爲名教之罪人噫甚矣夫所貴於儒者貴其博古耳通今耳試問今之儒者通各國言語乎通各國文字乎卽叩以各國之名能遍知乎徒拘拘於制藝之末而學問經濟盡於是而已矣方今海防孔亟而所謂熟悉洋務者不過市儈之徒正宜培養人材攻彼之盾卽藉彼之矛誰謂西學可廢哉又況西學者非僅西人之學也名爲西學則儒者以非類爲恥知其本出於中國之學則儒者當以不知爲恥卽以文字論古之制字者本三人下行者爲蒼頡從左至右

而旁行者爲佉盧從右至左而旁行者爲沮誦泰西之字實本於佉盧也天文歷算本益天宣夜之術周髀經春秋元命苞等書言之詳矣墨子曰化徵易若鼃爲鶉五合水火土離然鑠金腐水離木同重體合類異二體不合不類此化學之祖也均髮均縣輕重而髮絶不均也均其絶也莫絶此重學之祖也臨鑑立景二光夾一光足被下光故成景於上首被上光故成景於下鑒者近中則所鑒大景亦大遠中則所鑒小景亦小此光學之祖也亢倉子云蜕地之謂水蜕水之謂氣氣汔學之祖也禮經言地載神氣神氣風霆風霆流形百物露生電氣之祖也關尹子言石擊石生光雷電緣氣以生可以爲之淮南子言黃埃青曾赤

丹白礬元砥歷歲生頑其泉之埃上爲雲陰陽相薄爲雷激揚爲電鍊土生木鍊木生火鍊火生雲鍊雲生水鍊水反土中國之言電氣詳矣至於圜一中同長方柱隅四讙圜規寫攴方柱見股重其前弦其軲法意規員三神機陰開剞劂無迹城守舟戰之具蛾傅羊坽之篇機器兵法皆有淵源墨言理氣與管子關尹子列子莊子互相出入韓非子呂氏春秋備言墨翟之技削鵲能飛巧輗拙鳶班班可攷泰西智士從而推衍其緒而精理名言奇技淫巧本不能出中國載籍之外儒生於百家之書歷代之事未能博攷乍見異物詫爲新奇亦可哂矣但西學規例極爲詳備國中男女無論貴賤自王子以至於庶人至七八歲皆

入學在鄉爲鄉學每人七日內出學費一本納（合中國錢三十文）在城爲城學每人一月出學費一喜林（合中國銀一錢七分）如或不足地方官捐補其曰鄉曰城者特就地而言之其實即鄉塾也塾中分十餘班攷勤惰以爲升降其不能超升首班者不得出塾學藝鄉塾之上有郡學院再上有實學院再進爲仕學院然後入大學院學分四科曰經學法學智學醫學經學者第論其敎中之事各學所學道其所道無足羡也法學者攷論古今政事利弊及出使通商之事智學者講求格物性理各國言語文字之事醫學者先攷周身內外部位次論經絡表裏功用然後論病源製藥品以至於胎產等事更有技藝院格物院均學習汽機電報織造

採礦等事又有算學化學攷驗極精算學兼天文地球句股測量之法化學則格金石植動胎溼卵化之理再有船政院武學院通商院農政院丹青院律樂院師道院宣道院女學院訓瞽院訓聾瘖院訓孤子院養廢疾院訓罪童院餘有文會印書會別有大書院數處書籍甚富任人進觀總之造就人才各因所長無論何學必期實事求是誠法之至善者也中國取士止分文武兩科文科專尚時藝錢穀兵刑非所習也武科雖以騎射技勇見長究之武經尚未識爲何書遑問韜鈐前此髮捻等匪跳梁其建大功而蕩羣醜者武科中人乎抑非武科中人乎然而武科正大可用也方今戰守之策不外水師火器兩途誠能於武

科中設三等以攷試之一試以山川形勢進退之方二試以算學機器製造之能三試以測量槍礮高低之度其兼擅衆長者不次超遷其專工一藝者量材任事選將之道將於是乎在近年來我　朝總理衙門派幼童出洋學習萬里從遊法至良意至苦矣但童子何知血氣未定性情心術愈染而愈失其本來盡棄其學而學恐盡變於夷者也不如將西國有用之書條分縷晰譯以華文刊行各直省書院每院特設一科請精於泰西之天算地球船政化學醫學及言語文字律例者爲之教習或即以出洋學習之學成返國者當之其學徒則選十歲以上廿歲以下不得過長以致口音之難調亦不得過穉以致氣質之易染

又或於科歲兩試所錄文武俊秀擇其有志西學年亦相當者就其性之所近專習一科其理易通其效更速又況名列庠序咸知自愛既可以收當務之益復不背於聖人之教而諸生之數奇不偶者又別開一途以博取功名誰不樂於從事哉至於在院膏火宜倣龍門書院章程官為籌備肄業期滿歷試上等者准赴京都同文館或總理衙門攷驗攷驗之後或給以經費赴外國大書院學習三年或派赴總理衙門及船政機器等局當差或充各國出使隨員譒譯庶幾人材日廣風氣日開不獨長西人之所長何難駕西人而上之哉現　京都設有同文館滬上設有廣方言館近復創立中西書院廣其額至四百餘人分為

兩院其法以疏通文字者爲超等以年齒稍長而讀書多者爲一等其餘各有差凡三等超等一等以午前學西學午後學中學二等以午前學中學午後學西學三等以年較少專習中學而緩西學恐以西學分其心也粤東與蘇州新設有西塾專教西語西文西算設綫案報測電諸學設額雖少可以漸推而漸廣爲洋務培植人材正未可量鄙人聞之因不禁喜色相告也

精藝術

西人之所長者技藝耳中國爲人才藪豈無智能之士與之並駕而馳者執業不精故讓他人之我先耳西人每製一器專心致志而爲之稍有苦窳必從而改造之甚至守愚公移山之法父而子子而孫至再至三務期抵於精而後已雖費鉅金不惜也中國偶有舉動旁觀必從而擬議之阻撓之未睹其成先慮其敗故懷才之士亦不敢輕於一試技之所以不良也方今海防喫緊南北洋機器局務一體舉行循循乎有蒸蒸日上之勢然中國雖設其局仍倩西人以握其樞機彼爲我用而我實爲彼用也竊以爲機器一項最宜講求爲類甚多而水雷火器尤關切要電

報次之水雷有三曰伏雷埋伏以待敵利於守也曰行雷曰送雷直趨敵舟利於戰也設伏雷之處又宜多設浮表疑雷以誤敵人令彼防不勝防而猶恐不足以破之也故行雷送雷濟之行雷之類不一大約以奧國所創之魚雷美國所製之箭雷爲最良送雷亦有桿雷索雷之分魚雷者形長而兩端銳或用鋼殼前藏棉藥尾有螺輪中腹蓄氣撥輪自行箭雷曾在天津造試其行較遲此皆游行水中稍露形迹所謂多方以誤之也索雷者以長繩繫曳於小艇之後或左或右直趨敵舟相擦而過則雷相觸而發桿雷者縛雷於桿端其桿連於艇首斜插敵舟之下發雷以轟之若募敢死之士平日操練精熟手眼敏捷何患不

勝哉且今之對壘者先用槍礟其器以銅礟爲良又以德人所製之克鹿卜礟爲最精而陸路行山之礟不若用十二磅彈礟其體輕其質堅礟子合膛且命中而及遠所配開花彈計藥一磅可及數十里之遥其彈可炸百餘片殺敵多而取攜便誠利器也至若水陸近攻宜用氣球小礟彈配開花其功與十二磅彈礟同又普國所造之墨迭兒魯士礟其形不甚大其用極爲迅速制如六門槍四周有八輪皆以螺釘綰之不用之時即可卸置倘有失利分委而棄之不至爲敵人之資此尤可以戰可以守也洋槍亦有前膛後膛之分論運用前膛不若後膛之靈論修整後膛不若前膛之便然當殺敵致果之時總取其靈巧者爲

宜若德之馬地尼英之士乃大法之查治布美之七響至三十四響後膛槍又德之新製後膛茅塞槍皆屬可用其槍之機器不必過多亦可便於修理而後門火管須用銅托又須多備一副以備不虞但一礮有一礮之性質各槍有各槍之規模彈固分夫大小藥必權其錙銖務須自行製造庶幾操縱自如若一一仰給於人購諸外國一旦有事釁起而爲閉糴之謀徒手何能禦敵又況我能擊人亦必防人之擊我倘或以劣爲優以舊爲新不徒受其紿而實受其害乎是宜選出洋學習之返國者或倣其式而造之或更心裁獨出以鬬巧而爭奇精益求精日就月將彊盛之圖端在於斯邇來機器局製造槍礮業有成效而議

者猶謂可以省費則將成之功敗於一旦獨何心哉電報一節本屬末事然有益於商民兼有利於軍國蓋兵貴神速先發方能制人昔普法搆兵普人於行軍處徧設電報而盡毀法人之所設卒以敗法電報之效彰彰如斯我
國家版圖日廓各省距京都或萬里或數千里一旦疆埸告急而飛章入奏　廟算遙頒動經數十日恐有鞭長莫及之患査津沽爲近　畿水道門戶宜先設一電綫由是而吳而浙而閩而粵凡屬海疆及西北近邊諸要隘次第舉行無事以便商賈其利猶小至事關緊急乃見奇功近又有德律風者如傳聲器亦藉電氣以行數百里間直可對語斯又便之至便者也總之制器尚象利用本出於

前民幾何作於冉子而中國失其書西人習之遂精算術自鳴鐘創於僧人而中國失其傳西人習之遂精機器火車本唐一行水激銅輪自轉之法加以火蒸氣運名曰汽車火礮本虞允文采石之戰以火器敗敵名爲霹靂凡西人之絕技皆古人之緒餘西人豈眞巧於華人哉吾深恐華人之大巧而仍自安於拙也

固邊圉

昔充國籌邊止上屯田一策匈奴斂迹惟畏李牧一人當務之急握其要不必取其繁也　國家守在四夷甌脫之地綿亙萬餘里而西之新疆中之張家口東之東三省尤爲喫緊之處固不可稍留罅隙而予人以窺伺之端張家口山海關一帶有險可據雖兵力單弱幸有李鴻章淮軍練軍人悍器精星羅碁布移緩就急暫可無虞新疆回捻初平湘軍聲威俄人畏服左宗棠置辦一切善後事宜斟酌盡善固已無懈可擊但土地遼濶半就荒蕪一宜廣開屯田一宜分設官守我　朝分職本遵成例而道與時爲變通正須因地而制宜若將新疆一帶分別各道編爲州

縣以專責成兼設巡撫以歸統轄庶成金湯永固之基而無鞭長莫及之患屯田一則現已次第舉行尤須推而盡利不可得半而止更將蠶桑鹽礦等務廣開利源變磽地爲沃地不言防而防自固矣東三省爲發祥之地

列聖陵寢多在其中尤宜加倍慎重極力防維以重根本竊以爲蒙古之部落宜整頓也吉林之金匪宜收撫也海參崴宜設領事也琿春宜設知府也黑龍江之馬隊宜招也鄂倫春之獵戶宜編也何以言之蒙古素多忠義勇敢之士自來用兵屢資其力無如各部窮苦其勢渙而不振現聞伯王承乃父僧王之遺爲諸部旗所信服若令其部署邊防嚴加整頓每年給若干金以爲制械犒賞之用則

西北邊陲不啻增一雄鎮矣金匪之頭目曰韓顯忠其人公正而有才統率其衆數十萬人甚有條理祇以挖金爲業不敢秋毫犯吾百姓嘗懷報効之心恨無請纓之路名雖爲匪而實非匪也若撫爲我用令其各攜家口成村而居俾墾荒地塡實空虛既可不費一餉而可比之屯軍矣海參崴地屬於俄與我國最爲密邇近來華人之商於此者日見其多一有事故皆歸俄官主持偏重偏輕在所不免若設領事與之會辦不特爲華商之主宰兼可覘俄人之動靜琿春與俄偪鄰實爲滿州之門戶前雖派員辦理實未設有專司所以該處旗民往往爲俄人所侵侮若設官以爲之牧則中澤可以奠哀鴻卽邊疆可以捍戎馬矣

至若黑龍江之馬隊一往而衝突無前素稱雄於天下鄂倫春之獵戶百發而槍礮皆中恆見畏於俄人若將馬隊之隊兵復爲招之以壯聲威將獵戶之户口遂爲編之以入行伍以我國之所長中俄人之所懼安敢不俯其首而帖其耳哉至於設險守隘秣馬厲兵應有之義亦不必爲饞言也已雖然固邊者不可不恤藩以藩服卽邊疆之屛障也　國朝邊藩有四曰安南曰緬甸曰暹羅曰南掌海藩有二曰高麗曰琉球緬甸見侵於英國勢日蹙暹羅依附於英朝貢不入南掌介於暹羅之閒已有不能自存之勢是三國者無庸高論矣安南屢爲法人所侵削現雖割地求和而西貢不復東京堪虞勢亦岌岌矣況安南接壤

中國人鎮南關以後陸路可達內地倘全境爲法人所轄將來稍有違言直可叩關而至爲今之計鎮南宜增兵額以絕其覬覦內地之心南洋宜設兵船以塞其往來自便之路滇粵設邊防以固我之門戶東京添戍兵以固彼之根本且與法人約西境各路仍歸安南設官治事惟通商口岸歸法人置領事管轄再將通商事宜斟酌改定列安南爲自主之國同在會盟之中法人雖不能事事相從而見我國全力之所注亦必顧大局而畏公法不敢日肆其吞并之心萬不可苟且因循浸尋而爲琉球之續也琉球既爲倭人所滅夷爲縣鄙幸此案至今未結尙有轉機查琉球原部三十六島北部九島中部十一島南部雖有十

六島而周迴不及三百里北部中有八島早爲日人所佔僅存一島當其廢滅之候中國疊次直爭已有割島分隸之說在日人之意欲以南島歸我而換利益均霑之約李鴻章奏以南島瘠貧得地而不能治卽予之球人球人亦不能藉以爲國以無用之物而增受害之約得不償失力持正論球案所以延閣也況此一役也爲謀主者薩摩人耳國人甚薩摩之日彊不以爲然者亦半現復遣官遣兵勞費不支而又迫於淸議或亦稍有悔心乘其悔而圖之事尚大有可爲也高麗歷遵聖敎恪守藩封而北偪於俄南迫於倭式微之嘆幾不能免與其杌楻而堪虞何必堅確以自守若與西洋諸國立約通商俄倭雖欲思逞西人

恐其妨於商務必從而助之我又從而援之彼此互救易與圖存以此制彼意在斯乎總之藩服之地與內地同以後與各國換更和約宜將恤藩一則刊入約例與之休息又復勤修邊備不遺餘力凡遇交涉之事悉以和平中正之心行其忠信篤敬之道未事無虛憍臨事無牽延有事無畏葸無事無荒怠事之應理者始終如一以行之事之不可允者百折不回以絕之據公法合約爲辨論本人情物理爲周旋即或自作不靖則曲在彼而兵威不揚我有備而同心敵愾又何畏彼之堅甲利兵也哉

修船政

自閩滬設立船廠以來華人漸通西法以機器造機器成效彰彰而議者謂機器可廢船廠可停彼非不知輪船之利也誠以華廠造船之價半倍於洋廠購船之價同一利器與其多糜帑金不如節省繁費意非不佳惜狃於近見而未總全局以籌之也洋人之所以悍然與我爲難者非不知我民心之甚固也非不知我兵力之尙彊也而敢於得寸思尺要求無已者恃有兵船謂彼能來而我不能往耳今欲防洋而仍購洋人之船且倩洋人以爲船之主是發之者洋人收之者亦洋人中國雖有船謂爲無船可也即謂此船仍爲洋人之船亦可也則何如自造之爲得也

方今要務全在戰守兵船爲急商船爲輔其事須並行而不悖往年中國特設招商輪船奪洋人之所恃收中國之利權殺費苦心洵爲良策然自議定華商買僱輪船章程而後除招商局外無一人入廠購船更無一人入廠租船者何也良以船價太昂成本重大恐有折閱兼之風濤可畏是以裹足不前今欲暢通商務使之日新而月盛不如於圖利之中更加鼓舞之權凡有富商招集股分造一船出洋者船價與洋廠等而又照軍功例酌賞職銜駕駛三年獲利甚厚者更優賞之名利兼收誰不踴躍而從事況華商出洋販運與洋人歲時相接則聲氣可通利弊情形見聞眞切遇有交涉事件亦可調停折服利於商未必非

利於國也至外洋各埠華民有願得兵船保護者當自籌養費報明領事請公使轉咨船局派船游弋或一年或半年更調他船藉資歷練其一埠不能養一船者則合數埠共養之如是則船局不必更籌養船之費兵船並無坐耗國帑之名海道之沙線可以熟中外之聲氣可以聯商民資其捍衛公使可壯聲援誠一舉而數善備焉者也若夫兵船之制其名不一利於水戰者曰鐵衝船利於攻堅者曰鐵甲船利於肆擊者曰轉輪船利於環攻者曰蚊子船而總以鐵甲船爲最精近日美國更造碰船其前鋒利如椎遇鐵甲船直前撞之轟然破裂其價亦甚廉計鐵甲船一號費在百萬餘金碰船一號約二十餘萬金省一鐵甲

船可造碰船五六號將來出洋征勦必須鐵甲船十數號以備戰攻目前用費不充不如先造碰船分駐海口防禦可期得力然後續造鐵甲船以成全盛之規正所謂由漸而入者也但海口甚多節節設防恐兵船不能如是之衆是宜將近海各省分爲四鎮擇地立營各設水師多築礮臺旣防之於洋面復防之於海口務使聲氣相通指臂相聯方爲萬全之策查津沽爲京都咽喉而奉天之牛莊山東之煙台皆爲要害若僅設防於津門而東奉二口全無牽制之兵防猶未固也若以直東奉爲一鎮以鐵甲船或碰船數號以蚊子船轉輪船十餘號立營於旅順口並威海衞之中添築礮臺相爲表裏又設分防於大連灣據奉

直之要隘則北可以聯津郡東可以接牛莊而北洋之防以固江浙僅設內防長江只有礮臺守則有餘戰則不足既不能戰又何以爲守若以江浙長江爲一鎭如北洋例立營於長江口外既可以固我天塹復可以照應寗波舟山一帶而中洋之防以固臺灣爲七省門戶地頗豐饒窺伺者多宜立營於澎湖以爲閩省重蔽是福建臺灣宜爲一鎭也粵省華洋雜處洋船蟻集較之他省尤爲緊要宜自爲一鎭一體立營以守之而分防於瓊州北海等處則南洋之防以固至東西各洋亦宜每洋派一鐵甲兵船巡遊各埠名衞商務實諳敵情庶處處收海防之實效不徒博海防之虛名也已雖然船政宜修矣而造船駛船尤不

可不得其人也華匠雖有巧思而堂奥初窺聞見未廣總不如洋人之精是宜選上等華匠及出洋學徒之聰穎者親赴外洋各廠參互攷訂務得其術他日藝成返國果能神明變化可廣其傳酌賞官職使之綜理廠務則工匠之賢否經費之多寡瞭如指掌不至受欺於匠人則造船得人矣船主柁工大副二副等色人目中國每每闕乏即有可爲大副二副者類皆幼童出洋之學徒性根未定嗜好易染於量星探石測風防颶等件尚未講求事關緊急恐未可靠查泰西船政本有專門之學其法須先通數國言語文字並嫻天算地輿諸術然後官爲攷校如能測度數諳風潮以及各國海口礁石之有無水勢之淺深測驗表

度措置器機一一合法方能充副柁工閱歷三年不致誤事方升爲正柁工如果心靈手敏可操一船之權然後升爲船主鄭重周詳有如此者中國欲收船政之益宜仿其法選十餘歲之世襲聰慧子弟（成童則習不能染世職則人不能輕）或聘教習或出洋學習務使精益求精確有把握則中國多一船卽有一船之利雖糜費於目前必程功於異日自彊之機自固之術胥於此矣前兩江督臣沈葆楨嘗以未辦鐵甲船爲憾事其遺摺有云天下之弊在於因循目下若節省浮費專注鐵甲船未始不可集事若復徘徊瞻顧執咎無人事機呼吸遲則噬臍老成之慮深且遠矣

興礦利

地不愛寶久而必宣此自然之理也泰西之所以稱富彊者精於礦務耳但外洋國雖日富而山澤之利已窮中華國儲不充而山澤之利實富其故何也西人以採礦之故窮山僻壤搜羅無遺不徒金礦將盡卽煤鐵之礦亦盡所以爲西人慮者恆謂數十年後雖有船而船不能行其說實大有所見中國爲財賦奧區雲南出銅山西出鐵湖北江西湖南出錫齊魯荆襄出鉛臺灣出硝以及伊犂淘金和闐採玉礦產之富誠爲五大洲所未有所可惜者產於地而仍棄於地耳非不知礦利之大有益也一則因前明殷鑒之不遠一則因機器款鉅之難籌查明萬歷廿四年

開礦遍天下命中官爲礦使徧富民爲礦頭礦無所得勒民墊賠甚至誣爲盜礦從而傾陷之所以國脈民命交受其困流毒者廿餘年嘉靖三十五年開礦費三萬餘金而得銀二萬八千五百不足償失成化間採金於湖廣等郡役五十五萬人死者無算僅得金三千餘兩前事如此宜後之開辦者之掣肘也不知明之所採者金銀礦也意在聚斂且任用非人事之所以易敗也今之宜開者煤鐵礦也意在便民且當務爲急事之所以必成也方今海防孔急不得不用輪船用輪船不得不需煤鐵倘必取給於洋人是洋人添一利藪中國又多一漏巵機器款本甚鉅措辦爲難但試辦之初何必賴此各省防營頗多若在某省

開礦先倩西人之精於礦學者或用滇黔川邊老民之諳習者測量衰旺確有把握然後以防營開採果得旺礦再以機器濟之豈遂爲晩乎又或謂開礦於地脈有礙聚集多人恐生事端此又一孔之儒之目論也伏讀乾隆五十二年十月　諭曰京城外西山北山一帶開採煤窰及鑿取石塊自元明以來迄今數百餘年取之無盡用之不竭從未聞以關係風水設有禁例豈開採硫磺遂至於地脈有礙卽云開採硫磺恐集聚多人滋擾地方則每歲採取煤觔石片所用人夫不知凡幾豈皆善良安分之徒何以並未見有滋生事端之處　聖諭詳明最足破世俗疑惑之見又或謂山澤地藪無非民業祖父所遺子孫世守

卽給價而買之此應彼否奈何曰此尤易爲謀也地不必歸於官而利轉得分於民未有窒礙而不行者或又問曰開礦之利其利安在曰開礦有礦稅利於國帑也鐵可以造船煤可以行船利於海防也開礦用營兵藉其力兼習其勞利於兵也兵之口糧出於礦稅利於餉也開礦之處多在叢巖旣有營兵客匪不敢占踞利於防盜也冶鐵需匠運煤需夫養活不知多人利於窮民也火化之宜人人賴之煤價旣廉貧民受惠利於日用也其利如此可勝言哉又況銅鐵煤礦之類中國之所出者多則外洋之所入者少日計不足月計有餘富強之基舍此無他術矣倘若掘土而得金破石而得玉此尤　國家之福而爲天下臣

民所額手也抑又思之開礦即可開鑄雖屬緒餘正可相輔而行近來洋人收取中國大錢出洋鎔銷即中國商民亦多蹈此弊者故錢價日昂大錢日少亦宜一體設法禁止並於開礦處開局鼓鑄亦流通國脈之一道也

防漏稅

從來王道不尚富彊聖世不言功利藏富於國不如藏富於民之爲愈也　國家深仁厚澤薄其稅斂有準乎什一者有數十而取一者恤民之艱待民之厚蔑以加矣自道光二十二年大開海禁維時當事者不知中國稅額輕於各國四五倍或七八倍故立約之時洋人各貨進口納稅後聽華商販運各地所過關稅祗案估值每百兩加稅不得過若干分稅於華民者輕故稅於洋商者亦輕也厥後天下多故軍餉支絀於是始爲權貨抽釐之法創辦之始洋貨亦在各子口征課尚無異詞迨咸豐八年中西重訂條約始定洋貨土貨願一次納稅可免各子口征收者每

百兩征銀二兩五錢給半稅單爲憑無論運往何地他子口不得再斂其無半稅單者逢關過卡照例抽釐體恤洋商可謂至矣然洋人欲壑難填猶復藉端要求煙臺條約定於租界內不收洋貨釐金卽洋貨之運入內地者不論華商洋商均可領半稅單此又格外通融之法無如日久弊生漏卮難塞華商之黠者串通洋人互相蒙蔽往往洋人代華商領半稅單而私取其費者華商亦代洋人裝運各貨而冒用護照者漢奸與洋人譸張爲幻流弊滋多近又有三聯單者無論往何地購何貨先在洋關報明數目繳半稅方可領單領單之後聽其採辦運行沿途釐卡不敢過問至貨到時查明數目相符如數繳稅於是各商民

利其稅輕而期速趨之若鶩以中國自主之權而爲洋人所把持釐金之受困不已多乎查始權釐時歲收二千萬今之所收者不過四分之三而且日少一日有損無益於是董其事者嚴爲比較藉杜侵蝕密設分卡以防偷漏而究之委員之侵吞滋甚胥役之訛索益繁徒困於民無利於國故縱談時務者慨然謂釐金之當撤也然則謂釐金果宜撤乎目今軍務雖平元氣未復　國帑猶未裕也防兵不能裁也海防猶未措辦也設或更起事端款將奚籌豈旋撤之而旋設之乎然則謂釐金不宜撤乎洋商之包攬華商之偷漏徒供虛耗未獲實功何樂而爲此也爲今之計不如去釐金增關稅於釐務無所損而商民則有益

焉何以言之所謂裁撤釐金者非必盡天下之釐金而撤之裁之也不過於通商各埠或洋貨或土貨去其釐而加其稅耳若明定章程核計道路之遠近如某貨自某處至某海口須經幾卡應釐若干某貨自某海口至某處路經幾卡應釐若干一總稅之不必節節稽征是釐雖撤而實存而包攬偷漏等弊雖奸商無由施其技矣且關稅交納之後運行無阻不必守候而驗貨不必逐卡而留停欲予某處可刻期而待爲日更速成本較輕卽所加之稅實隱攤於貨價之中而取償於售主商民又知某貨之不復納稅也更樂於販運銷暢益多所謂於商有益者此也況洋人所藉爲口實者動謂中國釐卡林立收數互有異同以

致洋貨阻滯不行若撤釐而加稅彼亦何說之詞而說者謂關稅已有成規從而加之洋人必不能允不知所加之稅卽所抽之釐與其散而征之不如總而稅之兼之洋人稅額以値百取二十取四十爲斷更有値百取六十値百取百者若以値百取二十爲準華稅之重猶從洋稅之輕舉是以折之彼將何詞以對又或謂釐金取之華民權歸中國自止若歸幷於稅倘洋人於下次修約時復以稅重爲詞利權不幾爲所撓乎是宜聲明加稅免釐之故如欲減稅仍舊抽釐庶可以永杜洋人之口也抑又思之稅出於商欲充稅務先宜暢通商務西人之所以富彊者官商一體耳所有贏餘公家存之卽有折閲 公家認之故能重

其本而來即厚其利而返中國之集成巨款出洋貿易者尙鮮其人是彼以貨而取中國之銀我不能以貨而收回中國之銀利源不將竭乎計洋人入口之貨每歲售值八千餘萬中國出口之貨惟絲與茶爲大宗近來印度等處皆植茶桑出數與中國相若倘幷此而失之是誠有出而無入矣又如呢布一項洋人買中國絲棉織成之轉售中國每歲約銀三千餘萬皆由機器便捷所以獲利甚厚若我亦仿織之亦可開一利源或疑用機器以代人工恐奪小民之利不知洋布羽呢本非中國之物與民業毫無關涉況製自中國可省運資價必更廉便閭閻之取求攻洋人之利藪是誠一舉而兩得者也伏讀嘉慶十九年正月

諭曰洋商交易原令彼此以貨物相準俾中外通有易無以便民用若將內地銀兩每年偷運出洋百數十萬歲積月累於國計民生均有關係仰見　聖慮淵深於中國銀兩出洋之患早已　洞鑒今時事更非昔比出數照前更鉅若之何不早為之所也宜急令地方官廣勸農民於山谷隙地遍植桑茶繅絲製茶之法尤宜加意講求務使較勝於印度將來所出愈多價可酌減貨精值廉何患銷路之不廣而且招集商股以機器造呢布若成本不敷或援乾隆五十一年商人王世榮請借帑銀嘉慶十七年蘆商義和泰懇借運本均敕部議行之例是誠無損於國而大有便於民也總之出口之貨宜求其多而稅則輕之入

口之貨宜杜其來而稅則重之收我利權富我商民擴我遠圖胥於是乎在

彊兵力

後周世宗謂侍臣曰凡兵務精不務多今以農夫百不能養甲士一奈何朘民之膏養此無用之物乎誠哉是言也我　朝兵制每省編置綠營而同治初年克復東南數省近又收復回疆皆賴歷年招募之勇而經制之兵未聞有一軍足以勝殺敵致果之任者何也葢勇爲新募非精壯不收兵皆舊充而疲老未汰也然年力富彊技藝嫻熟之人皆不願充兵而願當勇其充兵者皆市井無賴衰老疲弱者耳葢勇糧每月四兩餘銀即每年扣發兩月每月尚得銀三兩有奇而戰兵馬兵之糧皆不及焉守兵步兵更無論矣故兵額雖多與無兵等查清淮練勇雖有三千八

百餘人而散漫無紀疲憊居多前任各漕臣明知其然皆以爲一時裁遣恐滋事端隱忍相安不加整頓署漕督臣譚鈞培蒞任不及三月汰其衰弱歸幷於馬步各營頓然改觀已成勁旅以是見任事之在人認眞也直隸綠營改立練軍創自前督劉長佑曾國藩莅任時復重新整頓成效已著各省有倣行而未盡改者有全行未改者今欲變其錮習不如以綠營爲練勇兼寓減兵增餉之法爲最善常人之情勤則奮而逸則偷綠營向以防守爲名且有此疆彼界之分而一切築城鑿池修堤治河諸役非其任也而且安居於家待炊而食目未睹乎戰陣身未經夫沙揚名爲戎行之士實等遊惰之民以之執戈而衛枚愚者亦

謂其不可誠仿練軍之法汰其弱者老者留其彊者壯者列幕而居於城墉之上日加操練倘有工役一體派行卽有徵調無分畛域則力以愈用而愈出技以愈練而愈精三年之後而謂兵之不彊無是理也又況利之所在人必爭之中人之產歲獲百金則有餘若能準情酌理照舊章而優增其餉則一人爲兵而舉家之事蓄於此取盈焉得之可以自贍失之必至自危誰不勇於自彊而肯以游惰致遭斥革哉或者謂目今餉項支絀建議者方欲減之如煙臺紅單船募廣東水勇五百名月餉自十五兩至八兩不等今擬改爲額兵一律給銀三兩以期節費增餉之說萬不能行不知所增之餉卽出於所減之中誠使用一兵

即得一兵之力雖裁十兵之餉以幷養一兵猶愈於額多而無一兵之可用也昔武侯治蜀以減兵而勝魏岳忠武以背嵬兵五百而破金兵在多乎哉

練民團

三代以上寓兵於農無事則躬耕有事則敵愾誠良法也降及後世此制不講久矣惟民團則差近之而論者謂民團無濟於事軍興以來未聞有民團爲國家出力者而實非通論也民團設自民間不供調遣既不調遣何能殺賊而立功不過自相保護有備無患而已然而民團能自衛其鄉即能有益於國也況湖州之趙忠節紹興之包義士自備軍餉訓練民團卒能捍衛一方非其功歟廣東之民團當英人入境時一敗之於三元里再敗之於三山村且焚其雙桅船一艘非其功歟又如澧州之五福團岳州之平江團安徽之廬州團四川之中江團江蘇之溧陽金壇

團類皆實事求是不務虛名勝於召募者多矣攷德國兵制民除殘疾外悉充伍籍法國章程部民能効力者即籍爲兵普國君臣臥薪嘗膽國人莫不知兵遂以敗法英俄諸國近皆效之蓋泰西各國寓兵於士農工商之中有警則人皆可將士盡知兵猝爾徵調可集數十萬不糜兵費實足兵額至愜至當正未可因其夷而夷之也我　國家設立武科州縣取士爲數最多而自身列庠序以後往往無所事事爲農則可恥爲商則無資名雖爲武而實無用武之地若一體舉行民團先擇武生中之可爲什長者百人設局訓練教以刀矛槍礮等法學成則各教其所轄之十人十人學成又各教營中之人昔吳起對魏武侯曰用

兵之道教成爲先一人學戰教成十人十人學戰教成百人百人學戰教成千人千人學戰教成萬人萬人學戰教成三軍以近待遠以逸待勞以飽待饑以主待客正此謂也雖然團既設自民間權宜操之長上使不歸地方官管轄恐其桀而不馴宜案名造册繳之官府官府案時簡閱果有深知武略者酌係官職以示鼓勵其有不知陣法者又必延師教之兼教以禦敵立身諸大務以作其忠義之氣則鋤耰亦可敵愾婦豎亦喜談兵國不費餉人盡知方以之滅敵可也以之禦敵亦可也以之自守可也即以之報國亦無不可也自彊之基與自固之術孰有愈於斯而且古來名將多出田間衛青牧豬樊噲屠狗陶桓公燕居

而運甓祖豫州中夜而枕戈練兵之地安知不即爲選將之地哉而或有爲粉飾承平之說者曰我　國家政事修明紀綱整飾潢池既無盜弄之變遠邦安有窺伺之心若處處練團兵日日修守備不獨遠人相視而竊笑即民情亦俶擾而不安無戎而城不幾流於士蔿之所爲乎不知居安不可以忘危有備乃可以無患若各直省舉行民團或且視爲具文而沿海各處之民團不得不爲之講求益洋人之所畏者不在中國之官而在中國之民則何弗因其所畏而爲未雨之綢繆耶

禁販奴

國家戶口日廣生齒日繁謀食之徒往往不擇地而蹈以單子一身涉重洋萬里致使 天朝百姓受奴辱於洋人誠可憫矣其尤爲慘酷者粵東澳門汕頭等處西人設招工館應其招者名其人爲豬仔人也而畜名之卽以獸蓄之命名之意已乖天和然此猶明明招之也更有寓粵洋人串通奸商誘賣鄉愚於秘魯古巴亞灣孥等處其始或炫之以財或誘之以賭又或倏指爲負欠强曳入船有口難伸無地可逃每年被拐者動以萬計及抵彼埠充以極勞極苦之役少憩卽刑告假不許生入地獄之門死作海島之鬼且其中不無良家之子貴胄之兒不能勞苦駭死

風濤望斷家鄉斬絕宗祧誰無良心而忍聽其如此哉後雖此風稍熄近又故智復萌刑者不可復贖往者不能復返不亟思所以禁之則中國之良民不盡入異域之畜道乎近賴兩廣總督張樹聲關心民瘼迭次出示嚴禁沿海地方拐販又與招工局嚴立條約凡應招之人先取親族甘結次取街鄰保結然後報明華官華官親加詰問果屬情願毫無逼勒然後令該局造具清冊正副兩分詳載年貌籍貫並中保姓名送華官蓋印至出洋時聽華官登舟案名查點後方准駛行即以副冊咨行當地領事官領事官於船到時亦案名查驗如有冊上無名或姓名年貌不符者即以拐販論船主加等懲辦船沒入官其無領事之

處永遠不准招工如是則拐販之風可以絕卽情願應招者某處若干人某年若干人皆有成案可攷中外均便稽查洋人見中國之鄭重民數如此其至也亦不敢肆意凌虐此誠萬不可緩之急務也卽已出洋爲奴之人亦不可徒作旁觀之太息宜令各國公使領事認眞淸查密爲保護昔有販阿洲黑人爲奴者英國集商禁止出資贖釋堂堂　天朝果能自庇其民仿英人贖黑人之例是誠出水火而袵席之也然而言之匪艱行之維艱積習難返鉅款何籌視溺而不援天下無此忍者從井以相救天下又無此仁人是不過徒托空言而不能見諸實事也可慨也夫可慨也夫

編敎民

國家崇正學闢異端　敎澤涵濡數百年於茲矣而欲破堯舜禹湯文武周公孔子之道之藩籬借天堂地獄之說以蠱惑我民心者其泰西之傳敎乎泰西本基督一敎其後分而爲三英吉利德意志丹麥荷蘭及瑞士瑙威瑞西等國所從之敎耶穌敎也意大利奧馬加比非利亞法蘭西日斯巴尼亞葡萄牙比利時等國所從之敎天主敎也小亞細亞歐羅巴東俄羅斯希臘等國所從之敎希臘敎也各分門戶互結黨援卽在西國已起爭端迨明季天主敎始入中國從者尚少厥後利瑪竇南懷仁等挾天算地輿之學來遊內地其所著七寶等書理亦與儒者相近故

當時士大夫皆與之遊不甚鄙之至道光咸豐間法人屢遣教士學習華語奔走四方開設講堂於是奸民遂借進敎爲護符詐鄉愚凌孤弱占人之妻侵人之產及至事發敎士私相袒護或匿之講堂或縱之海外人民怨極羣思報復遂至燬敎堂毆敎士津案甫結滇案旋生中外幾於失和皆天主一敎階之厲也第急於傳敎者祇屬法人實與他國無與中國人民未及辨此統聞洋人之名而即惡之一見洋人之來而即避之因甲嫉乙在所不免且法人本非富強其所以自備資本周流勸導必欲廣其傳者實欲以小利小惠收拾人心人心既附然後可以惟吾說之是從此中國大有所利耳不料利不能圖害且隨之欲以

之愚人者適以之自愚上年普國之戰教人實啟其端西班牙謂法國獨居惡名受其實禍伊慼自貽將誰之咎近聞印度拒額力士教德國逐耶穌教葡萄牙西班牙皆籍教黨財產入官意大利封教堂七十餘間簿籍其產此誠自爲消長之機現法人已知中國之良民斷不入教其入教者不過傭工貧民耳村嫗社婦耳卽有桀黠莠民藉圖生計其實亦陽奉而陰違於是自怨自艾深悔從前傳教之失各國又羣起而咎其傳教之非可見秉彝之德出於自然發於天性而天堂地獄之說不足以勝之也但華人之已入迷途者亦復不少欲救其弊宜將教民開明年貫姓名報明地方官另編爲一册卽教士亦應歸地方官約

東遇有事故依華法秉公照辦教士不得過問庶幾入教之民仍不失爲中國之民卽教士亦無所逞其庇縱矣尤可慶幸者自美德二國派員來華親瞻　中朝教化而後實深欽慕卽各國亦莫不佩服現在泰西之入學者必習中國言語文字所有五經四子書概行刊刷先刻華文而以西文註釋之日日諷誦其景從之心較之中國人之入彼教者爲更切可見堯舜禹湯文武周公孔子之教仁之至義之盡天理人情之極則無一毫矯彊於其閒而凡有血氣者自可不言而信不勸而從也將來漸推漸廣風氣日開聖教盛行率薄海食味辨色別聲之人而皆不敢出於堯舜禹湯文武周公孔子之教之外天主云乎哉

論鴉片

攷李時珍本草綱目阿芙蓉俗名鴉片性澀有微毒並未言能殺人之事今則生食者急以殺之吸食者徐而殺之而不解人之何以甘受其殺而不辭也當西人鴉片入境之初禁煙之議持之甚堅奈始則操之過急繼則縱之過寬流毒至今幾無術可以挽回計鴉片進口之數每年約七萬餘箱每箱售銀五百兩總計值三千五六百萬中國每箱收稅三十兩計銀不過二百二十萬中國漏出之銀每歲實三千數百萬兩之多果孰得而孰失乎中國利源之涸可立而待也於是薦紳先生目擊時艱羣起而議之有謂宜禁內地之仿種者有謂宜禁洋藥之入口者有謂

宜加洋藥之稅者更有謂不必禁內地之種方可分洋人之利權者然其中皆有弊焉方今各直省除江西湖南外餘省之種鸎粟者日多無論不能驟禁也卽能禁止而吸食者爭取購於洋人是又爲洋人之毆而予以壟斷之權也外洋入口之貨以鴉片爲大宗利源所在誰肯遏之且旣不能禁之於前何能禁之於後相持太甚適啟釁端至若加收釐稅則價愈昂價愈昂則吸者可以漸稀似亦補救之一法然每見吸食之人雖饔飧不給猶必多方設法以謀煙貲幾見有因價貴而不食乎況所加之稅洋人卽隱增入售價之中於洋人無所損而吸食之貧民益促之貧也若謂聽內地之種冀以所出日多藉分洋人之利不

知出愈多則價愈賤價愈賤則吸者愈多遍地而種之必盡人而吸之將使中國之人生盡爲吸食鴉片之人死盡爲吸食鴉片之鬼可不悲乎惟有不收洋藥關稅嚴禁吸食庶不至貽笑於洋人而絕中國無窮之隱害我　國家政令風行捷於影響惟鴉片一項屢禁而如不禁者以釐稅未免耳既收其釐而不准其售有是理乎收釐既爲官物而吸食則爲私犯有是禁乎且獨禁下民之吸食而官府之吸食如故有是情乎所以雖有禁煙之令亦不過視爲具文隱忍相安旋禁之而旋弛之耳今若不收釐稅則購取吸食者即科以私罪誰敢復犯且禁煙是我　國自主之權洋人不敢過問洋藥雖不禁其入口而苦無售處

則不禁之禁也而內地之種更不禁而自除矣而說者曰方今海防孔急凡製造船政及出使經費等件皆取給於關稅欲並此而免之司榷政者不爲是言也不知關稅不可免而洋藥之稅則不得不免免之無大損於國不免實大害於民　國家爲民除害雖費鉅款在所不惜況區區洋藥之稅乎如以　帑項支絀刻欲彌補則免於此者可加於彼權變自在人爲耳況　朝廷善政停免捐輸然停捐所以重名器而免洋藥之稅所以恤民命也則安得不免其稅而嚴爲之禁耶其戒煙之法官府限若干日庶民限若干日犯者庶民照例嚴辦官府加等其貧民戒煙而苦無藥貲者官府若能設法酌給是又法外之仁而變通

盡利者也上年盛道宣懷在天津創設戒煙局已著成效各直省似可踵而行之總之鴉片本屬毒人之物泰西各國准播種而不准吸食卽日本越南亦禁之甚嚴惟中國之人習焉不察受其毒蠱者已百餘年其吸食之人荒時廢業毀體傷財是誠可憐可痛若能永遠禁止弊絕風清則國脈以培元氣以復利源以裕是則蒙之所深幸也夫

國朝柔遠記附編卷二

臣彭玉麟恭定

臣王之春敬編

沿海形勢略

直隸與山東聯壤即墨縣南望淮安東海所城左右相錯如咽喉筦鑰由淮達萊片帆可至登萊乃泰山餘絡凸生於海東南北三面亘浸文登營控北山之險尤海東之盡處也成山以東旱門灘九峯赤山白蓬頭諸島縱橫沙磧聯絡潮勢至此沖激澎湃舟難猝達文登更扼東海之要甯海威海成山靖海四衛隸焉自東北崆峒牛洋西抵長山蓬萊田橫沙門鼉磯三山芙蓉桑島錯落盤踞以爲登

州北門之護過此而北即爲遼陽洵天造地設之要區也

北直

蘇州沿海險隘甚多舉其大者常熟之福山港白茆塘太倉之劉家河七丫港嘉定之吳淞江黃窰港爲往來之通衢三吳之門戶一府之要無逾於此長洲則瀏湖浩淼吳江則鶯湖接連吳縣則太湖交通皆出入徑道腹裏之關鍵一縣之要於斯爲甚其次福山以西有三丈浦斜橋以東有許浦金涇劉家河以北有新塘浪港茜涇吳淞以南有寶山以東有老鸛嘴均屬要害至如淮揚東瀕大海狼山當江海之吭蓼角掘港界揚之東南朐山據淮海之首鬱州鶯游山界淮之東北中包泰興之周家橋鹽城之射

陽湖山陽之雲梯關廟灣等處率皆濱海要區尤宜相地置備焉南直

兩浙形勝大半負海論列郡之隘口温則飛雲橫陽館頭台則松門海門甯則定海太浹湖頭渡紹則三江沙門杭則龕赭兩山嘉則乍澉二浦杭居腹裏而以錢塘港海門爲分口南岸甯紹北爲松嘉極西盡處爲杭州沿海之中可避四面颶風之處凡二十三可避兩面颶風之處凡一十八其餘下等安嶼可避一面颶風之處不可勝數然定海爲甯紹之筦鑰舟山又海外之藩籬澳凡八十有三昌國衛四面環海到處可以登泊葢江南控制在崇明浙東扼險在舟山天生此二處屹峙汪洋以障蔽浙直門戶洵

江南浙東第一重鎮也（兩浙）

閩嶠二面當海者興泉是也四面當海者福漳是也其地之衝要如晉江之深扈獺窟興化之心平海龍溪之海門漳浦之島尾南靖之九龍寨溪皆是也然莫有如福甯州之尤險者蓋地勢自西北而東南至省城盡之矣福甯則又於東南突出海中其左爲甌栝海居東面其右爲福興海居南面惟福甯獨當東南北三面之海原爲烽火門水寨連江縣原爲小埕水寨莆田縣原爲南日水寨同安縣原爲浯嶼水寨漳浦縣原爲銅山水寨其間島澳叢襍巨艘悉可寄碇登涉焉（南閩）

粵省襟江帶海其東出海則虎頭門門之東曰南頭係全

粵之門戶其西出海則崖門門之西曰廣海衛惟香山澳居省西南外番住泊於此蓋嶺南沿海諸郡惟惠潮與閩連壤柘林爲嶺東第一關南澳當閩粵交界在大海之中左爲閩疆指臂右迺粵省咽喉可以設險可以屯田原設南頭參將廣海守備控制於外虎頭門把總防守於內又添一部水軍往來捍禦周且備也東粵

按京師天津東向遼海外對朝鮮左延東北山海關甯遠出旅順口鴨綠江達高麗右袤東南山東利津由海倉口登州至成山衛登州旅順南北隔海遙對東縣倉島西匝兩京登萊登州一郡陡出東海盡於成山海船往盛京天津率以成山爲標準轉西南之靖海龍山靈

山遂至江南海州海州下廟灣上舊黃河出海之口河濁海清沙泥沈實東向紆長支條縷結名五條沙中間深處呼曰沙行如往山東必恃沙行以寄泊江南沙船底平少擱無礙閩船底圓架接高昂涉此頗險兼之江浙東向澎湃外無屏山緩其水勢故潮汐比他省爲更急如往山東兩京必從盡山對東開行一日夜避過此沙方敢北向凡登萊淮海之稍可寬其海防者職由五條沙爲之保障也廟灣南自如臯通州至京江口內狼山外崇明以爲筦鑰崇明上鎖長江下扼吳淞東有洋山馬蹟花腦陳錢諸山毘連浙之甯波定海外島他如嘉興之乍浦錢塘之鼈子餘姚之後海甯波之蛟川要

疆相聯實內海之堂奧皆藉定海以為外藩衢山劍山更出定海之外汪洋亘浸洵稱要害江浙外海連馬蹟山北屬江山南屬浙陳錢外在東北俗呼盡山山大奥廣泊可百餘艘南之島嶼由衢山岱山至定海由劍山長塗達普陀普陀直東而外即洛迦門有東霍山夏月回洋船經此賊艘伺劫尤多且與盡山南北為犄角南自崎頭至昌國衞接內地外有韭山弔邦等出賊匪出入無常此則甯屬也自甯入台州黃巖沿海而下內則佛頭松門楚門外則茶盤石塘枝山大小鹿在在為賊艦經由南接樂清溫州瑞安金鄉蒲門為溫屬內海樂清東峙玉環外即三盤鳳皇北屺南屺而至北關及閩

海連壤之南調此則溫台內外海運寄泊樵汲之區也閩海內白沙埕南鎮烽火三沙五虎至閩安外自南關大小嵛閭山東永至白犬爲福甯福州外護左翼之藩籬南自長樂之梅花鎮東萬安爲右臂外自磁澳至草嶼石牌洋隔於中海壇大島環之是閩安爲全省之咽喉海壇實右臂之扼要福清萬安南視平海內虛海套是爲興化外有南日湄州再外烏坵蓋東北有東永東南有烏坵猶浙之南北屺東霍衢山江之有馬蹟盡山係海壇之所當加意者泉州北崇武獺窟南祥芝永甯左右拱抱內藏郡治下連金廈以達漳州漳自太武而南鎮海六鼇古雷銅山縣鐘可以寄泊南澳以分閩粵

泉漳之東外有澎湖凡三十六島其要在媽宮西嶼頭
北港八罩四澳南風波恬浪靜黑溝白洋皆可暫寄待
潮山低洋大水急流迴北之吉貝沈礁一線直生東北
一日未了内悉暗礁惟一港蜿蜒非熟諳者不敢放棹
澎湖之東即臺灣北自雞籠對峙福州白犬洋南自沙
馬崎對峙漳州銅山延綿二千八百里西則一片沃壤
自海及山淺濶適均約百里許西東穿山入海約四五
百里崇山疊箐生熟番蟻聚建一郡四縣志考備載郡
治南抱七崑身至安平鎮大港隔港沙洲直北達鹿耳
門鹿耳隔港之大線頭沙洲至隙仔海翁隙皆西護府
治港汊雖多僅可容澎船三板其巨艘之可以出入者

惟鹿耳雞籠淡水港而已南澳東懸捍衛漳之詔安潮之黃岡澄海閩粵海洋適中要隘外有北澎中澎南澎俗名三澎內自黃岡大澳至澄海放雞廣澳錢澳靖海赤澳乃潮郡支山入海匪艇出沒尤甚賊爲潮產居多赤澳一洋自甲子南至大星平海雖屬惠州而山川人性與潮無異故於中之碣石立一大鎮下至大鵬佛堂門急水門由虎門而入粵省外自小星筆管沱濘九州洋各嶼至老萬島嶼門戶叢雜到處可樵可汲粵匪不第艚船艟艦卽內河槳櫓漁人皆能出海剽掠藏垢納汚莫此爲甚粵省左捍虎門右扼香山雖外護順德新會亦全粵之要津外海內河奸宄不少況共域澳門外

防番船與虎門爲犄角未可輕視外出十字門而至魯萬爲洋艘番船徑行之準下接於崖門戙船澳馬鞍諸山此肇屬廣海陽江雙魚之外衞也高郡電白外大小放雞下隣雷州白鴿錦囊南至海安中懸硇州暗有礁沙非深諳者莫敢內行實則高郡端藉沙礁之庇雷州三面濱海對峙瓊州渡海百二十里自海安繞西北至合浦欽州防城以及白龍之江平萬甯袤延千七百里海安下廉州宜南風上宜北風防城有龍門七十二逕逕逕水道相通廉多沙欽多島地以華夷爲限瓊州屹立海中地從海安度脈南崖州東萬州西儋州北瓊州與海安對峙瓊之山海港澳尤多沿海州縣環繞熟黎

熟黎環繞生黎生黎環繞五指嶺七指山一西一南周圍陸路千五百三十里府城中路直穿黎心至崖州五百五十五里萬州東路直穿黎心至儋州五百九十里沿海沈沙行舟艱險内山生黎嵐瘴殊甚往宜熟而不宜生然生可往熟而不可入内界熟黎水土習宜是以夾介其間此亦外海稍次之臺灣惜田疇不廣歲仰需於高雷縱產沈楠等於廣南甲於諸番又非臺地之沃野千里所可同日而語矣爰採大略以備披圖便覽焉

之春記

沿海圖例言

海防非可與江河同論也蓋護田疇固城邑與防江河之意同而所以治防之道則異舊有海防通志籌海圖編等書乃前朝專言備倭之略匪特卷帙繁瑣抑且時勢互殊今則海宇澄清内備塘工以捍潮患煮滷以益民生外則招徠懷遠異産珍錯竝各洋魚蝦蠃蚌苔蘚藻蟄亦利育斯人於無既惟是巨浸茫茫島嶼星懸梟獍潛蹤帆檣浮跡爲奠乂斯民計不得不周以邏察而邏察權宜又當先審諸形勢焉各省沿海郡邑志載職其地者原可按圖索驥至於全局形勢舊聞有總圖藏於

天府外省罕得覽焉今沿海圖考前人諸書之所載并見聞之

所及統邊海全疆繪成一卷今昔情形異宜又細加考輯參以註說亦可收指掌之助云爾

一是圖第繪邊海形勢其毘連內地諸竟自有郡邑各圖可攷凡海疆州縣雖抵海邊較遠者亦必酌量方位書載以便查核

一水師重鎮駐劄之所與郡縣佐貳分防之處第書地名卽可按查

一外洋險要與內洋島嶼厖雜港口衝僻爲此圖肯綮是以詳細咨訪按核現今情形確繪卽將各說於每段下分晰註明使閱之了然

一聯省相接界限大段載明至州縣分界每有改歸增載

之處可勿繁及
圖首列指南鍼準二十四籌分向環海各區可見中華
之沿海大勢如此後閱口岸細圖其遠近險易更加明
悉至中華所屬邊海界共七省起遼左　盛京東南盤
旋轉山東至廣東東南向轉西而抵交阯以天度分得二
十七度有零之界也

沿海輿圖

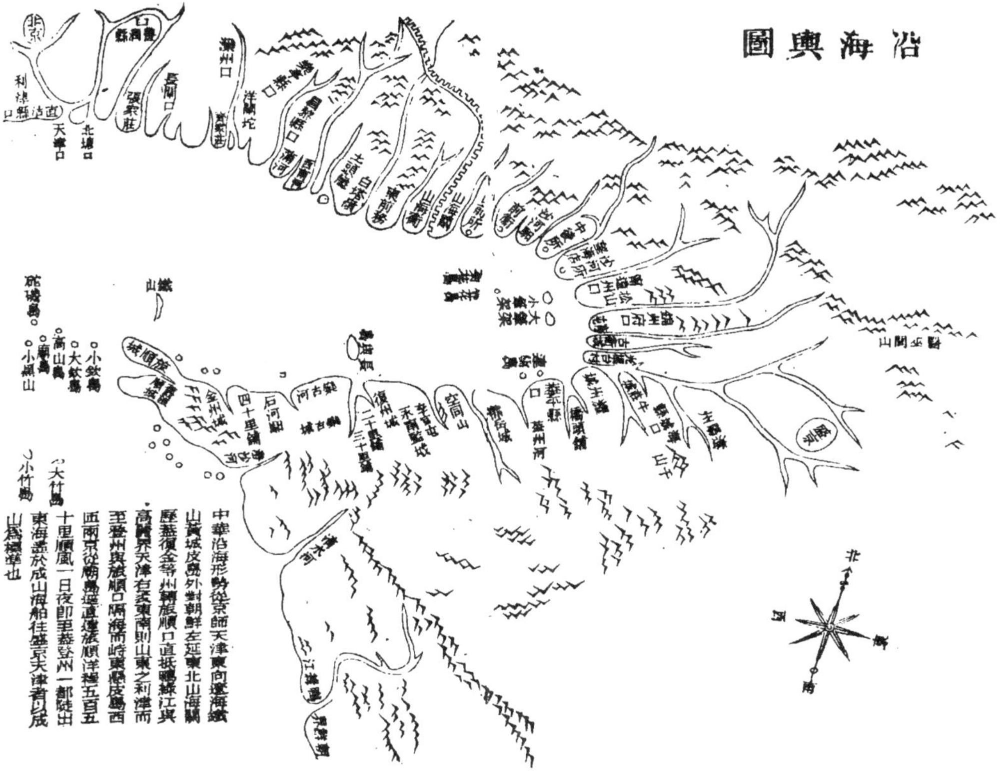

中華沿海形勢從京師天津東向遼海鐵山黃城皮島外對朝鮮左延東北山海關歷蓋復金等州轉旅順口直抵鴨綠江與高麗界天津右袤東南則山東之利津而至登州與旅順口隔海而峙東歷皮島西面南京從廟島至直達旅順洋程五百五十里順風一日夜即至蓋登州一郡雖出東海蓋於成山海船往盛京天津者以成山為標準也

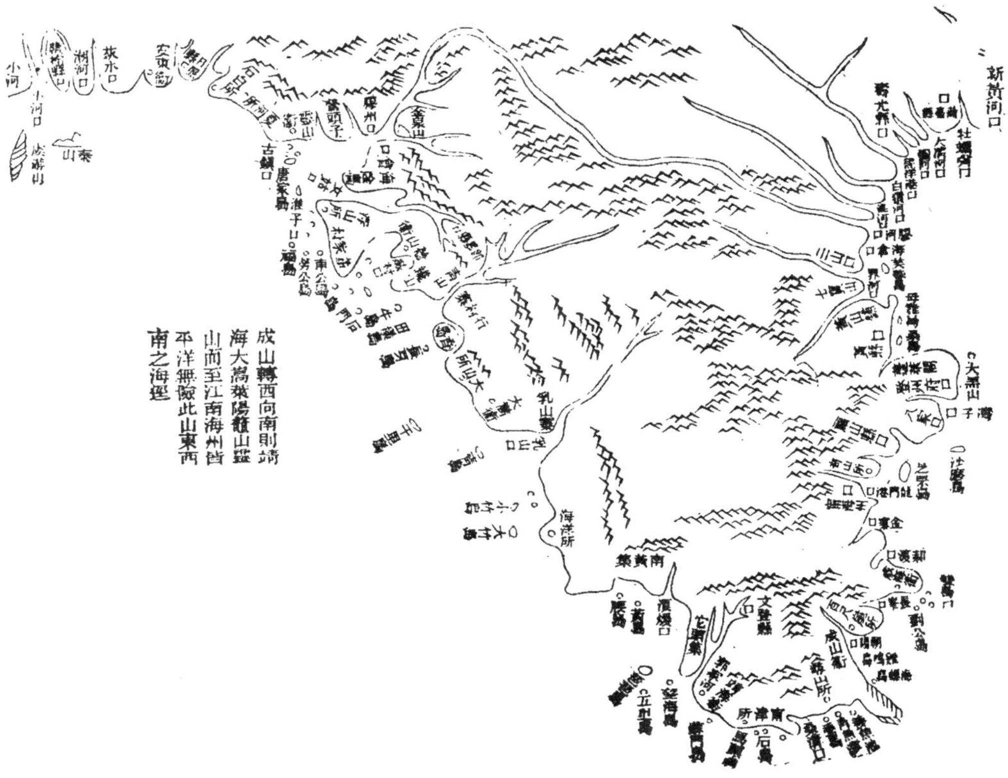
成山轉西向南則靖
海大嵩鰲陽靈山鹽
山而至江南海州皆
平洋無險此山東西
南之海運
新黄河口
小河
小河口
栲栳山
泰山
湖河口
故水口
安東衛
古鎮口
唐家島
海洋所
南黄集
文登縣
成山衛
乳山寨
乳山口
大嵩衛
大竹島
小竹島
靖海衛
南津所
寧津所
黄家灣
青島

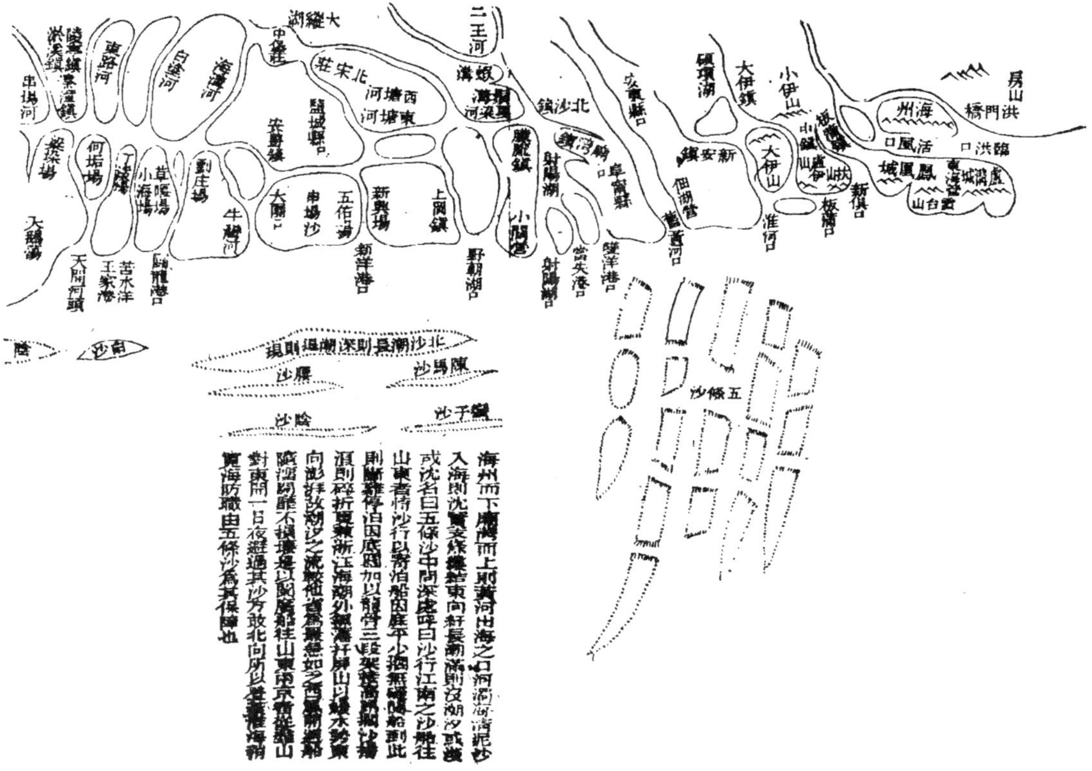
大縱湖
中堡莊
北宋莊
西塘河
東塘河
二王河
北沙鎮
東路河
白塗河
串場河
何垛場
草堰場
小海場
劉庄場
牛灣河
大團口
串場沙
五佑場
新興場
上岡鎮
安豐鎮
鹽城縣口
新洋港口
野朝湖口
射陽湖
當失港口
新安鎮
佃湖營
大伊鎮
小伊山
大伊山
碩項湖
淮河口
新俱口
海州
房山
洪門橋
臨洪口
活風口
鳳凰城
北沙潮長則深潮退則現
陳馬沙
沙子纜
五條沙

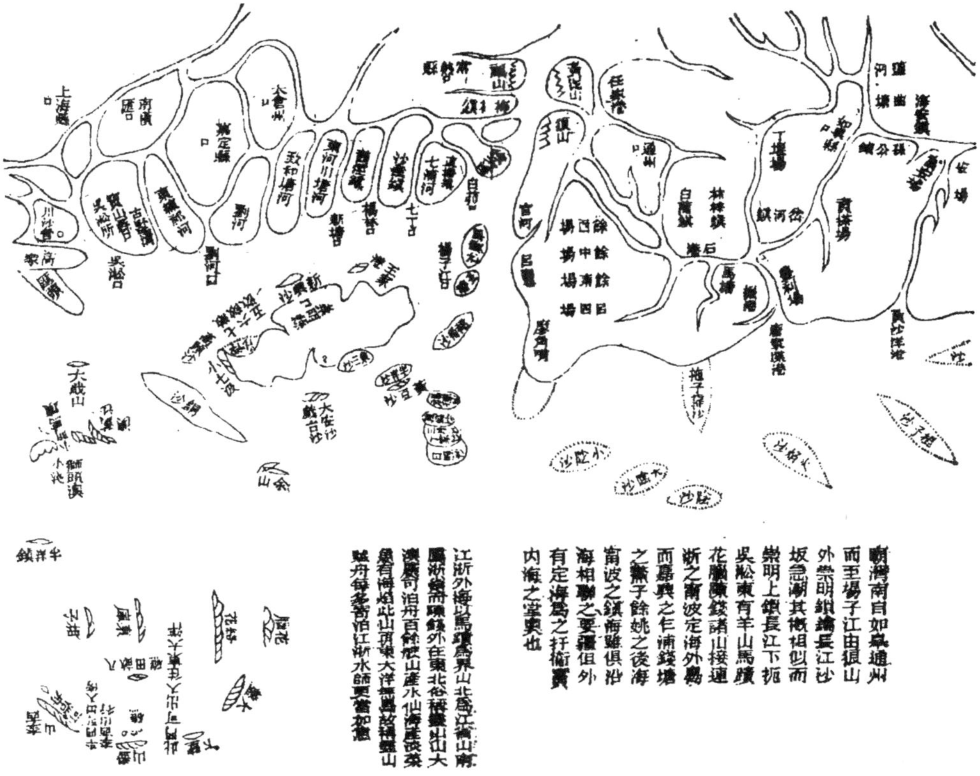

瞰灣南自如皋通州
而至揚子江由狼山
外崇明鎮鎖長江沙
坂急潮其勢相似而
崇明上鎮長江下扼
吳淞東有羊山馬蹟
花腦陳錢諸山接連
浙之寧波定海外島
而嘉興之乍浦錢塘
之灘子餘姚之後海
寧波之鎮海雖俱沿
海相聯之要疆但外
有定海爲之扞衛實
內海之堂奧也

江浙外海以馬蹟爲界山北爲江南山
屬浙省而陳錢外在東北俗稱盡山大
澳廣可泊舟百餘艘山產水仙海產淡菜
最有海蛸此山再東大洋無島故稱盡山
賊舟每多寄泊江浙水師更當加意

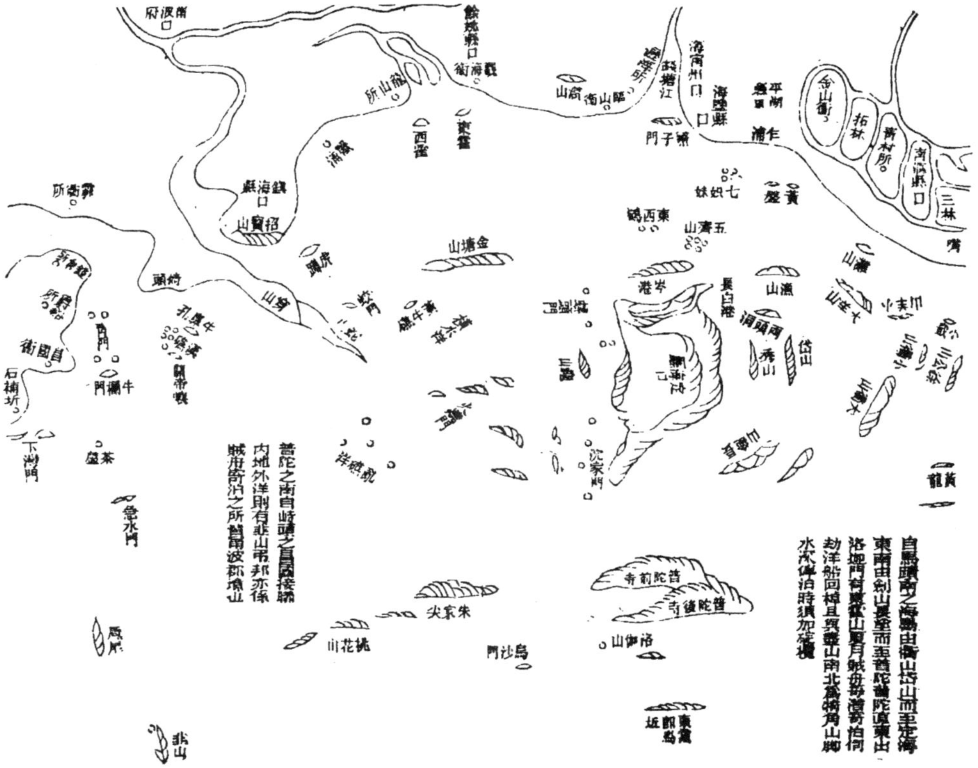
自馬蹟南之海島由衢山岱山而至定海
東南由劍山長塗而至普陀普陀直東出
洛迦門有東霍山夏月賊艘每潜寄泊伺
劫洋船回棹且與韭山南北爲犄角山脚
水深俱泊時須加防護
普陀之南自崎頭之昌國接聯
內地外洋則有韭山帯邦亦係
賊舟寄泊之所皆甯波郡境山
甯波府口
餘姚縣口
觀海衛
龍山所
鎮海縣口
招寶山
霩衢所
海寧州口
海鹽縣
乍浦
平湖縣
金山衛
柘林
青村所
南滙縣口
三林
金塘山
普陀前寺
普陀後寺
洛伽山
朱家尖
桃花山
烏沙門
韭山
急水門
下湖門
石浦所
東霍山
長白港
兩頭洞
秀山
岱山
黃龍
七姊妹
五嶼山
東西鶴
西霍
東霍
沉家門
崎頭
穿山
大衢山
小衢山

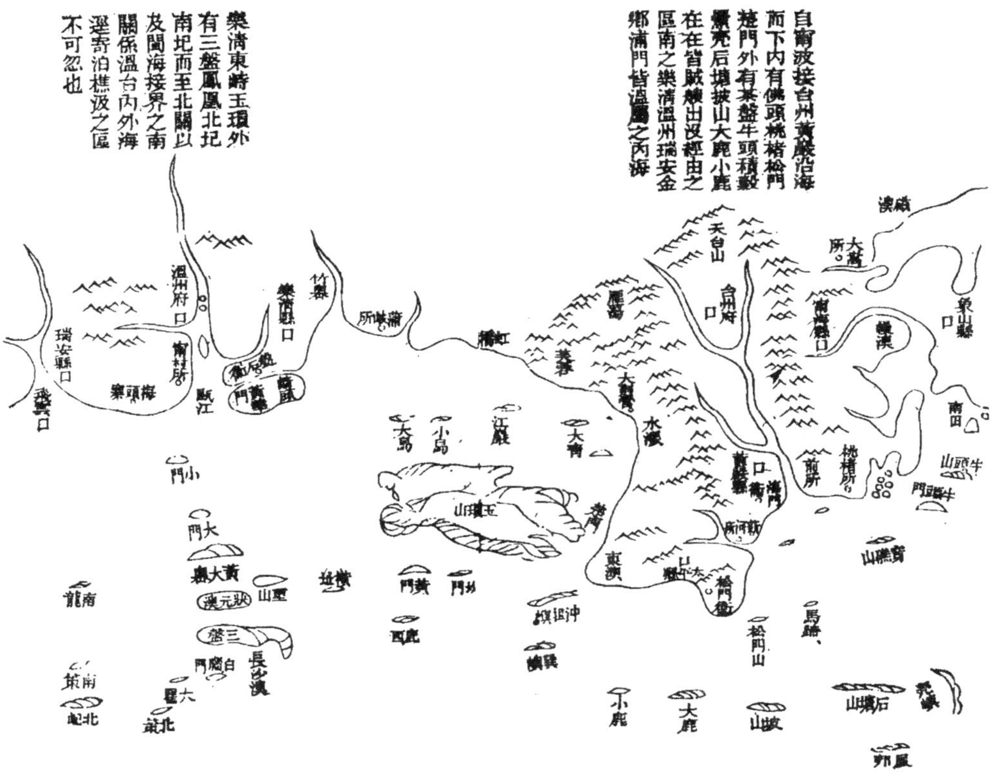

自寧波接台州黃巖沿海
而下內有僞頭桃渚松門
楚門外有茶盤牛頭積穀
后壚披山大鹿小鹿
在在皆賊艘出沒經由之
區南之樂清溫州瑞安金
鄉蒲門皆溫屬之內海
樂清東峙玉環外
有三盤鳳凰北圯
南圯而至北關以
及閩海接界之南
關係溫台內外海
運寄泊樵汲之區
不可忽也
天台山
台州府口
象山縣口
南田
牛頭山
牛頭門
桃渚所
前所
松門山
馬跡
大鹿
小鹿
披山
石塘山
溫州府口
樂清縣口
瑞安縣口
竹嶼
甌江
玉環山
大青
江巖
小鳥
大鳥
小門
大門
黃大嶴
狀元澳
三盤
長沙澳
白露門
六星
北杞
南杞
南龍

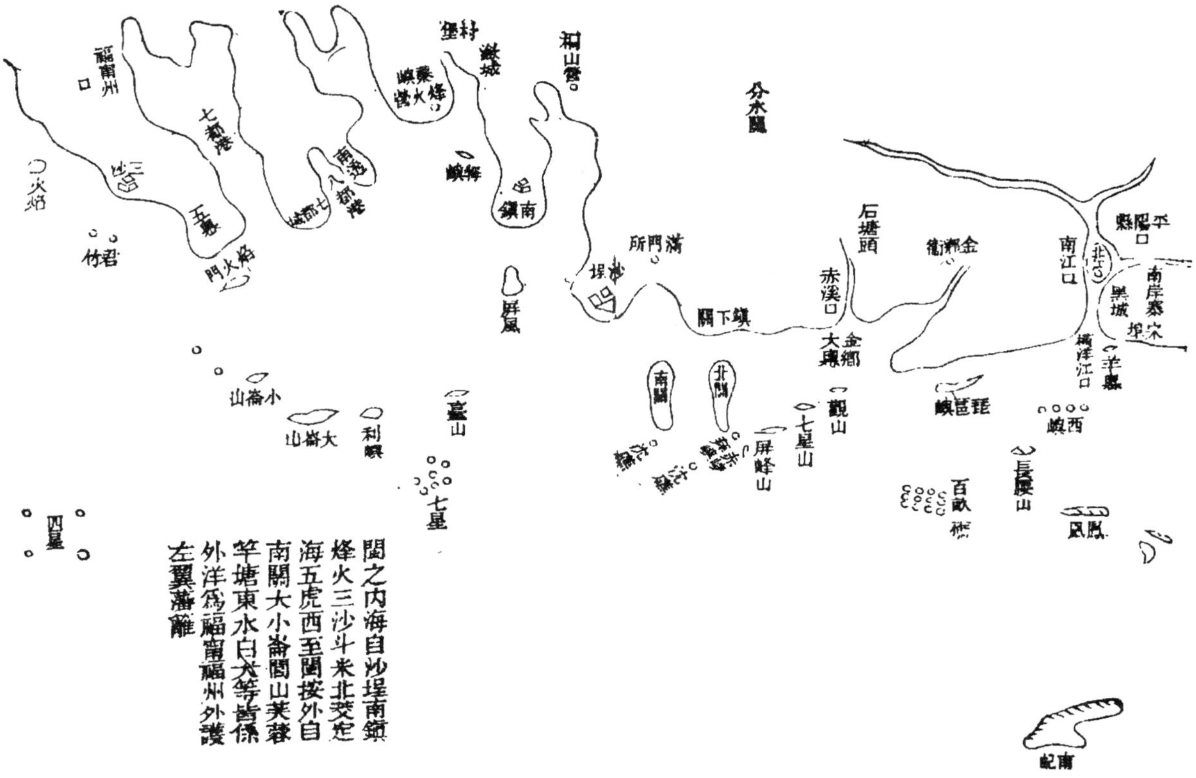
閩之內海自沙埕南鎮
烽火三沙斗米北茭定
海五虎西至閩安外自
南關大小崙閭山芙蓉
竿塘東水白犬等皆係
外洋爲福寧福州外護
左翼藩籬
福寧州口
七都港
三沙
五澳
烽火門
四星
小崙山
大崙山
臺山
七星
屏風
南鎮
分水關
所門前
沙埕
鎮下關
赤溪口
石塘頭
金鄉
大漁
南關
北關
屏峰山
七星山
觀山
琵琶嶼
西嶼
百畝
長腰山
鳳凰
南江口
平陽縣口
南岸
宋埠
南麂

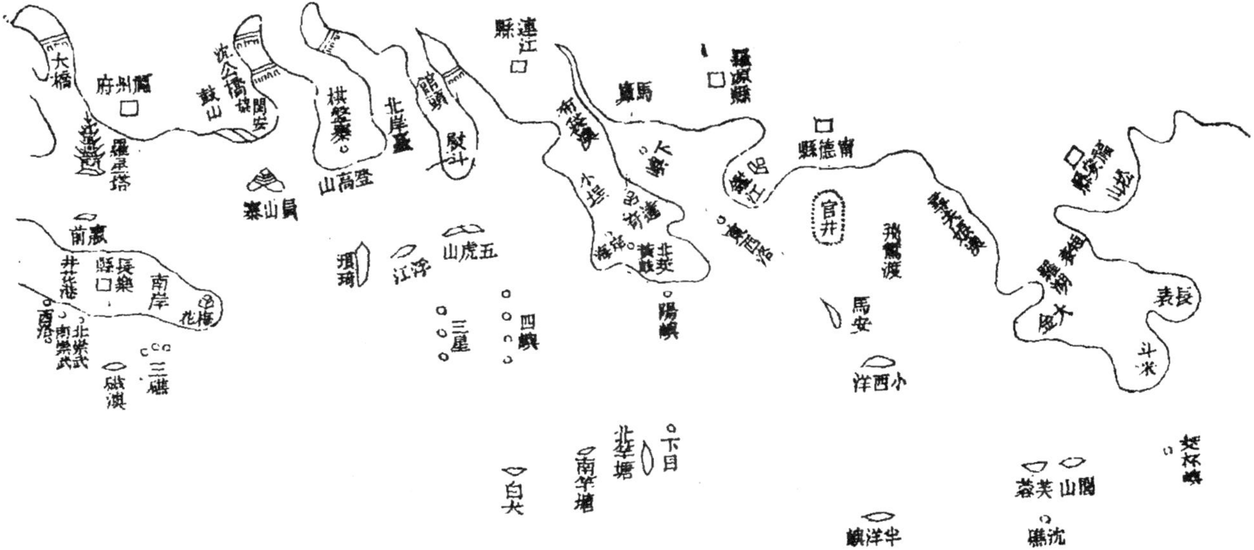

南岸長樂之梅花鎮
東萬安爲右臂外自
磁澳而至羊嶼中隔
石牌洋外環海壇大
島閩安雖閩省水口
咽喉海境是爲閩省
右翼扼要

由福清之萬安南艉
平海內澳海壇是爲
興化外有南日湄州
再外即烏坵梅嶼俱
爲要衛

泉州北則崇武獺窟南則祥芝永寧左右
拱抱內藏郡治下接金廈二島以達漳州
金爲泉郡之右臂廈爲漳郡之咽喉也

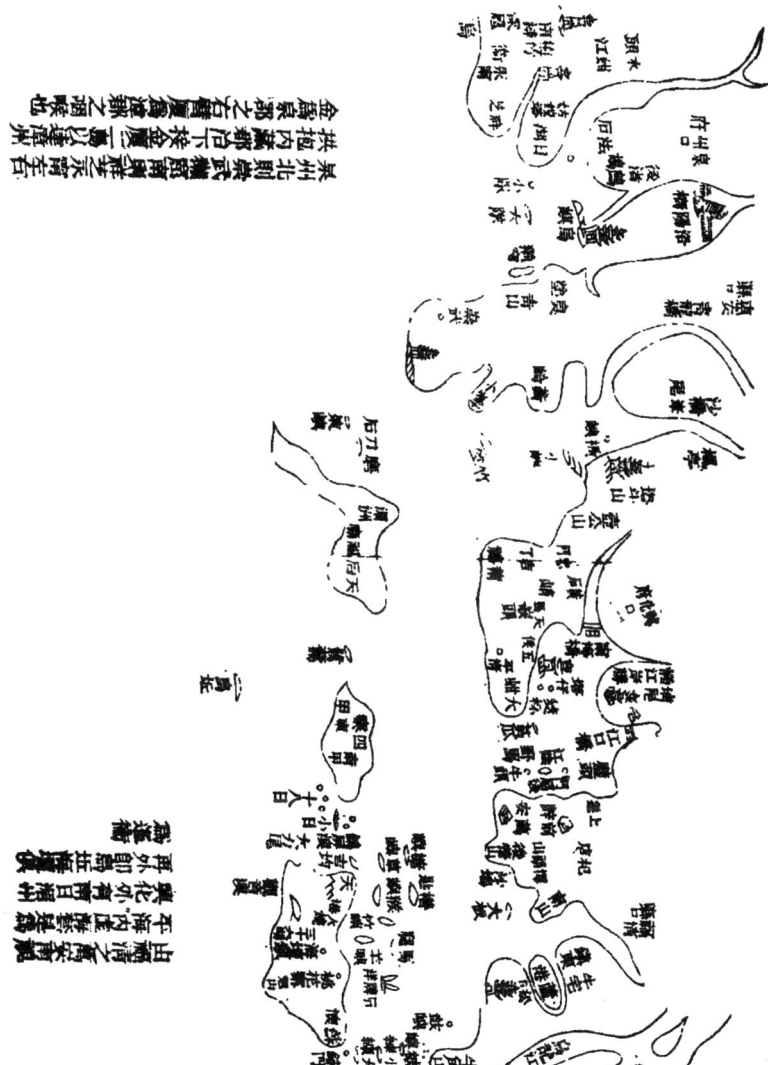

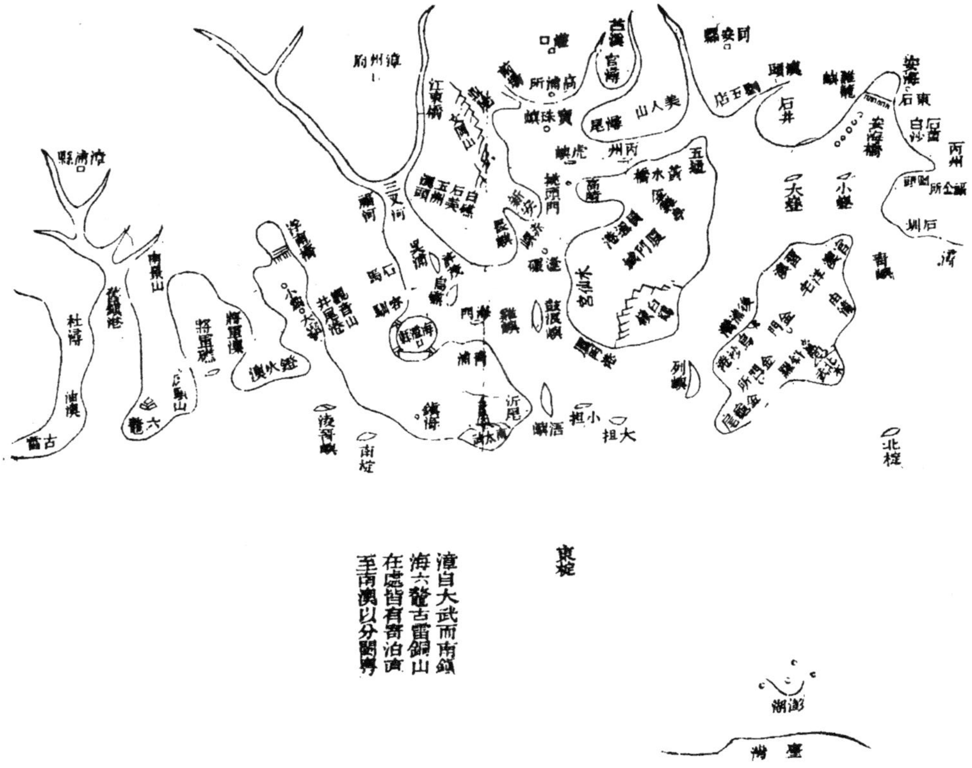
漳州府
海澄縣
同安縣
三叉河
廈門
金門
大嶝
小嶝
列嶼
大担
小担
浯嶼
鎮海
六鼇
古雷
杜潯
南椗
北椗
東椗
澎湖
臺灣
漳自大武而南鎮
海六鼇古雷銅山
在處皆有寄泊而
至南澳以分閩粵

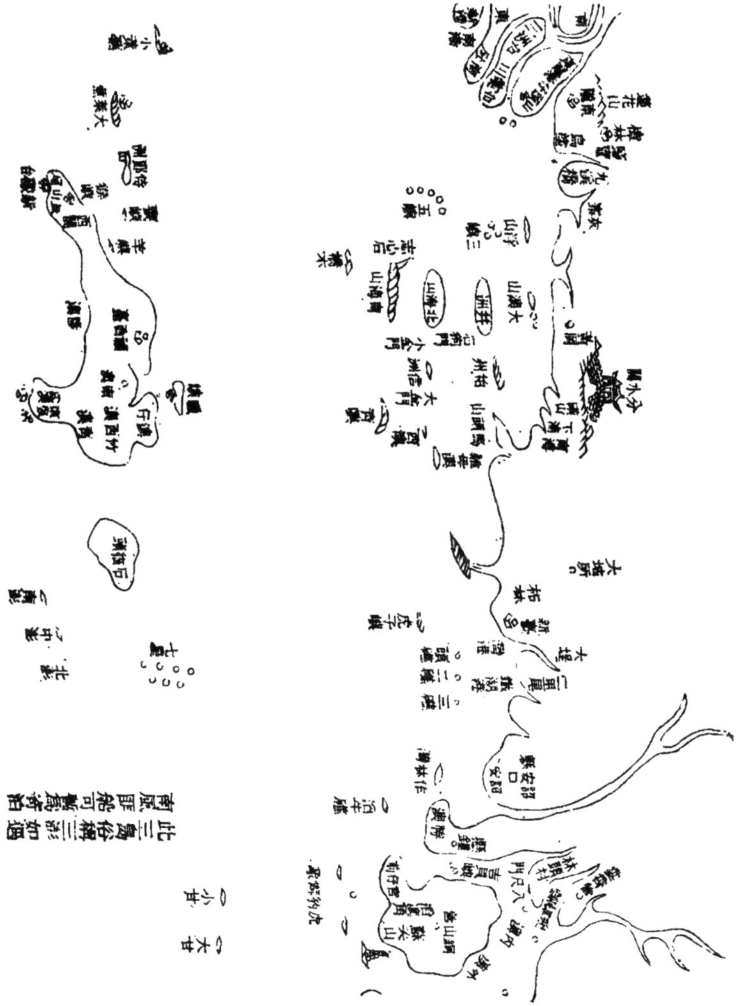
此三島俗稱三彭如遇
南風匪船可暫爲寄泊
分水關
大城所
大甘
小甘
北彭
中彭
南彭
七星

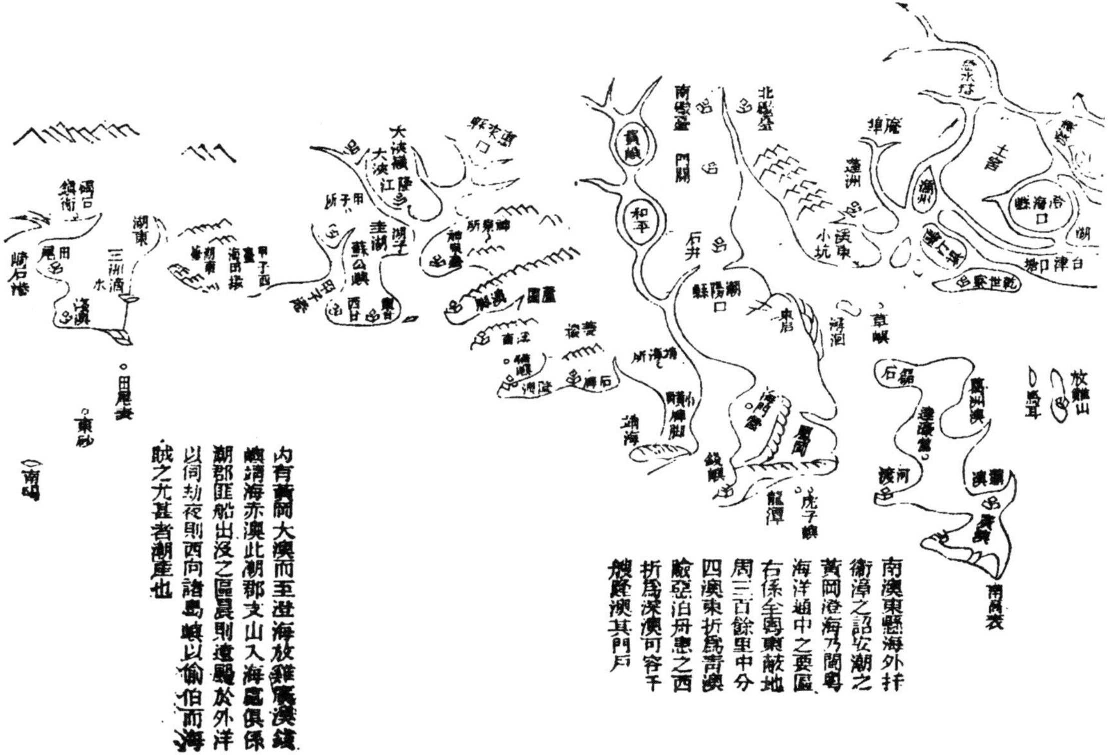
內有黃岡大澳而至澄海放雞廣澳錢
嶼請海赤澳此潮郡支山入海處俱係
潮郡匪船出沒之區晨則遠颺於外洋
以伺劫夜則西向諸島嶼以偷伯而海
賊之尤甚者潮產也
南澳東懸海外扼
衛漳之詔安潮之
黃岡澄海乃閩粵
海洋適中之要區
右係全粵東蔽地
周三百餘里中分
四澳東折爲青澳
險惡泊舟患之西
折爲深澳可容千
艘隆澳其門戶

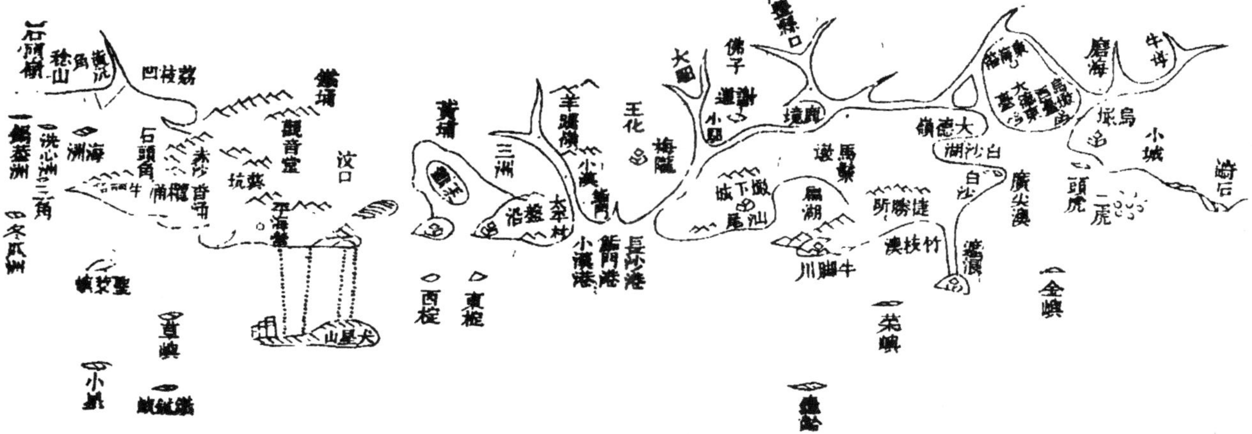

赤澳一洋自甲子南至
溪澳田尾遮浪油尾甑
門港大星平海雖屬惠
州而山川人性與潮無
異故中立碣石大鎮下
至大鵬佛堂門將軍澳
紅香鑪急水門由虎門
而入粵者

外自小星筭管沱瀘
福建頭大小鍋山伶
竹山旗纛嶼九洲洋
而至老萬山嶼不可
勝數處處均可樵採
在在可以灣泊粤之
賊艘不但糖船海船
可以伺劫內河槳船
櫓船漁船皆可出海
蟻聚剽掠粤海之藏
垢納汙者莫甚於此
九龍
赤坎
牛屎灣
直門
横州
黃竹角
鹽田
下沙
大鵬營
東山寺
吉澳
上角汛
虎口
金洲
赤洲
三管筆
二管筆
平洲
竹篙嶼

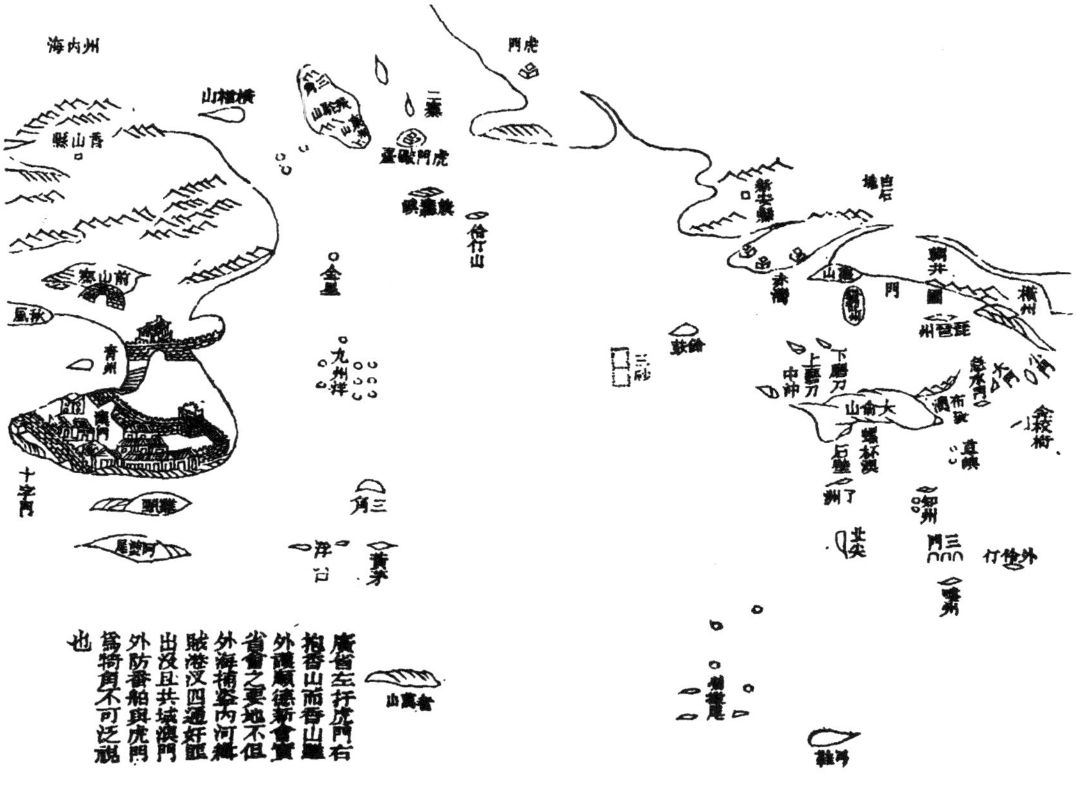

廣省左扞虎門右抱香山而香山壘外護順德新會實省會之要地不但外海捕盜內河緝賊港汊四通奸匪出沒且共域澳門外防番船與虎門爲犄角不可泛視也

外洋十字門而至老萬此洋艘番舶來往經山之標準下接崖門三竈大小金烏猪上川下川飛船澳馬鞍山此皆屬廣海陽江雙魚之外護也

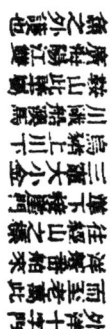

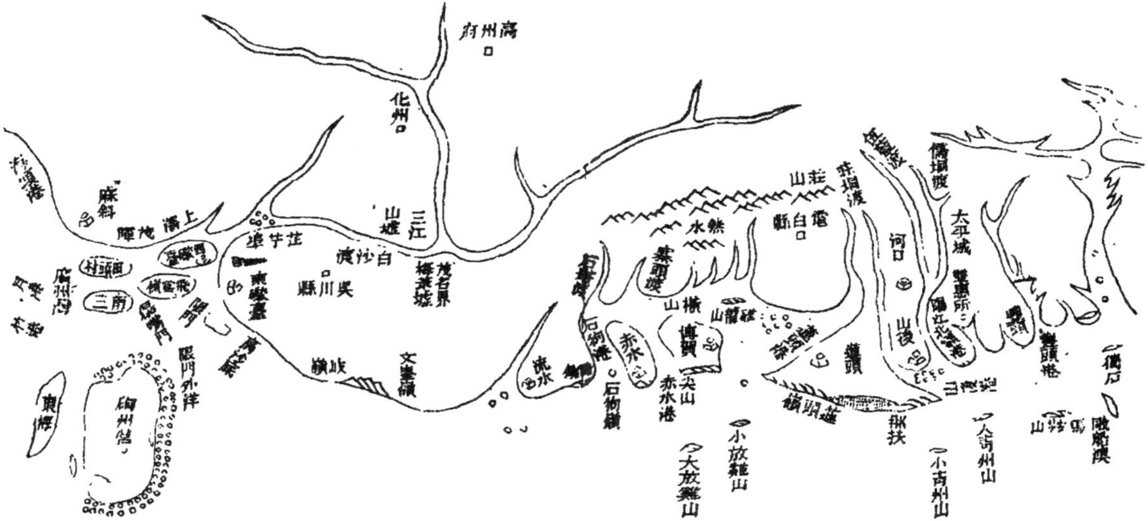

高郡之雷白外有大小放雞吳川外有硇州下鄰雷州之白鴿錦囊而至海安自放雞而南至於海安中隔硇州暗礁沿沙鄰以悉載非深諳洋逕者莫敢內行而高郡海疆實藉諸沙礁之庇

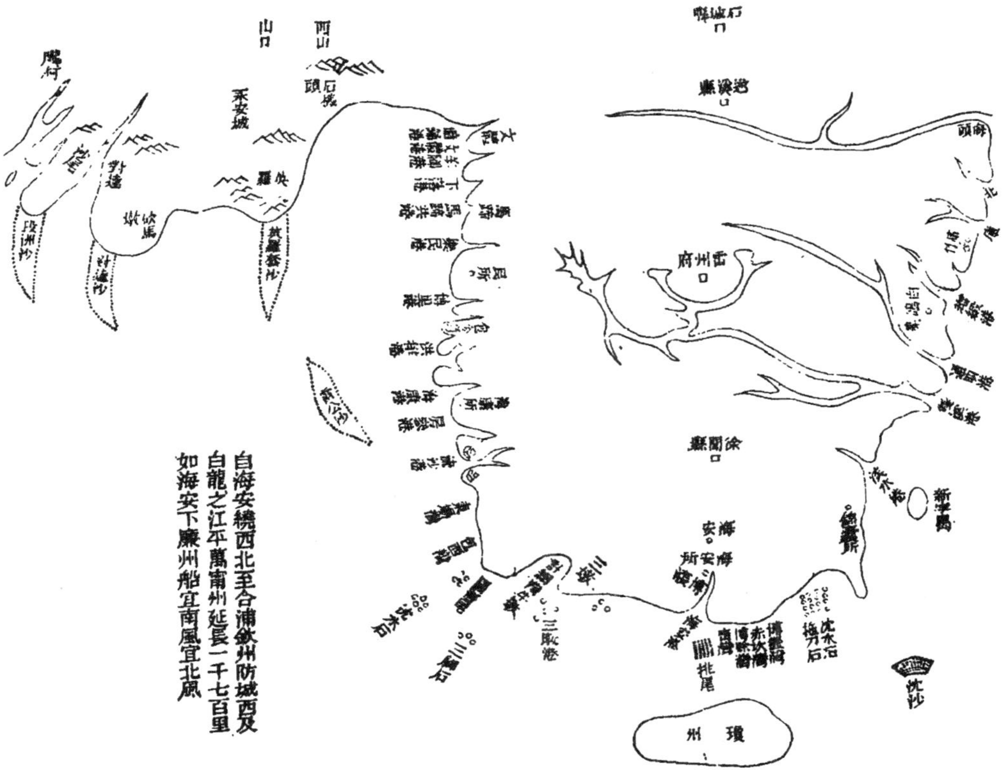
自海安繞西北至合浦欽州防城西及
白龍之江平萬甯州延長一千七百里
如海安下廉州船宜南風宜北風
永安城
西山
山口
石頭城
遂溪縣口
雷州府口
徐聞縣口
海安所
瓊州
沈沙

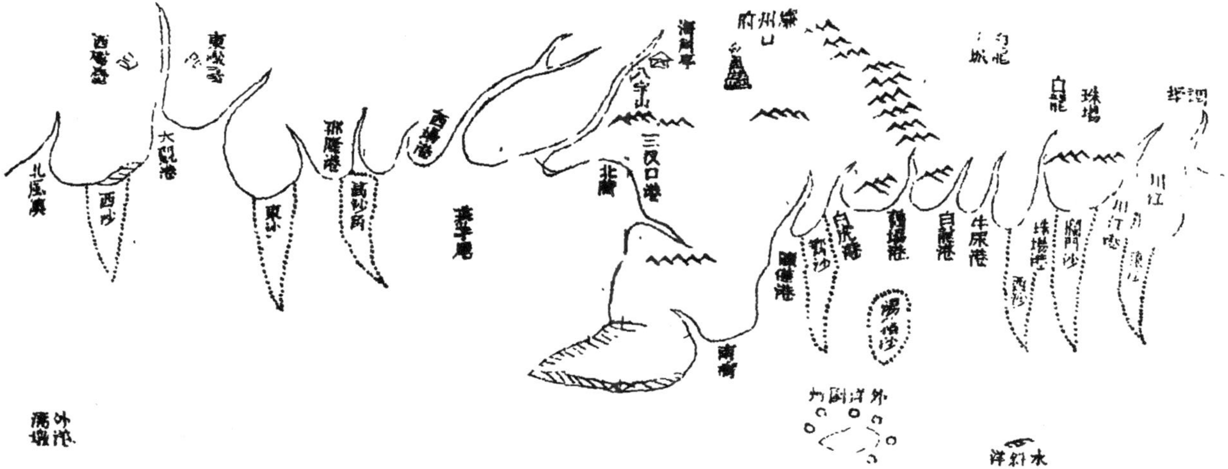

白藤之冠
頭崩而東
白龍調埠
川江永安
山山烏兔
咸處沈沙
難悉名載

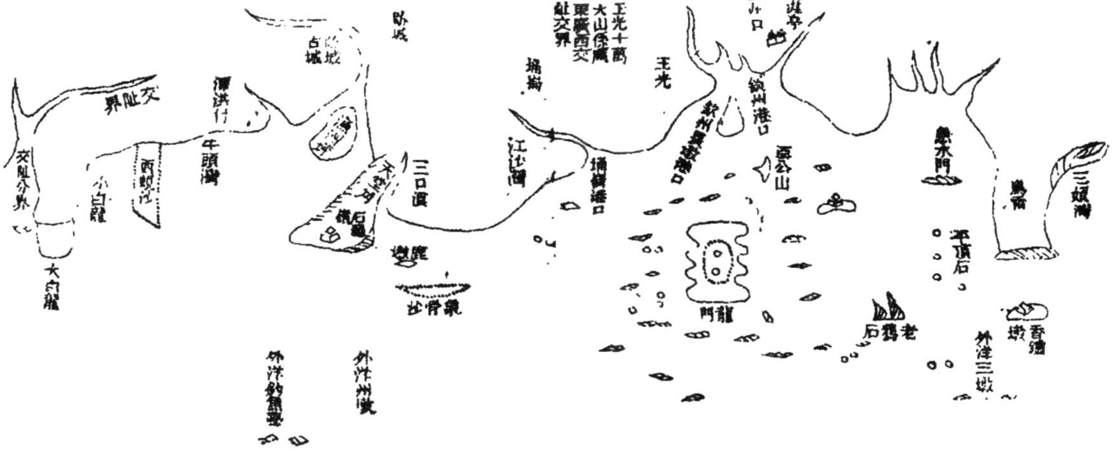

自冠頭嶺而西至於防城有龍門七十二逕逕逕相通逕者關門也通者水道也以其島嶼懸隔而水道皆通廉多沙欽多島地以華夷為限而又產明珠不入於交阯是以亭建海角於廉建天涯於欽誌邊徼遠壘之處

澎湖之東水程四更抵臺郡鹿耳門進口又一更至郡城其境坐東南面西北延袤一千五十二里（乾隆甲午年丈量得實）與閩之福興泉漳四郡對照（分註各港口下）西面一片沃野沿海至山最濶處不逾百里建一郡四縣在籍居民雖曰五方雜處實閩粵人爲多（土產風俗載諸志乘）郡治南抱七崑身至安平鎮大港隔港沙洲接鹿耳門再隔港之大線頭沙洲而至隙仔海翁線皆西護府治全臺地脈發軔於福之鼓山自五虎門山蜿蜒入大洋中爲竿塘（又名關曈）白畎二山穿海至臺之雞籠山起脈磅礴千餘里南至沙馬崎爲盡境（相傳地脈自此又穿海直通呂宋）有府治西之木岡山爲郡少祖通郡山勢皆西向內地（諸山本無正名皆從番語譯出）民與熟番爲界熟番與生番爲界

如橫窮山徑由生番境抵東面沿海約四五百里內崇山疊箐蜂窠蟻穴野番類聚即熟番亦畏之而熟番內亦係種類不一語言不同鬚悍不易馴也港之可巨艘出入惟鹿耳門與雞籠上淡水等港如鳳境之赤山打鼓等港亦通大舟但內海難容多艘其餘內路之蟯港北路之鹽水八掌港笨港海豐港鹿仔港大甲西二林三林中港竹塹蓬山凡十二處僅平底之澎船四五百石之三板頭船堪以進出如雞籠山爲度琉球日本之規路南沙馬崎爲渡呂宋小南洋等標準誠扞禦內地沿海要疆也

大海洪波只分順逆惟廈至臺隔岸七百里號曰橫洋廈自大嶝或浯嶼放洋水深碧或翠色如靛初渡紅水溝色

稍紅赤尙不甚險次渡黑水溝色如墨自北流南又稍窪
下廣約百里湍流腥穢有紅黑間道者異蛇及兩頭蛇繞
船游泳風則驚濤鼎沸險冠諸海此更進爲淺藍色入鹿
耳門水色黃白如河水矣渡臺用巽巳針東南風爲順望
見澎之西嶼頭貓嶼花嶼可進若計程應至澎而諸嶼不
見定失向矣急收原處候風自澎至鹿耳門以北極爲準
夜無星定巽巳偶偏子午則流入大洋
又福建閩安鎭與臺之淡水城東西相望計水程只七八
更若由淡水放舟半日程即望見竿塘山自竿塘趨定海
岸行大海中五六十里即五虎門兩山對峙勢甚雄險乃
閩省門戶門外風力蕩舟入門靜綠淵渟再進爲亭頭再

十里即閩安鎮

至洋面雖分一日一夜爲十更焚香作度每更約六十里但洋面風潮順逆有遲疾其法以木片於船首投入海人從船首速行至船尾其木片正與人行齊到更數准若人至船尾木片未至爲不上更而遲或木片先人至則爲過更而疾矣

臺灣圖

大武郡山
玉山
水沙連
上淡水
下淡水
赤山
萬丹港
淡水港
打狗港
七昆身
安平鎮
大港
鹿耳門
二林港
鹿仔港
海豐港
大線頭
中溪
下加冬
謝不益
上瑯
沙馬崎頭
瑯𤩝
澎湖

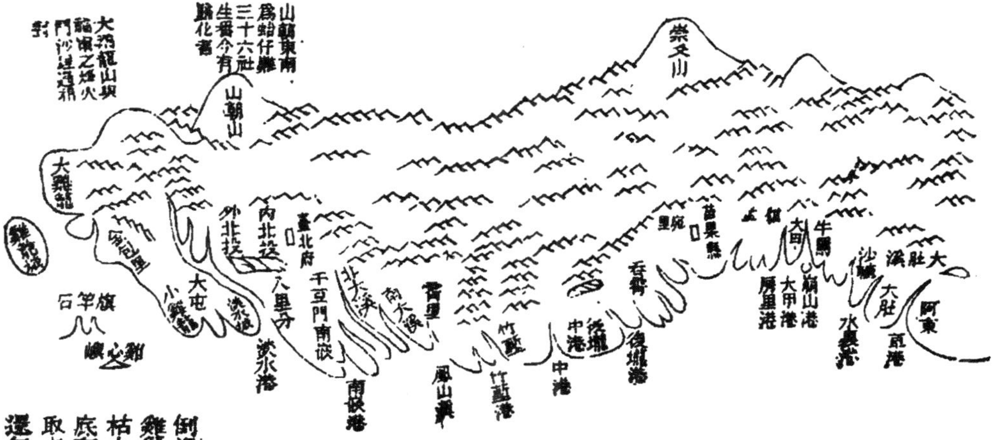

倒咯濽產金土番間有攜至
雞籠淡水易布者但其地山
枯水冷巉巖峻峭返流處水
底有金沙土番採金入水底
取之如小豆不服水土者生
還無幾

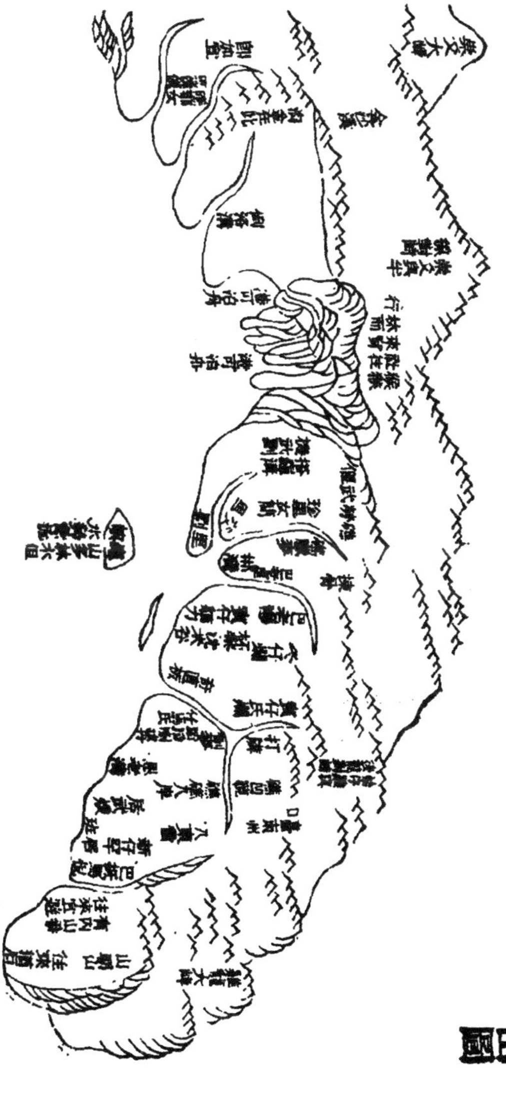

臺灣後山圖

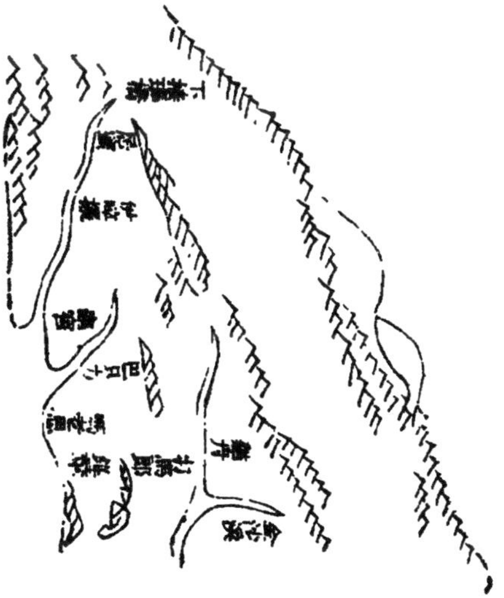

厦門自大嶝放洋過紅水黑水溝望見澎之西嶼頭貓嶼花嶼均可收泊洋程七更如内海則八罩媽宮北港遇北風亦可泊舟若南風不但有山嶼皆可寄碇倘風平浪靜即黑溝白洋均可暫寄以俟潮流向南之大嶼花嶼貓嶼北風不可寄泊其澎之水師以媽宮前爲内海北面大北山南面八罩嶼東之陰陽東吉西之外塹大池角等均屬外海洋帆遇南風宜巡緝花貓大嶼諸島恐有匪船停寄形勢則内港可容千艘外港不容方舟四圍島嶼有五十餘大者三十六島離澎總不逾百里水程周遭三百餘里洋大而山低水急而流迴北之吉貝沈礁一線直生東北一日未了内皆暗礁礁礧石布滿僅存一港蜿蜒非熟習深

諳者不能棹進如東去臺灣由東吉洋四更至鹿耳門

澎湖圖

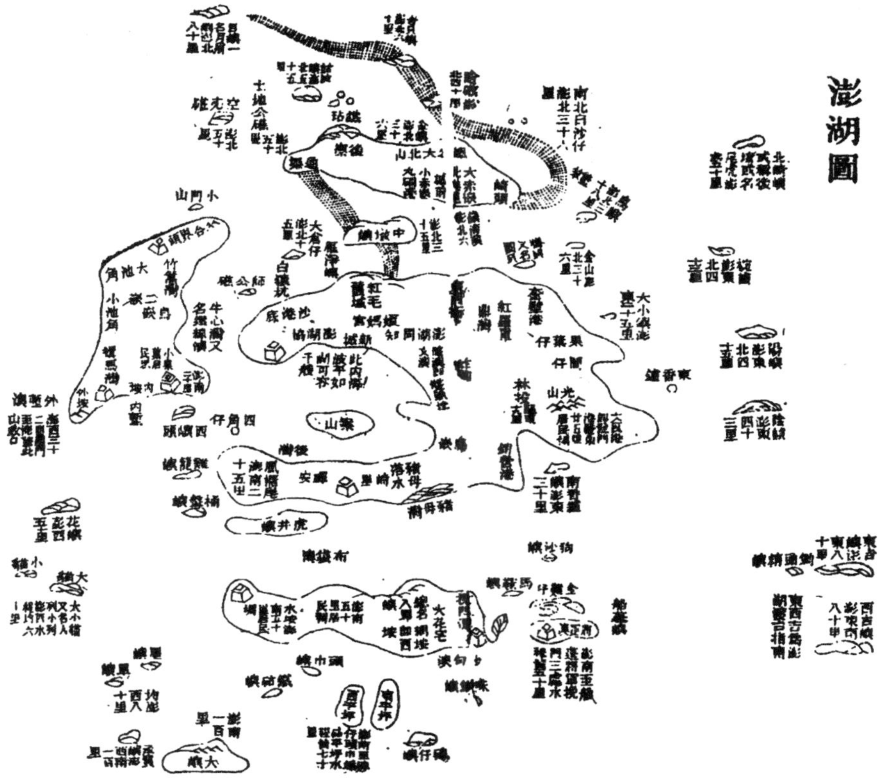

瓊州屹立海中從雷郡之徐聞縣海安所度脈南崖州東萬州西儋州北瓊州與海安隔洋面一百二十里沿海諸州縣環繞熟黎又環繞生黎而生黎環繞五指山七指山五指西向七指南向其通府境周圍陸路一千五百三十里府城中路直穿黎境至崖州五百五十里萬州東路直穿黎心至儋州三百九十里自海口之東路沿海惟文昌之潭門港又名青瀾港樂會之新潭那樂港萬州之東澳陵水之黎蛋港崖州之榆林港與西路沿海惟澄邁之馬裊港儋州之洋鋪港昌化之新潮港感恩之北黎港可以挽泊民船現僅青瀾榆林洋鋪三處水深可泊輪船其餘港汊雖多不能寄泊而沿　沈沙行舟實爲艱險內山生

黎嵐瘴殊甚吾人可往熟黎而不可往生黎生黎可往熟黎而不可到吾地熟黎夾介其閒以水土上習宜故也此亦海外大地惜乎田疇不廣歲仰需於高雷非若臺灣沃野千里之比惟產沈楠諸香等於廣南甲於諸番耳

瓊州圖

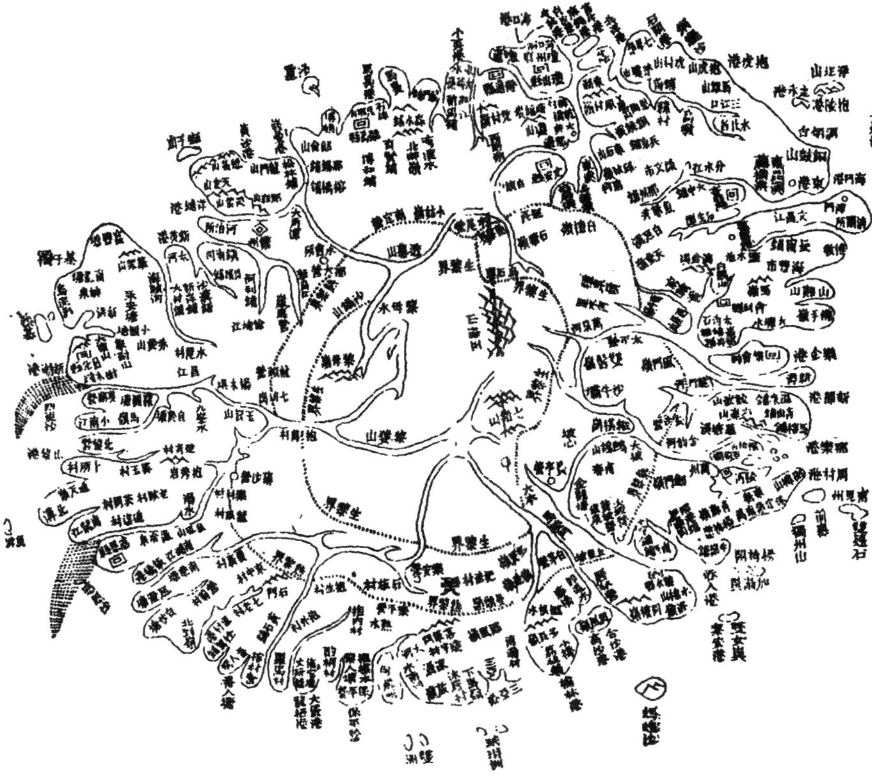

跋

道光咸豐以來　朝廷以如天之量涵冒遠人許各國通商以息兵禍紓民力旣中外如一聲教所可臮者舟車民物往來遝遺於是豪達識時者流綜其緐賾著爲嫥學號曰洋務偁之者衆則機詐鶩利之徒往往依傅於其閒致其事見呰於賢士大夫而經濟之學又隱然有門戶矣　臣竊有慨焉以爲事局之變時會啟之人心之聰明才智亦將日新而無窮惟士大夫以根柢之學出而究習庶務舉其要領洞而明之俾　國家有幹濟之才否則賢能者旣以爲不足道樂道者又非其人日逞其伺便乘利之謀而莫能燭其情僞得失之所在前事之僨鮮不繇此然則洋

務者固今日之所急而所以講求洋務者則惟恃賢士大
夫有以盡其實事而收其實效焉爾臣奉　命視學來
粤且三載權藩司臣王之春以所輯　國朝柔遠記十八
卷坿編二卷見示臣受而讀之蓋記　國朝以來中外交
涉之事既詳且盡而坿編諸作於各島之地理形勢以及
情志之向倍藝事之得失物力之盈縮尤能藹乎言之殆
臣所謂賢士大夫盡其實事者乎且其所言如此而平日
之經濟勛烈固足副之當丙戌丁亥間越南之事既定法
蘭西請勘其界　天子命使赴之時方官高廉兵備道
法人於欽防以西諸地嘖有歧辭之春堅持舊址据證明
碻詰折夷使不少叚借使臣賴之其事以蒇曩歲案試廉

欽彼都人士尚由由樂道之頌其能不置此固其經濟之一端而臣所謂盡實事而收實效者又灼然有明驗矣不禁三復斯編竊願世之賢士大夫汲汲焉求當世之先務勿使愚不肖者起而承其乏則於著書者之意殆有當也

光緒庚寅二月臣樊恭煦跋於西江舟次